Bibliothek 4. OG
Prüfung

D1658031

Handelsrechtliche Grundsätze ordnungsmäßiger Bilanzierung für Drohverlustrückstellungen

Handelsrechtliche Grundsätze ordnungsmäßiger Bilanzierung für Drohverlustrückstellungen

von

Dr. Birgit Heddäus

IDW-VERLAG GMBH
Düsseldorf 1997

Die Deutsche Bibliothek – CIP-Einheitsaufnahme

Heddäus, Birgit:
Handelsrechtliche Grundsätze ordnungsmäßiger Bilanzierung für Drohverlustrückstellungen / von Birgit Heddäus. – Düsseldorf : IDW-Verl., 1997
   Zugl.: Frankfurt (Main), Univ., Diss., 1997
   ISBN 3-8021-0747-0

ISBN 3-8021-0747-0

Copyright 1997 by IDW-Verlag GmbH, Düsseldorf
Alle Rechte der Verbreitung, auch durch Film, Funk und Fernsehen, fotomechanische Wiedergabe, Tonträger jeder Art, auszugsweisen Nachdruck oder Einspeicherung und Rückgewinnung in Datenverarbeitungsanlagen aller Art, einschließlich der Übersetzung in andere Sprachen, sind vorbehalten.

Gesamtherstellung: Bercker Graphischer Betrieb GmbH, Kevelaer

Geleitwort

Das vorliegende Buch bedarf keiner Empfehlung: Der Leser findet zu den Grundsätzen ordnungsmäßiger Bilanzierung für Verlustrückstellungen ebenso klare wie ausgewogene Thesen, die auf umfassender Analyse von Rechtsprechung und Schrifttum beruhen. Im Zentrum steht die in ihrer Komplexität oft unterschätzte Frage, wie unter realistischen Bedingungen festgestellt werden kann, inwieweit aus schwebenden Verträgen Verpflichtungsüberschüsse drohen. Ausgangspunkt ist die seit Jahrzehnten von der höchstrichterlichen Rechtsprechung praktizierte Ausgeglichenheitsvermutung; sie wird überzeugend aus Objektivierungserfordernissen begründet. Ebenso nachdrücklich werden indes die Grenzen der Ausgeglichenheitsvermutung aufgezeigt: In wichtigen Fällen sind objektivierte Verlustbemessungen möglich und damit Verlustrückstellungen zwingend. Das wird vom Gesetzgeber dadurch unterstrichen, daß er zwar die Passivierung von Verlustrückstellungen in der Steuerbilanz (aus sachfremden) Erwägungen ausschließt, es für die Handelsbilanz aber wohlweislich bei einem Passivierungszwang beläßt. Die besonderen Vorzüge der Arbeit erschöpfen sich freilich nicht in der Klärung eines wichtigen Grundsatzes ordnungsmäßiger Bilanzierung: Bücher werden bekanntlich von der gesamten Persönlichkeitsstruktur des Autors geprägt; dies muß daher ein besonders liebenswertes Buch sein.

Frankfurt am Main, im Sommer 1997   Adolf Moxter

Vorwort

Ziel der vorliegenden Arbeit ist es, einen bilanztheoretisch fundierten Beitrag zur Entwicklung und Konkretisierung der (handelsrechtlichen) Grundsätze ordnungsmäßiger Bilanzierung für Drohverlustrückstellungen zu leisten; sie soll nicht zuletzt zeigen, daß die Ausgeglichenheitsvermutung als besondere Objektivierungsrestriktion von Drohverlustrückstellungen vor dem Hintergrund häufig nicht überwindbarer Schwierigkeiten bei der Zurechnung von Erträgen und Aufwendungen zwingend ist. Die Arbeit wurde im Juni 1997 in unwesentlich veränderter Form unter dem Titel "Die Abgrenzung des Saldierungsbereichs bei Drohverlustrückstellungen" vom Fachbereich Wirtschaftswissenschaften der Johann Wolfgang Goethe-Universität als Dissertation angenommen.

Meinem hochverehrten Doktorvater, Professor Dr. Dr. h.c. Dr. h.c. Adolf Moxter, verdanke ich nicht nur die Möglichkeit promovieren zu dürfen, sondern auch eine kaum zu übertreffende wissenschaftliche, aber insbesondere auch persönliche Förderung. Hierfür bin ich ihm in größter Dankbarkeit verbunden. Professor Dr. Winfried Mellwig danke ich für die Übernahme des Zweitgutachtens und wertvolle Anregungen. Herzlicher Dank gebührt auch meinen Kolleginnen und Kollegen am Treuhandseminar, Cornelia Flury, Thomas Berndt, Karlo Fresl und Dr. Jens Wüstemann, für ihre ständige Diskussionsbereitschaft und für die von ihnen geschaffene überaus angenehme Arbeitsatmosphäre. Besonderen Dank verdient dabei die freundschaftliche Hilfe, vor allem in der sog. "Endphase" meiner Dissertation, von Professor Dr. Michael Hommel, dem ich zahlreiche wertvolle Anregungen verdanke. Rückhalt und jederzeitige Hilfsbereitschaft wurden mir auch durch Gerlinde Borkhataria und Monika Hommel zuteil, ihnen gilt ebenfalls mein aufrichtiger Dank. Bei der C & L Deutsche Revision AG und Herrn Dr. Gerhart Förschle bedanke ich mich für die großzügige Förderung der Arbeit. Ebenso danke ich Herrn Rainer von Büchau für die Veröffentlichung der Dissertation im IDW-Verlag.

Ohne die rückhaltlose Unterstützung meiner Eltern und meines Verlobten Mathias, der neben der eigenen Dissertation die Bürde des Umsorgens einer (hoffentlich nicht zu häufig) verzweifelten Leidensgenossin zu tragen hatte, wäre diese Arbeit nicht gelungen. Mein Dank hierfür läßt sich nicht in Worte kleiden.

Birgit Heddäus

Inhaltsverzeichnis

Abkürzungsverzeichnis XIX

Problemstellung 1

1. Kapitel: Die Konzeption der Drohverlustrückstellung im Rahmen des Systems der Grundsätze ordnungsmäßiger Buchführung 13

A. Die Drohverlustrückstellung als Ausprägung des gewinnorientiert verstandenen Imparitätsprinzips 13

    I. Sinn und Zweck der Drohverlustrückstellung: Die Erfassung künftiger (gewinnorientierter) Aufwendungsüberschüsse 13

    II. Die alternative Interpretation des Aufwandsüberschusses als Folge des zeitwertstatischen Imparitätsprinzips 17

        1. Vermögensermittlung zum Zwecke der Schuldendeckungskontrolle 17

            1.1. Schuldendeckungskontrolle durch Ermittlung des Zerschlagungsvermögens 19

            1.2. Schuldendeckungskontrolle durch Ermittlung des Fortführungsvermögens 21

        2. Implikationen der angestrebten Schuldendeckungskontrolle für die Interpretation des Imparitätsprinzips 24

        3. Implikationen der Zeitwertstatik für die Frage der Berücksichtigung von Zinseffekten 26

            3.1. Der Barwert als maßgeblicher Bewertungsmaßstab für Aktiva und Passiva 26

            3.2. Die Abzinsung von Verbindlichkeitsrückstellungen als besondere Form eines zeitwertstatischen Schuldenverständnisses 29

            3.3. Die besondere Problematik der Abzinsung von Drohverlustrückstellungen 30

                a) Implikationen eines als Vermögensermittlungsprinzip verstandenen Imparitätsprinzips für den Ansatz von Drohverlustrückstellungen 30

      b) Implikationen eines als Vermögensermittlungsprinzip verstandenen Imparitätsprinzips für die Bewertung von Drohverlustrückstellungen 31

   4. Zur Kritik an einem zeitwertstatischen Bilanzverständnis - Die Inadäquanz von angestrebtem Ziel (Schuldendeckungskontrolle) und Mittel 32

III. Zur Konkretisierung des gewinnorientierten künftigen Aufwandsüberschusses 35

   1. Konkretisierung am Beispiel von Mitarbeiterdarlehen und Darlehensverbindlichkeiten 35

      1.1. Die Bestimmung eines 'aktivischen' Aufwendungsüberschusses, dargestellt an unverzinslichen Mitarbeiterdarlehen 35

      1.2. Die Bestimmung eines 'passivischen' Aufwendungsüberschusses, dargestellt am Beispiel der Darlehensverbindlichkeit 38

   2. Die Maßgeblichkeit der (effektiven) Belastung künftiger Gewinn- und Verlustrechnungen - Zur Irrelevanz entgangener Gewinne 39

IV. Das Vorliegen eines 'schwebenden Geschäfts' als gesetzliche Objektivierungsrestriktion der Drohverlustrückstellung 43

   1. Die Notwendigkeit der Objektivierung von Drohverlustrückstellungen 43

   2. Zum Begriff des schwebenden Geschäfts 44

   3. Zeitlicher Umfang des schwebenden Geschäfts 45

      3.1. Beginn des schwebenden Geschäfts 45

      3.2. Ende des schwebenden Geschäfts 47

   4. Der Grundsatz der Nichtbilanzierung schwebender Geschäfte 48

      4.1. Die klassische Begründung des Grundsatzes der Nichtbilanzierung schwebender Geschäfte: Das Aufblähungsargument 48

      4.2. Die moderne Begründung des Grundsatzes der Nichtbilanzierung schwebender Geschäfte durch die Rechtsprechung und die jüngere Literatur 52

         a) Nichtbilanzierung des Anspruchs: Risikothese 52

         b) Nichtbilanzierung der Verpflichtung: Kompensierte Verpflichtung 56

4.3. Die fehlende Bewertbarkeit als mögliche Erklärung für den Grundsatz der Nichtbilanzierung..................58

B. Die besondere Bedeutung der Ausgeglichenheitsvermutung für die Bilanzierung von Drohverlustrückstellungen..................62

I. Die Bedeutung von Bewertungseinheiten bei der Abgrenzung schwebender Geschäfte..................62

1. Zur Forderung nach Bildung von Bewertungseinheiten..................62

1.1. Die Saldierung sämtlicher schwebender Geschäfte eines Unternehmens als umfassende Bewertungseinheit?..................63

1.2. Die Konkretisierung von Bewertungseinheiten durch Literatur und Rechtsprechung..................66

a) Darstellung am Beispiel eines Devisentermingeschäfts..................66

b) Darstellung am Beispiel von Rückgriffsansprüchen..................69

c) Würdigung..................73

2. Die Konkretisierung der Bewertungseinheit 'schwebendes Geschäft'..................77

2.1. Die Problematik der Abgrenzung des Saldierungsbereichs..................77

2.2. Die Bewertungseinheit 'schwebendes Geschäft' im Sinne des Grundsatzes der Maßgeblichkeit der Bruttobilanzierung..................78

2.3. Die Bewertungseinheit 'schwebendes Geschäft' im Sinne des 'bilanzrechtlichen Synallagmas'..................81

II. Die Notwendigkeit der Ausgeglichenheitsvermutung als Konsequenz besonderer Zurechnungsprobleme..................88

1. Absatzgeschäfte..................88

1.1. Ertragszurechnung..................88

1.2. Aufwandszurechnung..................89

a) Die Problematik der Aufwandszurechnung..................89

b) Berücksichtigung der vollen zurechenbaren Kosten..................93

1.3. Die Notwendigkeit der Ausgeglichenheitsvermutung für schwebende Absatzgeschäfte..................95

1.4. Die Bedeutung des Stichtagsprinzips bei der Bilanzierung einer Drohverlustrückstellung für schwebende Absatzgeschäfte..................96

2. Beschaffungsgeschäfte 98
   2.1. Aufwands- und Ertragszurechnung 98
      a) Die Orientierung an Wiederbeschaffungskosten 100
      b) Die Orientierung an Veräußerungserlösen 102
      c) Ablehnung der Orientierung an Wiederbeschaffungskosten 104
   2.2. Die Notwendigkeit der Ausgeglichenheitsvermutung für schwebende Beschaffungsgeschäfte 106
   2.3. Die Bedeutung des Stichtagsprinzips bei der Bilanzierung einer Drohverlustrückstellung für schwebende Beschaffungsgeschäfte 108

3. Dauerschuldverhältnisse 108
   3.1. Zum Begriff des bilanzrechtlichen Dauerschuldverhältnisses 108
   3.2. Die Ablehnung von Drohverlustrückstellungen für Dauerschuldverhältnisse 110
      a) Gewohnheitsrecht als Grund der Ablehnung von Drohverlustrückstellungen für Dauerschuldverhältnisse 110
      b) Die "Verkennung der zivilrechtlichen Lage" als Grund für die Ablehnung von Drohverlustrückstellungen für Dauerschuldverhältnisse 112
   3.3. Die Ausgeglichenheitsvermutung als Lösung der Zurechnungsproblematik durch die Rechtsprechung 114

4. Implikationen der Ausgeglichenheitsvermutung für die Ermittlung eines Aufwendungsüberschusses - Bestehen zwischen den 'Kippgebühren-Urteilen' Wertungsdifferenzen? ...115

III. Zum Verhältnis von Ausgeglichenheitsvermutung und 'Ganzheitsbetrachtung' - Die Problematik der Bestimmung des Saldierungsbereichs in zeitlicher Hinsicht 122

1. Darstellung der Problematik anhand eines Beispiels 122
2. Restlaufzeitbetrachtung oder Ganzheitsbetrachtung? 123
   2.1. Die von der Rechtsprechung geforderte Ganzheitsbetrachtung 123
   2.2. Restlaufzeitbetrachtung als Konsequenz der Aufteilung des schwebenden Geschäfts in einen abgewickelten und in einen noch schwebenden Teil 124

2.3. Die Ganzheitsbetrachtung als verschleierte Ausgeglichenheitsvermutung 125

3. Zur Maßgeblichkeit eines Aufwendungsüberschusses für den gesamten noch schwebenden Geschäftsteil 128

2. Kapitel: Besonderheiten der Bestimmung des Saldierungsbereichs von Drohverlustrückstellungen für ausgewählte Vertragstypen 131

A. Die Problematik der Ermittlung von Drohverlustrückstellungen für Miet- und ähnliche Verhältnisse unter besonderer Berücksichtigung des 'Apothekerfalls' 131

    I. Zur Einordnung von Miet- und ähnlichen Verhältnissen als bilanzrechtliche Dauerschuldverhältnisse 131

    II. Die Bewertungsproblematik bei Miet- und ähnlichen Verhältnissen 132

    III. Sachverhalt und Entscheidung des Bundesfinanzhofs zum Apothekerfall 133

    IV. Beurteilung der Entscheidung durch die Literatur 135

        1. Die Forderung nach Beachtung des Grundsatzes der Maßgeblichkeit der Bruttobilanzierung 135

           1.1. Die Begründung der Forderung nach Aktivierungsfähigkeit 135

           1.2. Erfüllt der Standortvorteil die Voraussetzungen eines aktivierungsfähigen Vermögensgegenstandes? 136

               a) Zur (Vermögens-)Werthaltigkeit des Standortvorteils ..136

               b) Zur Übertragbarkeit des Standortvorteils 138

                  aa) Übertragbarkeit im Sinne der Einzelveräußerbarkeit 139

                  bb) Übertragbarkeit im Sinne der Veräußerbarkeit mit dem ganzen Unternehmen 140

               c) Zur Greifbarkeit des Standortvorteils...........................142

               d) Zur selbständigen Bewertbarkeit des Standortvorteils...146

               e) Zur Einlagefähigkeit des Standortvorteils.....................149

               f) Zur Frage des entgeltlichen Erwerbs des Standortvorteils 151

XIII

    2. Würdigung der Literatur zur Vermögensgegenstands-
       eigenschaft des Standortvorteils 152
       2.1. Die Verneinung der Greifbarkeit des Standortvorteils 152
       2.2. Die Verneinung der selbständigen Bewertbarkeit 157
       2.3. Die Forderung nach entgeltlichem Erwerb 158
    3. Abschließende Würdigung - Die Bedeutung der Ausge-
       glichenheitsvermutung und deren mögliche Entkräftung im
       Apothekerfall 160

V. Würdigung: Handelt es sich im 'Apothekerfall' um ein bewußt
    eingegangenes Verlustgeschäft, für das der im 'Heizwerkefall'
    aufgestellte Grundsatz gilt ? 164
    1. Definition des bewußt eingegangenen Verlustgeschäfts 164
    2. Behandlung des bewußt eingegangenen Verlustgeschäfts
       durch die Literatur 165
       2.1. Die Maßgeblichkeit der Vorteilserwartung als Argument
           der Literatur gegen eine Drohverlustrückstellung 165
       2.2. Argumente der Literatur für eine Drohverlustrückstellung . 167
    3. Darstellung des dem Urteil vom 19.7.1983 zugrunde
       liegenden Sachverhalts 169
    4. Würdigung 169
    5. Konsequenzen aus den Rechtsprechungsgrundsätzen
       (auch für den Apothekerfall) 171

VI. Die besondere Bedeutung der Ausgeglichenheitsvermutung für
    Miet- und ähnliche Dauerschuldverhältnisse vor dem Hintergrund
    der Zurechnungsproblematik 175
    1. Vorschläge von Literatur und Rechtsprechung zur Lösung der
       Bewertungsproblematik 175
       1.1. Die Forderung der Literatur nach Orientierung an
           Wiederbeschaffungskosten 175
       1.2. Die Ablehnung der Orientierung an Wiederbeschaffungs-
           kosten durch Rechtsprechung und Literatur 177
           a) Die Grundsätze der Rechtsprechung 177
           b) Die Argumentation von Teilen des Schrifttums 179
    2. Würdigung: Die besondere Bedeutung der Ausgeglichenheits-
       vermutung für Mietverhältnisse 180

3. Die Betonung der Ausgeglichenheitsvermutung durch Rechtsprechung und Literatur für Pacht- und Leasingverträge 183
   3.1. Leasingverträge 183
   3.2. Pachtverträge 186
VII. Möglichkeiten zur Entkräftung der Ausgeglichenheitsvermutung ... 188
   1. Völlige Ertragslosigkeit 188
   2. (Objektiv) eingeschränkte Nutzungsmöglichkeit 190
   3. Bewertung der Drohverlustrückstellung bei Entkräftung der Ausgeglichenheitsvermutung 194

B. Die Problematik der Bilanzierung von Drohverlustrückstellungen für Arbeits- und Ausbildungsverträge 198
   I. Arbeitsverhältnisse 198
      1. Arbeitsrechtliche Grundlagen 198
         1.1. Zum Begriff des Arbeitsverhältnisses 198
         1.2. Rechtsgrundlagen für Verpflichtungen aus Arbeitsverhältnissen 200
      2. Möglichkeiten zur Bilanzierung von Drohverlustrückstellungen für Arbeitsverhältnisse 202
         2.1. Die zentrale Zurechnungsproblematik 202
         2.2. Vorschläge der Literatur zur Lösung der Bewertungsproblematik 203
            a) Wiederbeschaffungskosten als Vergleichsmaßstab 203
               aa) Die Forderung von Teilen des Schrifttums nach Maßgeblichkeit von Wiederbeschaffungskosten 203
               bb) Kritik an der Wiederbeschaffungskostenkonzeption durch die Literatur 205
            b) Adäquate Sachmittel als Vergleichsmaßstab 207
               aa) Die Forderung nach Orientierung an vergleichbaren Sachmitteln 207
               bb) Ablehnung der Orientierung an vergleichbaren Sachmitteln 208
      3. Die Maßgeblichkeit der Ausgeglichenheitsvermutung als Konsequenz nicht lösbarer Zurechnungsprobleme 209
         3.1. Die Auffassung der Rechtsprechung 209
            a) Lohnfortzahlung im Krankheitsfall 209

b) Verdienstsicherungsvereinbarungen 209
    aa) Betonung der Zurechnungsproblematik 209
    bb) Ablehnung der Orientierung an Wiederbeschaffungskosten 210
    cc) Ablehnung von Arbeitsbewertungsmodellen für bilanzielle Zwecke 211
c) Abfindungen nach dem Kündigungsschutzgesetz 212

3.2. Die Auffassung von Teilen des Schrifttums 214

4. Kritische Analyse zur Ablehnung der Ausgeglichenheitsvermutung durch Teile des Schrifttums..................................217

   4.1. Verdienstsicherungszusagen 217
      a) Unzulässige Ausweitung des Saldierungsbereichs 217
      b) Fehlende Gegenleistung des Arbeitnehmers 219
      c) Bilanzielle Behandlung sogenannter 'spezifizierter' Verdienstsicherungsklauseln 220
      d) Würdigung: Die gebotene Gleichbehandlung von spezifizierten und unspezifizierten Verdienstsicherungsklauseln 221
      e) Verdienstsicherung durch Altersteilzeitvereinbarungen...225

   4.2. Lohnfortzahlung im Krankheitsfall.....................................229
      a) Unzulässige Berücksichtigung sozialer Erwägungen 229
      b) Die Orientierung an Krankenversicherungen................230
      c) Würdigung 230

   4.3. Abfindungsverpflichtungen..234
      a) Fehlende Gegenleistung des Arbeitnehmers 234
      b) Würdigung 235

5. Abschließende Würdigung: Gründe für die sehr eingeschränkten Möglichkeiten zur Bilanzierung von Drohverlustrückstellungen bei Arbeitsverhältnissen 239

6. Möglichkeiten zur Widerlegung der Ausgeglichenheitsvermutung 246
   6.1. Die Voraussetzung der völligen Ertragslosigkeit 246
   6.2. Zusammenfassung mehrerer Arbeitsverhältnisse? 248

II. Ausbildungsverhältnisse 249
   1. Rechtliche Grundlagen 249
   2. Möglichkeiten der Bilanzierung von Drohverlustrückstellungen für Ausbildungsverhältnisse 251
   3. Die Üblichkeit der Vertragsverhältnisse als Wertmaßstab 253
      3.1. Auffassung der Rechtsprechung 253
      3.2. Kritik der Literatur am Vergleichsmaßstab der 'Üblichkeit' 254
      3.3. Würdigung: Die notwendige Vereinfachung durch das Kriterium der 'Üblichkeit' 255
   4. Die Untermauerung der Ausgeglichenheitsvermutung durch die Berücksichtigung der mit Ausbildungsverhältnissen verknüpften Vorteile 257
      4.1. Die Berücksichtigung des Weiterbeschäftigungsvorteils 257
         a) Die von Rechtsprechung und Literatur angeführte Begründung für die Einbeziehung des Vorteils 257
         b) Gründe für die Ablehnung der Berücksichtigung des Weiterbeschäftigungsvorteils 259
            aa) Verletzung des Einzelbewertungsgrundsatzes 259
            bb) Fehlende Konkretisierung des Weiterbeschäftigungsvorteils 261
         c) Die vermittelnde Position im Schrifttum: Berücksichtigung des durchschnittlichen Verlustrisikos 262
         d) Würdigung 264
      4.2. Die Berücksichtigung des Auswahlvorteils 267
         a) Auffassung der Rechtsprechung 267
         b) Befürwortung des Auswahlvorteils in der Literatur 268
         c) Ablehnung der Einbeziehung durch die Literatur 268
         d) Würdigung 269
      4.3. Berücksichtigung des Ansehensvorteils 270
         a) Auffassung der Rechtsprechung 270
         b) Gründe für die Ablehnung in der Literatur 271
            aa) Kein Vorteil bei sozialem Engagement 271
            bb) Maßgeblichkeit des Grundsatzes der Bruttobilanzierung 272

XVII

   cc) Parallele zum Apothekerfall: Mangelnde
     Konkretisierung des erwarteten Vorteils 273
  c) Würdigung: Die besondere Bedeutung der Ausgeglichenheitsvermutung für Ausbildungsverhältnisse.....274

Thesenförmige Zusammenfassung..281

Literaturverzeichnis 285
Rechtsprechungsverzeichnis 323
Sachregister 329

Abkürzungsverzeichnis

a. A.	anderer Auffassung
Abs.	Absatz
Abschn.	Abschnitt
Abt.	Abteilung
ADHGB	Allgemeines Deutsches Handelsgesetzbuch
AfA	Absetzung für Abnutzung
AG	Die Aktiengesellschaft (Zeitschrift)
AktG	Aktiengesetz
Anm.	Anmerkung(en)
Art.	Artikel
AT	Allgemeiner Teil
Aufl.	Auflage
BAG	Bundesarbeitsgericht
BB	Betriebs-Berater (Zeitschrift)
BBiG	Berufsbildungsgesetz
Bd.	Band
BetrVG	Betriebsverfassungsgesetz
BewG	Bewertungsgesetz
BFH	Bundesfinanzhof
BFHE	Entscheidungen des Bundesfinanzhofs
BFH/NV	Sammlung amtlich nicht veröffentlichter Entscheidungen des Bundesfinanzhofs
BFuP	Betriebswirtschaftliche Forschung und Praxis (Zeitschrift)
BGB	Bürgerliches Gesetzbuch
BGBl.	Bundesgesetzblatt
BGH	Bundesgerichtshof
BGHZ	Entscheidungen des Bundesgerichtshofs in Zivilsachen
BMF	Bundesminister der Finanzen
BStBl.	Bundessteuerblatt

bzgl.	bezüglich
bzw.	beziehungsweise |ു

DB	Der Betrieb (Zeitschrift)
ders.	derselbe
d.h.	das heißt
Diss.	Dissertation
DM	Deutsche Mark
DStJG	Deutsche Steuerjuristische Gesellschaft e.V.
DStR	Deutsches Steuerrecht (Zeitschrift)
DStZ	Deutsche Steuer-Zeitung
DStZ/A	Deutsche Steuer-Zeitung, Ausgabe A (bis 1979) (Zeitschrift)

EFG	Entscheidungen der Finanzgerichte (Zeitschrift)
Einf.	Einführung
Einl.	Einleitung
EStG	Einkommensteuergesetz
etc.	et cetera
evtl.	eventuell

f.	und die (der) folgende Seite (Paragraph)
FG	Finanzgericht
FR	Finanz-Rundschau (Zeitschrift)

GE	Geldeinheiten
gem.	gemäß
ggf.	gegebenenfalls
gl. A.	gleicher Auffassung
GmbHG	Gesetz betreffend die Gesellschaften mit beschränkter Haftung
GoB	Grundsätze ordnungsmäßiger Buchführung bzw. Bilanzierung
GrS	Großer Senat

GVR	Gewinn- und Verlustrechnung(en)
HdJ	Handbuch des Jahresabschlusses in Einzeldarstellungen
Hervorh.	Hervorhebung(en)
HGB	Handelsgesetzbuch
hrsg.	herausgegeben
idR	in der Regel
IdW	Institut der Wirtschaftsprüfer in Deutschland e.V.
i.e.S.	im engeren Sinne
insbes.	insbesondere
i.S.d.	im Sinne des (dieses, der, dieser)
i.V.m.	in Verbindung mit
i.w.S.	im weiteren Sinne
JbFStR	Jahrbuch der Fachanwälte für Steuerrecht
Jg.	Jahrgang
KSchG	Kündigungsschutzgesetz
LZ	Leipziger Zeitschrift für deutsches Recht
Mio.	Million(en)
m.w.N.	mit weiteren Nachweisen
Nichtzul.beschw.	Nichtzulassungsbeschwerde
Nr(n).	Nummer(n)
o.a.	oben angeführt(e)
OFH	Oberster Finanzgerichtshof
RFH	Reichsfinanzhof

RFHE	Sammlung der Entscheidungen und Gutachten des Reichsfinanzhofs
RG	Reichsgericht
RGZ	Entscheidungen des Reichsgerichts in Zivilsachen
Rn, Rn.	Randnummer(n)
RStBl.	Reichssteuerblatt
Rz, Rz.	Randziffer(n)
S.	Seite(n)
SchwbG	Gesetz zur Sicherung der Eingliederung Schwerbehinderter in Arbeit, Beruf und Gesellschaft
sog.	sogenannte(n)(r)
Sp.	Spalte(n)
Stbg	Die Steuerberatung (Zeitschrift)
StbJb	Steuerberater-Jahrbuch
StBp	Die steuerliche Betriebsprüfung (Zeitschrift)
StGB	Strafgesetzbuch
StRK	Steuerrechtsprechung in Karteiform
StuW	Steuer und Wirtschaft (Zeitschrift)
TVG	Tarifvertragsgesetz
Tz.	Textziffer(n)
u.a.	und andere / unter anderem
Überbl.	Überblick
usw.	und so weiter
VAG	Versicherungsaufsichtsgesetz
Verf.	Verfasser
vgl.	vergleiche
VStR	Vermögensteuer-Richtlinien
WM	Wertpapiermitteilungen (Zeitschrift)
WPg	Die Wirtschaftsprüfung (Zeitschrift)

z.B.	zum Beispiel
ZfB	Zeitschrift für Betriebswirtschaft
ZfbF	Schmalenbachs Zeitschrift für betriebswirtschaftliche Forschung
ZfhF	Zeitschrift für handelswissenschaftliche Forschung
ZGR	Zeitschrift für Unternehmens- und Gesellschaftsrecht
ZIP	Zeitschrift für Wirtschaftsrecht
ZPO	Zivilprozeßordnung
z.T.	zum Teil

Problemstellung

Spielten lange Zeit Verbindlichkeitsrückstellungen die Hauptrolle auf der "(literarischen) Rückstellungsbühne"[1], so haben mittlerweile auch die Drohverlustrückstellungen weitreichende Beachtung gefunden und sind neben den Verbindlichkeitsrückstellungen "ein Feld anhaltender Auseinandersetzungen zwischen Finanzverwaltung und Steuerpflichtigen"[2]. Insbesondere der Vorlagebeschluß des X. Senats des BFH zum sogenannten 'Apothekerfall'[3] und das jüngste Ausbildungskosten-Urteil[4] haben in der Bilanzrechtsliteratur eine Diskussion entfacht, die kontroverser nicht geführt werden könnte. Dies ist vor allem darauf zurückzuführen, daß für den Bereich der Drohverlustrückstellungen bislang nicht befriedigend geklärt ist, in welchem Umfang denkbare Objektivierungsrestriktionen die Entscheidungsfindung über die Antizipation eines Verlustes bestimmen dürfen.

Die von den einzelnen Autoren für jeweils unumstößlich befundenen (Drohverlust-)Rückstellungskriterien basieren nicht nur darauf, daß mit der Rückstellungsbildung bestimmte unternehmerische Interessen[5] gewahrt werden sollen, vielmehr sind sie insbesondere Ausdruck "zum Teil sehr verwegener bilanzrechtlicher Grundpositionen"[6] hinsichtlich der Interpretation des die Drohverlustrückstellung[7] umfassenden Imparitätsprinzips[8]. Zu klären ist, weshalb die

---

1 *Moxter* (Rückstellungskriterien, 1995): S. 1.
2 *Mellwig* (Rückstellungen, 1985): Teil I, S. 4.
3 Vgl. *BFH-Beschluß* vom 26.5.1993 X R 72/90, BStBl. II 1993, S. 855-861.
4 Vgl. *BFH* vom 3.2.1993 I R 37/91, BStBl. II 1993, S. 441-446.
5 Vgl. hierzu *Ballwieser* (Strukturwandel, 1989) zur Bilanzierung von Rückstellungen für Arbeitsverhältnisse: abgesehen von allgemeinen bilanzpolitischen Möglichkeiten seien "zur bilanziellen Vorsorge für personellen Strukturwandel nur Rückstellungen geeignet", S. 955; *Bode* (Rückstellungen, 1990): "Zumindest die rechtzeitige steuerliche Abzugsfähigkeit durch Anerkennung der Bilanzierung von Verpflichtungen aus dem Arbeitsverhältnis muß aus betriebswirtschaftlichen wie aus volkswirtschaftlichen Gründen (..) dringend gefordert werden", S. 338.
6 *Moxter* (Rückstellungskriterien, 1995): S. 1.
7 Vgl. § 249 Abs. 1 Satz 1 HGB.
8 Vgl. § 252 Abs. 1 Nr. 4 HGB. Vgl. zum Begriff *Lion* (Bilanzsteuerrecht, 1923): S. 67 ("Grundsatz der Imparität"). Das Imparitätsprinzip "konzipiert den bilanzrechtlichen Gewinn (..) als verlustantizipierenden Umsatzgewinn" (*Moxter* (Stand der Bilanztheorie, 1985): S. 17) und schränkt eine streng periodenbezogene Aufwands-Ertrags-Zurechnung im Sinne des Realisationsprinzips ein; vgl. *Moxter* (matching principle, 1995): S. 503; ähnlich *Heibel* (Bilanzierungsgrundsätze, 1981): "Das Imparitätsprinzip

Literaturauffassungen bei der Frage der Verlustbestimmung derart stark differieren, daß es einige Autoren vor dem Hintergrund ihrer Verlustdefinition sogar für geboten halten, den Geltungsbereich der Drohverlustrückstellung auf die Handelsbilanz zu begrenzen, mithin die Steuerbilanz von der Verlustantizipation mittels Drohverlustrückstellungen zu befreien[9] oder aber Drohverlustrückstellungen als Eigenkapital zu klassifizieren und deshalb in der Handelsbilanz als Rücklage auszuweisen[10]. Sollten sich unterschiedliche dogmatische Grundhaltungen als Auslöser der Divergenzen erweisen, muß geprüft werden, welches (bilanzzweckadäquate) Verständnis dem bilanzrechtlichen Verlustbegriff zugrunde zu legen ist.

Die im Gesetz niedergelegte Konzeption der Verlustantizipation bedient sich keineswegs derart konkretisierter Formulierungen, daß der Verlustbegriff bereits durch eine reine Wortlautbetrachtung inhaltlich feststünde. Insofern ist es nicht verwunderlich, daß in der Literatur Meinungsverschiedenheiten darüber bestehen, welche Voraussetzungen erfüllt sein müssen, um von einem 'Verlust' im Sinne des Imparitätsprinzips sprechen zu können. Angesichts strafrechtlicher Sanktionen[11] bedarf es indes einer klaren Bestimmung des Verlustbegriffs, denn strafrechtlich bedeutsam kann die Nichtberücksichtigung eines Verlustes nur dann sein, wenn tatsächlich auch ein Verlust im *bilanzrechtlichen Sinne* ignoriert[12] wurde.

Die Interpretation des bilanzrechtlichen Verlustbegriffs hat vor dem Hintergrund des geltenden Bilanzrechtssystems zu erfolgen, das seine Prägung durch "das Zusammenspiel von Vermögensermittlungsprinzipien und Gewinnermitt-

---

    verlangt (..) die Durchbrechung einer Periodisierung von korrelierenden Vermögensmehrungen und Vermögensminderungen, S. 116 und S. 121.

9   Vgl. *Siegel* (Saldierungsprobleme, 1994): "Für derartige Subventionen" ist nach Auffassung Siegels "keine Begründung ersichtlich". Er fordert deshalb, die Steuerbilanz zumindest hinsichtlich der Passivseite von der Handelsbilanz abzukoppeln und der Steuerbilanz statt dessen "das reine Realisationsprinzip" zugrunde zu legen, S. 2244. Zur vermeintlichen Subventionswirkung des Imparitätsprinzips vgl. *Heibel* (Bilanzierungsgrundsätze, 1981): S. 152, mit dem Hinweis, der Steuerpflichtige erhalte einen "zinslosen Kredit in Höhe der durch die Antizipation erst in späteren Perioden fällig werdenden Steuerschuld".

10 Vgl. *Schneider* (Streitfragen, 1995): "Dieser Posten wäre mit einer Ausschüttungssperre zu belegen", S. 1422; *Biener* (Rückstellungen, 1988): S. 64, in bezug auf Drohverlustrückstellungen für Dauerschuldverhältnisse.

11 Vgl. § 331 HGB, § 265b StGB (Kreditbetrug), §§ 283, 283a, 283b StGB (Bankrott, Zahlungseinstellung).

12 Vgl. zur Nichtigkeit des Jahresabschlusses, wenn notwendige Rückstellungen für drohende Verluste aus schwebenden Geschäften nicht bilanziert wurden, *BGH* vom 1.3.1982 II ZR 23/81, DB 1982, S. 1922-1923.

lungsprinzipien erfährt"[13]. Das grundlegende Vermögensermittlungsprinzip ergibt sich für die Handelsbilanz aus der Forderung des § 242 Abs. 1 HGB, der Kaufmann müsse "für den Schluß eines jeden Geschäftsjahres einen das Verhältnis seines Vermögens und seiner Schulden darstellenden Abschluß" aufstellen. Für die Steuerbilanz ist gemäß § 5 Abs. 1 Satz 1 EStG das nach den handelsrechtlichen Grundsätzen ordnungsmäßiger Buchführung auszuweisende „Betriebsvermögen" anzusetzen, auch verwendet § 4 Abs. 2 Satz 1 EStG die Begriffe Vermögensübersicht und Bilanz synonym[14].

Da erst wirtschaftliche Inhalte eine Bilanz zum gewünschten sinnvollen Informationsinstrument werden lassen[15], erscheint es geboten, dem bilanzrechtlichen Vermögensbegriff ein wirtschaftliches Verständnis zu unterlegen; denn die gesetzeszweckbezogene Klärung bilanzrechtlicher Begriffe ist "nicht ohne eine ‚wirtschaftliche Betrachtungsweise' "[16] als "Anwendung der teleologischen Methode der Rechtsfindung"[17] möglich, mit Hilfe derer "der wahre, in der Gesetzesvorschrift zum Ausdruck kommende, objektivierte Wille des Gesetzgebers gefunden werden"[18] soll.

Wird das abzubildende Vermögen als ein wirtschaftlich geprägtes aufgefaßt[19], erweisen sich nur solche hinreichend greifbaren und bewertbaren Geschäftsvorfälle als aktivierungsfähig, die "positive wirtschaftliche Vermögenswerte darstellen; das trifft nur zu, wenn sie Einnahmenüberschüsse verkörpern"[20]. Entsprechend ist die Passivierung ungewisser und gewisser Verbindlichkeiten beschränkt auf künftige Ausgabenüberschüsse, mithin auf *wirtschaftliche* Lasten des abgelaufenen Geschäftsjahrs[21]. Diese bilanzrechtliche Vermögensermittlung muß bei Beachtung der These, "daß unbeschadet aller anderen rechtlichen und ökonomischen Zwecksetzungen der Gedanke des Gläubigerschutzes nach

---

13 *Moxter* (matching principle, 1995): S. 490.
14 Vgl. auch § 95 BewG.
15 Vgl. *Hommel* (Informationsökonomie, 1996): S. 12 u. 41; vgl. auch *Döllerer* (Bilanz, 1980): S. 202.
16 *Mellwig* (Bilanzrechtsprechung, 1983): S. 1613. Vgl. hierzu auch *Groh* (Wirtschaftliche Betrachtungsweise, 1989): S: 227-231.
17 *Beisse* (Wirtschaftliche Betrachtungsweise, 1981): S. 3.
18 *Hübschmann* (Wirtschaftliche Betrachtungsweise, 1958): S. 120.
19 Vgl. *Groh* (Adolf Moxter, 1994): "Die Bilanz ist in der Tat keine Gegenüberstellung von Rechtstiteln", S. 69.
20 *Moxter* (GoB, 1993): S. 535. Ebenso vgl. *Hommel* (Informationsökonomie, 1996): S. 41-46.
21 Vgl. *Beisse* (Handelsbilanzrecht, 1980): S. 644.

wie vor das maßgebende Gestaltungsprinzip des deutschen Bilanzrechts ist"[22], dem aus dem Gläubigerschutzgedanken "fließenden obersten Grundsatz der kaufmännischen Vorsicht"[23] folgen. Im Rahmen des Vermögensermittlungsprinzips besagt das Vorsichtsprinzip[24], daß im Zweifel auf eine Aktivierung zu verzichten, eine Passivierung[25] hingegen vorzunehmen ist; das Vorsichtsprinzip bewirkt damit eine „imparitätisch strukturiert[e]"[26] Bilanz.

Die Konkretisierung des Bilanzinhalts bleibt auf der Ebene des wirtschaftlich und vorsichtsgeprägt zu verstehenden Vermögens jedoch noch denkbar vage. Die Beurteilung dessen, was einen künftigen Einnahmen- oder Ausgabenüberschuß verkörpert, wäre in das Ermessen eines jeden einzelnen Bilanzierenden gestellt und hinge von der individuellen Risikoeinschätzung ab. Eine derartige, einzig von den Erwägungen des einzelnen Kaufmanns abhängige Bestimmung des Umfangs der Aktiva und der Passiva widerspricht dem Erfordernis der Rechtssicherheit: Der Bilanzinhalt muß im Falle eines Rechtsstreits überprüfbar sein und darf insofern nur „aufgrund objektiver Kriterien klar konkretisierbare positive und negative Vermögenswerte"[27] umfassen. Sowohl für die Ermittlung der Einnahmen- als auch der Ausgabenüberschüsse gilt, daß sie nicht in das subjektive Ermessen des Kaufmanns gestellt werden dürfen; vielmehr müssen nachvollzieh- und beweisbare Einnahmen-[28] und Ausgabenüberschüsse das Bilanzvermögen repräsentieren. Insoweit gilt eine " 'verrechtliche' Betrach-

---

22 *Beisse* (Gläubigerschutz, 1993): S. 79.

23 *Beisse* (Gläubigerschutz, 1993): S. 80.

24 Das Vorsichtsprinzip "gilt im deutschen Bilanzrecht hinsichtlich der Ansatzfragen gewohnheitsrechtlich; als Bewertungsprinzip findet es sich in § 252 Abs. 1 Nr. 4 HGB kodifiziert", *Moxter* (Grundwertungen, 1997): S. 352. Zu den Anreizeffekten des Vorsichtsprinzips vgl. *Wagenhofer* (Vorsichtsprinzip, 1996): S. 1051-1074, der zeigt, daß neben den Gläubigern "auch die Eigentümer ein Interesse am Vorsichtsprinzip haben können", S. 1069; *Ordelheide* (Kapital und Gewinn, 1989): S. 21-41, sieht im Vorsichtsprinzip eine typisierende Regel zur Berücksichtigung der Risikostruktur von Geschäftsvorfällen.

25 Erforderlich ist allerdings stets eine hinreichende Konkretisierung, vage Anhaltspunkte respektive bloße Vermutungen reichen zur Begründung einer bilanzrechtlichen Verbindlichkeit nicht aus; vgl. hierzu beispielsweise *Eibelshäuser* (Rückstellungsbildung, 1987): S. 862 f.

26 *Beisse* (Gläubigerschutz, 1993): S. 18; vgl. *ders.* (Bilanzrechtssystem, 1994): S. 18; vgl. auch *Hax* (Bilanzgewinn, 1964): S. 643.

27 *Moxter* (GoB, 1993): S. 536. Vgl. zum Zusammenhang zwischen Objektivierung und Kostenvorteilen der bilanziellen Bewertung *Ordelheide* (Bilanzen, 1991): "Objektivierung oder Normierung reduziert, wenn die Normen akzeptiert werden, den Bedarf an Kommunikation über die Vermögenswerte und Gewinne", S. 525.

28 Vgl. hierzu *Moxter* (matching principle, 1995): S. 495.

tungsweise (..) (die freilich nicht mit einer formalrechtlichen Betrachtungsweise gleichgesetzt werden darf)"[29].

Der bilanzrechtliche Ansatz von Ausgabenüberschüssen (Verbindlichkeiten) erfährt seine Konkretisierung durch das Außenverpflichtungsprinzip[30]: Weil Objektivierung in „materialer Hinsicht (..) schlicht ‚Vergegenständlichung' " bedeutet und sie „die Bilanz im Rechtssinne als Vermögensaufstellung, als ‚statische' Bilanz"[31] fordert, gelten grundsätzlich nur Geld-, Sach- oder Dienstleistungsverpflichtungen gegenüber Dritten[32] als Ausgabenüberschüsse und damit als Verbindlichkeiten im bilanzrechtlichen Sinne. Das 'schwebende Geschäft' als Voraussetzung für die Bilanzierung von Drohverlustrückstellungen ist somit als "'*schwebender Vertrag*' anzusehen, was einen Vertragspartner außerhalb der Unternehmung voraussetzt"[33].

Die Verlustantizipation ist neben der Beschränkung auf schwebende Geschäfte (Drohverlustrückstellung) jenseits bereits bilanzierter Aktiva (Niederstwertprinzip[34]) und Passiva (Höchstwertprinzip) nicht zulässig; damit ist die "uralte ökonomische Regel, in guten Zeiten für schlechte Zeiten durch Mittelzurückbehaltungen vorzusorgen"[35], zumindest *partiell* gesetzlich verankert. Die globale Antizipation künftiger Geschäftsjahresverluste, wie sie etwa aus dem allgemei-

---

29 *Moxter* (Theorie, 1993): S. 78.

30 Vgl. hierzu *Moxter* (Georg Döllerer, 1994): S. 100 f., mit dem Hinweis, daß die Grenzziehung zu innerbetrieblichen Lasten "zunächst - fehlt es doch an einem Unterschied hinsichtlich der wirtschaftlichen Belastung - willkürlich erscheinen [mag]; sie hat indessen den Vorzug einer klaren Typisierung"; *ders.* (matching principle, 1995): "Daher sind z.B. Selbstversicherungsrückstellungen, nach dynamischen Grundsätzen zwingend, nach geltendem Recht von der Passivierung ausgeschlossen", S. 496; *Döllerer* (Begriff der Rückstellungen, 1975): S. 291 f.; *ders.* (Rückstellungen, 1979): S. 5; ausführlich *Böcking* (Verbindlichkeitspassivierung, 1994): S. 103-109.

31 *Beisse* (Bilanzrechtssystem, 1994): S. 16 (beide Zitate).

32 Vgl. *Mellwig* (Rückstellungen, 1985): Teil I, S. 4; *Kessler* (Rückstellungen, 1992): S. 22; *Heibel* (Bilanzierungsgrundsätze, 1981): mit dem Hinweis, daß auch der RFH "nie eine Rückstellung anerkannt [hat], der keine echte Schuld im Rechtssinne zugrunde lag", S. 95. Dynamische Elemente wie Aufwandsrückstellungen (als Innenverpflichtungen umfassende Rückstellungskategorie) sind „in diesem Sinne systemfremd (..); sie können daher nur durch die Gesetzgebung geschaffen werden", *Beisse* (Bilanzrechtssystem, 1994): S. 17.

33 *Naumann* (Rückstellungen, 1989): S. 95 (Hervorh. durch Verf.); vgl. auch *Moxter* (Bilanzrechtsprechung, 1996): S. 101 u. 134; BFH vom 25.1.1984 I R 7/80, BStBl. II 1984, S. 344-347, hier S. 344.

34 Vgl. hierzu *Mellwig* (in: Beck HdR, 'Niedrigere Tageswerte', 1995): Rz. 1-75.

35 *Moxter* (Realisationsprinzip, 1984): S. 1785.

nen Unternehmerrisiko resultieren können, ist vor dem Hintergrund des Vermögensermittlungsprinzips jedoch ausgeschlossen.[36]

Das Verständnis des Vermögensermittlungsprinzips als *dominierender* Bilanzierungsgrundsatz[37] muß heute als nahezu überholt betrachtet werden, da neben den Vermögensermittlungsprinzipien die (aus dem allgemeinen Vorsichtsprinzip[38] folgenden) Gewinnermittlungsprinzipien als gleichgeordnete Prinzipien die Bilanzierung beherrschen.[39] Während das Vermögensermittlungsprinzip im Rahmen der älteren statischen Bilanzauffassung[40] zum Selbstzweck erklärt wurde[41], bestimmt es im derzeit herrschenden statischen Bilanzverständnis "die Art der Gewinnermittlung"[42]. Dabei dient der Bilanzgewinn nicht nur der bloßen Selbstinformation des Kaufmanns oder der Information möglicher Bilanzadressaten, sondern ist "eine gesellschaftsrechtlich erhebliche Größe, die feststehen muß"[43]. Aufgrund der gesetzlich fixierten Notwendigkeit der bilanziellen Ermittlung eines Gewinns als Anspruchsgrundlage von Gesellschaftern oder Anteilseignern eines Unternehmens sowie des Fiskus[44] darf der Gewinn „diesem

---

36 Vgl. *Döllerer* (Imparitätsprinzip, 1978): S. 130 f.; *Naumann* (Rückstellungen, 1989): S. 535; *Herzig / Rieck* (Abgrenzung des Saldierungsbereiches, 1995): S. 531.

37 Uneingeschränkte Bedeutung erfährt das Vermögensermittlungsprinzip bei der Aufstellung von Eröffnungsbilanzen und bei Einlagen, da es sich in beiden Fällen nicht um Gewinnermittlungsvorgänge handelt, so daß es insoweit auch keiner Gewinnermittlungsprinzipien bedarf.

38 Vgl. § 252 Abs. 1 Nr. 4 HGB.

39 Vgl. *Moxter* (Grundwertungen, 1997): S. 351-353; *ders.* (matching principle. 1995): "beide Gruppen von Prinzipien (..) beschränken sich wechselseitig", S. 490.

40 Vgl. hierzu *Moxter* (Statische Bilanz, 1993): Sp. 1852-1856.

41 Die "unmittelbar praktische Bedeutung" der Handelsbilanz bestand nach *Simon* (Bilanzen, 1899) darin, daß „durch sie der Gewinn festgestellt wird, welcher vertheilt werden kann", S. 5. Was sich hiernach noch quasi als Nebenprodukt der Vermögensermittlung ergeben sollte, ist mittlerweile zur primären Zwecksetzung der Jahresabschlußaufstellung für alle Kaufleute geworden; vgl. *Moxter* (Wirtschaftliche Betrachtungsweise, 1989): S. 236; *Beisse* (Bilanzrechtssystem, 1994): S. 78.

42 *Moxter* (Helmrich-Konzeption, 1994): S. 710.

43 *Döllerer* (Handelsbilanz, 1991): S. 164. Der Bilanzgewinn bildet die Grundlage der Anteilsberechnung der den einzelnen Gesellschaftern einer Personenhandelsgesellschaft zustehenden Gewinnanteile, daneben wird "der auf den stillen Gesellschafter fallende Gewinn" (§ 232 Abs. 1 HGB) "auf der Grundlage der Bilanz des Unternehmens, an dem sich der stille Gesellschafter beteiligt hat, ermittelt" (S. 162). Des weiteren bestimmen sich die Gewinnansprüche von Gesellschaftern einer GmbH (§ 29 Abs. 1 GmbHG) oder einer Aktiengesellschaft (§ 58 Abs. 4 AktG) nach dem mittels der Bilanz errechneten ‚Reingewinn' bzw. ‚Bilanzgewinn'.

44 Vgl. *Mellwig* (Teilwertverständnis, 1994): S. 1080.

Zweck nicht durch gegensätzliche Informationszwecke entfremdet werden"[45], die etwa darin bestehen könnten, das tatsächliche Stichtagsvermögen abzubilden[46]: Gewinnermittlung kann "nicht heißen, daß ein Gewinn gesucht ist, der den wirklichen Vermögenszuwachs (..) bezeichnet. (..) Der gesuchte Gewinn kann aber als eine Ausschüttungshilfsgröße[47] verstanden werden; diese Hypothese wird zur Gewißheit, wenn man neben dem Realisationsprinzip das Imparitätsprinzip berücksichtigt"[48]. Das Imparitätsprinzip induziert in ausschüttungsstatischer Sicht, daß "ein Gewinn am Bilanzstichtag nur dann als ausschüttbar angesehen werden kann, sofern die künftigen Perioden von erkennbaren Verlusten freigestellt wurden"[49], "keinesfalls [aber] die Vorwegnahme künftiger *Gewinnminderungen*"[50] und ist deshalb als Gewinnermittlungsprinzip anzusehen.

Teile des Schrifttums[51] interpretieren das Imparitätsprinzip indes als (zeitwertstatisches) Vermögensermittlungsprinzip im Rahmen des (vermeintlich) primär anzustrebenden Bilanzzwecks der 'Schuldendeckungskontrolle' und gelangen hierdurch zu einem anderen Verständnis der vom Imparitätsprinzip "bewirkten Zwangsrisikovorsorge"[52]. Denn die Beantwortung der Frage, ob für die Verlustantizipation auf (zeitwertorientierte) Vermögenswerte oder (gewinnorientierte) künftige GVR belastende Aufwandsüberschüsse[53] abzustellen ist und wel-

---

45 *Döllerer* (Handelsbilanz, 1991): S. 163; *ders.* (Handelsbilanz, 1983): S. 163 f. Zur sog. Abkopplungsthese vgl. *Moxter* (True-and-fair-view-Gebot, 1995): Die Verzerrungen, "die der Gewinn als Indikator der wirtschaftlichen Unternehmensentwicklung angesichts seiner objektivierten und vorsichtigen Ermittlung erleidet, können durch entsprechende Angaben im Anhang geheilt werden", S. 427. Zu den Prinzipien zur Informationsregelung im überkommenen deutschen Bilanzrecht, die sich "aus teleologischer Auslegung der Grundsätze ordnungsmäßiger Buchführung" ergeben und "der Konkretisierung durch entsprechende 'untere GoB' bedürfen", vgl. *Moxter* (Grundwertungen, 1997): S. 354 f.

46 Vgl. *Moxter* (Rieger-Linhardtsche Bilanzauffassung, 1981): "Bilanzen sind zur Ermittlung des als 'Ertragswert' zu verstehenden ('wirklichen') Vermögens untauglich", S. 29.

47 Zur Bedeutung des entziehbaren Gewinns im Bilanzrecht vgl. *Moxter* (Entziehbarer Gewinn, 1996): S. 237-240.

48 *Moxter* (Stand der Bilanztheorie, 1985): S. 17; vgl. *ders.* (Jahresabschlußaufgaben, 1979): S. 145.

49 *Euler* (System, 1996): S. 222.

50 *Mellwig* (Teilwertverständnis, 1994): S. 1074 (Hervorh. im Original).

51 Vgl. *Kessler* (Imparitätsprinzip, 1994): S. 573 f.; *Kammann* (Rückstellungsbildung, 1980): S. 402 f.

52 *Moxter* (Stand der Bilanztheorie, 1985): S. 272.

53 Vgl. *Moxter* (Abzinsung, 1993): S. 197 f. Zur Maßgeblichkeit von Stichtags-Veräußerungswerten anstelle gesunkener (vermögensorientierter) Wiederbeschaffungskosten

cher Bewertungsmaßstab (Barwert oder künftige GVR nicht belastender Erfüllungsbetrag) der Bilanzierung von Drohverlustrückstellungen zugrunde zu legen ist, hängt entscheidend[54] vom jeweils unterstellten Bilanzzweck und damit zugleich von der Funktion des Imparitätsprinzips ab.

Unabhängig davon, welchem Ziel die Bilanzierung dienen soll, bedarf es in jedem Fall der Objektivierung.[55] Freilich ergeben sich je nach unterstelltem Bilanzzweck unterschiedliche Objektivierungserfordernisse. Insbesondere die Gewichtung der für schwebende Geschäfte geltenden Ausgeglichenheitsvermutung als Objektivierungsrestriktion der Drohverlustrückstellung einerseits und des Einzelbewertungsprinzips[56] andererseits ist vor diesem Hintergrund strittig: Teile der Literatur sehen in dem (einzelbewertungsgeprägten) "Grundsatz der Maßgeblichkeit der Bruttobilanzierung" ein "tragende[s] Prinzip der Drohverlustermittlung bei schwebenden Geschäften"[57] und verlangen, nur die "in synallagmatischer Verknüpfung stehenden Ansprüche und Verpflichtungen, wie sie bei einem Bruttoausweis schwebender Geschäfte zum Stichtag aktivierbar und passivierbar wären"[58], zu berücksichtigen. Demgegenüber untersuchen andere Autoren, ob die Objektivierung des Saldierungsbereichs von Drohverlustrückstellungen in Abkehr von dieser streng formaljuristischen Betrachtung nicht sinnvoller durch die Ausgeglichenheitsvermutung erreicht werden kann. Denn die ausschließliche Orientierung am jeweiligen Vertragsinhalt führe bei der Ermittlung von Drohverlustrückstellungen zu einer "exzessiven Gewichtung des Gläubigerschutzes, [die] mit dem geltenden Recht nicht vereinbar"[59] sei. Be-

---

vgl. *Koch* (Niederstwertprinzip, 1957): S. 1-6, 31-35, 60-63, hier insbes. S. 60-63; *Döllerer* (Imparitätsprinzip, 1978): S. 138-147.

54 Vgl. *Moxter* (Wirtschaftliche Betrachtungsweise, 1989): S. 233.

55 Vgl. *Moxter* (Bilanzrechtsprechung, 1996): da "jedwede Art wirtschaftlicher Leistungsfähigkeit nur unter den engen Restriktionen von Vereinfachungs- und insbesondere Objektivierungserfordernissen ermittelt werden kann", S. 7 f.

56 Vgl. § 252 Abs. 1 Nr. 3 HGB.

57 *Küting / Kessler* (Verlustrückstellungsbildung, 1993): S. 1052 (beide Zitate).

58 *Kammann* (Stichtagsprinzip, 1988): S. 297; vgl. *ders.* (Rückstellungsbildung, 1980): S. 405; ebenso vgl. *Siegel* (Risikoverteilungswirkung, 1995): S. 1142.

59 *Moxter* (Erwiderung, 1995): S. 1144. Eine exzessive Gewichtung des Gläubigerschutzprinzips widerstrebt ganz offenkundig dem ebenfalls gebotenen Schutz Gewinnberechtigter vor Gewinnverkürzungen. Vgl. hierzu *Moxter* (Grundwertungen, 1997): S. 348; *ders.* (Handelsbilanz und Steuerbilanz, 1997): S. 196, unter Hinweis auf das Urteil des *BGH* vom 29.3.1996 II ZR 263/94 zur Ausübung von Wahlrechten, ZIP 1996, S. 750-755: "Die Entscheidung über die Ergebnisverwendung steht nicht im Belieben eines jeden Gesellschafters. Vielmehr sind die Ausschüttungsinteressen der einzelnen Gesellschafter gegenüber dem Bedürfnis der Selbstfinanzierung und der Zukunftssicherung der Gesellschaft abzuwägen", hier 3. Leitsatz.

dacht werden müsse insbesondere, daß sich die Befürchtung, die Antizipation künftiger drohender Verluste könne 'auf die Spitze' getrieben werden[60], bei vernünftiger Gewichtung des Gläubigerschutz- und des Vorsichtsprinzips als haltlos erweist[61].

Nach der Ausgeglichenheitsvermutung halten sich bei schwebenden Geschäften die "künftigen Aufwendungen und die künftigen Erträge die Waage (..), und zwar gleichgültig, ob [sie] sich (..) unmittelbar aus der jeweiligen Zivilrechtsstruktur ergeben"[62]. Angesichts der gravierenden Probleme der Ertrags- und Aufwandszurechnung bei schwebenden Geschäften behilft sich auch die Rechtsprechung mit der "Vermutung der Ausgeglichenheit"[63] und läßt Drohverlustrückstellungen nur zu, wenn die Unausgeglichenheit "objektiv greifbar geworden ist"[64].

Wann dies der Fall ist, hängt indes unmittelbar von der gewählten Objektivierung ab. In seinem Vorlagebeschluß vom 26. Mai 1993[65] zum sogenannten 'Apothekerfall' plädierte der X. Senat des BFH für die Orientierung an der Zivilrechtsstruktur, setzte sich damit aber in Gegensatz zu anderen Senaten[66], die in vorangegangenen Urteilen die Vorherigkeit der Ausgeglichenheitsvermutung betont und zugleich darauf hingewiesen hatten, daß ein etwaiges Defizit an rechtlich abgesicherten Erträgen durch wirtschaftlich hinreichend konkretisierte Ertragserwartungen ersetzt werden kann.

Insoweit scheint für die Rechtsprechung die Abwägung, welcher der beiden Sichtweisen - Maßgeblichkeit der Bruttobilanzierung oder Ausgeglichenheitsvermutung - der Vorzug zu geben ist, äußerst schwierig zu sein. Daß der X. Senat den sogenannten 'Apothekerfall' dem Großen Senat zur Klärung vorgelegt hat, zeigt dies deutlich. Da "dem BFH die Hauptlast der Interpretation und Fortbildung des Handelsbilanzrechts"[67] zufällt, ist die (noch offene) Entscheidung des Großen Senats (zukünftig) wegweisend für die Grenzziehung des

---

60 Vgl. *Weber-Grellet* (Steuerbilanzrecht, 1996): S. 158; *Biener* (Rückstellungen, 1988): S. 47 u. 63.
61 Vgl. *Clemm* (Rückstellungen, 1997): S. 129.
62 *Moxter* (Drohverlustrückstellungen, 1993): S. 2482. Ähnlich vgl. *Herzig* (Drohverlustrückstellungen, 1994): S. 1429-1431.
63 *BFH* vom 7.9.1954 I 50/54 U, BStBl. III 1954, S. 330-331, hier S. 331.
64 *Moxter* (Bilanzrechtsprechung, 1996): S. 135.
65 Vgl. *BFH-Beschluß* vom 26.5.1993 X R 72/90, BStBl. II 1993, S. 855-861.
66 Vgl. *BFH* vom 3.2.1993 I R 37/91, BStBl. II 1993, S. 441-446; *BFH* vom 16.12.1992 XI R 42/89, BFHE 170, S. 179-183.
67 *Beisse* (Tendenzen, 1980): S. 252.

Saldierungsbereichs von Drohverlustrückstellungen und wird einen wichtigen Beitrag zur Systematisierung und Konkretisierung des Bilanzrechts leisten. Es bleibt mit Spannung abzuwarten, inwieweit die Entscheidung des Großen Senats in Einklang mit der vom BFH bislang für den Bereich der Drohverlustrückstellungen stets betonten Ausgeglichenheitsvermutung steht; dies zu klären wird - aufgrund der besonderen Stellung des Bilanzrechts als ein 'Grenzbereich' von Jurisprudenz und Betriebswirtschaftslehre - im Rahmen eines "interdisziplinären Diskurs[es]"[68] Aufgabe der Juristen, aber in hohem Maße auch der Ökonomen[69] sein.

Im folgenden Ersten Kapitel ist zu untersuchen, zu welchen Ergebnissen man in bezug auf die Interpretation des zu antizipierenden Verlustes gelangt, wenn das Imparitätsprinzip entweder als zeitwertstatisches Vermögensermittlungsprinzip oder als Gewinnermittlungsprinzip im Sinne der Erfassung künftiger Aufwendungsüberschüsse verstanden wird, und welche Implikationen sich hieraus für den Ansatz und die Bewertung von Drohverlustrückstellungen ergeben. Da für 'schwebende Geschäfte' als gesetzliche Objektivierungsrestriktion der Drohverlustrückstellung der Grundsatz der Nichtbilanzierung gilt, werden verschiedene Möglichkeiten für dessen Begründung aufgezeigt. Der Grundsatz erfährt eine Durchbrechung durch den Ausweis von Drohverlustrückstellungen; bevor deren Bilanzierung allerdings geboten ist, muß die Ausgeglichenheitsvermutung zugunsten der Vermutung der Unausgewogenheit von Leistung und Gegenleistung aus einem schwebenden Geschäft entkräftet werden. Hierzu muß die Frage beantwortet werden, in welcher Form die Bewertungseinheit 'schwebendes Geschäft' abzugrenzen ist, da sich erst im Anschluß daran entscheiden läßt, ob ein (bilanzrechtlicher) Verpflichtungsüberschuß gegeben ist oder nicht. Die mit der Abgrenzung von Bewertungseinheiten verbundenen Probleme seien am Beispiel von Devisentermingeschäften und Rückgriffsansprüchen aufgezeigt, um aufbauend auf den hieraus gewonnenen Erkenntnissen das 'bilanzrechtliche Synallagma' als Versuch der Konkretisierung des schwebenden Geschäfts würdigen zu können. Weiterhin werden die mit der Gegenüberstellung von (unrealisierten) Leistungen und Gegenleistungen verbundenen Zurechnungsprobleme bei schwebenden Absatz-, Beschaffungs- und Dauerschuldverhältnissen und zugleich die hieraus resultierende besondere Bedeutung der Ausgeglichenheitsvermutung dargestellt. Darüber hinaus stellt sich die Frage, ob aufgrund der Ausgeglichenheitsvermutung Unterschiede hinsichtlich der Gewichtung des

---

68 *Moxter* (Betriebswirtschaftslehre, 1992): S. 21, der auch von der "Mitzuständigkeit der Betriebswirtschaftslehre im Bilanzrecht" spricht, S. 28; vgl. hierzu auch *Mellwig* (Bilanzrechtsprechung, 1983): S. 1613-1620.

69 Vgl. *Ballwieser* (Ökonomische Analyse, 1996): S. 512 f.

Vorsichtsprinzips für Drohverlustrückstellungen und Verbindlichkeitsrückstellungen bestehen. Sodann ist die sogenannte 'Ganzheitsbetrachtung' einer kritischen Würdigung zu unterwerfen.

Ausgeprägte Zurechnungsprobleme ergeben sich bei Dauerschuldverhältnissen, die den Gegenstand des Zweiten Kapitels bilden. Die Schwierigkeiten bei der Ermittlung von Drohverlustrückstellungen werden am Beispiel von Miet-, Arbeits- und Ausbildungsverhältnissen aufgezeigt. Im Mittelpunkt der anzustellenden Analyse stehen dabei sowohl die von seiten der (höchstrichterlichen) Finanzrechtsprechung zu diesen Rechtsverhältnissen ergangenen Urteile als auch die im Schrifttum vorgetragenen Lösungsmöglichkeiten für die Bewertung des Gegenleistungsanspruchs im Rahmen solcher schwebenden Geschäfte. Zu Beginn des Zweiten Kapitels wird der 'Apothekerfall' untersucht und der Frage nachgegangen, ob eine rein formalrechtliche Abgrenzung des Saldierungsbereichs von schwebenden Geschäften bilanzzweckadäquat erscheint. Da es sich beim 'Apothekerfall' um ein sogenanntes 'bewußt eingegangenes Verlustgeschäft' handelt, das die mit der Abgrenzung des Saldierungsbereichs von schwebenden Geschäften verbundenen Probleme besonders deutlich zu Tage treten läßt, werden außerdem diese Thematik und die hierzu vertretenen Literaturmeinungen eingehend untersucht.

Erstes Kapitel

Die Konzeption der Drohverlustrückstellung im Rahmen des Systems der Grundsätze ordnungsmäßiger Buchführung

A. Die Drohverlustrückstellung als Ausprägung des gewinnorientiert verstandenen Imparitätsprinzips

I. Sinn und Zweck der Drohverlustrückstellung: Die Erfassung künftiger (gewinnorientierter) Aufwendungsüberschüsse

Während sich für Aktiva die Vorwegnahme künftiger Aufwendungsüberschüsse aus dem Niederstwertprinzip[1] ergibt, erzwingt das Höchstwertprinzip[2] die Verlustantizipation auf der Passivseite. Soll das hierin zum Ausdruck kommende Imparitätsprinzip die Folgeperioden aber generell von "den Auswirkungen (..) erfolgsmindernder Dispositionen (..) zu Lasten der Vorperiode"[3] befreien, stellt sich die Frage, ob nicht auch bei "'Verlustgeschäften' der erwartete negative Erfolgsbeitrag, also noch Unrealisiertes, in den Jahresabschluß eingestellt"[4] werden sollte. Bereits die ältere, statisch orientierte Literatur wollte Ansprüche und Verpflichtungen aus schwebenden Geschäften bewertend gegenüberstellen und im Falle, daß "mit mehr oder minder Wahrscheinlichkeit Verluste drohen", den wahrscheinlichen "Wert als Passivum"[5] einsetzen. Gesetzlich fixiert wurde die Rückstellung für drohende Verluste aus schwebenden Geschäften erst im AktG von 1965[6], doch wurde bis dahin allgemein die

---

1 Vgl. § 253 Abs. 2 Satz 3, Abs. 3 Sätze 1 u. 2 HGB.
2 Vgl. § 253 Abs. 1 Satz 2 HGB. Zum Höchstwertprinzip vgl. insbesondere *Moxter* (Fremdkapitalbewertung, 1984): S. 404-407; *ders.* (Höchstwertprinzip, 1989): S. 945-949.
3 *Leffson* (GoB, 1987): S. 340.
4 *Leffson* (GoB, 1987): S. 341.
5 *Simon* (Betrachtungen, 1906): S. 387 (beide Zitate); ebenso vgl. *Lion* (Bilanzsteuerrecht, 1923): S. 174; *Passow* (Bilanzen, 1918): S. 493.
6 Siehe §§ 151 Abs. 1 IV.2. ("andere Rückstellungen"); 152 Abs. 7 AktG 1965. Zur Entwicklung der Rückstellungen im Handelsrecht und zur höchstrichterlichen Rechtsprechung zu Drohverlustrückstellungen vgl. ausführlich *Heibel* (Bilanzierungsgrundsätze, 1981): S. 89-93 und S. 93-102; vgl. auch *Adler / Düring / Schmaltz* (Rechnungslegung, 1968): § 152 AktG 1965, Tz. 98-102.

Auffassung vertreten, einer besonderen Erwähnung bedürfe die Drohverlustrückstellung nicht, da durch sie lediglich der die eigene Forderung übersteigende Teil der Verbindlichkeit erfaßt würde und Verbindlichkeiten ohnehin passivierungspflichtig seien.[7] Mit dem Bilanzrichtlinien-Gesetz[8] wurde die Drohverlustrückstellung in das HGB integriert; nach § 249 Abs. 1 Satz 1 HGB sind "Rückstellungen (..) für ungewisse Verbindlichkeiten und für drohende Verluste aus schwebenden Geschäften zu bilden".

Weil der Sinn und Zweck des Imparitätsprinzips darin besteht, Verluste bereits mit ihrer Entstehung zu erfassen, kann es nicht darauf ankommen, ob bereits Vermögensgegenstände oder Verbindlichkeiten bilanziert sind: Durch die Drohverlustrückstellung wird die Möglichkeit eröffnet, bei Beschaffungs- und Absatzgeschäften "mit der Verbuchung" künftiger Aufwendungsüberschüsse nicht zu warten, "bis entsprechende Bestände vorhanden sind". Jedoch setzt die Drohverlustrückstellung nicht einmal das spätere Vorhandensein von Beständen voraus, denn nach herrschender Meinung[9] können auch "Verluste aus Geschäften erfaßt werden, die überhaupt nicht zu einer Bestandsveränderung führen, insbesondere also [aus] den Dienstleistungsgeschäften".[10]

Wie andere Elemente des Systems der Grundsätze ordnungsmäßiger Buchführung, so zielt auch die (Drohverlustrückstellungen implizit umfassende) Verlustantizipationsvorschrift[11] auf die vorsichtige Ermittlung eines unbedenklich entziehbaren Betrags. Unbedenklich entziehbar ist ein Gewinn aber nur dann, wenn nicht nach seiner vollständigen Ausschüttung noch Verluste abzudecken sind. Dementsprechend ist der Gewinn um solche Teile zu kürzen, die benötigt werden, um in künftigen Geschäftsjahren auftretende Verluste aufzufangen:[12] In künftigen Gewinn- und Verlustrechnungen sollen diese Verluste erst gar nicht *unmittelbar* zum Ausweis gelangen, sondern nur *mittelbar*, indem zwar der Verlust einerseits realisiert wird, andererseits aber die hierfür bereits getroffene Vorsorge den Verlust nivelliert. Der Schutz künftiger Gewinn- und Verlustrechnungen vor (bilanzrechtlichen) Verlusten setzt die Existenz eines künf-

---

7   Vgl. *Groh* (Künftige Verluste, 1976): S. 39.
8   Vom 19.12.1985, BGBl. I 1985, S. 2355.
9   Vgl. z.B. *Döllerer* (Rückstellungen, 1987): S. 68; *Mathiak* (Rechtsprechung, 1988): S. 296; *BFH* vom 27.7.1988 I R 133/84, BStBl. II 1988, S. 999-1000.
10 *Groh* (Künftige Verluste, 1976): S. 39 (alle Zitate).
11 Vgl. § 252 Abs. 1 Nr. 4 1. Halbsatz HGB.
12 Vgl. *Groh* (Verbindlichkeitsrückstellung, 1988): S. 28; *Freericks* (Bilanzierungsfähigkeit, 1976): Der um sich "abzeichnende zukünftige negative Erfolgsbeiträge" geminderte Geschäftsjahrgewinn bilde "die Grundlage für die Entscheidung über die Höhe der Gewinnausschüttung", S. 109.

tigen Aufwendungsüberschusses voraus.[13] Wirtschaftlich belastet im Sinne eines künftigen Aufwendungsüberschusses ist das Vermögen grundsätzlich nur dann, wenn mit dem Abgang eines Aktivums oder eines Passivums die Gewinn- und Verlustrechnung belastende Aufwendungen insofern verbunden sind, als die Veräußerungswerte (für Aktiva) respektive die Wegschaffungswerte (für Passiva) die jeweiligen Buchwerte unter- bzw. überschreiten[14] oder sich aus schwebenden Geschäften ein Verpflichtungsüberschuß ergibt. Daß der bilanzrechtliche Verlustbegriff gewinnorientiert und nicht vermögensorientiert verstanden werden muß, ergibt sich mithin aus dem primären Sinn und Zweck der Bilanz. Damit vereinbar ist nur die "Deutung des antizipierbaren Verlusts als künftiger Aufwandsüberschuß"[15].

Zu klären ist, ob mit diesem Verständnis in Einklang steht, das Imparitätsprinzip als Kapitalerhaltungsgrundsatz zu bezeichnen[16]. Da es wenig sinnvoll erscheint, die Kapitalerhaltung auf das Gründungskapital zu beziehen - denn damit würde "eine Unternehmung ohne Entwicklung" unterstellt - könnte die zu erhaltende Größe "der Eigenkapital-Anfangsbestand zu Beginn des Rechnungsabschnitts"[17] sein. Es muß jedoch bezweifelt werden, ob dieses Ziel in jedem Fall erreicht werden kann: Beträgt beispielsweise der Eigenkapitalanfangsbestand in t_0 100 GE und werde in t_1 ein Ertrag von 5 GE erzielt und drohe zugleich in t_2 ein Verlust in Höhe von 10 GE, ist der Eigenkapitalanfangsbestand nach Verlustantizipation in t_1 um 5 GE gemindert.[18] In der Gesamtperiode tritt der Verlust "so oder so ein, fraglich ist allein der Zeitpunkt des Ausweises"[19].

---

13 Vgl. *Moxter* (Abzinsung, 1993): S. 198.

14 Vgl. bereits *Passow* (Die Bilanzen, 1918): S. 111 (hinsichtlich der Bewertung von Aktiva); *Lion* (Bilanzsteuerrecht, 1923): S. 157 f. (hinsichtlich der Bewertung von Waren).

15 *Moxter* (Teilwertverständnis, 1991), S. 480.

16 Vgl. *Koch* (Niederstwertprinzip, 1957): S. 5; ders. (Problematik des Teilwertes, 1960): S. 335; *Leffson* (GoB, 1987): S. 93-96 und 347; *Baetge / Fey / Fey* (in: Küting / Weber, 1995): § 243, Rn. 22. Bereits *Walb* (Erfolgsrechnung, 1926) weist darauf hin, daß das "Prinzip der Vorsicht ein altes Erbstück der überlieferten Erfolgsrechnung" sei, und der Unternehmer infolgedessen "das ermitteln [will], was er mit gutem Gewissen dem Unternehmen entziehen kann, ohne Gefahr zu laufen, daß das Kapital angegriffen wird", S. 365 f.

17 *Müller, U.* (Imparitätsprinzip, 1996): S. 692 (beide Zitate). Vgl. allerdings *Leffson* (GoB, 1987) mit dem Hinweis: "Betriebswirtschaftlich bedeutet 'Kapitalerhaltung' nicht die Erhaltung eines -nominellen- Passivpostens", S. 93.

18 Vgl. hierzu *Müller, U.* (Imparitätsprinzip, 1996): Die Erhaltung des Eigenkapital-Anfangsbestands kann am Ende der Rechnungsperiode 01 nur erreicht werden, "wenn die Anteilseigner (..) weitere Einlagen leisten", S. 692.

19 *Müller, U.* (Imparitätsprinzip, 1996): S. 692.

Insofern gelingt mit der Verlustantizipationsvorschrift nicht automatisch die Erhaltung des am Geschäftsjahresbeginn vorhandenen Eigenkapitalbestands.[20] Vielmehr hängt die Erhaltung von der Relation zwischen realisierten Erträgen, drohenden Verlusten und dem Eigenkapital-Anfangsbestand ab. Häufig führt die vorgezogene "Buchung von Aufwand an Bestand oder Rückstellung allein (..). nicht zur Kapitalerhaltung"[21]. Dem Imparitätsprinzip eine Kapitalerhaltungsfunktion zuzuschreiben, die darauf zielte, den Eigenkapital-Anfangsbestand der Rechnungsperiode nicht zu schmälern, ginge über das Ziel des Imparitätsprinzips hinaus, "den als realisierten Überschuß der Periodenerträge über die Periodenaufwendungen konzipierten Umsatzgewinn (..) in Hinblick auf künftige, noch unrealisierte Aufwandsüberschüsse zu ergänzen"[22]. Bestimmte Eigenkapital-Kategorien betreffende Erhaltungsvorschriften sind insbesondere für Kapitalgesellschaften[23] gesetzlich gesondert verankert und brauchen nicht durch bilanzielle Gewinnermittlungsvorschriften wie das Imparitätsprinzip ersetzt zu werden. Soweit die Kapitalerhaltung als "Sinn und Zweck der erfolgswirksamen Antizipation zukünftiger Aufwandsüberschüsse" gesehen wird, soll damit wohl lediglich, doch zugleich eindringlich zum Ausdruck gebracht werden, daß durch "Einbehaltung der Aufwandsüberschußgegenwerte (..) die Ausschüttung und Besteuerung von Erfolgen vermieden [wird], die in der Totalperiode überhaupt nicht entstehen"[24], daß es sich also "einfach um einen überkommenen Grundsatz vorsichtiger Erfolgsermittlung"[25] handelt, der neben anderen GoB bewirken soll, daß "Unternehmungen ihre

---

20 Vgl. *Müller, U.* (Imparitätsprinzip, 1996): S. 692 f., mit dem Hinweis, daß die Erhaltung des Eigenkapital-Anfangsbestands bei Kapitalgesellschaften vom Vorhandensein von Rücklagen und deren Auflösungs- bzw. Ausschüttungsmöglichkeiten abhängt. Ferner sei die "angestrebte kapitalerhaltende Wirkung der Verlustantizipation (..) im Hinblick auf das Haftungsmodell der Personengesellschaften (OHG und Komplementäre der KG) und der Einzelunternehmen fragwürdig", S. 692.

21 *Müller, U.* (Imparitätsprinzip, 1996): S. 692.

22 *Euler* (Verlustantizipation, 1991): S. 192 f.

23 Vgl. für Aktiengesellschaften und KGaA § 57 Abs. 1 Satz 1 AktG: an die Aktionäre dürfen die Einlagen (Grundkapital und in die Kapitalrücklage eingestelltes Agio) nicht zurückgewährt werden; vor Auflösung der Gesellschaft darf nur der Bilanzgewinn verteilt werden (§ 57 Abs. 3 AktG). Das GmbHG sichert in § 30 Abs. 1 die Erhaltung des Stammkapitals durch ein Rückzahlungsverbot. Darüber hinaus wird die Rückzahlung von bestimmten, als Fremdkapital auszuweisenden Gesellschafterdarlehen in Krisensituationen eingeschränkt (§§ 32a, 32b GmbHG).

24 *Herzig / Rieck* (Abgrenzung des Saldierungsbereiches, 1995): S. 531 (beide Zitate).

25 *Groh* (Künftige Verluste, 1976): S. 33; ebenso vgl. *Leffson* (GoB, 1987): S. 347 ("Eine solche Erfolgsberechnung ist extrem 'vorsichtig' ").

Aufgaben auf die Dauer erfüllen und damit Eigentümern und Arbeitnehmern als nachhaltige Einkommensquelle dienen können"[26].

Versteht man die Forderung des Gesetzgebers zur Verlustantizipation indes als Anweisung zur Ermittlung niedrigerer (Bilanzstichtags-)Zeitwerte, so ergibt sich ein völlig anderes Verständnis des Imparitätsprinzips und infolgedessen auch der Drohverlustrückstellung. Um dem Ziel einer möglichst weitgehenden Approximation an das tatsächliche Stichtags- bzw. Effektivvermögen nahezukommen, darf es auf die bloße Belastung künftiger Gewinn- und Verlustrechnungen nicht ankommen, ansonsten könnten negative Einflüsse auf die Höhe des Stichtagsvermögens, die beispielsweise aus einer im Sinne der Vermögensermittlung gebotenen Abzinsung künftiger Zahlungen resultieren mögen, nicht vermögensmindernd berücksichtigt werden.

II. Die alternative Interpretation des Aufwandsüberschusses als Folge des zeitwertstatischen Imparitätsprinzips

1. Vermögensermittlung zum Zwecke der Schuldendeckungskontrolle

Das Imparitätsprinzip wird im Schrifttum verbreitet als Grundsatz der Erfassung von Stichtagsvermögensminderungen[27] bezeichnet. Diese Deutung des Imparitätsprinzips basiert auf dem Verständnis der Bilanz als Instrument zur Ermittlung des Schuldendeckungsvermögens. Anhand der Aussage *Siegels*, daß es Ziel handelsrechtlicher Rechnungslegung sei, im Interesse des Gläubigerschutzes "das Schuldendeckungspotential zu erfahren"[28], mithin "das Vorsichtsprinzip den Gewinnausweis auf eine Größe beschränken [will], bei deren Ausschüttung das Anfangs-Schuldendeckungspotential nicht angegriffen wird",[29] tritt diese These deutlich hervor. Auch für *Kessler*[30] und *Kammann* ist das Grundanliegen der Handelsbilanz "eine realistische Schuldendeckungskon-

---

26 *Leffson* (GoB, 1987): S. 93. Vgl. auch *Moxter* (Entziehbarer Gewinn, 1996): "Sicherung des 'Unternehmens an sich' ", S. 240.

27 Vgl. *Küting / Kessler* (Verlustrückstellungsbildung, 1993): S. 1048; *Kessler* (Drohverlustrückstellung, 1994): S. 569 f.; *Kammann* (Stichtagsprinzip, 1988): S. 248; *Scheidle/ Scheidle* (Ausbildungsverträge, 1980): S. 720 f.

28 *Siegel* (Realisationsprinzip, 1994): S. 7.

29 *Siegel* (Realisationsprinzip, 1994): S. 8.

30 Vgl. *Kessler* (Dauerbeschaffungsgeschäfte, 1996): "die materielle Primäraufgabe der Handelsbilanz [liegt] in der Information über die Schuldenbegleichungsfähigkeit des Kaufmanns am Bilanzstichtag", S. 5.

trolle"[31], die sich erreichen lasse, indem die "wertmäßige Entwicklung" von Vermögensgegenständen und Verbindlichkeiten "nicht in Erfolgsbeiträgen" gemessen werde, "sondern in Vermögensänderungen, die als Vermögensmehrungen (-gewinne) und Vermögensminderungen (-verluste) zu verstehen und demnach begrifflich zu kennzeichnen sind".[32]

Besteht die primäre Aufgabe der Handelsbilanz in der Abbildung der Schuldendeckungsmöglichkeiten[33], so müssen in einer derart "als Vermögensübersicht"[34] konzipierten Bilanz sämtliche rechtlich entstandenen Verpflichtungen bilanziell ausgewiesen werden. Eine Ausnahme ergibt sich aber infolge des Grundsatzes der Nichtbilanzierung schwebender Geschäfte[35] hinsichtlich der rechtlich bereits entstandenen Verpflichtungen[36] *aus gegenseitigen Verträgen*, doch gebiete § 249 Abs. 1 Satz 1 HGB zumindest „die Erfassung der gegenseitigen Leistungsverpflichtungen aus einem *zu Lasten des Bilanzierenden* unausgewogenen Vertrag in saldierter Form"[37]. Bei Verzicht auf Drohverlustrückstellungen würde „der Einblick in die Vermögenslage der Unternehmung gestört"[38]. Dies liege darin begründet, daß auch Drohverlustrückstellungen „nach herkömmlicher, statisch-rechtlicher Interpretation (..) dem Ziel eines vollständigen und zutreffenden Schuldenausweises"[39] dienten.

Übersteigt die im Rahmen eines gegenseitigen Vertrags bestehende (rechtliche) Verpflichtung den (rechtlichen) Anspruch, sind die Schuldendeckungsmöglich-

---

31 *Kammann* (Stichtagsprinzip, 1988): S. 262; vgl. *ders.* (Rückstellungsbildung, 1980): S. 402.

32 *Kammann* (Stichtagsprinzip, 1988): S. 254 (alle Zitate).

33 Vgl. *Siegel* (Verbindlichkeiten, 1981): "Im übrigen mag man sich vor Augen halten, aus welchen Gründen Verbindlichkeiten und Rückstellungen passiviert werden: Ihre vollständige Erfassung ist zur Feststellung der Schuldendeckungsfähigkeit erforderlich", S. 137.

34 *Kessler* (Drohverlustrückstellung, 1994): S. 569.

35 Vgl. hierzu *Hommel* (Dauerschuldverhältnisse, 1992): S. 35-38; *Döllerer* (Schwebender Vertrag, 1974): S. 1541-1548; *Woerner* (Grundsatzfragen, 1984): S. 491-493; *ders.* (Schwebender Vertrag, 1989): S. 38-40; und unten A. IV. 4.

36 Vgl. *Naumann* (Rückstellungsbilanzierung, 1991): "Ansprüche und Verpflichtungen [sind] durch den einem schwebenden Geschäft i.d.R. zugrundeliegenden Vertrag rechtlich entstanden", S. 535; *Woerner* (Grundsatzfragen, 1984): S. 491; *ders.* (Gewinnrealisierung, 1988): S. 771.

37 *Kessler* (Drohverlustückstellung, 1994): S. 569 (Hervorh. durch Verf.).

38 *Siegel* (Realisationsprinzip, 1994): S. 17.

39 *Kessler* (Drohverlustückstellung, 1994): S. 569. *Siegel* (Realisationsprinzip, 1994): S. 12, definiert Schulden als künftig *unabweisbare* „Nettobelastung des gegenwärtigen Vermögens". Vgl. auch *Lück* (Rückstellungen, 1996): S. 1739.

keiten zum Bilanzstichtag in Höhe des Verpflichtungsüberschusses geschmälert. Dieser Umstand muß aufgrund des Vorsichtsprinzips, dessen Ziel in diesem Verständnis wohl im unverzüglichen (bilanziellen) ‚Anzeigen' einer geminderten Schuldenbegleichungsfähigkeit besteht, durch Bilanzierung einer Drohverlustrückstellung berücksichtigt werden.

1.1. Schuldendeckungskontrolle durch Ermittlung des Zerschlagungsvermögens

Grundlage der Auffassung, die Bilanz diene der Schuldendeckungskontrolle, ist die erstmals im Allgemeinen Deutschen Handelsgesetzbuch von 1861[40] und noch heute im HGB gegenüber dem Kaufmann erhobene Forderung, einen "das Verhältnis seines Vermögens und seiner Schulden darstellenden Abschluß"[41] aufzustellen. Der Sinn einer solchen Vermögensdarstellung kann in der Erlangung von Informationen darüber gesehen werden, inwieweit das Vermögen des Kaufmanns die Schulden zu decken vermag; das bilanzielle Vermögen repräsentiert in dieser Sicht ein Schuldendeckungspotential.

Lange Zeit prägte das Verständnis des Kaufmannsvermögens als Zerschlagungsvermögen die Bilanzierung und damit zugleich die angestrebte Schuldendeckungskontrolle. Deutlich spiegelt sich dies in der Kernaussage des Reichsoberhandelsgerichts im Urteil vom 3. Dezember 1873 wider, wonach die Darstellung des Verhältnisses von (Brutto-)Vermögen zu den Schulden unter der Annahme "einer fingierten augenblicklichen allgemeinen Realisierung sämtlicher Activa und Passiva"[42] zu erfolgen hatte. In einer derartigen Bilanz können als Aktiva nur "konkretisierte (Zerschlagungs-)Einzahlungen"[43] und damit ausschließlich liquidierbare, also selbständig veräußerungsfähige[44] Vermögensge-

---

40   Vgl. Artikel 29 ADHGB 1861 ("einen das Verhältnis des Vermögens und der Schulden darstellenden Abschluß").

41   § 242 Abs. 1 HGB.

42   *ROHG* vom 3.12.1873 II Rep 934/73, ROHGE 12, S. 15-23, hier S. 19.

43   *Euler* (System, 1996): S. 24.

44   Vgl. *Moxter* (Bilanztheorie, 1984): S. 90; ders. (Bilanztheorien, HdWW 1977): "Es zählen bei einer Unternehmenszerschlagung keine anderen 'Werte'; denn die (durch den 'Wert' gemessene) Bedeutung eines jeglichen Vermögensgegenstandes erschöpft sich bei der Unternehmenszerschlagung im Veräußerungspreis des Gegenstandes", S. 672. Ebenso vgl. *v. Strombeck* (Bilanzaufstellung, 1882): "nur der in bares Geld effektiv umsetzbare Wert kann zur Deckung der Geldschulden in Betracht kommen", S. 471. Um den Ermessensspielraum bei der Wertfeststellung zu begrenzen, kann auf markttypische Veräußerungspreise zurückgegriffen werden. Entsprechend forderte das

genstände berücksichtigt werden, was den Ansatz solcher immateriellen Werte wie beispielsweise einer gut funktionierenden Unternehmensorganisation ausschließt. Als Zerschlagungsverpflichtungen (Passiva) gelten nur "gegenüber Dritten objektivierte (Zerschlagungs-)Auszahlungen"[45].

Da der Einfluß einer tatsächlichen Liquidation bei der Ermittlung des Schuldendeckungsvermögens unbeachtet bleiben soll, sind liquidationsspezifische Schulden von der Passivierung ausgenommen[46], ansonsten jedoch sämtliche im (unterstellten) Zerschlagungszeitpunkt, d.h. zum Bilanzstichtag, *fälligen* (rechtlichen) Schulden zu berücksichtigen. Darüber hinaus müssen aber auch erst *künftig* fällig werdende Schulden "notwendig wie fällige behandelt werden"[47]. Auch drohende Verluste aus schwebenden Geschäften stellen Zerschlagungsschulden dar, "sofern bei gedanklicher Liquidation des Unternehmens Verpflichtungsüberschüsse aus schwebenden Verträgen zu erwarten sind".[48] Dagegen fließt ein Geschäftswert ebensowenig in die Berechnung ein wie beispielsweise eine rein wirtschaftliche (faktische) Verpflichtung[49]. Dies ermöglicht die Ermittlung eines Effektivvermögens, ohne das Unternehmen als Ganzes bewerten und den hierdurch erlangten Ertragswert sodann einzelnen Vermögensgegenständen und Schulden zurechnen zu müssen. Das Liquidationsvermögen repräsentiert zwar den niedrigstmöglichen Unternehmenswert[50], und insofern handelt es sich bei der Bestimmung des Zerschlagungsvermögens um

---

Reichsgericht, "daß Vermögensbestandteile (Aktiva oder Passiva), die einen Markt- oder Börsenpreis (..) haben, der Regel nach zu dem sich hieraus ergebenden Wert in die Bilanz einzustellen sind, während für andere Vermögensbestandteile deren gegenwärtiger objektiver Wert auf sonstige Weise zu ermitteln ist." (RG vom 25.6.1887 Rep. I 137/87, RGZ 19, S. 111-123, hier S. 119 (Orthographie angepaßt)).

45 *Euler* (System, 1996): S. 24; vgl. auch S. 32. Vgl. *Geese* (Verlustrückstellung, 1976): "Im Hinblick auf den vollständigen Schuldenausweis (..) ergibt sich die Passivierung von Rückstellungen aus der Frage, welche Zahlungsverpflichtungen gegenüber Gläubigern sich bei Annahme einer Unternehmensliquidation am Bilanzstichtag ergeben", S. 1178.

46 Vgl. ROHG 3.12.1873 Rep. 934/73, ROHGE 12, S. 15-23, hier S. 19.

47 *v. Strombeck* (Bilanzaufstellung, 1882): S. 471.

48 *Euler* (System, 1996): S. 29.

49 Im geltenden Bilanzrecht genügt das Bestehen einer "sittlichen Verpflichtung" (*BFH* vom 20.11.1962 I 242/61 U, BStBl. III 1963, S. 113-114, hier S. 113) oder das Bestehen einer Verbindlichkeit, der "ein Kaufmann aus geschäftlichen Erwägungen heraus nachkommt" (*BFH* vom 29.5.1956 I 224/55 U, BStBl. III 1956, S. 212-213, hier S. 212). Für *Simon* (Bilanzen, 1899): S. 254 f., stellten dagegen rein wirtschaftliche Verpflichtungen wie "Wohlfahrtsreservefonds (..), Pensionsfonds, Arbeiterunterstützungsfonds (..) keine Schuldposten" dar.

50 Vgl. *Moxter* (Gewinnermittlung, 1982): S. 126.

ein vereinfachtes Verfahren zur Approximation des Unternehmenswerts; gleichwohl sind dem Versuch, über die Bilanzierung von Vermögensgegenständen und Schulden im zerschlagungsstatischen Sinn eine den tatsächlichen Verhältnissen entsprechende Abbildung der Vermögenslage zu erlangen, gerade durch die Nichtberücksichtigung des (den Unternehmenswert maßgeblich beeinflussenden) Geschäftswerts[51] enge Grenzen gesetzt.[52]

1.2. Schuldendeckungskontrolle durch Ermittlung des Fortführungsvermögens

Die Ermittlung eines Schuldendeckungsvermögens muß nicht zwingend auf der Fiktion der Unternehmenszerschlagung beruhen; vielmehr kann auch die Fiktion der Unternehmensfortführung zugrunde gelegt werden.[53] Im ersten Fall soll die Bilanz Einsichten darüber verschaffen, ob mit den Einzahlungen aus der unterstellten Versilberung der Vermögenswerte die am Bilanzstichtag vorhandenen Schulden beglichen werden können. Wird hingegen von der Unternehmensfortführung ausgegangen, orientiert sich die Kontrolle der Schuldendeckungsmöglichkeiten an der Gegenüberstellung zukünftiger Ein- und Auszahlungsströme. Die Tilgung der Schulden zu den jeweiligen Fälligkeitszeitpunkten hängt dann von den jeweils vorhandenen (und beispielsweise durch künftige Umsätze erst noch zu erzielenden) Einzahlungen ab.

Die divergierenden Zeithorizonte, die der Ermittlung eines (bilanziellen) Zerschlagungsvermögens und eines (bilanziellen) Fortführungsvermögens regelmäßig zugrunde liegen, führen zu unterschiedlichen Relationen der jeweiligen Vermögenskategorie zum Effektivvermögen: Während das Zerschlagungsvermögen aus "der Sicht der Effektivvermögensermittlung (..) den niedrigst möglichen Ertragswert (Effektivvermögen)" repräsentiert und der Gewinn dementsprechend "als Liquidationswertzuwachs konzipiert"[54] ist, existiert für das Verhältnis von (bilanziellem) Fortführungsvermögen und Effektivvermögen kein derart feststehender Zusammenhang.

---

51 Vgl. zur handels- und steuerrechtlichen Bilanzierung des Geschäfts- oder Firmenwerts *Moxter* (Geschäfts- oder Firmenwert, 1993): S. 853-861; *Breidert* (Abschreibungen, 1994): S. 165-216.
52 Vgl. *Wüstemann* (Imparitätsprinzip, 1995): S. 1031.
53 Vgl. *Moxter* (Bilanztheorie, 1984): S. 87-89.
54 *Böcking* (Verzinslichkeit, 1988): S. 54 f.

Das Fortführungsvermögen setzt sich aus sämtlichen positiven und negativen Komponenten (Ertragswertbeiträgen) zusammen[55], die in ihrer Gesamtheit den potentiellen Preis des Unternehmens, den sogenannten Unternehmens- oder Ertragswert[56] verkörpern. Schwierigkeiten bereitet allerdings die Konkretisierung der Ertragswertbestandteile, die mitunter entweder überhaupt nicht greifbar sind (z.B. Umfeldbedingungen), nur in Kombination mit anderen Komponenten einen Ertrag erwarten lassen oder hinsichtlich ihrer Wirkungsrichtung (positiv oder negativ) nicht hinreichend verläßlich eingeschätzt werden können (z.b. 'gutes' oder 'schlechtes' Management).[57] Eine Bilanzierung unter Zugrundelegung von Wiederbeschaffungswerten und unter Verdrängung von Vereinfachungs- und Objektivierungsaspekten löst dieses Problem nur scheinbar. Dabei liegt einer Wiederbeschaffungswertbilanz die Idee zugrunde, daß der Reproduktionswert eines Unternehmens "die Summe der Wiederbeschaffungskosten aller vorhandenen Einzelobjekte bilde"[58] und daß "der Marktwert (Ertragswert) eines Unternehmens (..) nicht wesentlich von diesem 'Reproduktionswert' abweichen"[59] könne.

Während in einer *Zerschlagungsbilanz* nur solche Vermögenswerte und Schulden berücksichtigt werden, die entweder einen positiven (Aktiva) oder einen negativen (Passiva) Liquidationswert-Beitrag leisten, erfaßt die *Wiederbeschaffungswertbilanz* solche Vermögenswerte als Bewertungsobjekt, die einzelbeschaffbar (Aktiva) oder einzelwegschaffbar (Passiva) sind. Dies bedeutet gegenüber dem Liquidationsvermögen eine erhebliche Erweiterung des Kreises der Aktiva, denn versteht "man 'Einzelbeschaffbarkeit' im Sinne von 'Substituierbarkeit durch entsprechende Aufwendungen' "[60], so sind nahezu sämtliche Vermögensvorteile einer bilanziellen Berücksichtigung zugänglich. Ebenso erweisen sich - wiederum durch entsprechende Aufwendungen - neben den rein rechtlichen auch alle faktischen Verpflichtungen als wegschaffbar. Lediglich ein sich erst aus der Kombination von einzelbeschaffbaren Objekten ergebender Vorteil müßte, weil nicht einzelbeschaffbar, unberücksichtigt bleiben.

Bei der Ermittlung eines wiederbeschaffungskostengeprägten Fortführungsvermögens ergeben sich weitreichende Ansatz- und Bewertungsschwierigkeiten: Selbst wenn sämtliche Aktiva einzelbeschaffbar und alle denkbaren Vermö-

---

55 Vgl. *Euler* (System, 1996): S. 50.
56 Vgl. hierzu *Moxter* (Unternehmensbewertung, 1983): S. 9-11.
57 Vgl. *Moxter* (Bilanztheorie, 1984): S. 8.
58 *Moxter* (Gewinnermittlung, 1982): S. 103.
59 *Moxter* (Gewinnermittlung, 1982): S. 103 f.
60 *Moxter* (Gewinnermittlung, 1982): S. 106.

genslasten einzelwegschaffbar sein sollten, sind dennoch Vermögensbestandteile, die nicht in Sachen, Rechten oder Verpflichtungen gegenüber Dritten bestehen, einer Erfassung mitunter nur schwer zugänglich. "Es gibt keine Möglichkeit zur 'Vollständigkeitskontrolle' ", denn das Bejahen ihrer Existenz in Zweifelsfällen "bedeutet (..) nur ein Verschieben der Problematik auf die Objekt*bewertung*".[61] Aus diesem Grund kann die Addition der Wiederbeschaffungskosten sämtlicher Vermögenswerte und die anschließende Subtraktion aller vermögensbelastenden Wegschaffungskosten nur ausnahmsweise zur Ermittlung des 'wahren' Unternehmenswerts, d.h. der tatsächlichen Vermögenslage führen.

Wenngleich der Bilanz*ansatz*, also die Eingrenzung der zu erfassenden Bewertungsobjekte in der Bilanz im Rechtssinne (unstrittig) nicht durch die in weiten Teilen desobjektivierte Fiktion der Wiederbeschaffung von Vermögensvorteilen respektive Wegschaffung von Vermögenslasten bestimmt wird, könnte man geneigt sein, die insoweit erwachsende Diskrepanz zwischen Buchvermögen und Effektivvermögen zu heilen, indem Wiederbeschaffungskosten bzw. Wegschaffungskosten zumindest den maßgeblichen Bewertungsmaßstab für Aktiva und Passiva bilden sollen. Allerdings wird dieses (mögliche) Vorgehen im geltenden Recht durch die Anschaffungskostenkonzeption begrenzt, ausnahmslos verbietet sich eine über den (fortgeführten) Anschaffungs- oder Herstellungskosten liegende Bewertung. Sinken indes die Wiederbeschaffungskosten unter die (fortgeführten) Anschaffungs- oder Herstellungskosten, so hat nach Auffassung von Teilen der Literatur[62], aber auch der (älteren) Rechtsprechung[63], bei der Folgebewertung eine strikte Orientierung an den Wiederbeschaffungskosten zu erfolgen.

---

61 *Moxter* (Gewinnermittlung, 1982): S. 108 (beide Zitate; Hervorh. durch Verf.). *Moxter* verdeutlicht dies am Beispiel des 'Standorts': Es ist unmittelbar einsichtig, daß der Wert des Standorts von den Ertragsaussichten des Unternehmens abhängt; "man muß also Annahmen über die wirtschaftlichen Aussichten treffen, bevor man an eine Zurechnung herangehen kann". Dabei besteht insbesondere die Gefahr, daß die einem anderen Vermögensvorteil, wie beispielsweise einem Kundenstamm, zuzurechnenden künftigen Erträge im Wege einer Doppelerfassung auch dem 'Standort' zugerechnet werden, S. 109.

62 Vgl. z.B. *Schnicke / Schramm / Bail* (in: Beck'scher Bilanz-Kommentar, 1995): § 253, Anm. 288; *Döring* (in: Küting / Weber, 1995): § 253 Rn. 149 für die Bewertung des abnutzbaren Anlagevermögens.

63 Vgl. *BFH* vom 8.10.1957 I 86/57 U, BStBl. III 1957, S. 442-443; *BFH* vom 13.3.1964 IV 236/63 S, BStBl. III 1964, S. 426-429; *BFH* vom 29.7.1965 IV 164/63 U, BStBl. III 1965, S. 648-650; *BFH* vom 30.1.1980 I R 89/79, BStBl. II 1980, S. 327-329.

2. Implikationen der angestrebten Schuldendeckungskontrolle für die Interpretation des Imparitätsprinzips

Sowohl der Ermittlung eines Zerschlagungsvermögens als auch der Vermögensermittlung unter Annahme der Unternehmensfortführung durch Heranziehen von Wiederbeschaffungs- oder Wegschaffungskosten liegt ein *zeitwertstatisches* Verständnis von Aktiva und Passiva zugrunde. In solchermaßen konzipierten Vermögensermittlungen zum Zwecke der Schuldendeckungskontrolle muß auch das Imparitätsprinzip eine zeitwertstatische Funktion erfüllen.[64]

So meint *Kammann*, die Orientierung des Imparitätsprinzips am Gedanken "einer den tatsächlichen Verhältnissen entsprechenden Abbildung der Vermögenslage"[65] aus bilanzgeschichtlichen Zusammenhängen ableiten zu können. Ursprünglich habe das „zentrale Anliegen des Gesetzgebers" darin bestanden, „in der Handelsbilanz die tatsächlichen Vermögensverhältnisse in umfassender Weise zu *Zeitwerten* offenzulegen", jedoch sei diese Konzeption aus Vorsichtsgründen durch Anschaffungskosten- und Realisationsprinzip begrenzt worden. Im Ergebnis führte dies dazu, daß man den gewünschten „wahrheitsgetreuen Vermögensausweis" „nach oben hin eingeschränkt" fand, demgegenüber sei an eine Einschränkung des „wahrheitsgetreuen Vermögensausweises auch *nach unten hin*"[66] niemals gedacht worden und insoweit "die ursprünglich umfassende Zeitwertkonzeption des Bilanzrechts (..) offenbar unangetastet geblieben"[67].

Niederstwertvorschrift und die Verpflichtung zur Bilanzierung von Drohverlustrückstellungen als „zentrale Bestandteile des gesetzlichen Plans in einem prädominant statischen Bilanzrecht"[68] verdeutlichten, daß es "einzig und allein auf die *exakte Erfassung des Vermögens zum Stichtag*"[69] ankomme. Entsprechend will *Kammann* Argumente nicht gelten lassen, die das Imparitätsprinzip als (zeitwertstatisches) Vermögensermittlungsprinzip in Frage stellen. Die von anderen Autoren vorgenommene "Deutung des Imparitätsprinzips als 'Prinzip der Verlustantizipation' " treffe nicht den "eigentlichen Charakter dieses Grundsatzes"[70]. Das Imparitätsprinzip verlange - wie *Kessler* hervorhebt -"mitnichten

---

64 Vgl. *Wüstemann* (Imparitätsprinzips, 1995): S. 1031.
65 *Kammann* (Stichtagsprinzip, 1988): S. 268.
66 *Kammann* (Stichtagsprinzip, 1988): S. 255 (alle Zitate).
67 *Kammann* (Stichtagsprinzip, 1988): S. 256.
68 *Kammann* (Stichtagsprinzip, 1988): S. 262.
69 *Kammann* (Stichtagsprinzip, 1988): S. 267; vgl. *ders.* (Rückstellungsbildung, 1980): S. 402.
70 *Kessler* (Imparitätsprinzip, 1994): S. 1294 (beide Zitate).

einen Vorgriff auf *zukünftig zu erwartende Verluste*", vielmehr ziele es "auf die Offenlegung solcher Verluste [ab], 'die bis zum Bilanzstichtag entstanden sind' ". In der Terminologie der statischen Bilanzauffassung (..) geht es mithin um die Berücksichtigung der bis zum Bilanzstichtag *eingetretenen Vermögensminderungen*." Allein diesem Zweck dienten "die Niederstbewertung von Wirtschaftsgütern als auch der Ausweis von Verpflichtungsüberschüssen aus gegenseitigen Verträgen mittels Drohverlustrückstellung"[71].

Unmittelbar im Zusammenhang mit der periodischen Kontrolle der Schuldendeckungsfähigkeit soll nach Auffassung von Teilen der Literatur das die steuerliche Gewinnermittlung prägende Prinzip der Leistungsfähigkeitsmessung stehen, die definiert wird als "die Fähigkeit, Geldzahlungen erbringen zu können (Vermögenspotential)"[72]. Das Prinzip steuerlicher Leistungsfähigkeit gebiete es, jedwede Minderung der Zahlungsfähigkeit durch eine Gewinnminderung zum Ausdruck zu bringen. So seien Vermögensverluste, die das Reinvermögen am Bilanzstichtag in Form eines Wertverlustes bei Aktiva oder in Form von Verpflichtungsüberschüssen aus gegenseitigen Verträgen schmälerten, zu berücksichtigen: "Das aber bedeutet nichts anderes, als daß aufgrund dieser Vermögenseinbußen die Fähigkeit des Kaufmanns, über die Abdeckung seiner Schulden hinaus Zahlungen leisten zu können, abgenommen hat."[73]

Im folgenden ist zu zeigen, daß die für die Darstellung der Vermögenslage notwendige "Offenlegung sämtlicher bis zum Bilanzstichtag eingetretener, noch nicht realisierter Vermögensverluste"[74] insbesondere bedeutet, unterverzinsliche Forderungen und überverzinsliche Verbindlichkeiten sowie Rückstellungen mit ihrem Barwert zu bilanzieren.[75]

---

71 *Kessler* (Drohverlustrückstellung, 1994): S. 1294 (alle Zitate). Dies impliziere z.B., daß Stichtagsabsatzpreise, nicht aber künftige (erwartete) Verkaufserlöse die Bilanzwerte von Vorratsgütern bestimmen und "bis zur Vermarktung noch anfallende Lagerkosten" bei der Bewertung von Vermögensgegenständen des Vorratsvermögens unberücksichtigt bleiben: "Denn soweit dem Kaufmann durch künftige Preisentwicklungen oder die Lagerung (..) Vermögenseinbußen drohen, sind diese für die Abbildung der Stichtagsvermögenssituation grundsätzlich unbeachtlich, da sie ihre Ursache nach dem Bilanzstichtag haben und damit einem späteren Wirtschaftsjahr zuzurechnen sind" (S. 1295). Die gleichen Grundsätze müßten gelten bei der Bilanzierung von Drohverlustrückstellungen für auf die Beschaffung von Vorratsvermögen gerichteten Geschäften.
72 *Birk* (Leistungsfähigkeitsprinzip, 1983): S. 167.
73 *Kessler* (Imparitätsprinzip, 1994): S. 1295.
74 *Kessler* (Imparitätsprinzip, 1994): S. 1296.
75 Vgl. *Wüstemann* (Imparitätsprinzip, 1995): S. 1036 f.

3. Implikationen der Zeitwertstatik für die Frage der Berücksichtigung von Zinseffekten

3.1. Der Barwert als maßgeblicher Bewertungsmaßstab für Aktiva und Passiva

Die Barwertbilanzierung von Schulden ergibt sich unabhängig davon, ob die Kontrolle der Schuldendeckungsmöglichkeiten mittels Zerschlagungs- oder (wiederbeschaffungsgeprägter) Fortführungsbilanz erfolgen soll. Zwar sind in der (zeitwertstatischen) Zerschlagungsbilanz Schulden (unabhängig vom Fälligkeitszeitpunkt) "zum (Netto-)Liquidationswert"[76] zu bilanzieren, doch ergeben sich für bereits am Bilanzstichtag fällige Schulden andere Wertansätze als für erst künftig fällig werdende Schulden. Der Rückzahlungsbetrag ist bei ersteren im Zerschlagungsfall mit dem Nennwert identisch, für erst künftig zu tilgende Schulden entspricht der Rückzahlungs- oder Ablösebetrag unter der Annahme der Unternehmenszerschlagung dagegen dem Barwert. In gleicher Weise, wie eine Anleiheforderung im Fall gestiegener Marktzinsen am Bilanzstichtag mit einem ihren Nennwert unterschreitenden niedrigeren Veräußerungs- bzw. Zerschlagungswert (also dem Barwert) zu aktivieren ist, müssen erst nach dem Zerschlagungsstichtag fällige Schulden ebenfalls zum Barwert passiviert werden.[77]

In der fortführungsorientierten Wiederbeschaffungswertbilanz werden die am Bilanzstichtag geltenden Einzelbeschaffungspreise zur maßgeblichen Bewertungskategorie für Aktiva. Aus dem Substitutionsgedanken folgt in Analogie hierzu, daß Schulden zu ihren *Wegschaffungskosten* erfaßt werden, also zu den Kosten, die aufgewendet werden müßten, um sich des Passivums zu entledigen. Gedanklich ensprechen die Wegschaffungskosten dem "Betrag, den ein Erwerber des Betriebes mehr zahlen würde, wenn die Verbindlichkeit nicht bestünde. (..) Dieser Betrag aber ist der *Barwert* der Verbindlichkeit"[78]. Sowohl die Unterstellung einer Unternehmenszerschlagung als auch die Annahme der Unternehmensfortführung unter Zugrundelegung von Wiederbeschaffungswerten führen mithin bei der Schuldenbewertung zum selben (Bar-)Wertansatz.

Wird die bilanzielle (Stichtags-)Vermögensermittlung primär als Methode zur Approximation des Effektivvermögens verstanden, bilden Aktiva ertragswert-

---

76 *Euler* (System, 1996): S. 32.
77 Vgl. *Böcking* (Verzinslichkeit, 1988): S. 59.
78 *BFH* vom 25. 2.1975 VIII R 19/70, BStBl. II 1975, S. 647-649, hier S. 648 (Hervorh. im Original); vgl. ebenso *BFH* vom 12.3.1964 IV 456/61 U, BStBl. III 1964, S. 525-526, hier S. 526.

steigernde Elemente, während Schulden Ertragswertminderungen verkörpern. Obwohl für die bilanzielle Vermögensermittlung eine Gesamtbewertung[79] (als theoretisch zutreffende Methode zur Ermittlung des Ertragswerts) des Unternehmens aus Gründen der Unzumutbarkeit und der fehlenden Objektivierbarkeit[80] ausscheidet, wird an der grundsätzlichen Bewertungsmethode gleichwohl festgehalten. Um den Preis zu ermitteln, der gegenwärtig am Markt für das Unternehmen gezahlt würde, müssen künftige Erträge und Aufwendungen gegenübergestellt werden, darüber hinaus bedarf es einer Abzinsung der künftigen positiven und negativen Ertragswertanteile. Demgegenüber unterstellte man mit dem Verzicht auf Diskontierung, daß einem erst künftig möglichen Konsumausgabenpotential von den Marktteilnehmern derselbe Wert zugemessen wird wie einem gegenwärtig realisierbaren. Aus ökonomischer Sicht ist diese Annahme indes unsinnig,[81] mithin erfordert das Ziel der Effektivvermögensermittlung die Abzinsung.

Dies sei am Beispiel der Bewertung einer Forderung gezeigt: Forderungen müssen bei der Ermittlung des zeitwertstatischen Fortführungsvermögens zum Stichtag stets mit ihrem Barwert aktiviert werden, und zwar unabhängig davon, ob sie mit einer Kreditleistung verbunden oder echt unverzinslich sind. Ist eine Forderung gemessen am Kapitalmarktzins unterverzinslich geworden, liegt der Barwert unter dem Nennwert und induziert eine entsprechende Abwertung. Ein etwaiges Wahlrecht zur Beibehaltung des Nennwertes besteht nicht, da insoweit ein zu hohes (approximiertes) Effektivvermögen ermittelt, mithin die wirtschaftliche Lage des Unternehmens zu positiv dargestellt würde. Auch spielt es keine Rolle, ob die Forderung dem Umlauf- oder dem Anlagevermögen zuzurechnen ist, d.h. der jederzeit mögliche sofortige bzw. alsbaldige (Umlaufvermögen) oder aber annahmegemäß eher unwahrscheinliche (Anlagevermögen) Abgang einer Forderung führt nicht zu jeweils unterschiedlichen Wertansätzen:

---

79   Vgl. hierzu Moxter (Unternehmensbewertung, 1983): S. 35 ("Bei der 'Gesamtbewertung' ermittelt man den potentiellen Preis des zu bewertenden Unternehmens, indem man auf denjenigen Preis zurückgreift, der für den gleichen Ertragsstrom (wie aus dem zu bewertenden Unternehmen) mindestens zu zahlen ist").

80   Vgl. *Moxter* (Bilanztheorie, 1984): S. 111 f. und 159; *Mellwig* (Teilwertverständnis, 1994): S. 1073.

81   Vgl. *Groh* (Verbindlichkeitsrückstellung, 1988): "Altruismus, der auf Zinsen verzichtet, ist im Wirtschaftsleben selten und muß nachgewiesen werden", S. 31. Die ökonomische Sicht ist hier nicht gleichzusetzen mit der für die Bilanzierung maßgeblichen wirtschaftlichen Betrachtungsweise, denn die Unterstellung, eine später zu zahlende Summe enthalte *stets* einen Zinsanteil "ist lediglich eine unter mehreren möglichen wirtschaftlichen Betrachtungsweisen. (..) Eine hiervon abweichende, an den speziellen Sachverhalten orientierte wirtschaftliche Betrachtungsweise fragt, ob (..) [die] Verzinslichkeit wirklich gewollt ist" (*Moxter* (Einführung Diss. Böcking, 1988): S. 12 f.).

In jedem Fall ist der Barwert die allein maßgebliche Wertkategorie. Das gilt, wie oben gezeigt, nicht nur für die zerschlagungsstatische, sondern auch für die fortführungsstatische (wiederbeschaffungskostenorientierte) Zeitwertkonzeption, die zugleich einer streng am Wortlaut ausgerichteten Teilwertinterpretation[82] entspricht: Ein gedachter Erwerber des ganzen Unternehmens würde einem unverzinslich oder gegenüber dem Marktzins niedrig verzinslichen Darlehen einen geringeren Wert als dessen Nennwert beimessen, er würde dem Unternehmensveräußerer das in Frage stehende Darlehen nur in Höhe des Barwerts vergüten wollen.

Gleichwohl kann im geltenden Recht eine Effektivvermögensannäherung, neben den oben bereits dargestellten Problemen, durch den Ansatz von Barwerten nur einseitig gelingen. Denn das Realisationsprinzip[83] verbietet eine Effektivvermögensannäherung, soweit hierdurch Gewinne vor ihrer Realisierung ausgewiesen würden. Dies wäre aber der Fall, ließe man eine Barwertbilanzierung uneingeschränkt zu, also auch dann, wenn der Barwert den Nennwert einer Forderung übersteigt. Indes wird selbst von Befürwortern der Barwertkonzeption das Realisationsprinzip als (insoweit) einschränkendes Element der (Stichtags-)Vermögensermittlungskonzeption anerkannt[84].

In gleicher Weise wie Forderungen müssen Schulden nach zeitwertstatischem Verständnis mit ihrem Barwert bilanziert werden. Wird eine (Kredit-)Verbindlichkeit überverzinslich, so liegt der Barwert über dem (vertraglich vereinbarten) Rückzahlungsbetrag. Anders verhält es sich, wenn eine (Kredit-)Verbindlichkeit unterverzinslich geworden ist: Der aus der Unterverzinslichkeit folgende, gegenüber dem Nennwert niedrigere Barwert kann jedoch bei Beachtung des Realisationsprinzips genausowenig berücksichtigt werden wie ein (etwaiger) höherer Barwert einer Darlehensforderung auf der Aktivseite.

---

82 Vgl. hierzu *Mellwig* (Teilwertverständnis, 1994): S. 1072 f. "Die Zurechnungsproblematik führt zur Dominanz der Wiederbeschaffungskosten für die Teilwertbemessung", S. 1073. Allerdings seien die "Mängel des herrschenden Teilwertverständnisses (..) gravierend", S. 1074.

83 Vgl. § 252 Abs. 1 Nr. 4 HGB.

84 Vgl. *Kammann* (Stichtagsprinzip, 1988): S. 255 und hierzu *Wüstemann* (Imparitätsprinzip, 1995), der darauf hinweist, daß in der zeitwertstatischen Bilanzauffassung "das Realisationsprinzip (in seiner Ausprägung als Festsetzung der Obergrenze der Bewertung auf die Anschaffungskosten und Herstellungskosten beim Wertansatz) mehr als Objektivierungsprinzip einer vermögensorientierten Bilanzierung (..) denn als Ausdruck einer am Umsatzakt orientierten Bilanzierung überhaupt" gesehen wird, S. 1037.

3.2. Die Abzinsung von Verbindlichkeitsrückstellungen als besondere Form eines zeitwertstatischen Schuldenverständnisses

Rückstellungen müssen nach den oben dargelegten Grundsätzen (wie alle Schulden) abgezinst passiviert werden: Die Wegschaffungskosten von erst in der Zukunft zu erbringenden (Neben-)Leistungen, wie z.B. Garantieleistungen, liegen unter den zukünftig anfallenden (vollen) Ausgaben. Bei einem fiktiven Unternehmensverkauf würde umso mehr erlöst, je weiter die bereits realisierten Umsätzen zuzurechnenden künftigen Ausgaben in der Zukunft liegen.

In der Literatur findet hinsichtlich des Abzinsungserfordernisses bei Rückstellungen eine heftige Diskussion statt, die durch Entscheidungen der höchstrichterlichen Rechtsprechung[85] immer wieder neu entfacht wird. Im folgenden sollen die von Rechtsprechung und Literatur angeführten Argumente für eine Abzinsung von Rückstellungen dargestellt und analysiert werden.

In einem Urteil aus dem Jahr 1964, das die Bilanzierung einer Tantiemenzusage an Arbeitnehmer betraf, führte der BFH aus, es stehe außer Zweifel, die Schuld bereits im Jahr der Zusage zu passivieren. Dabei sei der Nennbetrag der Verpflichtung anzusetzen, soweit "der Betrag alsbald fällig ist". Dies gelte aber nicht, "wenn die Fälligkeit der Schuld unverhältnismäßig weit herausgeschoben ist." Die Bilanz zeichne ein "wirtschaftlich falsches Bild", sofern "dem entscheidend ins Gewicht fallenden Umstand nicht Rechnung getragen wäre, daß der Arbeitgeber mit dem zugesagten Betrag noch auf lange Zeit wirtschaften kann". Mit dieser Formulierung spielt der BFH implizit auf den sogenannten 'Finanzierungseffekt' von Rückstellungen an, wonach das durch Rückstellungsbildung zurückgehaltene Kapital im Falle zwischenzeitlicher Anlage mutmaßlich zur Erzielung von Erträgen beizutragen vermag. Die Rückstellung stellt damit aus Sicht des BFH eine wirtschaftliche Last nicht in Höhe des (vollen) Erfüllungsbetrages dar, sondern nur in Höhe des Kapitals, "das mit Zins und Zinseszins am späteren Fälligkeitstag den (Erfüllungs-)Betrag (..) ergibt"[86].

Auffällig ist, daß diesem und anderen Urteilen[87], in denen der BFH den diskontierten Ansatz von Verbindlichkeiten verlangt, durchweg Geldleistungsverpflichtungen zugrunde liegen. Für diese Art von (ungewissen) Verbindlichkei-

---

85 Vgl. *BFH* vom 7.7.1983 IV R 47/80, BStBl. II 1983, S. 753-755; hier S. 754 f.; *BFH* vom 19.7.1983 VIII R 160/79, BStBl. II 1984, S. 56-59, hier S. 58; *BFH* vom 5.2.1987 IV R 81/84, BStBl. II 1984, S. 845-848, hier S. 848.
86 *BFH* vom 3.7.1964 VI 262/360, BStBl. III 1965, S. 83-85, hier S. 85 (alle Zitate).
87 Vgl. *BFH* vom 7.7.1983 IV R 47/80, BStBl. II 1983, S. 753-755; *BFH* vom 12.3.1964 IV 456/61 U, BStBl. III 1964, S. 525-526.

ten läßt sich eine generelle Tendenz der Rechtsprechung zur Abzinsung und damit zur Unterstellung eines im Erfüllungsbetrag (trotz fehlender expliziter Vereinbarung) enthaltenen Zinsanteils konstatieren. Die Feststellung, ob eine (ungewisse) Verbindlichkeit in wirtschaftlicher Sicht einen Zinsanteil enthält oder ob sie nicht tatsächlich unverzinslich ist, mag freilich im Einzelfall schwierig sein.[88] Nur bei allzu offenkundigem Fehlen von Zinsanteilen, wie etwa im Fall zurückzugewährender Bausparkassen-Abschlußgebühren[89], sieht die Rechtsprechung von der Annahme einer verdeckten Verzinsung ab. Die Unterstellung einer Verzinsung hätte auch kaum glaubhaft begründet werden können: sofern den Bausparern lediglich die (nominal) geleistete Abschlußgebühr erstattet wird, nicht aber ein höherer (verzinster) Betrag, läßt sich eine verdeckte Verzinsung nicht konstruieren. Die für eine Abzinsung bemühten Argumente machen deutlich, daß im Vordergrund der (zeitwertstatischen) Vermögensermittlung die Abbildung des (möglichst weitgehend) approximierten Effektivvermögens steht. Darauf weist insbesondere die Aussage des BFH hin, wonach die Vernachlässigung der Zinskomponente „ein wirtschaftlich falsches Bild"[90] von der Vermögenslage liefere.

3.3. Die besondere Problematik der Abzinsung von Drohverlustrückstellungen

a) Implikationen eines als Vermögensermittlungsprinzip verstandenen Imparitätsprinzips für den Ansatz von Drohverlustrückstellungen

Wie Verbindlichkeitsrückstellungen sind auch Drohverlustrückstellungen in zeitwertstatischer Sicht auf den Bilanzstichtag abgezinst zu bilanzieren: Der Ansatz einer Drohverlustrückstellung zu ihrem Barwert ist immer dann maßgebend, wenn der Sinn und Zweck des Imparitätsprinzips darin gesehen wird, „die am Abschlußstichtag gegebenen positiven und negativen Vermögensbestandteile mit ihren Zeitwerten (Teilwerten) zu erfassen und auf diese Weise den im Rahmen des Einzelbewertungsansatzes bestmöglichen Einblick in die Vermögenslage zu gewähren"[91]. Die Einordnung des Imparitätsprinzips als Grundsatz der Vermögensermittlung kann dazu führen, daß ein schwebendes Geschäft, welches bei Gegenüberstellung des (unabgezinsten) künftigen Ein-

---

88 Vgl. *Moxter* (Bilanzrechtsprechung, 1996): S. 201.
89 Vgl. *BFH* vom 12.12.1990 I R 153/86, BStBl. II 1991, S. 479-484.
90 *BFH* vom 3.7.1964 VI 262/360, BStBl. III 1965, S. 83-85, hier S. 85.
91 *Moxter* (Einführung Diss. Böcking, 1988): S. 19.

und Auszahlungsstroms als zumindest ausgeglichen gelten darf, bei Unterstellung eines Zinseffekts verlustträchtig wird und damit den Ansatz einer Drohverlustrückstellung erfordert.[92] Dies sei an einem Beispiel erläutert:

Kaufmann A habe mit Kaufmann B im Zeitpunkt t_0 einen Vertrag geschlossen, wonach A in vier Jahren eine bestimmte Menge Wein zum Preis von 100.000 DM liefern soll. Kaufmann A wird den Wein allerdings schon zwei Jahre nach Vertragsschluß zum Preis vom 90.000 DM beschaffen und anschließend zwei Jahre bis zum vereinbarten Liefertermin einlagern.[93] Das Geschäft führt unter Zugrundelegung der nominalen künftigen Zahlungsströme zu einem Einnahmenüberschuß von 10.000 DM, die Bilanzierung einer Drohverlustrückstellung erscheint in diesem Fall nicht geboten. Etwas anderes gilt, wenn man die Barwerte der Zahlungsströme gegenüberstellt: Der Barwert der auf den Zeitpunkt t_0 diskontierten, für t_4 erwarteten Einzahlung beträgt bei einem unterstellten Kapitalmarktzins von 10 % 68.301 DM, der auf denselben Zeitpunkt ermittelte Barwert der für t_2 geplanten Auszahlung beläuft sich auf 74.380 DM; so gesehen entsteht durch den Abschluß des schwebenden Geschäfts ein als drohender Verlust zu passivierender Verpflichtungsüberschuß von 6.079 DM.

b) *Implikationen eines als Vermögensermittlungsprinzip verstandenen Imparitätsprinzips für die Bewertung von Drohverlustrückstellungen*

Wie dem sich überhaupt erst aus einer Abzinsung ergebenden *Ansatz* einer Drohverlustrückstellung liegt auch der *Bewertung* des Verpflichtungsüberschusses aus einem schwebenden Geschäft mit dem Barwert ein zeitwertstatisches Bilanzverständnis zugrunde.[94] Der „Grundsatz der Bewertung nach den Verhältnissen des Bilanzstichtags" soll nach Auffassung der höchstrichterlichen Rechtsprechung bei Drohverlustrückstellungen dazu führen, den „Barwert der künftigen Ansprüche und Verpflichtungen" aus dem Vertrag anzusetzen, dieser "ist durch Abzinsung zu ermitteln"[95]. Dabei weist der BFH auf die Analogie zu

---

92 Vgl. *Herzig* (Drohverlustrückstellungen, 1994): S. 1431.
93 Vereinfachungsbedingt wird davon ausgegangen, daß die Lagerkosten derart gering seien, daß sie für die im folgenden getroffenen Feststellungen vernachlässigt werden können.
94 Vgl. *Böcking* (Verzinslichkeit, 1988): S. 287.
95 *BFH* vom 19.7.1983 VIII R 160/79, BStBl. II 1984, S. 56-59, hier S. 59 (beide Zitate). Ebenso vgl. OFH v. 22.6.1949 I 174/435, StuW 1949, Nr. 51, Sp. 111-121; der vom OFH in diesem Urteil aufgestellte Grundsatz, wonach der gegenwärtige Wert (Barwert) der Verbindlichkeit mit dem gegenwärtigen Wert (Barwert) der Forderung zu vergleichen sei, wurde vom BFH übernommen; vgl. *BFH* vom 25.9.1956 I

Rentenverpflichtungen hin, die kraft gesetzlicher Regelung[96] abgezinst zu passivieren sind. Eine weitergehende Begründung erfolgt zwar nicht, doch werden dieselben (ökonomischen) Erwägungen wie bei Verbindlichkeitsrückstellungen den BFH dazu veranlaßt haben, den Barwertansatz als einzig zulässigen und gebotenen Bewertungsmaßstab von Drohverlustrückstellungen zu fordern.[97]

4. Zur Kritik an einem zeitwertstatischen Bilanzverständnis - Die Inadäquanz von angestrebtem Ziel (Schuldendeckungskontrolle) und Mittel

Daß die oben dargestellte zeitwertorientierte Vermögensermittlung die Schuldendeckungsmöglichkeiten des Kaufmanns umfassend zu reflektieren vermag, muß bezweifelt werden. In bezug auf die zerschlagungsstatische Vermögensermittlung gilt, daß "Zerschlagungsbilanzen (..) allein die für den Zerschlagungsfall zu erwartenden Einnahmen und Ausgaben wieder[geben]" und damit einen "zwar vollständigen, aber nur für den Zerschlagungsfall geltenden Finanzplan dar[stellen]"[98]. Der an Zerschlagungswerten orientierte Ansatz und die Bewertung von Vermögensgegenständen und Schulden erweist sich insoweit zur Kontrolle der Schuldendeckungsmöglichkeiten bei Fortführung des Unternehmens als ungeeignet[99].

122/56 U, BStBl. III 1956, S. 333-334; *BFH*-Beschluß vom 26.5.1993 X R 37/91, BStBl. II 1993, S. 855-861.

96 Vgl. § 253 Abs. 1 Satz 2 HGB, § 156 Abs. 2 AktG 1965.

97 Vgl. hierzu aber *Döllerer* (Begriff der Rückstellungen, 1975), nach dessen Auffassung "die Abzinsung (..) nur bei Kapitalforderungen und Kapitalschulden möglich erscheint", S. 295. Zur Abzinsung einer Drohverlustrückstellung bei Vorliegen einer Geldschuld vgl. unten 2. Kapitel, A. VII. 3.

98 *Moxter* (Bilanztheorie, 1984): S. 88 (beide Zitate). Zur Inkompatibilität zerschlagungsstatischer Bilanzierung mit dem geltenden Handelsbilanzrecht und den Grenzen des Gläubigerschutzes durch Zerschlagungsorientierung vgl. *Euler* (System, 1996): S. 37-46.

99 Selbst Liquidations- oder Überschuldungsbilanz werden nicht (zwingend) auf der Grundlage von Zeit- oder Zerschlagungswerten aufgestellt. Vielmehr gelten seit der Änderung einschlägiger Vorschriften im AktG (§ 270 Abs. 2 Satz 2 AktG) und im GmbHG (§ 71 Abs. 2 Satz 2 GmbHG) durch das Bilanzrichtlinien-Gesetz "die allgemeinen Vorschriften über den Jahresabschluß und den Lagebericht für alle Kapitalgesellschaften grundsätzlich auch während der Liquidation" (*Förschle / Deubert* (in: Sonderbilanzen, 1994): Kapitel K, Anm. 23). Die Feststellung einer Überschuldung, die dann gegeben ist, "wenn das Vermögen nicht mehr die Schulden deckt" (§§ 92 Abs. 2 Satz 2 AktG, 64 Abs. 1 Satz 2 GmbHG, 130a Abs. 1 Satz 1 HGB, 98 Abs. 1 Nr. 2 GenG), sollte nach Auffassung des Schrifttums der Fortführungsprämisse unterliegen, so daß statt Zerschlagungs- oder Zeitwerten "Betriebs-Fortführungswerte"

Zu umfassenden Erkenntnissen über die Schuldendeckungsfähigkeit gelangt der (im Regelfall an der Fortführung seines Unternehmens interessierte) Kaufmann nicht durch die Untersuchung, ob zum Bilanzstichtag seine Schulden durch Veräußerung sämtlicher (selbständig veräußerungsfähiger) Vermögensgegenstände gedeckt werden könnten, zumal sich auch ein feststehender Zusammenhang zwischen den Möglichkeiten der Schuldendeckung bei Unternehmenszerschlagung und dem Schuldendeckungspotential bei Unternehmensfortführung nicht feststellen läßt. Der "Spezialfinanzplan 'Zerschlagungsbilanz' "[100] ersetzt also keinesfalls eine detaillierte Finanzplanung.

Auch Fortführungsbilanzen (einschließlich der wiederbeschaffungsgeprägten) sind aufgrund der objektivierungsbedingten Einschränkungen bei den zu verzeichnenden Aktiven und Passiven "bestenfalls als *Finanzplantorso* zu werten"[101]. Aus diesem Grund kann das Ziel einer Rechnungslegung unter Fortführungsgesichtspunkten keinesfalls in der *absoluten* Kontrolle der Schuldendeckungsfähigkeit bestehen, da nur ein (vollständiger) Finanzplan geeignet ist, eine derartige Funktion zu erfüllen. In einem solchen Finanzplan[102] werden den künftig erwarteten Ausgaben die künftig erwarteten Einnahmen entsprechend den Fälligkeitszeitpunkten gegenübergestellt.[103] Die Finanzplanung muß ferner, "wegen der ihr anhaftenden Unsicherheit, unter der Annahme unterschiedlicher Zukunftslagen erfolgen (..) Nur auf diese Weise kann sie ihrer Vorsorgefunktion gerecht werden."[104] Dagegen enthält die (Fortführungs-)Bilanz lediglich ausschnittsweise Informationen über die Möglichkeiten der Schuldenbegleichung in Form künftiger Einnahmen und Ausgaben: Zwar lassen sich mittels der für Kapitalgesellschaften gesetzlich vorgeschriebenen liquiditätsorientierten Gliederung[105] Anhaltspunkte[106] über die Schuldendeckungsfähigkeit gewinnen. Jedoch fehlen weitergehende Informationen, die eine exakte zeitliche Isolation der interessierenden Zahlungen (als unabdingbare Voraus-

---

(*Förschle / Kofahl* (in: Sonderbilanzen, 1994): Kapitel I, Anm. 93, mit Hinweis auf das Urteil des *BGH* vom 13.7.1992 II Z R 269/91, DB 1992, S. 2022-2025) anzusetzen sind. Eine Überschuldung liegt demnach nicht vor, wenn das (positive) Fortführungsvermögen die Fortführungsschulden zumindest deckt.

100 *Moxter* (Bilanztheorie, 1984): S. 90.
101 *Moxter* (Bilanztheorie, 1984): S. 88 (Hervorh. im Original).
102 Vgl. hierzu *Franke / Hax* (Finanzwirtschaft, 1994): S. 100-139.
103 Vgl. *Moxter* (Bilanztheorie, 1984): S. 86 f.
104 *Moxter* (Bilanztheorie, 1984): S. 90.
105 Vgl. § 266 HGB.
106 Vgl. hierzu *Moxter* (Sinn und Zweck, 1987): S. 370.

setzung zur Erstellung eines Finanzplans) ermöglichen, bis auf einige (wenige) Anhangangaben[107] völlig. Insgesamt kann eine "an der Unternehmensfortführung orientierte Gegenüberstellung von Aktiven und Passiven (..) nur *hilfsweise* als Instrument zur Schuldendeckungskontrolle dienen"[108] und mithin der maßgebende Bilanzzweck nur sehr begrenzt in der Ermittlung der Schuldendeckungsmöglichkeiten bestehen: Das Ziel, "mittels der Bilanz primär [zu] erfahren, ob die aktivierten Vermögenswerte die passivierten Schulden decken", um auf diese Weise die Schuldendeckungsfähigkeit zu beurteilen, wurde in "dem Maße, in dem sich das Realisationsprinzip bei den verschiedenen Rechtsformen durchgesetzt hat, (..) als maßgeblicher Bilanzzweck zugunsten des entziehbaren Betrags verdrängt"[109]. Demzufolge ist auch das Imparitätsprinzip nicht im Sinne der (zerschlagungs- oder fortführungsorientierten) Schuldendeckungskontrolle als zeitwertstatisches[110] Vermögensermittlungsprinzip[111], sondern vor dem Hintergrund der "Ausschüttungsstatik"[112] zu konkretisieren und somit die gesetzliche Vorschrift[113], Rückstellungen für drohende Verluste aus schwebenden Geschäften zu passivieren, funktionsorientiert "nur in ihrer Ausrichtung auf die Ermittlung des realisierten Gewinns (..), d.h. für dessen Funktion als Bemessungsgrundlage für Gewinnverteilung, -ausschüttung, -entnahme und -besteuerung"[114] und nicht etwa schuldendeckungsorientiert zu verstehen.

---

107 Vgl. § 285 Nrn. 1, 2, 3 HGB und hierzu *Ellrott* (in: Beck'scher Bilanz-Kommentar, 1995): § 285, Anm. 5-66.
108 *Moxter* (Bilanztheorie, 1984): S. 89 (Hervorh. im Original); *ders.* (Handelsbilanz und Steuerbilanz, 1997): S. 196.
109 *Moxter* (Wirtschaftliche Betrachtungsweise, 1989): S. 237 (beide Zitate).
110 Vgl. *Moxter* (Leffson, 1986): S. 175 f.
111 Vgl. *Moxter* (Wirtschaftliche Betrachtungsweise, 1989): "Vermögensermittlung bedeutet (..) im Kern, Vermögensgegenstände und Schulden zu ihrem jeweiligen Zeitwert (..) statt zu ihren Anschaffungs- oder Herstellungswerten anzusetzen", S. 233.
112 *Moxter* (Leffson, 1986): S. 177.
113 Vgl. § 249 Abs. 1 Satz 1 HGB.
114 *Beisse* (Bilanzrechtssystem, 1994): S. 11.

III. Zur Konkretisierung des gewinnorientierten künftigen Aufwandsüberschusses

1. Konkretisierung am Beispiel von Mitarbeiterdarlehen und Darlehensverbindlichkeiten

1.1. Die Bestimmung eines 'aktivischen' Aufwendungsüberschusses, dargestellt an unverzinslichen Mitarbeiterdarlehen

Die höchstrichterliche Rechtsprechung hatte im Jahr 1975[115] darüber zu entscheiden, ob unverzinsliche Darlehen an Betriebsangehörige, "denen keine bestimmten Gegenleistungen der Darlehensempfänger gegenüberstehen"[116], mit dem Nennbetrag oder mit dem (niedrigeren) Barwert zu bilanzieren sind. Im Streitfall sah der BFH das Vorliegen eines Zinses im wirtschaftlichen Sinne, der zwar nicht auf einer explizit vereinbarten Zinszahlung beruht, aber ein Zinsäquivalent darstellt, als nicht gegeben an. Das Vorliegen besonderer Vorteile verneinte der I. Senat: Daß die Darlehen gewährt worden seien, um die Mitarbeiter an den Betrieb zu binden, stellte aus seiner Sicht keine mit der Darlehensgewährung verbundenen konkreten, abgrenzbaren Vorteile dar, mithin mußten die unverzinslichen Mitarbeiterdarlehen "entsprechend dem Grundsatz der Einzelbewertung mit ihren Barwerten als den niedrigeren Teilwerten (..) angesetzt werden".[117]
Anders beurteilt derselbe Senat einen ähnlichen Sachverhalt im Jahr 1988[118]. Eine Sparkasse hatte ihren Mitarbeitern Darlehen zu einem weit unter den üblichen Bedingungen liegenden Zinssatz gewährt. Im Gegensatz zum Urteil aus 1975 argumentiert die Rechtsprechung nicht mit dem Fehlen von konkretisierten Vorteilen, die eine Abzinsung der Darlehen ansonsten hätten unabwendbar erscheinen lassen. Vielmehr betont der I. Senat die in der Gewährung unverzinslicher Darlehen zu erblickende "besondere Form betrieblicher Sozialleistungen", deren Wert "für das Unternehmen nicht in konkreten Gegenleistungen der Arbeitnehmer und dem damit zu erzielenden Gewinn"[119], sondern in

---

115 Vgl. BFH vom 23.4.1975 I R 236/72, BStBl. II 1975, S. 875-878.
116 BFH vom 23.4.1975, I R 236/72, BStBl. II 1975, S. 875-878, hier Leitsatz.
117 BFH vom 23.4.1975 I R 236/72, BStBl. II 1975, S. 875-878, hier S. 877.
118 Vgl. BFH vom 30.11.1988 I R 114/84, BStBl. II 1990, S. 117-119.
119 BFH vom 30.11.1988 I R 114/84, BStBl. II 1990, S. 117-119, hier S. 118 (beide Zitate).

der begründeten Erwartung bestünde, das Betriebsklima zu verbessern und dadurch die Mitarbeiter zu höheren Arbeitsleistungen bewegen zu können.[120] Der Einzelbewertungsgrundsatz stehe dieser Sicht nicht entgegen, er sei auch nicht als Vorschrift zur Ermittlung des (isolierten) Ertrages eines einzelnen Wirtschaftsguts zu verstehen. "Eine solche Betrachtung wäre bei der Ermittlung des gemeinen Werts anzustellen." Bei der Teilwertbemessung müsse hingegen der mit einem bestimmten Wirtschaftsgut "beabsichtigte unternehmerische Zweck und die Funktion des Wirtschaftsguts im Betriebsorganismus berücksichtigt werden"[121]. Für die Mitarbeiterdarlehen gelte wie für andere Wirtschaftsgüter die Vermutung, daß der "Teilwert im Zeitpunkt der Anschaffung den tatsächlichen Anschaffungskosten, also dem Nennwert"[122] entspricht, demzufolge seien die Darlehen in Abweichung zur Entscheidung vom 23. April 1975 nicht auf ihren Barwert abzuzinsen.

In den oben dargestellten Entscheidungen tritt die Haltung der Rechtsprechung zur Frage der Bewertung unverzinslicher Darlehen offen zutage. Wenngleich sich die Rechtsprechung im Ergebnis ins Gegenteil gewandelt hat, weil die Forderung nach Abzinsung der Mitarbeiterdarlehen zugunsten eines Nennwertansatzes aufgegeben wurde, ist das Bemühen des I. Senats in beiden Fällen darauf gerichtet, einen etwaigen wirtschaftlichen Zins aufzudecken. Die Anforderungen an das Vorliegen eines solchen Vorteils sind aber im jüngeren gegenüber dem älteren Urteil aufgeweicht worden. Während zuvor nur abgrenzbare, greifbare Vorteile, die ein gedachter Erwerber des Unternehmens als Einzelheit vergüten würde, als zinsausgleichend galten, begnügt sich die Rechtsprechung im Urteil vom 30. November 1988 mit dem Vorliegen sogenannter geschäftswertbildender Faktoren[123], wie einem qualitativ verbesserten Betriebsklima, um

---

120 Vgl. zu Darlehen an Mitarbeiter auch *Clemm* (Abzinsung, 1993): S. 184 f., der in Betracht zieht, "daß die Zinslosigkeit oder Zinsverbilligung (..) schlicht eine zusätzliche Entlohnung darstellt" und die zinslose Kapitalüberlassung so gesehen "nicht anders zu beurteilen ist als die (unentgeltliche) Überlassung eines Dienstwagens auch zu privater Nutzung". Dabei ergebe sich die Frage, wie "wir es aber mit der Bewertung von Gegenständen, die un- oder unterentgeltlich an Arbeitnehmer (..) zur Nutzung überlassen werden", halten. "Sind sie etwa wegen Ertraglosigkeit abzuwerten?". Müsse "man nicht vielleicht doch eher auf den schwebenden Arbeitsvertrag mit allen seinen beiderseitigen Haupt- und Nebenleistungen abstellen- und führe "eine isolierte Betrachtung des un- oder unterverzinslichen Arbeitnehmerdarlehens nicht vielleicht in die Irre?", S. 185.
121 BFH vom 30.11.1988 I R 114/84, BStBl. II 1990, S. 117-119, hier S. 118 (beide Zitate).
122 BFH vom 30.11.1988 I R 114/84, BStBl. II 1990, S. 117-119, hier S. 119.
123 Vgl. hierzu *Breidert* (Abschreibungen, 1994): S. 166.

von einer verdeckten Verzinsung[124] ausgehen und damit eine Abzinsung ablehnen zu können. Die Rechtsprechung glaubte wohl, der Teilwertdefinition nur dann entsprechen zu können, wenn die aus Sicht eines gedachten Unternehmenserwerbers unerläßliche Abzinsung minder- oder unverzinslicher Darlehen auch weiterhin der Bemessung des Teilwerts eines Darlehens zugrundegelegt wird und vermochte diesen von ihr selbst gesteckten engen Rahmen des Teilwertverständnisses nur zu verlassen, indem fingiert wurde, der gedachte Erwerber "würde die Darlehenspraxis seines Rechtsvorgängers in aller Regel fortführen und deshalb die mit dem niedrigen Zinsertrag angestrebten unternehmerischen Zwecke ebenso zum Maßstab seiner Preisvorstellungen machen wie beim Erwerb einer Betriebskantine"[125].

Es muß jedoch in Zeiten, da Unternehmen bei der Gewährung von betrieblichen Sozialleistungen an Mitarbeiter zurückhaltender werden, bezweifelt werden, ob ein gedachter Unternehmenserwerber tatsächlich bereit wäre, den Mitarbeitern minderverzinsliche Darlehen zu gewähren. Insofern könnte man von der Argumentation im Urteil vom 30. November 1988 behaupten, sie weise Schwächen auf. Gleichwohl hätte die Rechtsprechung sich auf diese Argumentationsebene erst gar nicht begeben müssen[126]: Wird dem Teilwert das gleiche (funktionale[127]) Verständnis wie der "voraussichtlich dauernden Wertminderung" gem. § 253 Abs. 2 Satz 3 HGB unterlegt, fehlt es im Falle der Gewährung zinsgünstiger Darlehen an Mitarbeiter "an einem zu antizipierenden Verlust im Sinne der Belastung künftiger GVR mit entsprechenden Aufwandsüberschüssen." Die Minderverzinslichkeit "führt lediglich zu entgehenden Gewinnen, nicht zu drohenden Verlusten"[128]. Die durch einen gesunkenen Barwert zum Ausdruck gebrachte Wertminderung von Darlehen ist "nie endgültig"[129], denn am Laufzeitende muß der Marktwert unabhängig von zwischenzeitlich eingetretenen Marktzinsänderungen dem Rückzahlungsbetrag gleich sein, so daß eine am

---

124 Vgl. hierzu *Moxter* (Bilanzrechtsprechung, 1996): "Die Abkehr von [der älteren Rechtsprechung] basiert auf der zutreffenden These, daß die Konkretisierung der anstelle formaler Zinsen tretenden wirtschaftlichen Vorteile nicht zwangsläufig deren rechtliche Einkleidung erfordert", S. 262.

125 *BFH* vom 30.11.1988 I R 114/84, BStBl. II 1990, S. 117-119, hier S. 118.

126 Ähnlich vgl. *Wüstemann* (Imparitätsprinzip, 1995): S. 1033.

127 Vgl. hierzu ausführlich *Wüstemann* (Imparitätsprinzip, 1995): S. 1030-1040.

128 *Moxter* (Bilanzrechtsprechung, 1993): S. 212 (beide Zitate), teilweise a.A. vgl. *Euler* (Verlustantizipation, 1991): "Die Antizipation von Aufwandsüberschüssen zur verlustfreien, niedrigeren Bewertung gebietet daher grundsätzlich die Diskontierung der aus den Finanzanlagen resultierenden Einzahlungen mit dem fristenkongruenten Kapitalmarktzins", S. 201.

129 *Oestreicher* (Marktzinsänderungen, 1993): S. 7.

Bilanzstichtag gegebene Minder- oder Unverzinslichkeit nicht zu einem objektiv greifbaren und "im Sinne des Imparitätsprinzips antizipationspflichtigen Verlust"[130] führen muß: "Es sind nicht die bei einer Vermögensbewertung maßgeblichen (niedrigeren) Abschlußstichtagswerte, auf deren Ansatz das Gesetz zielt; das Gesetz will vielmehr die Berücksichtigung künftiger Verluste im Sinne künftiger Ausschüttungsbelastungen".[131]

Sofern aus Sicht des Bilanzstichtags in einer Phase gestiegener Marktzinsen mit der Veräußerung einer Forderung des Anlagevermögens vor deren (vereinbartem) Fälligkeitszeitpunkt gerechnet wird, ergibt sich jedoch eine andere Beurteilung. Hier gelingt die Nichtbelastung künftiger GVR nur durch Abwertung des entsprechenden Darlehensbetrags am Bilanzstichtag.

1.2. Die Bestimmung eines 'passivischen' Aufwendungsüberschusses, dargestellt am Beispiel der Darlehensverbindlichkeit

Für überverzinslich gewordene Darlehensverbindlichkeiten gilt, daß ein gedachter Erwerber des ganzen Unternehmens einen Kaufpreisabschlag in Höhe der Differenz zwischen vertraglich vereinbarter und marktüblicher Verzinsung vornehmen würde, denn der Barwert einer solchen Darlehensverbindlichkeit liegt über ihrem vertraglich fixierten Erfüllungsbetrag. Ist eine vorzeitige Ablösung der Verbindlichkeit möglich, so könnte sich der gedachte Unternehmenserwerber ihrer grundsätzlich nur entledigen, indem er einem Dritten den (höheren) Barwert vergütet. Allerdings muß mit einem künftigen Aufwandsüberschuß solange nicht gerechnet werden, wie von einer Durchhalteabsicht bis zum Rückzahlungszeitpunkt ausgegangen werden kann. "Anderenfalls würde man Erfüllungsrisiken ausweisen, die nicht existieren".[132] Das in Umkehrung des (gemilderten) Niederstwertprinzips[133] für langfristige Verbindlichkeiten gemil-

---

130 *Moxter* (Abzinsung, 1993): S. 200. Handelsrechtlich gilt ein Abwertungswahlrecht, da die Finan*zanlage* nur vorübergehend in ihrem Wert gemindert ist, steuerrechtlich gilt hingegen ein Abzinsungsverbot. Bei Vermögensgegenständen des *Umlaufvermögens* "droht die Barwertrealisierung und mit dieser die Verlustrealisierung im Sinne des Imparitätsprinzips", weshalb "handelsrechtlich und steuerrechtlich grundsätzlich eine Abzinsungspflicht" besteht, S. 201.

131 *Moxter* (Theorie, 1993): S. 83.

132 *Oestreicher* (Marktzinsänderungen, 1993): S. 12.

133 Vgl. § 253 Abs. 2 Satz 3 HGB.

derte Höchstwertprinzip[134] kann hier keine Verlustantizipation verlangen, da eine Belastung künftiger GVR ausgeschlossen ist. Anders verhält es sich wiederum, wenn am Bilanzstichtag von der vorzeitigen Ablösung einer (langfristigen) Verbindlichkeit auszugehen ist: Die Gefahr der Verlustrealisierung und der Belastung einer künftigen GVR mit einem Aufwandsüberschuß hängt dann "ausschließlich vom betreffenden Marktpreis für Zinstitel ab", der "unmittelbar die mit der Überverzinslichkeit verbundene Verlusterwartung"[135] konkretisiert.

2. Die Maßgeblichkeit der (effektiven) Belastung künftiger Gewinn- und Verlustrechnungen - Zur Irrelevanz entgangener Gewinne

Die oben getroffenen Feststellungen hinsichtlich des Bestehens oder Nicht-Bestehens eines Aufwendungsüberschusses zeigen, daß dieser *effektive* Verluste umfaßt, nicht aber bloße entgangene Gewinne. Sowohl im Fall der Mitarbeiterdarlehen als auch im Fall der überverzinslich gewordenen (Kredit-)Verbindlichkeit hätte eine die (ökonomischen) Zinseffekte berücksichtigende Bewertung dazu geführt, entgangene Gewinne zu berücksichtigen. Tatsächlich wird der von den Mitarbeitern zurückzuzahlende Betrag bzw. der an den Kreditgeber zu leistende (Erfüllungs-)Betrag der Verbindlichkeit nicht von derartigen Opportunitätsüberlegungen berührt.

Für den im Sinne des Imparitätsprinzips zu antizipierenden Verlust gilt, daß er *effektiv* in Erscheinung treten muß. Fiktive Verluste stellen keine (bilanzrechtlichen) Aufwendungsüberschüsse dar. Derartige 'Verluste' können nur dann als Belastungen künftiger Geschäftsjahre betrachtet werden, wenn sich die Bilanzierung an Wiederbeschaffungs- oder Wegschaffungskosten orientiert und Verluste dementsprechend "Wertminderungen, Wertsteigerungen bzw. Verpflichtungsüberschüsse" verkörpern, "die den (anteiligen) Vermögenswert eines Vermögensgegenstandes, eines Schuldpostens bzw. eines schwebenden Geschäfts betreffen".[136] Zwar mag ein so verstandener Verlustausweis "der sogenannten Betriebsleiterkontrolle"[137] dienen, doch ist dies nicht Sinn und Zweck bilanzrechtlicher Verlustantizipation. Denn zum einen sind entgangene

---

134 Vgl. hierzu *BFH* vom 12.3.1964 IV 456/61 U, BStBl. III 1964, S. 525-526 ("Das für Wirtschaftsgüter des Umlaufvermögens geltende Niederstwertprinzip verwandelt sich bei Verbindlichkeiten in ein Höchstwertprinzip", hier S. 526).

135 *Oestreicher* (Marktzinsänderungen, 1993): S. 11 (beide Zitate). Vgl. auch *Moxter* (Bilanzrechtsprechung, 1996): S. 285.

136 *Moxter* (Teilwertverständnis, 1991): S. 476 (beide Zitate).

137 *Moxter* (Betriebswirtschaftslehre, 1992): S. 26.

Gewinne zugleich 'bereits eingetretene' Verluste und deshalb nicht mehr "vorhersehbar" im Sinne von § 252 Abs. 1 Nr. 4 HGB. Zum anderen wird ein Kaufmann wohl kaum strafrechtlich belangt werden können, nur weil er es versäumt hat, lediglich in betriebswirtschaftlicher Sicht entstandene Verluste zu bilanzieren.[138]

Indem die Rechtsprechung betont, daß es bei der Bilanzierung einer Drohverlustrückstellung nicht darauf ankommen kann, "einen Aufwand des laufenden Geschäftsjahres zu berücksichtigen, sondern vielmehr, künftigen Aufwand vorwegzunehmen (zu antizipieren), und zwar in dem Maße, in dem ein Verpflichtungsüberschuß (Aufwandsüberschuß) aus einem schwebenden Geschäft zu befürchten ist"[139], unterstreicht sie die Konzeption der Drohverlustrückstellung als Instrument zur Entlastung künftiger GVR von etwaigen Aufwendungsüberschüssen. Ein (mögliches) Verständnis der Drohverlustrückstellung als Instrument zur Approximation des Stichtagsvermögens wird durch diese Ausführung der Rechtsprechung hingegen nicht gestützt. Der zu antizipierende Aufwendungsüberschuß im Rahmen einer Drohverlustrückstellung ist gewinn- und nicht vermögensorientiert zu ermitteln.

Vor diesem Hintergrund erstaunt es, daß sich der BFH und ihm folgend weite Teile der Literatur[140] für die Abzinsung von Drohverlustrückstellungen aussprechen. Im Mittelpunkt der diesbezüglichen Diskussion steht das sogenannte 'Heizwerke-Urteil'[141], in dem sich der VIII. Senat für den Ansatz einer Drohverlustrückstellung zum Barwert ausspricht. Dabei sieht der BFH eine Analogie zur Bewertung von Rentenverpflichtungen, die aufgrund ausdrücklicher gesetzlicher Regelung abgezinst zu passivieren sind. Ein solcher Analogieschluß erscheint jedoch verfehlt[142]. Rentenverpflichtungen sind gem. § 253 Abs. 1

---

138 Vgl. *Ciric* (Wertaufhellung, 1995): S. 18 f.

139 *FG Baden-Württemberg*, Urteil vom 13.3.1991 2 K 376/86, rechtskräftig, EFG 1992, S. 10-11, hier S. 11, unter Hinweis auf *Moxter* (Bilanzrechtsprechung, 1993): S. 127.

140 Vgl. *Adler / Düring / Schmaltz* (Rechnungslegung, 1995): § 253 HGB, Tz. 201; *Paus* (Rückstellungen, 1984): S. 452; *Strobl* (Neue Entwicklungen, 1985): S. 317, nach deren Auffasung allerdings nur der Anspruch aus einem schwebenden Geschäft abzuzinsen ist, während die Verpflichtung zum Nennwert angesetzt werden soll; dagegen spricht sich *dies.* (Rückstellungen, 1984) gegen eine Abzinsung von Verpflichtungsüberschüssen aus Anschaffungs- und Absatzgeschäften (S. 206), aber für eine Abzinsung von Dauerschuldverhältnissen aus (S. 217 f.); *Weber-Grellet* (Zeit und Zins, 1993): S. 167; *Jüttner* (GoB-System, 1993): "wenn man den Zinsvorteil als Ertragsbestandteil des Antizipationsbereichs versteht", S. 244; *Nies* (Rückstellungen, 1984): S. 131 f.

141 Vgl. *BFH* vom 19.7.1983 VIII R 160/79, BStBl. II 1984, S. 56-59.

142 Ebenso vgl. *Kropp / Weisang* (Rückstellungen, 1995): S. 2486.

HGB nur dann abzuzinsen, wenn die zugehörige "Gegenleistung nicht mehr zu erwarten ist" bzw. bereits vollständig im voraus vereinnahmt wurde und somit von einem Kreditgeschäft auszugehen ist.[143] Schwebende Geschäfte, wie etwa Mietverträge, um die es in dem vom BFH zu entscheidenden Fall ging, weisen mit Rentenverpflichtungen keinerlei Ähnlichkeiten dergestalt auf, daß es gälte, mittels Abzinsung ein Kreditgeschäft zu antizipieren.[144] Zu Recht wird in der Literatur darauf hingewiesen, daß Leistung und Gegenleistung im Rahmen eines Dauerschuldverhältnisses, wie dem Mietvertrag, regelmäßig kontinuierlich (Zurverfügungstellung der Mietsache) bzw. ratenweise (weil eine kontinuierliche Bezahlung nicht möglich ist) zu erbringen seien und infolgedessen nicht als Kreditgeschäft mit verdeckten Zinsen betrachtet werden könnten.[145]

In die gleiche Richtung wie die Rechtsprechung des BFH zu Drohverlustrückstellungen zielt das Argument, Verpflichtungsüberschüsse seien abgezinst zu passivieren, um eine Berücksichtigung von Erträgen zu gewährleisten, welche sich aus der temporären Zwischenanlage des Rückstellungsbetrags ergäben. Denn jede Zuführung zu einer Rückstellung ermögliche die Zurückbehaltung verdienter Aufwandsgegenwerte. Die zwischenzeitliche, zinsbringende Anlage der Mittel sei, da durch das schwebende Geschäft verursacht, bei der Bemessung des zu passivierenden drohenden Verlusts zu beachten. Der zu antizipierende Verlust müsse daher um die im Erfüllungsbetrag enthaltenen Guthaben-Zinsen gekürzt werden.[146] Voraussetzung hierfür sei allerdings, daß die dem

---

143 Vgl. *Groh* (Verbindlichkeitsrückstellung, 1988): "Die Abzinsung der Summe der Rentenzahlungen auf den Barwert ist haargenau der Vorgang, der auch sonst erforderlich wird, wenn im Erfüllungsbetrag Tilgung und Zinsen enthalten sind", S. 31.

144 Gl. A. vgl. *Böcking* (Verzinslichkeit, 1988): S. 281.

145 Vgl. *Küting / Kessler* (Fragen zur Abzinsung, 1989): S. 728.

146 Vgl. *Geib / Wiedmann* (Abzinsung von Rückstellungen, 1994): S. 376. Im Ergebnis ähnlich vgl. *Schneider* (Streitfragen, 1996), der die Abzinsung von Drohverlustrückstellungen als Ergebnis einer "wirtschaftsordnungsbezogenen Deduktion von GoB" darstellt (hierunter sei eine "betriebswirtschaftliche Analyse des Bilanzrechts" zu verstehen, die "von Normen zur Wirtschaftsordnung auszugehen und sowohl die Gesetzestexte zum Bilanzrecht als auch die Rechtsauslegung und deren Methoden gemäß den vorausgesetzten Normen zur Wirtschaftsordnung zu beurteilen hat.", S. 1421). Drohverlustrückstellungen seien vor diesem Hintergrund als "zweckgebundenes befristetes Eigenkapital" zu betrachten (weshalb es genügen würde, die Drohverlustrückstellung "nicht als Gewinnermittlungsregel, sondern als Gewinnverwendungsregel vorzuschreiben", wobei der entsprechende Posten mit einer Ausschüttungssperre belegt werden solle, S. 1422). Die "betriebswirtschaftliche Aufgabe, einen Verlustpuffer durch das Bilden zweckgebundenen Eigenkapitals aus realisierten Gewinnen bereitzustellen", werde ausreichend erfüllt durch "Bilanzierung zum Gegenwartswert". Weder der "Gläubigerschutz noch andere aus der Wirtschaftsordnung folgende Gründe" rechtfertigten, "daß die Empfänger der Rechnungslegung für das Jahr der Bildung von

einzelnen schwebenden Geschäft zuzurechnenden Zinserträge aus vorhandenen bzw. zugeflossenen Mitteln in ihrer Höhe festgestellt werden können, mithin die Aufzinsungsbeträge "bei vernünftiger kaufmännischer Beurteilung erwirtschaftet werden und nicht zur Deckung anderweitiger Aufwendungen erforderlich sind". "Nur in diesen Fällen erscheint es (..) möglich, aber auch geboten, solche Erträge in Form der Abzinsung pauschal zu berücksichtigen."[147]

Die Abzinsung einer Drohverlustrückstellung unter Hinweis auf die den Verpflichtungsüberschuß in Höhe des Abzinsungsbetrags kompensierenden positiven Zinseffekte ist zurückzuweisen.[148] Erstens setzt die zinsertragbringende Anlage des Rückstellungsbetrags "eine insgesamt positive Erfolgslage voraus, da nur in einer derartigen Gewinnsituation die Möglichkeit einer ertragbringenden (Zwischen-)Anlage (..) realistisch erscheint". Zweitens kann nicht in jedem Fall unterstellt werden, daß der Bilanzierende die Rückstellungsbeträge in vorteilhafter Weise investiert; zu bedenken ist, daß "eine trotz redlichen Bemühens nicht besonders erfolgreiche Anlagepolitik zu einer relativ niedrigen, zu keiner oder gar zu einer negativen Verzinsung" führen mag. Damit "stellt die ertragbringende Investition (..) keine zwangsläufig in jedem Einzelfall funktionierende Gesetzmäßigkeit dar".[149]

Drohverlustrückstellungen ihre Einkommensinteressen bereits um den ungekürzten Betrag eines vielleicht erst nach einem Jahrzehnt realisierten Verlustes zurückschrauben müssen", S. 1426.

147 *Geib / Wiedmann* (Abzinsung von Rückstellungen, 1994): S. 377 (beide Zitate).

148 Siehe hierzu auch unten, 2. Kapitel, B. VII. 3.

149 *Jäger* (Abzinsungsproblematik, 1992), S. 563 (alle Zitate). Teilweise a.A. vgl. *Herzig/ Rieck* (Abgrenzung des Saldierungsbereiches, 1995): Der Zinsertrag werde durch das verlustbringende schwebende Geschäft "faktisch verursacht" und könne diesem daher in wirtschaftlicher Betrachtungsweise zugerechnet werden. Wenngleich die Konkretisierung des Zinsertrags fraglich sei, da dessen "tatsächliche Realisierung von der Gewinnsituation der Unternehmung und der gewählten Mittelanlage" abhänge, könne aus "Objektivierungsgründen" analog der für Aktiva geltenden (Wiederbeschaffungskosten-)Vermutung unterstellt werden, daß die Wegschaffungsmarktpreise von Drohverlustrückstellungen den Mindestnettoaufwandserwartungen entsprechen und diese den Aufwandsüberschuß widerspiegeln, S. 538. Ähnlich vgl. *Jüttner* (GoB-System, 1993): Der Gesetzgeber habe, obwohl "eine hinreichende Konkretisierung der [Zins-] Ertragserwartungen" nicht immer gesichert erscheine, "ihren Einbezug in den Verlustantizipationsbereich, zumindest bei der Verlustabschreibung" - für die Wiederbeschaffungskosten in Form *diskontierter* Mindestnettoertragserwartungen maßgeblich seien - "offenbar vorgesehen". Diese Konzeption könne als Begründung für die Abzinsung von Drohverlustrückstellungen herangezogen werden, S. 242. Hiergegen läßt sich einwenden, daß Wiederbeschaffungs- oder Wegschaffungsmarktpreise der Objektivierung dienen können (vgl. *Moxter*, Teilwertkonzeption 1994): S. 835; *Euler* (Verlustantizipation, 1991): S. 203), sie aber zum generellen Bewertungsmaßstab auch für Rückstellung zu erheben, hieße, der Bilanz einen anderen Sinn und Zweck als die vorsich-

Die wie auch immer begründete Vorstellung, daß für die Rückstellungsbildung im Unternehmen gebundene Mittel Einnahmen in Höhe eines bestimmten Kalkulationszinsfußes erbringen, ist mit der gebotenen gläubigerschützenden Rechnungslegung nicht vereinbar[150]. Drohverlustrückstellungen erfüllen ihre Funktion nur, wenn durch sie in ausreichender Höhe Gewinne von der Ausschüttung ausgeschlossen werden, die für die verlustfreie Abwicklung künftiger Rechnungsperioden benötigt werden.[151] Bei Abzinsung des künftig erwarteten Aufwendungsüberschusses ist dessen vollständige Antizipation nicht mehr gewährleistet.[152]

IV. Das Vorliegen eines 'schwebenden Geschäfts' als gesetzliche Objektivierungsrestriktion der Drohverlustrückstellung

1. Die Notwendigkeit der Objektivierung von Drohverlustrückstellungen

Verluste können aus den vielfältigsten Geschäftsvorgängen resultieren; so kann die "Wahl eines falschen Fertigungsprogramms, eines falschen Absatzmarktes oder einer unfähigen Geschäftsführung"[153] künftige Verluste verursachen. Im Hinblick auf die gesetzliche Forderung, "alle vorhersehbaren Risiken und Verluste (..) zu berücksichtigen"[154], stellt sich die Frage, wie weit der Kreis der zu einer Gewinnminderung führenden Verlustvorgänge gezogen werden darf.

Eine umfassende bilanzielle Verlustantizipation hieße, alle erwarteten Verluste folgender Geschäftsjahre durch Bildung von Drohverlustrückstellungen in die laufende Periode zurückzubeziehen, um auf diese Weise ausschüttbare Gewinne im Sinne einer Vorsorge für künftige Geschäftsjahre zurückzuhalten. Sämtliche im Geschäftsjahr getroffenen Entscheidungen müßten dann zum Bilanzstichtag hinsichtlich möglicher negativer Auswirkungen auf künftige Perioden-

---

tige Ermittlung eines ausschüttbaren Gewinns zu unterstellen (vgl. hierzu oben A. II. 2.).
150 So auch vgl. *Böcking* (Verzinslichkeit, 1988): S. 290; *Clemm* (Rückstellungen, 1997): S. 133 f.; *Clemm / Nonnenmacher* (in: Beck'scher Bilanz-Kommentar, 1995): § 253, Anm. 176; *Kupsch* (Bewertungseinheit, 1995): S. 152; *Siegel* (Saldierungsprobleme, 1994): S. 2242.
151 Vgl. *Moxter* (Drohverlustrückstellungen, 1993): S. 2484; *Wüstemann* (Imparitätsprinzip, 1995): S. 1039.
152 Vgl. *Moxter* (Leffson, 1986): S. 175; *Friederich* (Schwebende Geschäfte, 1976): S. 82.
153 *Groh* (Künftige Verluste, 1976): S. 32.
154 § 252 Abs. 1 Nr. 4, 1. Halbsatz HGB.

ergebnisse untersucht und gegebenenfalls gewinnmindernd berücksichtigt werden. Allerdings wäre die "Zahl solcher Vorgänge zu groß, eine zeitliche Abgrenzung (..) nicht möglich, wenn alle negativen Entwicklungen erfaßt werden sollten"[155]; die unbeschränkte Verlustantizipation birgt die Gefahr der Willkür in sich, die jedoch mit der Rechtswirkung der Handelsbilanz nicht vereinbar ist. Zu einer sinnvollen Abgrenzung der zu antizipierenden Verluste kann man nur gelangen, indem "aus der Gesamtheit der getroffenen Entscheidungen diejenigen Entscheidungen" herausgefunden werden, "deren Konsequenzen für den Unternehmungserfolg der Folgezeit voll übersehbar sind, d.h. durch Dispositionen der Folgezeit voraussichtlich nicht mehr wesentlich beeinflußt werden können."[156] Als offenkundig unabwendbar erweisen sich solche im Zuge bereits getroffener Entscheidungen auftretenden zukünftigen Verluste, die entweder aus der Verwertung von Vermögensgegenständen und Schulden entstehen oder aus schwebenden Verträgen resultieren.

2. *Zum Begriff des schwebenden Geschäfts*

Bei dem Begriff des schwebenden Geschäfts handelt es sich um einen unbestimmten Rechtsbegriff[157], der "als genuin zivilrechtliche Kategorie"[158] auf der im deutschen Zivilrecht bestehenden Trennung zwischen schuldrechtlichem Verpflichtungsgeschäft (als "rechtliche[r] Grundlage"[159]) und dem gesonderten dinglichen Erfüllungsgeschäft (Abstraktionsprinzip)[160] beruht. Die höchstrichterliche (Finanz-)Rechtsprechung sah sich in verschiedenen Fällen zu einer Begriffsbestimmung des 'schwebenden Geschäfts' aufgefordert; dabei ist sie von der streng juristischen Interpretation nie abgewichen, daß es sich bei schwebenden Geschäften um "gegenseitige Verträge [handelt], die noch nicht erfüllt sind."[161]

---

155 *Groh* (Verbindlichkeitsrückstellung, 1988): S. 39.
156 *Leffson* (GoB, 1987): S. 388 (beide Zitate). Ähnlich vgl. *Koch* (Niederstwertprinzip, 1957): Verluste, "die mit einer weniger großen Wahrscheinlichkeit oder überhaupt nicht vorhergesehen werden können", seien deshalb der Rücklagenbildung vorbehalten, S. 5, vgl. auch S. 31 und *ders.* (Problematik des Teilwertes, 1960): S. 335.
157 Vgl. *Friederich* (Schwebende Geschäfte, 1976): S. 13.
158 *Crezelius* (Schwebendes Geschäft, 1988): S. 88.
159 *Schwab / Prütting* (Sachenrecht, 1996): S. 11.
160 Vgl. hierzu *Baur / Stürner* (Sachenrecht, 1992): S. 43 f.
161 *BFH* vom 10.4.1991 II R 118/86, BStBl. II 1991, S. 620-623, hier S. 621; vgl. auch *BFH-Beschluß* vom 11.12.1985 I B 49/85, BFH/NV 1986, S. 595-596, hier S. 595. Zur bilanzrechtlichen Erfüllung schwebender Geschäfte vgl. unten 3.2.

Auch der überwiegende Teil des Schrifttums ist sich darin einig, daß "schwebende Geschäfte gegenseitige Austauschgeschäfte und damit mit den gegenseitigen Verträgen nach §§ 320 ff. BGB identisch sind."[162] Charakteristisch für solche Abschlüsse sei ihre Erfüllung "erst nach einer gewissen Zeit oder in Teilen innerhalb eines Zeitraums"[163]. Die Gleichsetzung des schwebenden Geschäfts mit einem schwebenden Vertrag schließt eine (rein) wirtschaftliche Auslegung dieses Rechtsbegriffs aus, so daß der Kaufmann bei der Beurteilung, ob eine Drohverlustrückstellung zu passivieren ist, nur solche Dispositionen auf ihre Verlustträchtigkeit hin untersuchen muß, die sich aus einem gegenseitigen Vertrag ergeben. Künftige Aufwendungsüberschüsse, die sich nicht aus dem Abschluß von Verträgen (objektiviert) ergeben, können nicht durch die Bilanzierung einer Drohverlustrückstellung antizipiert werden, "auch dann nicht, wenn (..) [die entsprechenden Dispositionen] voraussichtlich nicht zur Kostendeckung führen werden"[164]; ebenso reicht "die bloße Möglichkeit, daß derartige Geschäfte eingeleitet werden, (..) noch nicht aus, eine eventuelle Verlustantizipation zu begründen".[165]

3. Zeitlicher Umfang des schwebenden Geschäfts

3.1. Beginn des schwebenden Geschäfts

Die streng formaljuristische Interpretation des schwebenden Geschäfts schließt nicht aus, in wirtschaftlicher Betrachtungsweise vom Vorliegen eines schwebenden Geschäfts auch schon vor dessen zivilrechtlicher Entstehung auszugehen. So entschied der BFH, daß Rückstellungen für drohende Verluste aus schwebenden Geschäften "schon vor dem Vertragsabschluß zulässig und geboten" sind, "wenn der Steuerpflichtige ein bindendes Vertragsangebot abgegeben

---

162 *Woerner* (Grundsatzfragen, 1984): S. 490. Vgl. ebenso *Clemm / Nonnenmacher* (in: Beck'scher Bilanz-Kommentar, 1995): § 249, Anm. 51; *Crezelius* (Schwebendes Geschäft, 1988): S. 81; *Weber-Grellet* (in: Schmidt EStG, 1997): § 5, Rz 453; *Kropff* (in: Geßler u.a., Aktiengesetz, 1973): § 149, Anm. 50. Zur Überlegung, öffentlichrechtliche Verpflichtungen den 'schwebenden Geschäften' zu subsumieren, vgl. *Herzig* (Realisationsprinzip, 1993): S. 223 f.
163 *Bauer* (Schwebende Geschäfte, 1981): S. 3.
164 *Leffson* (GoB, 1987): S. 388.
165 *Leffson* (GoB, 1987): S. 389, so auch BFH vom 16.11.1982 VIII R 95/81, BStBl. II 1983, S. 361-362, hier S. 363.

hat, dessen Annahme mit Sicherheit erwartet werden kann".[166] Für den Beginn des Schwebezustands kommt es also nicht auf den Vertragsabschluß, sondern auf die wirtschaftliche (als die bilanzrechtlich maßgebende[167]) Entstehung des Vertrags an.[168]

Geht man davon aus, daß ein Angebot nach Zugang nicht mehr widerrufen werden kann und der mutmaßliche Vertragspartner ein aus Sicht des Anbieters zwar verlustbringendes, für den Vertragspartner selbst aber gewinnbringendes Angebot mit hoher Wahrscheinlichkeit annimmt, erscheint die Realisierung eines Verlustes unausweichlich. Die Objektivierungsrestriktion 'schwebendes Geschäft' darf nicht so eng interpretiert werden, daß hinreichend konkretisierte Aufwendungsüberschüsse aus einem dem Vertragsschluß unmittelbar vorgelagerten Vorgang nicht berücksichtigt werden können; denn schließlich sind bilanzrechtliche Objektivierungsrestriktionen kein Selbstzweck[169].

---

166 *BFH* vom 16.11.1982, VIII R 95/81, BStBl. II 1983, S. 361-364, hier S. 361 (beide Zitate); zustimmend vgl. *Mathiak* (Rechtsprechung, 1983): S. 264. Vgl. auch *FG Hamburg*, Urteil vom 24.9.1987 II 133/84, rechtskräftig, EFG 1988, S. 475-477. Nach *Crezelius* (Schwebendes Geschäft, 1988) soll die "wertende Betrachtung, (..) am besten daran orientiert [werden], ob die Analyse der zivilrechtlichen Lage (§§ 145 ff. BGB) einen Vertragsschluß für wahrscheinlich erscheinen läßt", S. 90. Vgl. auch *Ludewig* (Auftragsbestand, 1974), der anführt, daß bereits die Verpflichtung eines Unternehmens gegenüber einer staatlichen Institution, "zu einem bestimmten Preis bis zu einer bestimmten Menge in einer Abrechnungsperiode zu liefern, selbst wenn die Sorteneinteilung noch nicht genau aufgegeben, sondern erst bei Abruf mitgeteilt wird", zum Vorliegen eines Auftragsbestands führt, wenn typischerweise "die endgültige Auftragsdurchführung nicht nur möglich, sondern sogar wahrscheinlich ist", S. 102.

167 Die wirtschaftliche Entstehung kann dem Zeitpunkt der zivilrechtlichen Entstehung von Ansprüchen und Verpflichtungen vorgelagert sein (so z.B. bei der Verpflichtung zur Aufstellung und Prüfung des Jahresabschlusses; vgl. *BFH* vom 20.3.1980 IV R 89/79, BStBl. II 1980, S. 297-299) oder auch nachgelagert sein (so etwa im Falle der Verpflichtung zur Leistung von Ausgleichszahlungen an einen Handelsvertreter; vgl. hierzu *Moxter* (Bilanzrechtsprechung, 1996): S. 105 f.; vgl. auch *BFH* vom 25.8.1989 III R 95/87, BStBl. II 1989, S. 893-896: der BFH lehnte die Rückstellungsbilanzierung für Verpflichtungen aufgrund eines in Kraft getretenen Gesetzes zur Arzneimittelprüfung ab, weil die wirtschaftlich wesentliche Ursache der Verpflichtung im Weitervertrieb der betreffenden Arzneimittel lag).

168 Der in der Literatur gegen die Unterstellung eines schwebenden Geschäfts bereits mit Abgabe eines bindenden Vertragsangebots vorgebrachte Einwand, daß hierdurch "noch keine Verpflichtung des Anbieters und damit noch kein Geschäft entstanden ist" (*Bauer* (Schwebende Geschäfte, 1981): S. 9), überzeugt daher nicht.

169 Vgl. *Böcking* (Finanzierungsleasing, 1989): S. 508.

3.2. Ende des schwebenden Geschäfts

Zivilrechtlich endet der Schwebezustand des Schuldverhältnisses "erst, wenn alle Leistungspflichten (..) erfüllt oder sonst erledigt sind"[170]. Für die zivilrechtliche Erfüllung reicht mithin die (einseitige) Erbringung der vertragsgemäßen Leistung durch den zur Sach- oder Dienstleistung Verpflichteten nicht aus; dies gilt selbst dann, wenn der Vertragspartner die Leistung bereits angenommen hat, sich also nicht im Annahmeverzug befindet[171]. Hieraus folgerte der überwiegende Teil der älteren Bilanzrechtsliteratur[172], das schwebende Geschäft sei erst mit seiner vollständigen (zivilrechtlichen) Erfüllung[173] (§ 362 BGB) beendet.

Die Rechtsprechung[174] und die jüngere Bilanzrechtsliteratur[175] konkretisieren den Begriff 'Erfüllung' demgegenüber *bilanzrechtlich* im Sinne des Realisationsprinzips, das "die Entstehung von Gewinn oder Verlust grundsätzlich an die Umsätze" bindet: "Erst der Umsatz, das heißt die Lieferung oder Leistung im Rechtssinne 'bestätigt' den Gewinn bzw. Verlust"[176]. Der Schwebezustand eines Geschäfts endet demzufolge, wenn ein hinreichendes Maß an Sicherheit dafür besteht, "daß die volle Abwicklung des Geschäftes nicht mehr an Leistungsstörungen auf seiten des Bilanzierenden scheitert, daß die andere Vertragsseite nunmehr verpflichtet ist, im Gegenzug einen vermögenswerten Vorteil zu gewähren"[177]. Diese Voraussetzung ist erfüllt, sobald der zur "Sach- oder Dienstleistung Verpflichtete alle von ihm geschuldeten Erfüllungshandlungen in einer Weise erbracht hat, daß ihm die Forderung auf die Gegenleistung - von den mit jeder Forderung verbundenen Risiken abgesehen - so gut wie sicher ist"[178]. Zu

---

170 *Heinrichs* (in: Palandt, 1996): Überblick vor § 362, Rn. 5. Vgl. auch *Fabri* (Nutzungsverhältnisse, 1986): S. 112 f.
171 Vgl. §§ 293, 294 BGB.
172 Vgl. z.B. *Vellguth* (Schwebende Geschäfte, 1938): S. 5 f.; ebenso *Schönnenbeck* (Aktiengesetz, 1960): S. 1133; *Maaßen* (Aufrechnung, 1965): S. 85.
173 Zum Zeitpunkt der Erfüllung gem. § 362 BGB vgl. *Lüders* (Gewinnrealisierung, 1987): S. 75 f.
174 Vgl. *BFH* vom 23.11.1967 IV 123/63, BStBl. II 1968, S. 176-177, hier S. 177; *BFH* vom 27.11.1968 I 104/65, BStBl. II 1969, S. 296-297.
175 Vgl. hierzu insbesondere *Euler* (Gewinnrealisierung, 1989); *Hommel* (Dauerschuldverhältnisse, 1992).
176 *Moxter* (Fremdkapitalbewertung, 1984): S. 398 (beide Zitate).
177 *Mellwig* (Beteiligungen, 1990): S. 1164.
178 *BFH-Beschluß* vom 11.12.1985 I B 49/85, BFH/NV 1986, S. 595-596, hier S. 595 (Leitsatz); vgl. auch *BFH* vom 29.4.1987 I R 192/82, BStBl. II 1987, S. 797-800, hier

diesem Zeitpunkt sind die dem Anspruch aus dem schwebenden Geschäft inhärenten Risiken soweit abgebaut, daß der Gewinn nunmehr als realisiert gelten darf[179]. "Damit fällt (..) [die] Beendigung des schwebenden Geschäfts mit der Gewinnverwirklichung des zur Sach- oder Dienstleistung Verpflichteten zusammen."[180] Unmaßgeblich für die Beendigung des Schwebezustands ist hingegen die Leistungserbringung durch den zur Geldleistung Verpflichteten. Leistet dieser, bevor sein Vertragspartner die vertragliche Lieferung oder Leistung erbracht hat, führt dies "lediglich zur erfolgsneutralen Bilanzierung einer Anzahlung bzw. eines Rechnungsabgrenzungspostens"[181].

4. Der Grundsatz der Nichtbilanzierung schwebender Geschäfte

4.1. Die klassische Begründung des Grundsatzes der Nichtbilanzierung schwebender Geschäfte: Das Aufblähungsargument

Es ist unbestritten, daß bereits mit dem Abschluß eines Vertrages Ansprüche und Verpflichtungen bürgerlich-rechtlich entstehen[182], mithin "zwei vermögenswerte Positionen, die an sich nach den allgemeinen Grundsätzen als Forderung (..) und Verbindlichkeit (..) auszuweisen wären"[183]. Der BFH überträgt dieses zivilrechtliche Faktum unmittelbar auf das Bilanzrecht, indem er ausführt, daß "schwebende Geschäfte Forderungen und Schulden begründen", lehnt deren bilanzielle Erfassung aber mit dem Hinweis auf das Vorsichtsprinzip ab.[184] Das Bilanzrecht löst sich mit dem Grundsatz der Nichtbilanzierung schwebender Geschäfte entscheidend von den zivilrechtlichen Gegebenheiten, denn "juristischem Denken" würde es entsprechen, Rechte und Verpflichtungen aus schwebenden Verträgen zu bilanzieren, da "das Vermögen

---

S. 798; *BFH* vom 20.5.1992 X R 49/89, BStBl. II 1992, S. 904-909, hier S. 907; *BFH* vom 25.10.1994 VIII R 65/91, BStBl. II 1995, S. 312-315, hier S. 313.

179 Vgl. *Döllerer* (Schwebender Vertrag, 1974): S. 1543.
180 *Woerner* (Grundsatzfragen, 1984): S. 493. Ebenso vgl. *Münzinger* (Bilanzrechtsprechung, 1987): S. 166.
181 *Tiedchen* (Vermögensgegenstand, 1991): S. 70.
182 Vgl. *Woerner* (Grundsatzfragen, 1984): S. 491; *ders.* (Schwebender Vertrag, 1989): S. 43; *Hommel* (Dauerschuldverhältnisse, 1992): S. 32.
183 *Kammann* (Rückstellungsbildung, 1980): S. 404; ebenso vgl. *Bauer* (Schwebende Geschäfte, 1981): S. 25; *Kessler* (Rückstellungen, 1992): S. 131 f.
184 *BFH* vom 10.4.1991 II R 118/86, BStBl. II 1991, S. 620-623, hier S. 621.

als Summe von Rechten zu betrachten ist"[185]. Für die bilanzrechtliche Vermögensermittlung ist allerdings die formalrechtliche Entstehung einer positiven oder negativen Rechtsposition weder hinreichende noch notwendige Bedingung für das Vorliegen eines Vermögensgegenstands oder einer Verbindlichkeit[186], vielmehr kommt es darauf an, "ob wirtschaftlich (..) eine Vermögensmehrung [oder -minderung] eingetreten ist"[187]. Zu fragen ist im folgenden, wie die grundsätzliche Nichterfassung schwebender Geschäfte in Literatur und Rechtsprechung begründet wird.

Der Grundsatz der Nichtbilanzierung schwebender Geschäfte hat eine lange Tradition und wird von der älteren Literatur vor allem mit den Besonderheiten des Buchführungssystems und der Vermögensneutralität von schwebenden Geschäften begründet. *Vellguth* argumentiert, daß der Zweck der Buchführung nicht darin bestehe, die Ausführung von Vertragsabschlüssen zu überwachen, insofern "braucht auch keine Eintragung über einen Vertragsabschluß in die Bücher gemacht zu werden"[188]. Auch habe die Buchführung "nicht die Aufgabe, Risiken aus schwebenden Geschäften ersichtlich zu machen. Dazu hat der Kaufmann andere, besser funktionierende Einrichtungen".[189] Mit dem Hinweis, das System der doppelten Buchführung sei nicht in der Lage, schwebende Geschäfte zu zeigen, da nur " 'Geschäftsvorfälle' verzeichnet" würden, lehnt *Simon* deren Bilanzierung grundsätzlich ab: "Die gegenseitigen Verträge bleiben [den eigentlichen Handlungsbüchern], solange nicht von einer Seite Erfüllung stattgefunden hat, gänzlich fern"[190]. Daß die Bilanzierung schwebender Geschäfte dem Zweck der Buchführung widerspricht, will die ältere Literatur[191] auch der Denkschrift zum HGB entnehmen: "In den Handelsbüchern werden nicht (..)

---

185 *Köhlertz* (Leasing, 1989): S. 81 f. (beide Zitate). Vgl. auch *Larenz* (Schuldrecht, 1987): die "Aussicht, die geschuldete Leistung demnächst tatsächlich zu erhalten, [stelle] für die wirtschaftliche Betrachtung einen *gegenwärtigen Vermögenswert*" dar, der "nicht nur 'Leistungsbeziehung (im Verhältnis Gläubiger-Schuldner), sondern auch Vermögensgegenstand ist", S. 569.
186 Vgl. *Moxter* (Passivierungszeitpunkt, 1992): S. 429; *ders.* (GoB, 1993): S. 536 f.
187 *Adler / Düring / Schmaltz* (Rechnungslegung, 1968): § 149 AktG, Tz. 34. Ähnlich vgl. *Mathiak* (Bilanzierung, 1988): S. 400.
188 *Vellguth* (Schwebende Geschäfte, 1938): S. 12.
189 *Vellguth* (Schwebende Geschäfte, 1938): S. 15.
190 *Simon* (Bilanzen, 1899): S.174 (beide Zitate). Ähnlich vgl. *Lion* (Bilanzsteuerrecht, 1923): S. 166 f.
191 Vgl. *Simon* (Bilanzen, 1899): S. 175.

die Geschäftsabschlüsse als solche, sondern nur die infolge der Geschäfte eintretenden Vermögensveränderungen ersichtlich gemacht".[192]

Im Gegensatz hierzu meint *Passow*, daß nichts gegen die Bilanzierung von Forderungen und Verpflichtungen aus schwebenden Geschäften spreche, wenn nur die Voraussetzung erfüllt sei, daß der Geldwert feststehe oder zumindest geschätzt werden könne.[193] Dies ist nach Auffassung *Rehm*s insbesondere bei schwebenden Veräußerungsgeschäften der Fall[194]: hier könne der über die geschätzte Herstellungsverpflichtung hinausgehende Anspruch auf den Kaufpreis zum Ausweis eines Gewinns führen, da sich Schuld und Gegenanspruch dann nicht mehr (lediglich) gleichwertig gegenüberstünden. Für Aktiengesellschaften, in deren "Gewinnverteilungsbilanzen alle Vermögensgegenstände, somit auch Forderungen, höchstens zu ihrem Herstellungspreis angesetzt werden"[195], verbiete sich allerdings die Gewinnrealisierung. Verschiedenen Urteilen des Reichsgerichts läßt sich ebenfalls entnehmen, daß schwebende Warenverkaufsgeschäfte solange nicht in der regulären Jahresbilanz als Forderung und Gegenverpflichtung auszuweisen sind, bis die Warenlieferung erfolgt ist[196].

Die ablehnende Haltung von älterem Schrifttum und Rechtsprechung hinsichtlich des Ausweises schwebender Geschäfte ist darauf zurückzuführen, daß trotz "Wertverschiedenheit"[197] von Leistung und Gegenleistung der erwartete wirt-

---

192 Entwurf eines Handelsgesetzbuches nebst Denkschrift, Berlin 1896, Denkschrift, S. 48. Vgl. auch RFH vom 7.5.1920 I A 302/19, RFHE 3, S. 22-27 ("die Weglassung beider Beträge aus der Bilanz [beeinflußt] den Vermögensstand nicht", S. 26). *Bieg* (Erfassung schwebender Geschäfte, 1977) merkt hierzu an, daß mit dem 'Vermögensstand' "nur das Nettovermögen gemeint sein" könne (S. 340), daß jedoch dem bilanzrechtlichen Vermögensbegriff der "Bruttovermögensbegriff" zugrunde liege (S. 342).

193 Vgl. *Passow* (Bilanzen, 1918): S. 279. Ähnlich vgl. *Wetzler* (Schwebende Verbindlichkeiten, 1925): S. 342, der eine Bilanzierung bestehender "Abnahme- und Lieferungsverpflichtungen" nicht für unzulässig hält. "Es stünde nichts im Wege, daß der Kaufmann seine am Bilanzstichtage bestehenden Lieferungsverpflichtungen als Passivposten einsetzt und demgegenüber seinen Zahlungsanspruch gegenüber seinem Kunden aktiviert".

194 Vgl. *Rehm* (Bilanzen, 1914): "im allgemeinen wird der Verkaufswert der [zu liefernden] Maschinen höher als ihr Lieferungs- oder Herstellungswert sein. Der Verkaufswert ist dem Anspruch, der Herstellungswert der Verbindlichkeit zugrunde zu legen. Wegen Wertverschiedenheit sind daher beide Posten zu buchen", S. 49.

195 *Rehm* (Bilanzen, 1914): S. 49.

196 Vgl. RG vom 5.11.1912 Rep. II 262/12, RGZ 80, S. 330-338; RG vom 7.3.1916 II 784/15, LZ 1916, Sp. 956-958. Vgl. zur älteren Rechtsprechung zu schwebenden Geschäften insbesondere *Münzinger* (Bilanzrechtsprechung, 1987): S. 153-163.

197 *Rehm* (Bilanzen, 1914): S. 49.

schaftliche Nutzen "vorläufig (..) noch nicht realisiert"[198] sei. Erst mit der einseitigen Erfüllung eines synallagmatischen Vertrages könne der bilanzrechtlich relevante Vermögenszugang (-abgang) eintreten, der die Voraussetzung der Bilanzierung von Forderungen und Schulden aus schwebenden Geschäften bilde.[199] Aus diesem Grund "werden zunächst Forderung und Verpflichtung, Leistung und Gegenleistung [während des Schwebezustands] gleichwertig angesehen". Daher "sagt man sich: auf die Erfolgsermittlung ist die Aufnahme oder Weglassung der Posten ohne Einfluß, dagegen wird die Übersichtlichkeit der Bilanz schwer gefährdet (und die Buchhaltung ganz außerordentlich kompliziert). (..) Deshalb, d.h. weil die Nachteile, die die Aufführung mit sich bringt, größer sind als die damit verbundenen Vorteile, sieht man [vom Ausweis schwebender Geschäfte] (..) ab."[200]

Zwei Grundgedanken stecken in dieser Argumentation: zum einen gebiete die bis zum Erfüllungszeitpunkt fehlende Vermögenswirkung (Gewinnrealisation), von der Gleichwertigkeit der sich gegenüberstehenden Forderung und Verbindlichkeit eines schwebenden Geschäfts auszugehen, zum anderen widerspreche die 'Aufblähung' der Bilanz dem Grundsatz der Bilanzklarheit. Darüber hinaus soll der Ausweis schwebender Geschäfte aber auch eine nicht gerechtfertigte Verteuerung der Buchführung mit sich bringen.[201] Das 'Aufblähungsargument' lieferte lange Zeit das Hauptargument gegen die Bilanzierung schwebender Geschäfte und wird noch heute (vereinzelt) von Teilen der Literatur[202] bemüht.

---

198 *Passow* (Bilanzen, 1918): S. 278.

199 Vgl. zu dieser Schlußfolgerung als Ergebnis der Analyse von älterer Rechtsprechung und Literatur *Münzinger* (Bilanzrechtsprechung, 1987): S. 165.

200 *Passow* (Bilanzen, 1918): S. 278 f. (beide Zitate).

201 Vgl. auch *Schär* (Buchhaltung und Bilanz, 1922): S. 117.

202 Vgl. *Karrenbrock* (Saldierungsbereich, 1994): S. 99; *Kusterer* (Drohverlustrückstellungen, 1996): S. 115; *Leffson* (GoB, 1987) ist der Auffassung, "der Ausweis schwebender Geschäfte wäre ausschließlich bilanzverlängernd", S. 262.

4.2. Die moderne Begründung des Grundsatzes der Nichtbilanzierung schwebender Geschäfte durch die Rechtsprechung und die jüngere Literatur

a) Nichtbilanzierung des Anspruchs: Risikothese

Mit dem Hinweis, daß eine sich auf Vereinfachungs- oder Klarheitsaspekte stützende Argumentation die Durchbrechung des Vollständigkeitsgrundsatzes nicht überzeugend zu rechtfertigen vermag, wenden sich Teile der Literatur gegen das 'Aufblähungsargument'. Nach *Woerner* kann die "Aufblähungsthese" "doch wohl nur auf der Vorstellung beruhen, daß anderenfalls Ansprüche und Verbindlichkeiten jeweils in gleicher Höhe ausgewiesen werden müßten".[203] Die wertkongruente Bilanzierung von Aktiv- und zugehörigem Passivposten ziehe jedoch "eine falsche Bilanz" nach sich, da bei typischem Geschehensablauf mit einer Gewinnerzielung zu rechnen sei, mithin der Anspruch aus dem schwebenden Geschäft die Verpflichtung übersteige. Eine Gewinnrealisierung in Höhe der Differenz sei aufgrund des Verbots, unrealisierte Gewinne auszuweisen, gleichwohl ausgeschlossen. Dieses Verbot ergebe sich aus dem "Risikogedanken", wonach die Ansprüche aus einem schwebenden Geschäft vor deren (bilanzrechtlicher) Erfüllung "mit derart hohen zivilrechtlichen Risiken behaftet seien, daß sie die Eigenschaft eines Vermögensgegenstandes (Wirtschaftsguts) noch nicht besäßen"[204].

Obgleich dem Ergebnis, nämlich der Nichtbilanzierung eines lediglich erwarteten Gewinns, zuzustimmen ist, so kann dennoch die Argumentationsfolge nicht unwidersprochen bleiben. Wenn der Anspruch aus dem schwebenden Geschäft aufgrund der Risikosituation keinen Vermögensgegenstand darstellt[205], kann sich auch die Frage nach einer etwaigen Gewinnrealisation nicht stellen, auf das Realisationsprinzip brauchte daher gar nicht verwiesen zu werden. Bedeutung erlangt das Realisationsprinzip für die Nichtbilanzierung schwebender Geschäfte mithin erst dann, wenn der Anspruch einen greifbaren, selbständig bewertbaren Einnahmenüberschuß, also einen Vermögensgegenstand verkörpert.

---

203 *Woerner* (Grundsatzfragen, 1984): S. 491 (beide Zitate).

204 *Woerner* (Grundsatzfragen, 1984): S. 492 (beide Zitate) unter Hinweis auf *Döllerer* (Schwebender Vertrag, 1974): S. 1541-1548, und *ders.* (Aktivierungswelle, 1980): S. 1333-1337. Ähnlich vgl. *Heibel* (Bilanzierungsgrundsätze, 1981): "Die nicht vorgenommene Verbuchung schwebender Geschäfte ist allein Folge des Realisationsprinzips", S. 135.

205 Vgl. *Euler* (Rückstellungen, 1990): "doch ist entscheidend, daß vor der Gewinnrealisierung (..) bilanzrechtlich weder ein Vermögensgegenstand noch eine Schuld existiert", S. 1041.

In diesem Fall verhindert das Realisationsprinzip vor der bilanzrechtlichen Erfüllung des schwebenden Geschäfts die erfolgswirksame Bilanzierung des Anspruchs: Bis zur endgültigen Leistungserbringung durch den zur Sach- oder Dienstleistung Verpflichteten müssen Risiken überwunden werden, die zwar nicht verhindern, dem Anspruch (möglicherweise) die Eigenschaft eines Vermögensgegenstandes[206] zuzusprechen, die aber aus Sicht des Realisationsprinzips als gewinnausweishemmend einzustufen sind. Insoweit schränkt das Realisationsprinzip (als Gewinnermittlungsprinzip) das allgemeine Vermögensermittlungsprinzip ein. Hiergegen kann nicht eingewendet werden, schwebende Verträge seien zur Beurteilung der Vermögens- und Ertragslage der Gesellschaft von größter Bedeutung[207], denn dem "Verbot des Ausweises nichtverwirklichter Gewinne gebührt der Vorrang vor dem Bedürfnis nach Information über den aus dem schwebenden Geschäft erwarteten Gewinn"[208].

Mit der Feststellung, schwebende Geschäfte würden nicht bilanziert, "weil einerseits davon ausgegangen wird, daß sie sich gleichwertig gegenüberstehen, und andererseits das Vorsichtsprinzip es gebietet, das Ergebnis eines schwebenden Geschäfts erst zu erfassen, wenn das Geschäft abgewickelt ist"[209], umschreibt die Rechtsprechung den Risikogedanken. Demnach hat die Aktivierung und Passivierung von Ansprüchen und Verpflichtungen aus schwebenden Geschäften erst dann zu erfolgen, wenn der zur Sach- oder Dienstleistung Verpflichtete "in dem Sinne wirtschaftlich erfüllt hat, daß das mit dem betreffenden Vermögensgegenstand verknüpfte Wertminderungsrisiko"[210] auf den Vertragspartner übergegangen ist.

---

206 Vgl. *BFH* vom 27.2.1976 III R 64/74, BStBl. II 1976, S. 529-532: "Auch eine Forderung aus einem schwebenden Geschäft ist ein Wirtschaftsgut", S. 530; *Mathiak* (Rechtsprechung, 1986): S. 289; *ders.* (Bilanzierung, 1988): S. 405; *Schreiber* (in: Blümich EStG): § 5 EStG, Rz. 521; wohl auch *Woerner* (Gewinnrealisierung, 1988): S. 771 f.; *Herzig* (Realisationsprinzip, 1993), der feststellt, daß "Ansprüche und Verpflichtungen aus schwebenden Geschäften unbeschadet des Vollständigkeitsgrundsatzes nicht bilanziert werden und zwar unter Hinweis auf das Realisationsprinzip", S. 222. Da sich der Vollständigkeitsgrundsatz (§ 246 Abs. 1 HGB) auf sämtliche Vermögensgegenstände und Schulden bezieht, kann unterstellt werden, daß *Herzig* Ansprüche und Verpflichtungen aus schwebenden Geschäften grundsätzlich als Vermögensgegenstände und Schulden klassifiziert.

207 Vgl. *Martin* (Falsche Bilanzierung, 1982): S. 245, er begründet die Forderung nach dem vollständigen Ausweis schwebender Geschäfte mit der gesetzlichen Forderung nach einem möglichst sicheren Einblick in die Vermögens-, Finanz- und Ertragslage (§ 264 Abs. 2 HGB).

208 *Döllerer* (Handelsbilanz, 1991): S. 166.

209 *BFH* vom 10.4.1991 II R 118/86, BStBl. II 1991, S. 620-623, hier S. 621.

210 *Moxter* (GoB, 1993): S. 539.

Für "unzutreffend" hält *Tiedchen* den von der herrschenden Meinung vollzogenen Schluß, schwebende Geschäfte dürften erst im Zeitpunkt der Erbringung der Leistung durch den zur Hauptleistung Verpflichteten bilanziert werden, da zuvor die Gewinnrealisierung aufgrund des Realisationsprinzips nicht zulässig sei. Damit würde "nur die eine Seite des schwebenden Geschäfts, nämlich des zur Umsatzleistung Verpflichteten" betrachtet. Denn nur für diesen gelte, "daß regelmäßig die Forderung, die er durch den Abschluß des Vertrages erworben hat, mit einem höheren Betrag zu bewerten wäre als die übernommene Verpflichtung". Demgegenüber hätte die Umsatzleistung für den Empfänger "genau den Wert in Höhe seiner Geldzahlungsverpflichtung". Somit müßte "die vor Erfüllung durch den Vertragspartner bestehende Forderung auf die Umsatzleistung in der gleichen Höhe" bilanziert werden wie die "Verpflichtung aus dem abgeschlossenen Vertrag". Aus diesem Grund versage das Realisationsprinzip beim Empfänger der Umsatzleistung als Begründung für den Nichtausweis schwebender Geschäfte. Für den zur Umsatzleistung Verpflichteten sei die Nichterfassung schwebender Geschäfte vor dem Gewinnrealisierungszeitpunkt ebenfalls "nicht zwingend". Vielmehr sei auch der erfolgsneutrale Bruttoausweis vorstellbar. Daß sich sowohl auf seiten des Leistungsempfängers als auch auf seiten des zur Umsatzleistung Verpflichteten trotzdem der Nichtausweis durchgesetzt habe, beruhe auf Praktikabilitätserwägungen: "Der Verzicht auf den Ausweis schwebender Geschäfte in der Bilanz läßt sich (..) mit der Überlegung rechtfertigen, daß die Aussagefähigkeit einer Bilanz nicht unbedingt dadurch steigt, daß man eine Reihe von erfolgsneutralen Vorgängen zusätzlich erfaßt, sondern daß sie - wegen der dann nötigen Umbuchungen und der daraus möglicherweise folgenden größeren Unübersichtlichkeit - sogar sinken könnte"[211].

Tatsächlich könnte eine (erfolgsneutrale) Bilanzierung des Anspruchs und der Verpflichtung aus einem schwebenden Geschäft in Betracht gezogen werden, wenn man der Annahme folgt, daß "Ansprüche und Verpflichtungen aus dem schwebenden Geschäft für sich betrachtet Wirtschaftsgüter darstellen" und sich sowohl "Vertragsanspruch als auch Leistungsverpflichtung (..) bestimmen und bewerten"[212] lassen. Die Forderung nach erfolgsneutraler Bilanzierung läßt sich

---

211 *Tiedchen* (Vermögensgegenstand, 1991): S. 72-74 (alle Zitate). Gl. A. vgl. *Hamel* (Bilanzaussage, 1977), der die Auffassung, daß die Aussagefähigkeit der Bilanz durch den Ausweis synallagmatischer Verträge gesteigert wird, nicht teilt. Zwar sei die "Aufnahme synallagmatischer Verträge *eine* Möglichkeit zu höherer Transparenz des Unternehmensgeschehens (..). Allerdings scheinen hierzu erheblich weiterführende Angaben (..) notwendig. Die undifferenzierte Bilanzierung synallagmatischer Verträge stiftet eher Verwirrung", S. 229.

212 *Bauer* (Schwebende Geschäfte, 1981): S. 25 (beide Zitate).

mit dem Zweck der Handelsbilanz begründen, das Bruttovermögen möglichst vollständig abzubilden.[213] Der Verweis auf die vom Gesetzgeber geforderte Gegenüberstellung des Vermögens und der Schulden muß aber richtig verstanden werden: als Vermögensgegenstände und Schulden kommen nur, bestimmten Objektivierungsrestriktionen genügende, Einnahmen- und Ausgabenüberschüsse in Betracht. Ein Anspruch aus einem schwebenden Geschäft, der lediglich in Höhe der ihm gegenüberstehenden Verpflichtung aktiviert werden darf, stellt aber keine, stets einen unmittelbaren Einnahmenüberschuß verkörpernde Forderung mehr dar, weil gerade der *Überschuß* der Einnahmen über die durch die Verpflichtung verkörperten Ausgaben nicht bilanziert werden darf. Bei der Aktivierung einer Forderung handelt es sich unstrittig um einen erfolgswirksamen, den strengen Gewinnermittlungsgrundsätzen des Realisationsprinzips unterliegenden Bilanzierungsvorgang[214]; es würde dem Wesen der Forderung zuwiderlaufen, Ansprüche erfolgsneutral auszuweisen. Insofern muß die erfolgsneutrale Bilanzierung des schwebenden Geschäfts durch den zur Umsatzleistung Verpflichteten zwingend abgelehnt werden. Dies gilt aber gleichfalls für den Empfänger der Umsatzleistung. Daß für ihn die Umsatzleistung einem Wert genau in Höhe seiner Zahlungsverpflichtung entspricht, muß grundsätzlich bezweifelt werden. Denn die zu beschaffende Leistung stellt einen Ertragswertbeitrag dar, der zwar (annahmegemäß) mindestens der Zahlungsverpflichtung entspricht, diese jedoch regelmäßig übersteigen wird. So gesehen stellt der Anspruch aus dem schwebenden Geschäft, wie beim zur Umsatzleistung Verpflichteten auch, eine Einnahmenüberschüsse verkörpernde Forderung dar, deren *erfolgsneutrale* bilanzielle Berücksichtigung grundsätzlich abzulehnen ist.

Vertritt man hingegen wie *Tiedchen* die Auffassung, der Anspruch aus einem schwebenden Geschäft sei "abstrakt aktivierungsfähig und damit ein Vermögensgegenstand"[215], dessen Bilanzierung durchaus denkbar ist, läßt sich der

---

213 Vgl. z.B. *Bieg* (Ausschließlichkeitsanspruch, 1976): S. 339-350, insbes. S. 343; *ders.* (Erfassung schwebender Geschäfte, 1977) S. 113-127, insbes. S. 116. *Budde / Raff* (in: Beck'scher Bilanz-Kommentar, 1995): § 243, Anm. 14, schlagen einen Bruttoausweis schwebender Geschäfte angesichts von Betrugsfällen "infolge unzureichender oder fehlender Aufzeichnung" zumindest bei schwebenden Finanzgeschäften vor, um so die "notwendige Überwachung" sicherzustellen.

214 Vgl. BFH vom 26.4.1989 I R 147/84, BStBl. II 1991, S. 213-216: "Wie bei anderen Forderungen genügt damit auch bei Forderungen aus gegenseitigen Verträgen nicht das Entstehen der Forderungen auf die Gegenleistung, sondern es muß ein weiteres Moment hinzukommen, um nach dem Vorsichtsprinzip von einem die Gewinnrealisierung auslösenden Ansatz der Forderung ausgehen zu können", S. 215.

215 *Tiedchen* (Vermögensgegenstand, 1991): S. 75.

Grundsatz der Nichtbilanzierung einzig auf die von ihr erwähnten Praktikabilitätsüberlegungen zurückführen und damit auf die 'klassische' Aufblähungsthese.

b) Nichtbilanzierung der Verpflichtung: Kompensierte Verpflichtung

Neben der Frage, ob Ansprüche aus schwebenden Verträgen bilanziell zu erfassen sind, ist zu untersuchen, ob die diesen gegenüberstehenden Verpflichtungen bilanziert werden müssen. In zivilrechtlicher Sicht bedarf es keiner Verbindlichkeitspassivierung "solange die Einrede des nichterfüllten Vertrages erhoben werden könnte"[216]. Für die Bilanzierung einer Verbindlichkeit kommt es jedoch primär auf die wirtschaftliche Belastung am Bilanzstichtag an[217] und nicht auf das zivilrechtliche Bestehen oder Nichtbestehen einer Verbindlichkeit. Wirtschaftlich belastend und daher zu passivieren ist eine (gewisse oder ungewisse) Verbindlichkeit dann, wenn künftig ein Aufwandsüberschuß in der Weise vorliegt, daß künftige Aufwendungen (Vermögensabgänge) nicht durch zugehörige Erträge bzw. Einnahmen (Vermögenszugänge) gedeckt werden.[218] Demzufolge gebietet das bloße Bestehen einer rechtlich voll wirksam entstandenen Verpflichtung solange keine Verbindlichkeitspassivierung, wie die entsprechenden künftigen Aufwendungen greifbar mit künftigen Erträgen verknüpft sind.[219] Umgekehrt darf der Ausweis eines Aufwandsüberschusses nicht deshalb unterbleiben, weil die zugrunde liegende Verpflichtung am Bilanzstichtag rechtlich nicht voll wirksam entstanden ist.[220] Ist die Kompensation eines künftigen Vermögensabgangs durch zugehörige Vermögenszugänge allerdings zweifelhaft, wird der Passivierungszeitpunkt durch die zivilrechtliche (Voll-)Entste-

---

216 *Clemm* (Nichtpassivierung, 1994): S. 174; vgl. *Mathiak* (Rechtsprechung, 1987): S. 255.

217 Vgl. *Moxter* (matching principle, 1995): S. 492.

218 Vgl. zum Passivierungszeitpunkt von Verbindlichkeitsrückstellungen *Moxter* (Rückstellungskriterien, 1995): S. 311-326; ders. (Passivierungszeitpunkt, 1992): S. 427-437. Zur Regelung des Bilanzansatzes von Rückstellungen durch das Realisationsprinzip vgl. auch *Heibel* (Bilanzierungsgrundsätze, 1981): S. 116-130.

219 Zur Konzeption der kompensierten Last vgl. *Böcking* (Anpassungsverpflichtungen, 1994): S. 141-145.

220 Vgl. z.B. Rückstellungen für Jahresabschlußaufwendungen: Rechtlich entsteht die Verpflichtung zur Aufstellung und Prüfung des Jahresabschlusses erst nach Vollendung eines Geschäftsjahres. Da die entsprechenden Aufwendungen aber den bis zum Bilanzstichtag realisierten Erträgen zuzurechnen sind, muß eine Verbindlichkeitsrückstellung bilanziert werden; vgl. *BFH* vom 23.7.1980 I R 28/77, BStBl. II 1981, S. 62-63, und hierzu *Moxter* (Bilanzrechtsprechung, 1996): S. 107 f.

hung der Verbindlichkeit determiniert; der Passivierungszeitpunkt wird in diesem Fall durch die Zivilrechtsstruktur objektiviert festgelegt.[221]

Zuordnungsprobleme dieser Art können bei schwebenden Geschäften kaum entstehen: dem künftigen Vermögensabgang steht stets der künftige Vermögenszugang gegenüber. Hierin zeigt sich die enge Verknüpfung zwischen den beiden Elementen (Anspruch und Verpflichtung) eines schwebenden Vertrags. Ist aber die Kompensation einer künftigen Verpflichtung derart sicher, besteht kein Anlaß, die Verpflichtung zu passivieren, eine wirtschaftliche Last in Form eines künftigen Aufwendungsüberschusses liegt dann nicht vor.[222] Schließlich bedarf es "keiner bilanziellen Vorsorge für künftige Aufwendungen, denen sich unmittelbar künftige Erträge zurechnen lassen; wollte man dies anders sehen, ergäben sich weit über die rechtlich voll wirksam entstandenen Verbindlichkeiten hinausreichende Passivierungspflichten"[223].

Dabei kommt es nicht darauf an, ob die Verpflichtung *unmittelbar* künftige Erträge alimentiert, was von *Clemm* für den Fall des Bezugs von Werk- oder Dienstleistungen im Rahmen eines schwebenden Vertrags verneint wird. *Clemm* bezweifelt insofern, "ob die 'Alimentierungsformel' stets die richtigen Kriterien liefert".[224] Bei der Abwicklung von schwebenden Verträgen würden regelmäßig "gar keine Ertrags- und Aufwandskonten, sondern vielmehr Bestandskonten berührt". Daher könne man die Alimentierung künftiger Erträge "als Begründung für die Nichtpassivierung der Verpflichtung aus dem schwebenden, vom Lieferanten noch nicht erfüllten Kauf- oder Werklieferungsvertrag"[225] nicht anführen.

Dem ist entgegenzuhalten, daß der Kaufmann mit der Inanspruchnahme von Werk- oder Dienstleistungen ebenso wie beispielsweise mit dem Kauf einer Fertigungsanlage die Erzielung künftiger Erträge bezweckt. Wenngleich eine Zurechnung betrieblicher Erträge auf die einzelne in Anspruch genommene Dienstleistung kaum möglich[226] ist, besteht dennoch ein *mittelbarer* Zusammenhang zwischen betrieblichen Erträgen und der Inanspruchnahme von Dienstleistungen; mithin alimentieren auch Dienstleistungen künftige Erträge.

---

221 Vgl. *Moxter* (Bilanzrechtsprechung, 1996): S. 102 f.
222 Vgl. *Friederich* (Schwebende Geschäfte, 1976): "es fehlt die wirtschaftliche Belastung, da der Verpflichtung ein als mindestens gleich hoch bewerteter Anspruch gegenübersteht", S. 65.
223 *Moxter* (Rückstellungskriterien, 1995): S. 10.
224 *Clemm* (Nichtpassivierung, 1994): S. 172.
225 *Clemm* (Nichtpassivierung, 1994): S. 173 (beide Zitate).
226 Vgl. hierzu unten, 2. Kapitel, B. I. 2.1.

Daher ist die Verpflichtung während des Schwebezustands als kompensiert zu betrachten[227], ein Passivierungsbedarf besteht nicht.[228] Erst wenn die Leistung seitens des Vertragspartners erfolgt, muß, soweit bis zum Bilanzstichtag keine Begleichung der (Geld-)Schuld erfolgt ist, eine Verbindlichkeit passiviert werden[229]. Denn die Verpflichtung zur Begleichung der (Geld-)Schuld ist durch das Bewirken der Leistung eben nicht mehr künftig kompensiert. Von der künftigen (vollständigen) Kompensation der Verpflichtung ist auch dann nicht auszugehen, wenn die dem schwebenden Geschäft zurechenbaren Aufwendungen (die eigene Leistungsverpflichtung) die zurechenbaren Erträge (den Anspruch auf die Gegenleistung) objektiviert übersteigen; in diesem Fall muß eine Drohverlustrückstellung bilanziert werden.

4.3. Die fehlende Bewertbarkeit als mögliche Erklärung für den Grundsatz der Nichtbilanzierung

Anläßlich der von der Rechtsprechung geforderten Aktivierung von Auftragsbeständen[230] stellt sich die Frage, welche Besonderheiten diese schwebenden Geschäfte in sich bergen, die es erlauben, vom Grundsatz der Nichtbilanzierung abzuweichen. Bei andersgearteten schwebenden Geschäften betont die Rechtsprechung hingegen, daß obschon "eine Forderung aus einem schwebenden Geschäft (..) ein Wirtschaftsgut" sei, die schwebenden Geschäfte "trotzdem steuerrechtlich grundsätzlich nicht erfaßt" würden. Dies beruhe "auf der Überlegung,

---

227 Vgl. *Moxter* (matching principle, 1995): S. 493; *Böcking* (Verbindlichkeitsbilanzierung, 1994): S. 50.

228 Vgl. hierzu auch *RFH* vom 24.3.1943 VI 318/42, RStBl. 1943, S. 449, zum Ausweis von Provisionsverpflichtungen, die im Zusammenhang mit schwebenden Geschäften stehen: "Solange (..) das vermittelte Geschäft noch nicht ausgeführt und der daraus sich ergebende Gewinn noch nicht (..) zur Ausweisung gelangt ist, sind die noch nicht fälligen Provisionsansprüche nicht zu passivieren, da ihnen, wirtschaftlich betrachtet, regelmäßig ein mindestens gleicher Aktivwert gegenübersteht, selbst wenn eine gesonderte Bilanzfähigkeit dieses Werts nicht gegeben sein sollte." Ebenso vgl. *Waldner* (Schwebende Geschäfte, 1961): S. 401.

229 Vgl. *Euler* (Rückstellungen, 1990): S. 1041; ähnlich *Schneider* (Streitfragen, 1995): Verbindlichkeiten im Rahmen schwebender Geschäfte entstünden erst im Zeitpunkt der "Lieferung und Leistung mit Übergang der Gefahr des zufälligen Untergangs", S. 1422.

230 Vgl. *BFH* vom 5.8.1970 I R 180/66, BStBl. II 1970, S. 804-806; *BFH* vom 1.2.1989 VIII R 361/83, BFH/NV 1989, S. 778-779.

daß sich während des Schwebezustands eines Geschäfts Rechte und Pflichten der Vertragsparteien gleichwertig gegenüberstehen"[231].

So lehnte der IV. Senat die Aktivierung immaterieller Vermögensvorteile wie 'Verleihverträge mit Industriefirmen' und 'Einzelarbeitsverträge' ab, die ein Steuerpflichtiger für das beim Erwerb eines Mitunternehmeranteils an einem Facharbeiterverleihunternehmen geleistete Aufgeld begehrte. Mit den Hauptauftraggebern des Unternehmens bestanden Rahmenverträge, die "dazu dienten, bei konkreten Aufträgen die immer wiederkehrenden Bedingungen, (..) z.B. Stundenlohn und Werkzeuggestellung, nicht jeweils neu festlegen zu müssen", und mit Facharbeitern Arbeitsverträge. Die entsprechenden Vereinbarungen stellten jedoch aus Sicht des BFH keinesfalls greifbar werthaltige und isolierbare Vermögensvorteile dar, vielmehr wertete der Senat die bestehenden Vertragsverhältnisse als geschäftswertbildende Faktoren. Dabei ließ der Senat ausdrücklich offen, ob die "Gewinnchancen" aus mit bestimmten Industrieunternehmen abgeschlossenen Verträgen gesondert zu bilanzieren seien, da im Streitfall von keinem der Industrieunternehmen ein "fester Auftrag" erteilt worden sei, "der eine bewertbare Gewinnchance beinhaltete". Ebensowenig bestünden durch den bloßen Abschluß von Arbeitsverträgen mit Facharbeitern bewertbare Gewinnchancen.[232]

Da mit bestimmten Kunden keine Verträge geschlossen wurden, aufgrund derer sich die Gewinnchancen der 'Verleihverträge mit Industriefirmen' oder auch der 'Einzelarbeitsverträge' hinreichend sicher abschätzen ließen, war offenbar nur eine willkürliche Aufteilung des im Streitfall gezahlten Aufgeldes auf die einzelnen Arbeitsverträge denkbar.[233] Die selbständige Bewertbarkeit der jeweiligen Vermögensvorteile, die diese erst zu Wirtschaftsgütern erstarken läßt, mußte deshalb verneint werden. Ansprüche aus schwebenden Geschäften stellen so gesehen nicht grundsätzlich Wirtschaftsgüter dar. Diese Eigenschaft er-

---

231 *BFH* vom 27.2.1976 III R 64/74, BStBl. II 1976, S. 529-532, hier S. 530 (alle Zitate).

232 *BFH* vom 7.11.1985 IV R 7/83, BStBl. II 1986, S. 176-178, hier S. 177 f. (alle Zitate). Vgl. hierzu *Mathiak* (Rechtsprechung, 1986), der meint, der IV. Senat setze sich mit dieser Entscheidung in Widerspruch "zu einer ständigen BFH-Rechtsprechung einschließlich seiner eigenen" (S. 289), die bereits im Jahr 1958 die Auffassung vertreten habe, daß "die Rechte aus schwebenden Verträgen, die ein Kaufmann von einem Kaufmann gegen Entgelt erworben hat, (..) selbständig bewertungsfähig und nicht Teile des Geschäftswerts sind" (*BFH* vom 9.7.1958 I 207/57 U, BStBl. III 1958, S. 416-417, hier S. 416).

233 Die Verträge hätten wohl auf die Zurverfügungstellung einer bestimmten Anzahl von Mitarbeitern für einen bestimmten Zeitraum gerichtet sein müssen; eine bloße Vereinbarung dahingehend, daß im Bedarfsfall die Verleihfirma Mitarbeiter 'ausleiht', genügt für das Vorliegen eines (greifbaren und selbständig bewertbaren) Vermögensgegenstandes nicht.

langen sie aber, wenn ihre Bewertung und Wertbestätigung durch den Markt erfolgt ist.

Bezogen auf Absatzgeschäfte wird in Literatur und Rechtsprechung ausgeführt: "Der entgeltliche Eintritt in schwebende Absatzgeschäfte *begründet* ein immaterielles Einzelwirtschaftsgut, das (..) über die Laufzeit der Verträge abzuschreiben ist"[234]. Eine Übertragung dieser Aussage auf den Einlagefall würde bedeuten, daß ein schwebendes Absatzgeschäft nicht einlagefähig ist, da ein Vermögensgegenstand (vor Einlage) nicht vorliegt, es sei denn, der Einlagevorgang würde als eine Form des entgeltlichen Erwerbs betrachtet[235]. Doch ist fraglich, ob erst der entgeltliche Eintritt in ein schwebendes Geschäft einen Vermögensgegenstand begründet. Denn die Vermögensgegenstandseigenschaft von schwebenden Absatzgeschäften, wie beispielsweise Auftragsbeständen[236], dürfte jedenfalls dann bejaht werden, wenn die Zurechnung von Erträgen und Aufwendungen "nach objektiven Anhaltspunkten"[237] möglich ist. Ein Vermögensgegenstand in Höhe des aus dem schwebenden Geschäft erwarteten Einnahmenüberschusses (oder gleichbedeutend der selbständig bewertbaren Gewinnchance) kann also auch schon vor Einlage oder Veräußerung gegeben sein.

Im Gegensatz zu schwebenden Absatzgeschäften ergeben sich bei schwebenden Beschaffungsgeschäften und Dauerschuldverhältnissen, wie z.B. Arbeitsverträgen, regelmäßig Zurechnungsprobleme[238]: Eine hinreichend exakte Bestimmung insbesondere des Anspruchs, aber auch der Verpflichtung, gelingt nur über Ertrags- und Aufwandszurechnungen, die allenfalls in Ausnahmefällen möglich erscheinen[239]. Die Greifbarkeit und selbständige Bewertbarkeit solcher schwebender Geschäfte muß daher regelmäßig verneint werden. Die Nichtbilanzierung schwebender Geschäfte kann demzufolge auch mit der grundsätzlich

---

234 *Weber-Grellet* (in: Schmidt EStG, 1997): § 5, Rz 76 (Hervorh. durch Verf.) unter Hinweis auf *BFH* vom 15.12.1993 X R 102/92, BFH/NV 1994, S. 543-546 ("Nach ständiger Rechtsprechung treten mit dem entgeltlichen Erwerb bestehender schwebender Verträge immaterielle Wirtschaftsgüter in Erscheinung. (..) Wird für (..) die Erlangung einer Gewinnaussicht (..) ein Aufwand getätigt, hat sich am Markt die Werthaltigkeit der Position 'schwebender Vertrag' bestätigt", hier S. 545.

235 Vgl. ablehnend *Hommel* (Informationsökonomie, 1996): S 211-219.

236 Der BFH meinte in einer Entscheidung aus dem Jahr 1970, "daß auch die Gewinnaussicht aus schwebenden Verträgen ein vom Geschäftswert verschiedenes immaterielles Wirtschaftsgut sein kann", *BFH* vom 5.8.1970 I R 180/66, BStBl. II 1970, S. 804-806, hier S. 805. Ebenso vgl. *BFH* vom 1.2.1989 VIII R 361/83, BFH/NV 1989, S. 778-779, hier Leitsatz.

237 *Moxter* (Bilanzrechtsprechung, 1996): S. 22.

238 Vgl. *Moxter* (Abzinsung, 1993): S. 198 f.

239 Vgl. hierzu unten. 2. Kapitel, A. VII. und B. I. 6.

mangelnden Bewertbarkeit insbesondere des Anspruchs aus einem schwebenden Geschäft begründet werden. Dem steht nicht entgegen, daß "schwebende Geschäfte Forderungen und Schulden begründen"[240], denn zivilrechtlich betrachtet ist das unbestritten der Fall, bilanzrechtlich muß allerdings geprüft werden, ob die Ansprüche und Verpflichtungen aus einem schwebenden Geschäft die Qualität von Vermögensgegenständen und Verbindlichkeiten aufweisen.

So gesehen stellt die Vermutung, daß sich Forderungen und Schulden aus schwebenden Geschäften gleichwertig gegenüberstehen, einen Objektivierungsgrundsatz[241] dar, der es dem Bilanzierenden erlaubt - soweit nicht konkrete Anhaltspunkte dagegen sprechen -, zum Zwecke der Bewertung des Anspruchs und der Verpflichtung aus einem schwebenden Geschäft auf Ertrags- und Aufwandszurechnungen zu verzichten, die sich oftmals gar nicht durchführen lassen. Damit soll jedoch nicht verkannt werden, daß es viele Fälle gibt, in denen die Bewertung eines schwebenden Geschäfts durchaus möglich ist; als Beispiel sei der einer Entscheidung des BFH[242] aus dem Jahr 1976 zugrunde liegende Sachverhalt erläutert:

Ein Verlag hatte "mit Buchgemeinschaften Lizenzverträge" abgeschlossen. "Diese berechtigten die Buchgemeinschaften, innerhalb einer bestimmten Zeit (..) Lizenzausgaben von Werken zu veranstalten". Im Gegenzug hatten sich die Buchgemeinschaften zur Vergütung eines bestimmten Betrags je Buch verpflichtet, darüber hinaus garantierte die Buchgemeinschaft eine Mindestauflage, die Leistungen hierfür wurden zu einem Drittel bereits bei Vertragsschluß, zu einem weiteren Drittel bei Erscheinen der Lizenzausgabe und das letzte Drittel sechs Monate nach deren Erscheinen erbracht. Der Verlag aktivierte "die abgezinsten Forderungen auf Lizenzgebühren für die jeweils garantierten Mindestauflagen". Der BFH lehnte die Aktivierung mit dem Hinweis ab, "daß sich während des Schwebezustands eines Geschäfts Rechte und Pflichten der Vertragsparteien gleichwertig gegenüberstehen"[243]. Es darf unterstellt werden, daß der Lizenzvertrag die Voraussetzungen eines Wirtschaftsguts erfüllte und somit

---

240 *BFH* vom 10.4.1991 II R 118/86, BStBl. II 1991, S. 620-623, hier S. 621.
241 Vgl. *Moxter* (Abzinsung, 1993): S. 198, insoweit stecke hinter der Ausgeglichenheitsvermutung "weit mehr als ein Vereinfachungsgrundsatz". *Weber-Grellet* (Zeit und Zins, 1994) subsumiert den Grundsatz der Nichtbilanzierung dem Grundsatz der Gleichmäßigkeit der Besteuerung, der "den willkürfreien Ansatz objektiv feststellbarer und auf einfache Art berechenbarer Positionen (Objektivierung) [verlange], selbst wenn dadurch Vereinfachungen vorgenommen werden", S. 170 f.
242 Vgl. *BFH* vom 27.2.1976 III R 64/74, BStBl. II 1976, S. 529-532.
243 *BFH* vom 27.2.1976 III R 64/74, BStBl. II 1976, S. 529-532, hier S. 530 (alle Zitate).

einlagefähig gewesen wäre, denn eine Mindestauflage und die entsprechenden Einnahmen hierfür waren von seiten der Buchgemeinschaft vertraglich zugesichert, so daß wohl von der Greifbarkeit und der selbständigen Bewertbarkeit des erwarteten Einnahmenüberschusses ausgegangen werden konnte. Insoweit hätte die Aktivierungsfähigkeit des Anspruchs außer Frage gestanden; da aber "andererseits das Vorsichtsprinzip es gebietet, das Ergebnis eines schwebenden Geschäfts erst zu erfassen, wenn das Geschäft abgewickelt ist"[244] und "die Zusage einer garantierten Mindestauflage und damit garantierter Mindestlizenzgebühren (..) nicht als einseitige Erfüllung durch den Lizenznehmer angesehen werden"[245] durfte, verhinderte in diesem Fall das Realisationsprinzip die erfolgswirksame Bilanzierung des schwebenden Geschäfts. Die Nichtaktivierung wird hier nicht mit der Unmöglichkeit der Bewertung des schwebenden Geschäfts, sondern erst auf der zweiten Ebene durch das grundlegende Gewinnermittlungsprinzip begründet. Bei vielen schwebenden Geschäften bestehen allerdings unlösbare Zurechnungsprobleme, so daß die Bilanzierung bereits auf dieser Ebene scheitert, der Grundsatz der Nichtbilanzierung mithin hierin wurzelt.

B. Die besondere Bedeutung der Ausgeglichenheitsvermutung für die Bilanzierung von Drohverlustrückstellungen

I. Die Bedeutung von Bewertungseinheiten bei der Abgrenzung schwebender Geschäfte

1. Zur Forderung nach Bildung von Bewertungseinheiten

Man könnte geneigt sein, das "für alle bilanziellen Vermögensdarstellungen konstitutive"[246] Einzelbewertungsprinzip als maßgebende Objektivierungsrestriktion für die Bilanzierung drohender Verluste aus schwebenden Geschäften zu klassifizieren. Unter dieser Prämisse müßte jedes schwebende Geschäft ausschließlich im Hinblick auf die rechtlich zugesicherten Ansprüche und Verpflichtungen aus dem betreffenden Vertrag betrachtet werden. Die Kompensation diesbezüglicher Verluste durch neben dem (schwebenden) Vertrag bestehende vermögenswerte Vorteile wäre dann unzulässig. Von Rechtsprechung

---

244 *BFH* vom 10.4.1991 II R 118/86, BStBl. II 1991, S. 620-623, hier S. 621.
245 *BFH* vom 27.2.1976 III R 64/74, BStBl. II 1976, S. 529-532, hier S. 531.
246 *Naumann* (Bewertungseinheiten, 1995): S. 50.

und Literatur wird allerdings die zusammenfassende Betrachtung von Geschäftsvorfällen gefordert, wenn bestimmte - im folgenden darzustellende - Voraussetzungen[247] erfüllt sind, und die Diskussion darüber, welche "wirtschaftlich ineinandergreifenden Vorgänge"[248] bei der Wertfindung von Vermögensgegenständen, Verbindlichkeiten und schwebenden Geschäften zu berücksichtigen sind, im Schrifttum unter dem Begriff der 'Bewertungseinheit'[249] geführt. Bislang ist allerdings, abgesehen von (vermeintlich) eindeutigen Fällen, eine übereinstimmende Abgrenzung der Bewertungseinheit nicht gelungen.[250] Im folgenden soll gezeigt werden, wie Literatur und Rechtsprechung den Begriff der Bewertungseinheit in bezug auf die Verbindlichkeitspassivierung inhaltlich zu füllen suchen.

1.1. Die Saldierung sämtlicher schwebender Geschäfte eines Unternehmens als umfassende Bewertungseinheit?

Die Frage, ob Ansprüche und Verpflichtungen aus *sämtlichen* schwebenden Geschäften eines Unternehmens verrechnet werden können, scheint sich angesichts des Einzelbewertungsgrundsatzes[251] erst gar nicht zu stellen. In der Literatur wurde allerdings die Vorschrift des Abschnitts 35 Abs. 2 der Vermögensteuer-Richtlinien 1972[252], nach der nicht realisierte Gewinne aus schwebenden Geschäften auf steuerliche Verlustrückstellungen anzurechnen waren, als mög-

---

247 Vgl. *Burkhardt* (Fremdwährungsgeschäfte, 1988): Nur wenn bestimmte Voraussetzungen erfüllt seien, könne gewährleistet werden, "daß das milde Einzelbewertungsprinzip nicht mißbraucht wird", S. 143. Unter dem 'milden' Einzelbewertungsprinzip versteht *Burkhardt* eine im Rahmen der Folgebewertung vorzunehmende Zusammenfassung von einzeln zugegangenen Vermögensgegenständen und Schulden, die "in einem derart engen (wirtschaftlichen) Zusammenhang stehen", daß sie als Bewertungseinheit betrachtet werden müßten, S. 142.

248 *Pößl* (Saldierung, 1984): S. 428; ähnlich vgl. *Staudt / Weinberger* (Währungspositionen, 1997): S. 45.

249 Vgl. z.B. *Benne* (Gewinnerwartungen, 1979): S. 1653-1656; *ders.* (Bewertungseinheit, 1991): S. 2601-2610; *Christiansen* (Einzelbewertung, 1995): S. 385-397; *Glanegger* (Bewertungseinheit, 1993): S. 145-160; *Kupsch* (Bewertungseinheit, 1995): S. 131-155; *ders.* (Einzelbewertungsprinzip, 1992): S. 339-357; *Naumann* (Bewertungseinheiten, 1995).

250 Vgl. *Wiedmann* (Bewertungseinheit, 1994): S. 474.

251 Vgl. § 252 Abs. 1 Nr. 3 HGB.

252 Vgl. Bekanntmachung der Neufassung der Vermögensteuer-Richtlinien (VStR 1972), BStBl. I 1972, S. 297.

liche Gefahr für die handelsrechtliche Rechnungslegung bezeichnet[253]. Denn eine Übertragung dieser Vorschrift auf die Bilanzierung von Drohverlustrückstellungen hätte eine weitreichende Kompensation von Gewinnen und Verlusten nach sich gezogen, die nicht mit dem (wohlverstandenen)[254] Einzelbewertungsgrundsatz in Einklang gestanden und darüber hinaus dem Grundsatz, "nicht realisierte Gewinne aus allen Besteuerungsvorgängen herauszulassen"[255], widersprochen hätte.

Im Mittelpunkt eines vom Schleswig-Holsteinischen Finanzgericht in diesem Zusammenhang zu entscheidenden Fall stand die Frage nach der Zulässigkeit einer umfassenden Saldierung von Ansprüchen und Verpflichtungen aus schwebenden Geschäften eines Schiffsbauunternehmens: Dieses hatte Drohverlustrückstellungen in Höhe von ca. 1,8 Mio DM als Verbindlichkeiten bei der Einheitsbewertung des Betriebsvermögens angesetzt. Anläßlich einer Betriebsprüfung stellte das Finanzamt "nichtrealisierte Gewinne aus anderen schwebenden Geschäften" in Höhe von ca. 1.6 Mio DM fest und verrechnete diese Gewinne mit den Drohverlustrückstellungen, so daß als Verbindlichkeit lediglich die Differenz von ca. 200.000 DM berücksichtigt wurde. Das Finanzgericht war allerdings der Auffassung, daß eine Anrechnung unrealisierter Gewinne nur insoweit erfolgen durfte, als "außergewöhnliche nichtverwirklichte Gewinne aus schwebenden Geschäften (sog. Übergewinne) vorliegen, wenn also nichtverwirklichte Gewinne gegeben sind, die über die Selbstkosten zuzüglich eines Unternehmergewinns hinausgehen".[256] Endgültig abgelehnt wurde die Verrechnung drohender Verluste mit unrealisierten Gewinnen aus anderen schwebenden Verträgen durch den BFH mit Urteil vom 17. Mai 1974. Der entscheidende Senat führte aus, der "Grundsatz der Einzelbewertung (..) erfordert es, daß der Anspruch aus jedem einzelnen schwebenden Vertrag für sich bewertet wird". Der (maßgebliche) Teilwert des Anspruchs dürfe aber "nicht mit nicht realisier-

---

253 Vgl. *Klein* (Verlustrückstellung, 1975): S. 67 f.

254 Vgl. hierzu *BFH* vom 22.11.1988 VIII R 62/85, BStBl. II 1989, S. 359-363. Der BFH betont, daß der Einzelbewertungsgrundsatz nicht verletzt würde, wenn Forderungen oder Rückstellungen pauschal bewertet würden und erst "die zusammengefaßte Bewertung mehrerer Vermögensgegenstände und Schulden (..) ein zutreffendes Bild der Vermögensverhältnisse des Kaufmanns und des Stands seiner Schulden" wiedergibt, S. 362. Auch schließe es der Einzelbewertungsgrundsatz "weder aus, *mehrere* Geschäfte wirtschaftlich als *Einheit* zu betrachten (..), noch verbietet er, *alle* wirtschaftlichen Folgen *eines* Geschäfts in den Saldierungsbereich" schwebender Geschäfte einzubeziehen, *BFH* vom 3.2.1993 I R 37/91, BStBl. II 1993, S. 441-446, hier S. 446 (Hervorh. im Original).

255 *Klein* (Verlustrückstellung, 1975), S. 68.

256 *Schleswig-Holsteinisches Finanzgericht*, Urteil vom 23.6.1971 II 136-137/67, rechtskräftig, EFG 1971, S. 527 (beide Zitate).

ten Gewinnen aus anderen schwebenden Verträgen saldiert werden. Das würde gegen den Grundsatz der Einzelbewertung verstoßen. Die Anweisung in Abschn. 35 Abs. 2 VStR entbehrt deshalb der Rechtsgrundlage."[257]

Eine *umfassende* Verrechnung sämtlicher schwebender Geschäfte eines Unternehmens als Extremfall der Bildung von Bewertungseinheiten wird, soweit ersichtlich, weder von der Rechtsprechung noch von der Literatur befürwortet. Eine derart weite Abgrenzung der Bewertungseinheit würde bedeuten, daß nicht mehr einzelne Geschäfte betrachtet werden, sondern die Beschaffungs- und Absatzverträge eines Unternehmens insgesamt; der gesamte Absatzbereich wäre mithin als ein einziges schwebendes Geschäft anzusehen mit dem Ergebnis, daß bei zu erwartendem positiven Gesamtergebnis keinerlei Anlaß zur Bilanzierung von Drohverlustrückstellungen aus einzelnen schwebenden Geschäften besteht, selbst wenn diese einwandfrei verlustträchtig[258] sind. Diese denkbare Vorgehensweise bei der Antizipation von Verlusten widerstrebt offenkundig dem Einzelbewertungsprinzip, dessen Intention darin besteht, "eine objektivierte Vermögensermittlung"[259] zu sichern, indem Einnahmenüberschüsse und Ausgabenüberschüsse gesondert erfaßt werden und nicht bereits im Vorfeld der Bilanzierung durch eine umfassende Verrechnung von Einnahmen- und Ausgabenüberschüssen die Existenz von etwaigen Ausgabenüberschüssen negiert wird. Dennoch ist die Versagung einer Drohverlustrückstellung mit dem Hinweis auf eine positive Ertragslage nicht generell unzulässig. Bestehen unüberwindbare Schwierigkeiten bei der Zurechnung von Erträgen und Aufwendungen auf ein einzelnes schwebendes Geschäft, erscheint es durchaus plausibel, die Bilanzierung einer Drohverlustrückstellung mit dem Argument zurückzuweisen, insgesamt erwirtschafte das Unternehmen einen Gewinn[260].

---

257 *BFH* vom 17.5.1974 III R 50/73, BStBl. II 1974, S. 508-509, hier S. 509 (beide Zitate). Das Urteil betraf die Frage, ob der Teilwert von halbfertigen Waren aus einem Werkvertrag unter dem Reproduktionswert liegen kann und ob eine Saldierung des nicht realisierten Verlustes mit nicht realisierten Gewinnen aus anderen schwebenden Verträgen zulässig ist.

258 Es sei hier unterstellt, daß keine Zurechnungsprobleme bestehen, also keine Zweifel an der Existenz eines Ausgabenüberschusses bestehen.

259 Moxter (Bilanzsteuerrecht, 1983): S. 307.

260 So vgl. *BFH* vom 25.2.1986 VIII R 377/83, BStBl. II 1986, S. 465-467, hier S. 466.

1.2. Die Konkretisierung von Bewertungseinheiten durch Literatur und Rechtsprechung

a) Darstellung am Beispiel eines Devisentermingeschäfts

Ein Unternehmen erhält am 20. November 01 eine Werkzeugmaschine von einem US-amerikanischen Unternehmen. Der vereinbarte Lieferpreis ist am 30. Januar 02 in US-Dollar zu zahlen und beträgt 500.000 Dollar. Bei einem Wechselkurs von 2 DM/Dollar sind 1 Mio DM als Verbindlichkeit zu passivieren. Um Wechselkursrisiken auszuschließen, habe das Unternehmen bereits bei Vertragsschluß ein Devisentermingeschäft abgeschlossen, das den Kauf von 500.000 Dollar per Termin (Zeitpunkt der Zahlung des Kaufpreises) zum Kurs von 2 DM/Dollar[261] zum Inhalt hatte. Am Bilanzstichtag ist der Wechselkurs auf 2,10 DM/Dollar gestiegen; aus dem Devisentermingeschäft ergibt sich zu diesem Zeitpunkt ein rechnerischer Gewinn von 50.000 DM. Fraglich ist, ob in diesem Fall das Höchstwertprinzip als Ausprägung des Imparitätsprinzips den Ausweis der Dollar-Verbindlichkeit in Höhe von 1,05 Mio DM gebietet oder ob nicht der aus dem Devisentermingeschäft erwartete Gewinn saldierend berücksichtigt werden muß.

Im Beispielfall führte eine strenge Einzelbewertung der Lieferverbindlichkeit einerseits und des Devisentermingeschäfts andererseits dazu, den sich aus der Wechselkursänderung ergebenden Aufwandsüberschuß zu bilanzieren, während der Gewinn aus dem Devisentermingeschäft mangels Quasi-Sicherheit[262] (als Voraussetzung der Gewinnrealisierung) bilanziell unberücksichtigt bleibt. Dies erscheint jedoch wegen der offenkundig engen wirtschaftlichen Verknüpfung beider Vorgänge abwegig.

Die Bilanzrechtsliteratur versucht, die zusammenfassende Betrachtung von Verbindlichkeit und Devisentermingeschäft (als Bewertungseinheit) aus dem geltenden Bilanzrechtssystem heraus zu begründen. So meint *Groh*, die Nichtsaldierung miteinander verknüpfter Geschäfte und damit "die uneingeschränkte Einzelbewertung" würde "das Imparitätsprinzip verkennen". Sei die spätere Realisierung von Verlusten "insbesondere auf Grund eines anderen Hilfs- oder Sicherungsgeschäfts ausgeschlossen", könnten sie auch nicht vorweggenommen werden. "Unter den Kategorien der Einzelbewertung" dürften in diesen

---

261 Vereinfachungsbedingt sei für das gesamte Beispiel unterstellt, daß der Terminkurs dem Kassakurs entspricht.
262 Vgl. hierzu *Euler* (Gewinnrealisierung, 1989): S. 67-70.

Fällen "ausnahmsweise nichtrealisierte Gewinne zum Ausgleich nichtrealisierter Verluste verwendet werden". Insoweit bietet es sich an, von einer Einzelbewertung im weiteren Sinne zu sprechen. Diese wird von *Groh* damit begründet, daß erst "die gemeinsame Bewertung mehrerer Vermögensgüter und Geschäfte (..) ein zutreffendes Bild der Vermögens- und Ertragslage" ergibt. Bei zur Sicherung eines Hauptgeschäfts abgeschlossenen Devisentermingeschäften stünde fest, daß "ein Verlust aus dem Hauptgeschäft notwendig und zeitgleich durch einen Gewinn aus dem Termingeschäft (..) kompensiert wird", weshalb "für die Anwendung des Imparitätsprinzips (..) kein Platz"[263] sei.

Auch die Rechtsprechung stellt in bezug auf Devisentermingeschäfte fest, daß "Kursverluste effektiv nicht eintreten", wenn "Terminkäufe und -verkäufe durch entsprechende Gegengeschäfte zum Zweck der Kurssicherung abgedeckt sind". Aus dem Grundsatz der Einzelbewertung dürfe nicht gefolgert werden, "jedes einzelne Devisentermingeschäft für sich (..) losgelöst von seinem kompensierenden Gegengeschäft (..) als Bewertungsobjekt" zu betrachten. Eine derartige Betrachtungsweise verkenne "die einzigartige Wechselbeziehung (..) zwischen Grund- und Gegengeschäft" und mißachte "die wirtschaftliche Wirklichkeit".[264]

Welche Voraussetzungen ein Deckungsgeschäft erfüllen muß, um auf eine (ansonsten gebotene) Verlustantizipation aus dem Grundgeschäft verzichten zu können, wird von *Burkhardt* eingehend untersucht. Als grundlegende Voraussetzung wird die *Währungsidentität*[265] genannt, die eine Zusammenfassung von nicht auf dieselbe Währung lautenden Geschäften ausschließt. Darüber hinaus sollen sich die *Erfolgsauswirkungen* von Grund- und Sicherungsgeschäft aufgrund von Änderungen des Wechselkurses *gegenläufig* verhalten; so müsse beispielsweise die Forderung aus einem Liefergeschäft durch eine Lieferver-

---

263 *Groh* (Fremdwährungsgeschäfte, 1986): S. 873 (alle Zitate); ähnlich vgl. *Benne* (Bewertungseinheit, 1991): S. 2604; *Christiansen* (Einzelbewertung, 1995): S. 388 f.; *Euler* (Rückstellungen, 1990): S. 1050; *Wiedmann* (Bewertungseinheit, 1994): S. 466 f.

264 *FG Köln*, Urteil vom 14.11.1990 6 K 524/80 (rechtskräftig), EFG 1991, S. 452-453, hier S. 453 (alle Zitate); ebenso vgl. *Hessisches Finanzgericht*, Urteil vom 24.11.1982 I V 359/79, rechtskräftig, EFG 1983, S. 337-338, in der Vermögensaufstellung dürfe eine Drohverlustrückstellung nicht bilanziert werden, "wenn das Kursrisiko des einzelnen Termingeschäfts durch den Abschluß kongruenter Gegengeschäfte abgedeckt ist und infolgedessen eine Saldierung aller in einer Währung abgeschlossenen Termingeschäfte zu keinem Verlust führt", S. 337 (Leitsatz).

265 Vgl. *Burkhardt* (Fremdwährungsgeschäfte, 1988): S. 147 f. m.w.N. Ebenso vgl. *Benne* (Gewinnerwartungen, 1979): S. 1656.

bindlichkeit, also z.B. einen Devisenterminverkauf, gesichert sein.[266] Letztlich hänge die Zulässigkeit der Verlustkompensation davon ab, ob die aus dem Sicherungsgeschäft erwartete Gewinnchance hinreichend *konkretisiert* sei. "Die Gewinnchance muß greifbar sein. Die Greifbarkeit erweist sich erst bei Abschluß eines rechtsverbindlichen Deckungsgeschäfts: der Abschluß z.B. eines Termingeschäfts konkretisiert in diesem Sinne die Gewinnchancen"[267].

Im oben dargestellten Beispiel erwächst aus dem Abschluß eines Devisentermingeschäfts das Recht auf Kauf von Devisen zu einem bestimmten Kurs. Am Bilanzstichtag beläuft sich der rechnerische Gewinn aus dem Devisentermingeschäft auf 50.000 DM; die Chance, zu einem gegenüber dem aktuellen Wechselkurs niedrigeren Umtauschverhältnis Dollars erwerben zu können, besitzt mithin einen Marktwert in ebendieser Höhe. Auch wenn das Realisationsprinzip die (erfolgswirksame) Aktivierung bereits vor dem Zeitpunkt der bilanzrechtlichen Erfüllung verbietet und es daher unzulässig ist, am Bilanzstichtag einen Gewinn aus dem Devisentermingeschäft in Höhe von 50.000 DM als bereits realisiert zu betrachten, wird gleichwohl die Verrechnung des Verlusts aus der (Liefer-)Verbindlichkeit mit dem (unrealisierten) Gewinn aus dem Devisentermingeschäft für zulässig gehalten. Angesichts der vom Schrifttum erhobenen strengen Anforderungen[268] an die Saldierung eines Verlusts mit einer Gewinnchance aus einem gegenläufigen Geschäft liegt der Schluß nahe, daß ebenjene Gewinnchance zugleich - jedoch ohne daß dies explizit gefordert wird - einen Vermögensgegenstand verkörpern muß: Der zur Verlustkompensation geeignete vermögenswerte Vorteil bedarf der zivilrechtlichen Einkleidung[269] und gilt deshalb (wie alle Rechte) in einer typisierenden Betrachtungs-

---

266 Vgl. *Burkhardt* (Fremdwährungsgeschäfte, 1988): "Gegenläufig bedeutet in diesem Sinn, daß Grund- und Deckungsgeschäft bezüglich der Entwicklung der Fremdwährung im Verhältnis zur Inlandswährung negativ korreliert (Koeffizient - 1) sein müssen", S.148.

267 *Burkhardt* (Fremdwährungsgeschäfte, 1988): S. 147. A.A. und damit gegen die Bildung von Bewertungseinheiten, wenn Kurssicherungsmaßnahmen bei Fremdwährungsgeschäften bzw. -positionen bestehen, vgl. *Hartung* (Bilanzierung bei Kurssicherung, 1990): S. 635-646, insbes. S. 637 f. *Staudt / Weinberger* (Währungspositionen, 1997) merken zu den im Schrifttum vorgebrachten Konkretisierungsversuchen an: "Je konkreter die Kriterien formuliert werden, desto geringer sind tendenziell zwar die Ermessensspielräume, desto größer werden aber die Gestaltungsspielräume und umgekehrt", S. 50.

268 Vgl. *Burkhardt* (Fremdwährungsgeschäfte, 1988): S. 147-151.

269 Vgl. *Burkhardt* (Fremdwährungsgeschäfte, 1988): S. 147; ebenso vgl. *Tubbesing* (Bilanzierungsprobleme, 1981): S. 824. Erfolgswirkungen aus sog. antizipativen Hedgegeschäften (zukünftigen Grund- und Sicherungsgeschäften) dürfen demzufolge nicht berücksichtigt werden.

weise als greifbar werthaltig[270]. Darüber hinaus ist von der selbständigen Bewertbarkeit des Rechts auszugehen, da der Wert des Devisentermingeschäfts jederzeit am Markt festgestellt werden kann.

b) Darstellung am Beispiel von Rückgriffsansprüchen

Außer im Falle der Absicherung von Wechselkursrisiken wird die Bildung einer Bewertungseinheit auch für verlustträchtige Geschäfte mit daneben bestehenden Rückgriffsmöglichkeiten für zulässig erachtet. Folgendes Beispiel soll der Erläuterung dienen: Ein Kaufmann habe eine Drohverlustrückstellung für eine Vertragsstrafe aufgrund zu befürchtender nicht rechtzeitiger Zulieferungen in Höhe von 2 Mio DM zu bilden. Sollte sich die Befürchtung bestätigen, könnten gegen den Zulieferer Rückgriffsansprüche in Höhe von 0,8 Mio DM geltend gemacht werden. Der Kaufmann muß nun überlegen, ob er 2 Mio DM zurückstellt bei gleichzeitiger Aktivierung der künftigen Regreßforderung oder ob er lediglich den Saldo aus Verpflichtung und Anspruch in Höhe von 1,2 Mio DM passiviert. "Vom Standpunkt der Gewinnermittlung aus gesehen führen", so *Forster*, "zwar beide Verfahren zum selben Ergebnis". Dennoch verbiete sich der Bruttoausweis, da das Realisationsprinzip die Aktivierung des Regreßanpruchs verhindere. Zudem würden in diesem Fall "die Verhältnisse insoweit unzutreffend" dargestellt, als zum Bilanzstichtag "weder Verpflichtungen noch Forderungen, sondern (..) eine Verlusterwartung" (in Höhe von 1,2 Mio DM) bestehe. Die zutreffende Lösung der Bilanzierungsfrage liege daher in der Passivierung des *Saldo*betrags, denn "die Rückstellung wird nicht für eine drohende Verpflichtung, sondern für drohende Verluste gebildet. Ein Verlust ist aber eine Saldogröße, die Differenz zwischen Aufwendungen und Erträgen"[271]. Da es auf den wirtschaftlichen Gehalt bilanziell zu erfassender Sachverhalte ankomme, sei es nicht gerechtfertigt, einen Verlustposten zu passivieren, "bei dem von vornherein feststeht, daß er niemals entstehen wird" und "bei der Bilanzierung so zu tun, als würde es sich um vollkommen unabhängige Vorgänge handeln."[272]

---

270 Vgl. hierzu *Moxter* (Bilanzrechtsprechung, 1996): S. 11.
271 *Forster* (Rückstellungen, 1971): S. 396 (alle Zitate).
272 *Pößl* (Saldierung, 1984): S. 433 (beide Zitate); ähnlich vgl. *Groh* (Verbindlichkeitsrückstellung, 1988) für den Fall, daß der Vertragspartner eines schwebendes Liefergeschäfts "zwar zahlungsunfähig wird, aber eine Kreditversicherung abgeschlossen ist", S. 29.

Bei der "Prüfung der Intensität des wirtschaftlichen Zusammenhangs" gelte es allerdings "strenge Maßstäbe anzulegen"[273]. So wird von der Literatur gefordert, die bilanzielle Verbindung zweier Vorgänge (wie die oben dargestellten) zu einer Bewertungseinheit an die Voraussetzung der ‚*wechselseitigen Kausalität*' zu knüpfen. Dies bedeute, daß zwischen Anspruch und Verpflichtung "eine ‚innere kompensatorische Beziehung' " bestehen muß, mithin "der Eintritt der positiven Komponente ausschließlich vom Eintritt der negativen Komponente abhängig sein darf".[274] Dies gelte insbesondere für Rückgriffsansprüche, die ohne entsprechende Verpflichtung aus einem schwebenden Vertrag erst gar nicht entstehen könnten, "so daß eine kausale Beziehung zwischen den jeweiligen Elementen zu bejahen ist"[275]. Darüber hinaus dürfen an der Durchsetzbarkeit des Rückgriffsanspruchs so gut wie keine Zweifel bestehen: Erst wenn der Bilanzierende "nach sachgerechter Würdigung der Umstände am Bilanzstichtag" von der erfolgreichen Geltendmachung bei Eintritt der Bedingung ausgehen kann, darf der Anspruch "insoweit als gesichert gelten"[276]. Der Eintritt eines Ereignisses, wie z.B. die Lieferverzögerung mit anschließender Verpflichtung zur Zahlung einer Vertragsstrafe, könne nicht auf der einen Seite für so wahrscheinlich gelten, daß die Bilanzierung einer Drohverlustrückstellung unumgänglich wird, auf der anderen Seite aber die damit unmittelbar verbundene Rückgriffsforderung als zu wenig wahrscheinlich gelten, um die Verlustentstehung zu kompensieren[277].

Mit einer ähnlichen Argumentation verlangte das Finanzgericht Nürnberg die Minderung von Gewährleistungsrückstellungen, wenn das bilanzierende Unternehmen eine Produkthaftpflichtversicherung abgeschlossen habe: "Es wäre nämlich nicht zu verstehen bzw. zu rechtfertigen, im Stadium der Ungewißheit des Eintritts eines Gewährleistungsfalles eine Gewinnminderung durch Rück-

---

273 *Pößl* (Saldierung, 1984): S. 435 (beide Zitate).

274 *Naumann* (Rückstellungen, 1989): S. 225, (beide Zitate), unter Hinweis auf *Tubbesing* (Bilanzierungsprobleme, 1981): S. 817; ähnlich vgl. *Christiansen* (Einzelbewertung, 1995), der von "finalen Bewertungseinheiten" spricht, da "der wertbildende Faktor zwangsläufig nach dem Willen des bilanzierenden Kaufmanns (..) [dem] Risikoausgleich auch dienen muß", S. 386; *ders.* (Einzelbewertungsprinzip, 1992): S. 347-356.

275 *Pößl* (Saldierung, 1984): S. 434. Gleiches gelte z.B. auch für Versicherungsansprüche, die nicht ohne einen Forderungsausfall denkbar seien. Ebenso vgl. *Lauth* (Entwicklungstendenzen, 1993): S. 394. Als weitere Beispiele werden staatliche Zuschüsse oder Investitionsbeihilfen, "die aufgrund [eines schwebenden] Geschäfts gewährt werden", genannt (*Karrenbrock* (Saldierungsbereich, 1994): S. 100); vgl. auch *Groh* (Verbindlichkeitsrückstellung, 1988): S. 29.

276 *Pößl* (Saldierung, 1984): S. 434 (beide Zitate).

277 Vgl. *Pößl* (Saldierung, 1984): S. 434.

stellungsbildung trotz bestehender Versicherung zuzulassen, während bei Eintritt eines Gewährleistungsfalles der dann gewissen und durch einen entsprechenden Passivposten zu bilanzierenden Verbindlichkeit des Unternehmers eine entsprechende Forderung gegenüber der Versicherung als Aktivposten gegenüberzustellen wäre, eine Gewinnauswirkung also insoweit nicht einträte"[278].

Der BFH hat in einem jüngeren Urteil klargestellt, daß Rückgriffsansprüche gegen einen Bau-Subunternehmer - soweit sie nicht zu aktivieren sind - bei der Bildung von Garantierückstellungen "als rückstellungsbegrenzende Merkmale nach Wahrscheinlichkeitsgesichtspunkten zu berücksichtigen"[279] sind. Voraussetzung sei, daß ein unmittelbarer Zusammenhang zwischen Eintritt des Garantiefalls und Geltendmachung des Rückgriffsanspruchs derart bestehe, daß sich beide Sachverhalte "wenigstens teilweise spiegelbildlich entsprechen". Darüber hinaus müsse der Rückgriffsanspruch der Entstehung oder Erfüllung der Verbindlichkeit "in rechtlich verbindlicher Weise (..) zwangsläufig nachfolgen" und zudem "vollwertig sein, d.h. vom Rückgriffsschuldner nicht bestritten werden"[280].

Dieselben Voraussetzungen zur Kompensation einer Verbindlichkeitsrückstellung forderte der I. Senat des BFH anläßlich der Frage, ob Ansprüche gegenüber einer Urlaubskasse die Höhe der Urlaubsrückstellungen mindern.[281] Der Entscheidung lag folgender Sachverhalt zugrunde: Ein Unternehmen hatte regelmäßig Beiträge an eine Urlaubskasse gezahlt, um die "Belastung für die Abgeltung von Urlaub gleichmäßig auf das Jahr zu verteilen". Die Urlaubskasse war verpflichtet, bei Urlaubsantritt der einzelnen Mitarbeiter die "tatsächlich an die Arbeitnehmer gezahlten Urlaubsbeträge" zu erstatten. Für den während des Geschäftsjahrs von den Mitarbeitern noch nicht genommenen Urlaub bildete das Unternehmen Rückstellungen, wobei eine Aktivierung der Ansprüche gegenüber der Urlaubskasse mit dem Argument unterblieb, "daß die Ansprüche

---

278 *Finanzgericht Nürnberg*, Urteil vom 1.7.1981 V 160/77, rechtskräftig, EFG 1982, S. 15.
279 BFH vom 17.2.1993 I R 60/89, BStBl. II 1993, S. 437-441, hier S. 439.
280 *BFH* vom 17.2.1993 I R 60/89, BStBl. II 1993, S. 437-441, hier S. 440 (alle Zitate); vgl. auch *BFH* vom 8.2.1995 I R 72/94, BStBl. II 1995, S. 412; *BFH* vom 3.8.1993 VIII R 37/92, BStBl. II 1994, S. 444-449, hier S. 448; vgl. auch *BFH* vom 25.1.1996 IV R 114/94, BStBl. II 1997, S. 382-384, hier S. 384. Vgl. auch *Pößl* (Saldierung, 1984): Rückgriffs- oder Versicherungsansprüche, deren Unbestrittenheit zweifelhaft sei, weil "der Bilanzierende die Terminüberschreitung leichtfertig mitherbeigeführt hat oder weil unklar ist, ob die Versicherung ersatzpflichtig ist", dürften nicht saldierend berücksichtigt werden, S. 434.
281 Vgl. *BFH* vom 8.2.1995 I R 72/94, BStBl. II 1995, S. 412.

erst mit dem jeweiligen Urlaubsantritt der Arbeitnehmer entstünden"[282]. Der BFH folgte (wie auch das in der Vorinstanz mit dem Fall befaßte Finanzgericht) hinsichtlich der Nichtaktivierung des Ausgleichsanspruchs der vom Steuerpflichtigen vorgebrachten Argumentation[283]. Die für einen Erfüllungsrückstand im Rahmen von Dauerschuldverhältnissen zu bildende Rückstellung müsse allerdings um den Betrag der unterlassenen Forderungsaktivierung gekürzt werden. Soweit ein Erstattungsanspruch auf Ausgleichszahlungen vorliege, "der hier der Höhe nach zwischen den Beteiligten *unstreitig* ist", komme "die Bildung einer Rückstellung nicht in Betracht"[284]. Dabei liege kein Verstoß gegen das Einzelbewertungsgebot vor, da "nicht zwei Bilanzansätze verrechnet, sondern eine Rückstellung bewertet"[285] werde. In Höhe der (durchsetzbaren) Rückgriffsansprüche sei das Vermögen des Kaufmanns rechtlich und wirtschaftlich nicht belastet, mithin fehle es an der für die Rückstellungsbildung notwendigen Voraussetzung der Wahrscheinlichkeit der Inanspruchnahme[286].

Wie bei der Verrechnung von durch Wechselkursänderungen bedingten Aufwendungsüberschüssen mit (erwarteten) Gewinnen aus Devisentermingeschäften, gilt auch im Falle der Saldierung von Rückstellungen mit Rückgriffsansprüchen, daß eine rechtliche Bindung der Gewinnchance gegeben sein muß. Darüber hinaus bedarf es, in Analogie zur Absicherung einer Fremdwährungsverbindlichkeit gegen das Währungsrisiko, einer "inneren kompensatorischen Beziehung"[287] zwischen (ohne Saldierungsmöglichkeit bestehendem) Aufwandsüberschuß einerseits und Gewinnerwartung andererseits, d.h. die Rückgriffsforderung muß quasi 'automatisch' bei Eintritt des Garantiefalls bzw. bei Urlaubsantritt der Mitarbeiter entstehen. Indes ist hierin kein eigenständiges, neben die rechtliche Einräumung des Erstattungsanspruchs tretendes, Kompensationskriterium zu sehen, vielmehr ergibt sich der "unmittelbare Zusammenhang mit der drohenden Inanspruchnahme" gerade daraus, daß der entspre-

---

282 *Niedersächsisches Finanzgericht*, Urteil vom 8.3.1994 VI 642/91, Revision eingelegt, EFG 1995, S. 161-162, hier S. 161 (alle Zitate).

283 Der *BFH* (Urteil vom 8.2.1995 I R 72/94, BStBl. II 1995, S. 412) unterstellte "zugunsten der Klägerin", daß die Aktivierung "noch nicht möglich ist", konnte die Frage aber ansonsten "dahingestellt sein lassen".

284 *Niedersächsisches Finanzgericht*, Urteil vom 8.3.1994 VI 642/91, Revision eingelegt, EFG 1995, S. 161-162, hier S. 162 (beide Zitate, Hervorh. durch Verf.).

285 *BFH* vom 8.2.1995 I R 72/94, BStBl. II 1995, S. 412.

286 Vgl. *Niedersächsisches Finanzgericht*, Urteil vom 8.3.1994 VI 642/91, Revision eingelegt, EFG 1995, S. 161-162, hier S. 162. Zum Grundsatz objektivierter Mindestwahrscheinlichkeit bei der Verbindlichkeitspassivierung vgl. *Böcking* (Verbindlichkeitsbilanzierung, 1994): S. 89-103.

287 *Naumann* (Rückstellungen, 1989): S. 225.

chende (saldierungsfähige) Anspruch der "Entstehung oder Erfüllung der Verbindlichkeit zwangsläufig"[288] nachfolgt.

c) Würdigung

Während in der Literatur weitgehend Einigkeit darüber besteht, daß in den Fällen von durch Devisentermingeschäfte gesicherten Grundgeschäften[289] und (vertraglich gesicherten) Rückgriffsansprüchen[290] Bewertungseinheiten zu bilden sind, scheint für viele andere Bereiche eine "einheitliche Linie in der Frage, wann eine Bewertungseinheit gebildet werden darf und wann nicht, (..) nicht einmal ansatzweise"[291] zu bestehen. Gemeinsam ist den Konkretisierungsversuchen, daß das Vorliegen einer Bewertungseinheit einen verlustbehafteten Bilanzposten einerseits und eine hinreichend konkretisierte Gewinnchance andererseits voraussetzen soll, die wirtschaftlich eng miteinander verknüpft sein müssen.[292] Wann der Bilanzierende von einer 'wirtschaftlich engen Verknüpfung' ausgehen und infolgedessen Bewertungseinheiten bilden darf, ist damit noch nicht geklärt. Umschreibungen derart, daß "die Geschäfte zum Zwecke des Zusammenwirkens abgeschlossen"[293] oder daß "ein Geschäft ohne das andere nicht denkbar"[294] ist, können kaum dazu beitragen, die Grenzen der Bewertungseinheit ermessensfrei abzustecken. Da dieser Status quo zu großer Rechtsunsicherheit führt, ist das Schrifttum bemüht, konkrete Kriterien zu finden, anhand derer das Bestehen einer Bewertungseinheit zu prüfen ist. Besonders betont wird dabei die "konkretisierte oder unzweifelhafte Gewinnchance", wonach "Teil einer Bewertungseinheit nur ein Ertrag sein [kann], der ebenso sicher ist wie der unrealisierte Verlust, nicht aber ein rein spekulativer Ertrag"[295]. Für einige Autoren bedeutet dies, "daß nur solche wertbildenden Faktoren be-

---

288 *BFH* vom 8.2.1995 I R 72/94, BStBl. II 1995, S. 412 (beide Zitate).

289 Vgl. z.B. *Christiansen* (Einzelbewertung, 1995): S. 389; *Ellrott / Schmidt-Wendt* (in: Beck'scher Bilanz-Kommentar, 1995): § 255, Anm. 56; *Groh* (Fremdwährungsgeschäfte, 1986): S. 873 f.; *Langenbucher* (in: Küting / Weber, 1995): I. Kapitel, Fünfter Abschnitt, Rn. 745 m.w.N.

290 Vgl. z.B. *Strobl* (Vorsichtsprinzip, 1995): S. 92.

291 *Wiedmann* (Bewertungseinheit, 1994): S. 474.

292 Vgl. *Wiedmann* (Bewertungseinheit, 1994): S. 475.

293 *Pößl* (Saldierung, 1984): S. 434.

294 *Burkhardt* (Fremdwährungsgeschäfte): S. 144.

295 *Wiedmann* (Bewertungseinheit, 1994): S. 475 (beide Zitate); vgl. *Jüttner* (GoB-System, 1993): S. 237.

rücksichtigungsfähig sind, die grundsätzlich bilanzierungsfähig (also aktivierbar) sind"[296].

Teile des Schrifttums bestreiten allerdings jegliche Saldierungsmöglichkeit, denn "Einnahmenerwartungen und - gegebenenfalls - sogar entsprechende Forderungen liefern mit Rücksicht auf das Prinzip der Einzelbewertung kein Argument dafür, daß die Ausgabenverpflichtung nicht durch eine Rückstellung erfaßt werden müßte".[297] Diese Auffassung ist vermutlich darauf zurückzuführen, daß dem Einzelbewertungsprinzip eine *reine* Objektivierungsfunktion zugedacht wird. Bei Unterstellung einer *ausschließlich* objektivierenden Funktion ist jede Abweichung von der strengen Einzelbewertung und mithin auch die Bildung von Bewertungseinheiten unzulässig. Sieht man den Sinn und Zweck des Einzelbewertungsprinzips dagegen in der Konkretisierung des allgemeinen *Vorsichtsprinzips*[298], ist es mitunter sogar geboten, von einer strengen Einzelbewertung abzusehen, um nicht *gegen* das Vorsichtsprinzip zu verstoßen: So ist die (gebotene) pauschalierte Ermittlung von Forderungsabwertungen oder Garantierückstellungen nur möglich, wenn nicht streng einzeln bewertet wird. Andererseits darf das Vorsichtsprinzip aber auch nicht überstrapaziert werden in dem Sinne 'Vorsicht über alles'[299]. Für die Rückstellungsbilanzierung bedeutet dies, daß "auch ein vorsichtig bilanzierender Kaufmann (..) eine wahrscheinliche Regreßmöglichkeit nicht vernachlässigen" wird. Der BFH führt hierzu aus, daß es zwar das "kaufmännische Vorsichtsprinzip erfordert, (..) im Bewertungsprozeß *den Faktoren* ein größeres Gewicht beizulegen, die geeignet sind, den Wertansatz von Vermögenspositionen zu ermäßigen bzw. von Schuldposten zu erhöhen", doch könne hieraus nicht gefolgert werden, "daß sich der Kaufmann im Zweifelsfall ärmer machen muß, als er tatsächlich ist. (..) Eine gänzliche Vernachlässigung der Rückgriffsmöglichkeiten mit einer entsprechend hohen Bildung stiller Reserven wird (..) durch das Vorsichtsprinzip nicht gefordert".[300] Dem Vorsichtsprinzip ist also auch dann Genüge getan, wenn einzelne Geschäftsvorfälle zu einer Bewertungseinheit zusammengefaßt werden und dabei bestimmte, insbesondere durch die Rechtsprechung konkretisierte,

---

296 *Christiansen* (Einzelbewertung, S. 386); ebenso vgl. *Scheidle / Scheidle* (Ausbildungsverträge, 1980): S. 720; *Siegel* (Saldierungsprobleme, 1994): S. 2239.

297 *Grubert* (Rückstellungsbilanzierung, 1978): S. 199; ähnlich vgl. *Nies* (Rückstellungen, 1984): "Diese Ansprüche sind vielmehr selbständig zu bewerten und auf ihre Aktivierungsfähigkeit zu prüfen", S. 131.

298 Vgl. *Moxter* (Grundwertungen, 1997): S. 352 f.

299 Vgl. *Schneider* (Besprechungsaufsatz, 1967): S. 214; *Leffson* (GoB, 1987): S. 466.

300 *BFH* vom 17.2.1993 X R 60/89, BStBl. II 1993, S. 437-441, hier S. 440 (alle Zitate, Hervorh. durch Verf.).

Voraussetzungen erfüllt sind. Daß es in einzelnen Fällen schwierig sein mag, den Nachweis einer Bewertungseinheit zu führen, d.h. das tatsächliche Bestehen einer Absicherung künftiger Aufwendungsüberschüsse durch erwartete Einnahmen nachzuweisen, sollte nicht zum Anlaß genommen werden, das Einzelbewertungsprinzip stets in strenger (objektivierender) Weise anzuwenden. Zum einen bestünde die Gefahr einer *über*vorsichtigen und damit "weit über den gebotenen Gläubigerschutz hinaus[gehenden]"[301] Bilanzierung, und zum anderen wäre jedwede Sicherungsmaßnahme (zumindest aus bilanzieller Sicht) völlig überflüssig.

Zur Frage, welche bilanzielle Qualität ein Vermögensvorteil besitzen muß, um einen (ansonsten bestehenden) Aufwandsüberschuß kompensieren zu können, vertritt die Rechtsprechung im Urteil zur Berücksichtigung von Regreßansprüchen gegenüber Subunternehmern die Auffassung, daß die Rückgriffsforderung "*rechtlich* so strukturiert sein [muß], daß sie der drohenden Inanspruchnahme entgegenwirkt"[302]. Ein saldierend zu berücksichtigender Vorteil bedarf demnach in jedem Fall der rechtlichen Absicherung. Da (Einnahmenüberschüsse verkörpernde) Sachen und *Rechte* in einer typisierenden Betrachtungsweise als 'greifbar' und, sofern sie darüber hinaus selbständig bewertbar sind, als Vermögensgegenstände gelten[303], ist man geneigt, der Rechtsprechung zu unterstellen, sie verlange als *positive* Komponente einer Bewertungseinheit das Vorliegen eines Vermögensgegenstandes, wenngleich diese Voraussetzung bislang in keiner Entscheidung *explizit* genannt wurde. Dabei handelt es sich allerdings um einen besonderen Vermögensgegenstand insofern, als seine Existenz unmittelbar an das Bestehen der *negativen* Komponente der Bewertungseinheit gebunden ist. Der Anspruch kann also niemals ohne die ihn erst begründende Verpflichtung erwachsen; der BFH umschreibt dies damit, daß ein Rückgriffsanspruch der "drohenden Inanspruchnahme (..) wenigstens teilweise spiegelbildlich entsprechen"[304] muß; Teile der Literatur verwenden (gleichbedeutend) die Formulierung 'wechselseitige Kausalität'[305].

Das Bestehen eines rechtlichen Anspruchs ist hier aber nur notwendige Bedingung für das Vorliegen eines Vermögensgegenstandes. Hinzu kommen muß noch die hinreichende Bedingung der wirtschaftlichen Werthaltigkeit, jene Vor-

---

301 *Moxter* (Erwiderung, 1995): S. 1144, in bezug auf die Sofortpassivierung sämtlicher künftiger Entsorgungsaufwendungen bei Kernkraftwerken.
302 *BFH* vom 17.2.1993 X R 60/89, BStBl. II 1993, S. 437-441, hier S. 440 (Hervorh. durch Verf.).
303 Vgl. *Moxter* (GoB, 1993): S. 536-537.
304 *BFH* vom 17.2.1993 X R 60/89, BStBl. II 1993, S. 437-441, hier S. 440.
305 Vgl. *Naumann* (Rückstellungen, 1989): S. 225.

aussetzung ist bei rechtlich gesicherten Ansprüchen, deren Werthaltigkeit (in typisierender Betrachtung) so gut wie sicher ist, als erfüllt anzusehen.[306] Deutlich wird dies auch in den Ausführungen des BFH zum Teilwert der durch Rückgriffsansprüche kompensierten Verpflichtung: "Ein den Betrieb fortführender Erwerber (§ 6 Abs. 1 Nrn. 3 und 2 EStG) wird bei der Gesamtkaufpreisbemessung nicht außer acht lassen, daß gesicherte Rückgriffsmöglichkeiten gegeben sind."[307] Dies bedeutet zugleich, daß die Bewertungseinheit nicht in einen Aktivposten einerseits und einen Passivposten andererseits zerlegt werden kann. Erst bei endgültiger Inanspruchnahme zerfällt die Bewertungseinheit in die (jeweils zu bilanzierende) Forderung und Verbindlichkeit, die nunmehr je für sich bewertet werden müssen. Treten beispielsweise *nach* Aktivierung der Forderung Umstände ein, die die Bonität des Schuldners zweifelhaft erscheinen lassen, so ist eine Abwertung der Forderung geboten; die Verpflichtung bleibt hiervon unberührt. Hingegen stellt im Falle von Rückgriffsansprüchen die mangelnde Bonität des Schuldners einen Grund dar, den Anspruch nicht als Teil einer Bewertungseinheit anzuerkennen: "besteht nach vernünftiger kaufmännischer Beurteilung Unsicherheit über die Vollwertigkeit von Rückgriffsforderungen, sind diese also nicht so gut wie sicher, dann muß die Kompensation unterbleiben"; hierin zeigt sich, daß das Einzelbewertungsprinzip auch (aber nicht nur) "ein Folgeprinzip des (allgemeinen) Objektivierungsprinzips"[308] ist.

Indem sich die von Teilen des Schrifttums und der Rechtsprechung aufgestellten Kriterien zur Bildung von Bewertungseinheiten dadurch auszeichnen, daß der in der Anspruchskomponente verkörperte vermögenswerte Vorteil bereits die Qualität eines Vermögensgegenstandes aufweist und damit (zumindest) einlagefähig wäre, zeigt sich die Funktion des Einzelbewertungsprinzips "als Folgeprinzip des (allgemeinen) Vorsichtsprinzips"[309]. Kompensationsfähig sind demnach nur Vermögensgegenstände; mangelt es künftigen Einnahmen hingegen an greifbarer Werthaltigkeit, so sind sie zur Kompensation ungeeignet. Der Feststellung, daß es zur Kompensation einer Verpflichtung eines Vermögensgegenstandes bedarf, steht nicht entgegen, von einer (erfolgswirksamen) Aktivierung des Anspruchs solange abzusehen, wie er in einer Bewertungseinheit

---

306 Vgl. hierzu *Moxter* (Bilanzrechtsprechung, 1996): "Die (..) Rückgriffsforderungen bilden also durchaus Vermögensgegenstände", S. 210.
307 *BFH* vom 17.2.1993 X R 60/89 BStBl. II 1993, S. 437-441, hier S. 440.
308 *Moxter* (Bilanzrechtsprechung, 1996): S. 210 (beide Zitate).
309 *Moxter* (Bilanzrechtsprechung, 1996): S. 209.

'aufgeht'[310] - eben weil die strengen Anforderungen an erfolgswirksame Aktivenzugänge (noch) nicht erfüllt sind[311].

2. Die Konkretisierung der Bewertungseinheit 'schwebendes Geschäft'

2.1. Die Problematik der Abgrenzung des Saldierungsbereichs

Die Analyse der oben dargestellten Sachverhalte hat gezeigt, daß in Höhe der durch hinreichend konkretisierte künftige Erträge kompensierten künftigen Aufwendungen kein Aufwandsüberschuß vorliegt. Nur der tatsächliche Aufwandsüberschuß stellt den relevanten, für Rückstellungen maßgeblichen Bewertungsmaßstab 'Erfüllungsbetrag'[312] dar, eine diesen Betrag übersteigende Passivierung bedeutete, gegen einen Grundsatz ordnungsmäßiger Buchführung zu verstoßen, und überstrapazierte zugleich die vom Gesetz zur Begrenzung von Ermessensspielräumen bei der Rückstellungsbilanzierung geforderte 'vernünftige kaufmännische Beurteilung'[313].

Während insbesondere von seiten der Rechtsprechung die Voraussetzungen einer Saldierung von Verpflichtungen mit diesen zuzurechnenden künftigen Erträgen für den Bereich der Verbindlichkeitsrückstellung in hohem Maße konkretisiert wurden, ist die Abgrenzung des Saldierungsbereichs bei Drohverlustrückstellungen nach wie vor äußerst umstritten. Zu klären ist daher im folgenden, ob und gegebenenfalls in welcher Weise die vom BFH und Teilen des Schrifttums entwickelten Kriterien, die ein vermögenswerter Vorteil erfüllen muß, um einen (zunächst) zu passivierenden Aufwandsüberschuß (teilweise) zu kompensieren, auf die Bemessung von Drohverlustrückstellungen übertragen werden können. In der Folge sollen die Versuche der Literatur zur Eingrenzung des Saldierungsbereichs von Drohverlustrückstellungen eingehend dargestellt und analysiert werden.

---

310 Vgl. *Moxter* (Bilanzrechtsprechung, 1996): S. 210.
311 Vgl. schon oben A. IV. 4.2. a) und *Moxter* (Abzinsung, 1993): S. 199 ("Die strengeren Anforderungen an die künftigen Erträge kennt das Gesetz nur bei erfolgswirksamen Vorgängen").
312 Vgl. hierzu *Moxter* (Bilanzrechtsprechung, 1996): S. 199-201.
313 Vgl. § 253 Abs. 1 Satz 2 HGB und hierzu *Naumann* (Bewertungseinheiten, 1995): "Die (..) vernünftige kaufmännische Beurteilung ist (..) kein eigenständiger Wertmaßstab, sondern lediglich eine Wertbegrenzung", S. 60. Nach *Moxter* (Standort Deutschland, 1995) soll mit dieser gesetzlichen Vorschrift "gewiß auch eine hinsichtlich des Gläubigerschutzes unnötige Vorsicht ausgeschlossen werden", S. 34.

2.2. Die Bewertungseinheit 'schwebendes Geschäft' im Sinne des Grundsatzes der Maßgeblichkeit der Bruttobilanzierung

Teile des Schrifttums beurteilen die gesetzliche Vorschrift zum Ausweis von Drohverlustrückstellungen als bloße *Ausnahmeregelung* zum ansonsten zu beachtenden Saldierungsverbot[314], wonach eine Verrechnung von Posten der Aktivseite mit Posten der Passivseite unzulässig ist. Es sind „die das Verrechnungsverbot tragenden Grundsätze der Klarheit und Übersichtlichkeit des Jahresabschlusses (..), die diese vereinfachte Form [der Darstellung von Verpflichtungsüberschüssen aus schwebenden Geschäften] als zweckmäßig erscheinen lassen".[315] Aus diesem Grund "dürfen in die Saldorechnung verständlicherweise nur solche Elemente Eingang finden, die auch im Fall der Bruttobilanzierung des schwebenden Geschäfts nach den allgemeinen GoB zu aktivieren respektive zu passivieren wären"[316], so daß "bei der Bewertung einer Drohverlustrückstellung (..) nur *aktivierungsfähige* Vermögensgegenstände in Frage kommen (..); *Einlagefähigkeit* (..) reicht nicht aus"[317]. Bei der Gegenüberstellung von Ansprüchen und Verpflichtungen zwecks Feststellung eines drohenden Verlustes sollen nur solche Vermögenskomponenten berücksichtigt werden, die sich unmittelbar aus der Zivilrechtsstruktur des zugrunde liegenden Vertrags ergeben, mithin "ausschließlich die mit dem Abschluß eines synallagmatischen Vertrags rechtlich begründeten Ansprüche und Verpflichtungen"[318].

Das Vollständigkeitsgebot gebiete allerdings dann keinen Rückstellungsausweis, wenn der drohenden Vermögensbelastung mindestens in gleicher Höhe hinreichend sichere künftige Erträge gegenüberstünden.[319] *Siegel* zufolge setzt

---

314 Vgl. § 246 Abs. 2 HGB.
315 *Küting / Kessler* (Verlustrückstellungsbildung, 1993): S. 1048.
316 *Kessler* (Drohverlustrückstellung, 1994): S. 569; ebenso vgl. *Pößl* (Saldierung, 1984): S. 430.
317 *Siegel* (Saldierungsprobleme, 1994): S. 2239 (Hervorh. durch Verf.). Ebenso vgl. *Christiansen* (Einzelbewertung, 1995): S. 386 f. und 395.
318 *Kessler* (Drohverlustückstellung, 1994): S. 569; ebenso vgl. *Kammann* (Rückstellungsbildung, 1980): "Bilanzierungs- und Bewertungsobjekt ist bei (..) Bildung [von Drohverlustrückstellungen] auf der Berechtigungsseite also der aus dem Vertrags*abschluß* entstandene (Sach-)Anspruch und nicht der durch die Vertrags*erfüllung* erlangte Vorteil", S. 404.
319 Dies folgt wohl im Umkehrschluß aus der Aussage *Siegels* (Realisationsprinzip, 1994) zur Bilanzierung von Rückstellungen für Rekultivierung: „Für den Ausgleich der ausstehenden Aufwendungen durch spätere Erträge besteht keine hinreichende Sicherheit; damit ist das gegenwärtige Vermögen belastet, so daß das Vollständigkeitsprinzip den Ausweis einer Rückstellung gebietet", S. 17.

die (gedankliche) Verrechnung einer Verpflichtung mit einem *neben* dem (zivilrechtlichen) Synallagma bestehenden mutmaßlichen Vermögensvorteil dessen abstrakte Einzelveräußerbarkeit "oder (wohl vorzuziehen:) selbständige Vollstreckungsfähigkeit"[320] voraus. Tritt zur hiernach geforderten Vermögensgegenstandseigenschaft noch die *Immaterialität* des Vermögensvorteils hinzu, so müsse zusätzlich die Voraussetzung des entgeltlichen Erwerbs erfüllt werden; ausgeschlossen sei daher eine Saldierung mit *originär* erworbenen immateriellen Vermögensgegenständen. Rechtlich verfestigte Chancen auf Einnahmen, die von der Rechtsprechung in besonderen Fällen auch als "Gewinnaussichten aus schwebenden Geschäften"[321] bezeichnet würden, begründeten kein Aktivum.[322] Künftige Gewinn*chancen*, die die Gefahr bergen, „von heute auf morgen zerrinnen zu können", dürften, „zumal sie kaum objektivierbar sind"[323], keinesfalls mit dem synallagmatischen Verpflichtungselement verrechnet werden; eine gegenteilige Auffassung verstieße gegen das Imparitätsprinzip.

Eine kompensatorische Eigenschaft spricht *Siegel* indes den bedingten Forderungen zu, also "Vermögensgegenstände[n], deren Zugang an die Erfüllung von Verpflichtungen gebunden ist". Dies seien zuvorderst "die Erlösforderungen, die mit der Abwicklung des Verlustgeschäftes entstehen". Daneben kämen für eine Saldierung aber auch Schadenersatzforderungen in Betracht, "die bei Realisation des (..) Verlustfalles unstreitig zu erwarten sind"[324]. Damit sollen offenbar auch solche Vermögensvorteile in den Saldierungsbereich einfließen, deren Aktivierungs*zeitpunkt* noch nicht erreicht ist; denn die höchstrichterliche Rechtsprechung läßt die (erfolgswirksame) Aktivierung von Regreßansprüchen nur unter engen Voraussetzungen zu:[325] Die bloße vertragliche Einräumung genügt den Gewinnrealisationsanforderungen nicht, zu groß sind die Risiken eines möglichen Bestreitens des Anspruchs durch den Vertragspartner.

Insofern ergibt sich jedoch strenggenommen eine Unvereinbarkeit mit der von Teilen des Schrifttums zur Begrenzung des Saldierungsbereichs erhobenen Forderung nach Maßgeblichkeit der Bruttobilanzierung, denn der Regreßan-

---

320 *Siegel* (Saldierungsprobleme, 1994): S. 2238.
321 *BFH* vom 1.2.1989 VIII R 361/83, BFH/NV 1989, S. 778-779, hier S. 779.
322 Vgl. *Siegel* (Risikoverteilungswirkung, 1995): "Eine Saldierung, die dem Objektivierungserfordernis genügt, sollte Sachverhalte voraussetzen, die grundsätzlich zu Vermögensgegenständen führen würden", S. 1142. Vgl. hierzu auch unten 2. Kapitel, A. IV. 1.1.
323 *Siegel* (Realisationsprinzip, 1994): S. 17 (beide Zitate).
324 *Siegel* (Saldierungsprobleme, 1994): S. 2239 (alle Zitate); gl. A. vgl. *Christiansen* (Einzelbewertung, 1995): S. 387.
325 Vgl. *BFH* vom 26.4.1989 I R 147/84, BStBl. II 1991, S. 213-216.

spruch erfüllt nicht die für die (erfolgswirksame) Aktivierung notwendigen Gewinnrealisierungskriterien. Der Hinweis, die Regreßansprüche seien vertraglich zugesichert und fest mit dem Eintritt des Verlustfalles verknüpft, kann nicht darüber hinwegtäuschen, daß die Einrechnung solcher (regelmäßig noch nicht konkret aktivierungsfähiger) Vermögensvorteile in den Saldierungsbereich den Grundsatz der Maßgeblichkeit der Bruttobilanzierung verletzt. Setzt man für die Abgrenzung der in den Saldierungsbereich eingehenden Ansprüche deren Aktivierung bei fiktiver Bruttobilanzierung voraus, dürfen folgerichtig Vorteile, deren Aktivierungszeitpunkt erst zukünftig erreicht wird, nicht berücksichtigt werden.

Orientiert sich die Abgrenzung des Saldierungsbereichs von Drohverlustrückstellungen am Grundsatz der Maßgeblichkeit der Bruttobilanzierung und sollen die in das schwebende Geschäft einzubeziehenden Ansprüche die Voraussetzung der *Einzelveräußerbarkeit* oder gleichbedeutend der *Verkehrsfähigkeit*[326] erfüllen, liegt der Schluß nahe, daß die angestrebte Informationsgewinnung über die Schuldendeckungsmöglichkeiten eines Unternehmens[327] (tendenziell) durch Ermittlung des *Zerschlagungs*vermögens erfolgen soll.[328] Denn der Gläubiger erfahre den höchsten Schutz, wenn in der Bilanz nur solche Vermögenswerte ausgewiesen würden, die ihm im Falle der Unternehmensliquidation zur Verfügung stünden,[329] weil andere als einzelveräußerbare Gegenstände zur Schuldentilgung nicht herangezogen werden könnten. Da die Bilanz jedoch "nicht etwa der Aufnahme von Vollstreckungsobjekten für die Gläubiger"[330] und "nur mit vielen Einschränkungen"[331] der Schuldendeckungskontrolle dient, ist die Beschränkung der in den Saldierungsbereich einzubeziehenden Vermögensvorteile auf Vermögensgegenstände, die bei gedachter Unternehmenszerschlagung versilberungsfähig, also für sich alleine zu veräußern wären, abzu-

---

326 Für das Kriterium der konkreten selbständigen Verkehrsfähigkeit vgl. z.B. *Freericks* (Bilanzierungsfähigkeit, 1976): S. 145; *Ley* (Wirtschaftsgut, 1984): S. 134. Zur Bilanzierung von Vermögensgegenständen zu Einzelveräußerungswerten vgl. *Berlage* (Einzelveräußerungsstatik, 1993): S. 67-76; Vgl. zum Vermögensgegenstandskriterium 'Verkehrsfähigkeit' und die daran geübte Kritik *Tiedchen* (Vermögengegenstand, 1991): S. 28-40 m.w.N.

327 Siehe hierzu oben A. II. 1.1.

328 Vgl. *Ballwieser* (Generalklausel, 1985): "Die Ansatzregeln in der Bilanz sind zerschlagungsstatisch gut interpretierbar: Die Einzelveräußerbarkeit von Vermögensgegenständen (..) [folgt] ja gerade aus ihr", S. 1038.

329 Vgl. *Ley* (Wirtschaftsgut, 1984): S. 122 f. u. 134; *Coenenberg* (Jahresabschluß, 1994): S. 55; *Knobbe-Keuk* (Bilanzsteuerrecht, 1993): S. 77.

330 *Hommel* (Informationsökonomie, 1996): S. 209.

331 *Döllerer* (Kapitalnutzungsrecht, 1988): S. 42.

lehnen[332]. Der Grundsatz der Maßgeblichkeit der Bruttobilanzierung unter Einschluß des Einzelveräußerbarkeitsprinzips als Vermögensgegenstandskriterium ist deshalb mehr als fragwürdig.

Die Begrenzung des Saldierungsbereichs auf aktivierungsfähige Vorteile erscheint nur dann gerechtfertigt, wenn sich erwartete vermögenswerte Vorteile anders als durch Erfüllung der konkreten Vermögensgegenstandseigenschaften (und darüber hinaus des entgeltlichen Erwerbs[333]) nicht konkretisieren lassen.[334] Nur falls die Frage nach der Objektivierbarkeit der einem schwebenden Geschäft zuzurechnenden Erträge in diesen Sinne bejaht würde, ist die Maßgeblichkeit der Aktivierungsfähigkeit als Grundsatz der Abgrenzung des Saldierungsbereichs von Drohverlustrückstellungen tragfähig.[335]

2.3. Die Bewertungseinheit 'schwebendes Geschäft' im Sinne des 'bilanzrechtlichen Synallagmas'

Durch eine an den zivilrechtlichen Ansprüchen und Verpflichtungen orientierte enge Abgrenzung des schwebenden Geschäfts wird nach Auffassung anderer Autoren das "Austauschverhältnis (..) nur unvollständig"[336] wiedergegeben. Um die bilanzrechtlichen Auswirkungen eines schwebenden Geschäfts angemessen würdigen zu können, müsse daher auf das 'bilanzrechtliche Synallagma' abgestellt werden. Ansonsten blieben bereits Nebenleistungen unberücksichtigt, die ihre Grundlage nicht im abgeschlossenen Vertrag, sondern im öffentlichen

---

332 Vgl. *Moxter* (Immaterielle Vermögensgegenstände, 1986), da sich das Gesetz "am Leitbild der Unternehmensfortführung" orientiere, gilt "als vermögenswerter Vorteil nicht nur (..), was bei einer Unternehmenszerschlagung eine Vermögenskomponente bildet; die Einzelveräußerbarkeit ist deshalb grundsätzlich kein Kriterium des aktivierungspflichtigen Vermögensgegenstands", S. 247. *Hommel* (Informationsökonomie, 1996) gibt zu bedenken, daß bei Orientierung an der Einzelveräußerbarkeit auch solche Positionen von der Aktivierungsfähigkeit ausgenommen sein können, "die im Konkursfall einen Beitrag zur Schuldendeckungsfähigkeit leisten" würden, S. 71 f.; zum anderen eröffne "das Kriterium der Einzelveräußerbarkeit, ohne einen Zuwachs an Objektivierung zu erreichen, dem Bilanzierenden die Möglichkeit der Gewinnmanipulation; denn dieser kann einen beliebig großen Teil seiner Leistungsforderungen mit einem Veräußerungsverbot belegen oder durch seine Vertragspartner belegen lassen, ohne dadurch gleichzeitig das (greifbare) Stichtagsvermögen zu beinträchtigen", S. 73.

333 Vgl. *Siegel* (Saldierungsprobleme, 1994): S. 2239.

334 Vgl. in diesem Sinne *Moxter* (Drohverlustrückstellungen, 1993): S. 2482.

335 Vgl. *Moxter* (Drohverlustrückstellungen, 1993): S. 2482; *Jüttner* (GoB-System, 1993): S. 244 f.

336 *Herzig* (Rückstellungen, 1986): S. 71.

Recht haben. Zu beachten sei darüber hinaus der vom Gesetzgeber "insbesondere auch in der Konzeption der Verlustantizipation angelegte Ausgleich zwischen Gläubiger- und Ausschüttungsinteressen"[337], der durch eine zu restriktive Abgrenzung des Saldierungsbereichs und der damit einhergehenden unangemessenen Bevorzugung der 'internen Selbstfinanzierung' der Unternehmen konterkariert würde.

Unter dem zuvorderst von *Herzig* verwendeten Begriff des 'bilanzrechtlichen Synallagmas' ist die Einbeziehung aller Ansprüche und Verpflichtungen zu verstehen, „die sich als Leistung und Gegenleistung gegenüberstehen und damit ein *wirtschaftlich* abgrenzbares Austauschverhältnis bilden". Zwar bedeutete ein *formales* Verständnis des Einzelbewertungsgrundsatzes, "stets auf die kleinste zivilrechtlich isolierbare Einheit"[338] abzustellen, aber dem Sinn und Zweck der Drohverlustrückstellung "dürfte es nicht entsprechen, nur die unmittelbar aus einem gegenseitigen Vertrag resultierenden Leistungen und Verpflichtungen gegenüberzustellen und damit das zivilrechtliche Synallagma als Kriterium für die Abgrenzung des Saldierungsbereichs zu wählen"[339], entscheidend sei vielmehr, "ob wirklich ein Verlustgeschäft aus bilanzrechtlicher Sicht gegeben ist"[340]. Zur Beantwortung dieser Frage sei das "Überspringen formalrechtlicher Grenzen erforderlich"[341], um auf diese Weise alle Leistungen und Verpflichtungen aus *einem* Geschäft gegenüberzustellen[342]; von einer Verletzung des Einzelbewertungsgrundsatzes könne daher nicht gesprochen werden.

Der grundlegende Unterschied zur streng formalrechtlichen Abgrenzung des Saldierungsbereichs einer Drohverlustrückstellung besteht darin, daß es bei der im Rahmen des 'bilanzrechtlichen Synallagmas' erforderlichen "Gegenüberstellung zukünftiger Aufwendungen und Erträge (..) nicht auf die bilanzielle

---

337 *Herzig / Rieck* (Abgrenzung des Saldierungsbereiches, 1995): S. 534.
338 *Herzig* (Drohverlustrückstellungen, 1994): S. 1429; *ders.* (Rückstellungen, 1991): S. 225.
339 *Herzig* (Dauerrechtsverhältnisse, 1988): S. 215. Ebenso vgl. *Jüttner* (GoB-System, 1993): S. 187 ("Das konkrete vertragliche Austauschverhältnis kann nur den Grundstock einbeziehbarer Tatbestände bilden"); *Bauer* (Schwebende Geschäfte, 1981): S. 81; *Groh* (Verbindlichkeitsrückstellung, 1988): S. 29. A.A. wohl *Döllerer* (Schwebender Vertrag, 1974): "Denn diese [Drohverlust-]Rückstellungen sind (..) entgegen ihrem Wortlaut keine Rückstellungen für Verluste in dem Sinne, daß der Überschuß sämtlicher Aufwendungen über sämtliche Erträge aus dem schwebenden Vertrag zu ermitteln sei. Sie sind vielmehr Rückstellungen für den Teil der eigenen Verpflichtung, um den diese den Anspruch auf die Gegenleistung übersteigt", S. 1543.
340 *Herzig* (Drohverlustrückstellungen, 1994): S. 1430.
341 *Herzig* (Dauerrechtsverhältnisse, 1988): S. 215.
342 Vgl. *Kupsch* (Bewertungseinheit, 1995): S. 152.

Qualität der Vorteile"[343] ankommt, "ergäbe sich doch sonst eine völlig ungerechtfertigte Ausweitung der Drohverlustrückstellungen"[344].

Freilich bedeutet das Abstellen auf das 'bilanzrechtliche Synallagma' nicht, dem wirtschaftlichen Austauschverhältnis als Verlustantizipationsobjekt sämtliche, wie auch immer gearteten Vermögensvorteile und Vermögensnachteile zuzurechnen. Ansonsten bestünde die Gefahr, "den Saldierungsbereich im Unbestimmten zerfließen zu lassen"[345]; denn schließlich könnte jeder Vermögensvorteil (soweit er nicht als Vermögensgegenstand in Erscheinung tritt) als geschäftswertbildender Faktor[346] eingestuft werden und der Bilanzierende wäre in der Lage, die Nichtbilanzierung eines drohenden Verlustes bei einer derart konturenlosen Bestimmung des 'bilanzrechtlichen Synallagmas' jederzeit mit dem vermeintlichen Bestehen irgendwelcher Vorteile zu begründen und damit die gesetzlich gebotene Vorwegnahme künftiger Aufwendungsüberschüsse zu vermeiden[347]. Aus Gründen der Rechtssicherheit dürfen als saldierungsfähig "nur jene wirtschaftlichen Vorteile [gelten], die sich ausreichend konkretisiert haben"[348], für deren künftige Ertragswirksamkeit also greifbare Anhaltspunkte vorliegen.

Zur inhaltlichen Ausfüllung des 'bilanzrechtlichen Synallagmas' finden sich im Schrifttum zahlreiche Vorschläge: *Kupsch* hält eine "Verknüpfung von Ansprüchen und Verpflichtungen zu einem wirtschaftlich einheitlichen Geschäft immer dann [für] geboten (..), wenn die betreffenden Ergebniskomponenten dem jeweiligen Vertragsverhältnis in dem Sinne direkt zurechenbar sind, daß ihre Entstehung unmittelbar auf den Abschluß des schwebenden Geschäfts zurück-

---

343 *Herzig* (Drohverlustrückstellungen, 1994): S. 1430. A.A. wohl *Euler* (Rückstellungen, 1990): "Einseitigen, nicht durch einen Rechtsanspruch konkretisierten Ertragserwartungen fehlt sowohl der (rechtliche) Bezug zum Verpflichtungsüberschuß als auch objektivierungsbedingt die selbständige Bewertbarkeit", S. 1051 f.

344 *Moxter* (matching principle, 1995): S. 494.

345 *Moxter* (Bilanzrechtsprechung, 1996): S. 138.

346 Unter geschäftswertbildenden Faktoren versteht die höchstrichterliche Rechtsprechung "bestimmte tatsächliche und rechtliche Verhältnisse des Unternehmens (..), [die] bei Berücksichtigung der Verkehrsanschauung und der besonderen Umstände des Einzelfalles nicht als immaterielle Einzelwirtschaftsgüter, d.h. wirtschaftliche Werte, für die eine selbständige Bewertung möglich ist (..) zu beurteilen sind" (*BFH* vom 7.11.1985 IV R 7/83, BStBl. II 1986, S. 176-178, hier S. 177).

347 Vgl. *Herzig / Rieck* (Abgrenzung des Saldierungsbereiches, 1995): S. 533.

348 *Moxter* (Bilanzrechtsprechung, 1996): S. 139 u. 140 f. Ähnlich vgl. *Weber-Grellet* (in: Schmidt EStG, 1997): § 5, Rz 455, der von einem "wirtschaftlich (ausreichend konkretisierten) Zusammenhang" spricht.

geführt werden kann"[349]. Ähnlich verlangen *Herzig/Rieck*, daß die in den Saldierungsbereich einzubeziehenden Vorteile - einschließlich solcher, "die nicht unmittelbar vom Vertragspartner zu gewähren sind, sondern von Seiten eines Dritten zugehen"[350] - aus dem Abschluß des betrachteten schwebenden Geschäfts resultieren müssen.[351] Nicht unter das 'Zugehörigkeitskriterium' fielen dagegen materielle, immaterielle oder geschäftswertbildende Leistungsbestandteile, "deren Realisierung sich erst durch den künftigen Abschluß weiterer Absatzgeschäfte vollzieht". Derartige Folgegeschäfte seien "in keiner Weise *zwangsläufig*, da es zur Verwirklichung des Gewinns noch des Hinzutretens weiterer Faktoren bedarf", die "ebenso ursächlich für die spätere Gewinnentstehung sind"[352]. Daneben fände das 'bilanzrechtliche Synallagma' seine Grenzen beispielsweise bei Leistungen eines Arbeitgebers, die einem einzelnen Vertragsverhältnis "nicht mehr unmittelbar zugeordnet werden können", sondern "an die Belegschaft insgesamt gerichtet sind"[353], weil derartige Aufwendungen nicht zum Überschuß "der nach dem Realisationsprinzip abzugrenzenden Aufwendungen über die entsprechenden Erträge"[354] gehörten.

Gegen das 'Kausalitätsprinzip'[355] oder (gleichbedeutend) das 'Prinzip der Zurückführung der Vorteile auf den einzelnen Vertrag'[356] läßt sich einwenden, daß die Möglichkeit der eindeutigen Zurechnung bestimmter Vorteile häufig nicht besteht, mithin eine "gedankliche Eliminierung des betreffenden Geschäfts (..) nicht immer zu klaren Ergebnissen"[357] führt. Die Feststellung, daß erwartete Vermögensvorteile tatsächlich durch das in Frage stehende Vertragsverhältnis verursacht wurden, kann oftmals gar nicht eindeutig getroffen werden.

---

349 *Kupsch* (Neuere Entwicklungen, 1989): S. 59; ähnlich vgl. *Troost / Troost* (Verlustrückstellungen, 1996): S. 485 ("der Vorteil des einen Geschäfts seinen Entstehungsgrund ausschließlich in dem zu bewertenden Risiko des anderen Geschäfts findet").

350 *Herzig / Rieck* (Abgrenzung des Saldierungsbereiches, 1995): S. 536.

351 So auch vgl. *Jüttner* (GoB-System, 1993), der fordert, von Dritten erwartete Vorteile müßten "jurstisch-kausal an das Vertragsverhältnis anknüpfen", S. 250.

352 *Herzig / Rieck* (Abgrenzung des Saldierungsbereiches, 1995): S. 537 (alle Zitate, Hervorh. durch Verf.).

353 *Herzig* (Dauerrechtsverhältnisse, 1988): S. 215 (beide Zitate).

354 *Herzig / Rieck* (Abgrenzung des Saldierungsbereiches, 1995): S. 530.

355 Vgl. *Kupsch* (Neuere Entwicklungen, 1989): S. 59; ähnlich vgl. *Naumann* (Rückstellungen, 1989): S. 225-227.

356 Vgl. *Herzig* (Dauerrechtsverhältnisse, 1988): S. 215.

357 *Jüttner* (GoB-System, 1993): S. 231.

Um "bloße Erwartungen von konkretisierten Vorteilen trennen"[358] zu können, soll *Jüttner* zufolge für einzubeziehende Erträge das Kriterium der 'Belastung des Vertragspartners' gelten. Hiernach muß ein in den Saldierungsbereich einzubeziehender Vorteil die Voraussetzung erfüllen, "daß der Vertragspartner durch den Vorteil des Bilanzierenden spiegelbildlich belastet ist", d.h. es müssen auf seiten des bilanzierenden Kaufmanns Möglichkeiten gegeben sein, "bestimmte Handlungen des Gegenüber zu erwingen". Für die Objektivierung reiche es aus, "wenn eine [vom Vertragspartner zu erbringende] abgrenzbare Gegenleistung (..) faktisch aufgrund der Vertragsumstände durchgesetzt werden kann"[359], einer formaljuristischen Durchsetzbarkeit bedürfe es hingegen nicht.

Die von *Jüttner* für maßgeblich befundene 'Belastung des Vertragspartners' führt dazu, daß neben unmittelbar aus dem betrachteten Vertragsverhältnis fließenden Vorteile auch mittelbare Vorteile in den Saldierungsbereich einzubeziehen sind, "wenn sie vom Vertragspartner aus dem Grundgeschäft erbracht werden"[360]. Fraglich ist aber, ob sich in jedem Fall feststellen läßt, daß der erwartete Vorteil unmittelbar oder mittelbar auf eine Belastung des Vertragspartners oder aber auf durch Dritte zu erbringende Leistungen zurückzuführen ist. Insbesondere die Entscheidungen des BFH zur Bilanzierung von Drohverlustrückstellungen für Ausbildungsverhältnisse[361] zeigen, daß sich die Entscheidung darüber, ob ein erwarteter Vorteil auf eine Belastung des Vertragspartners oder auf die Leistungsbewirkung durch Dritte zurückzuführen ist, schwierig gestalten kann. Darüber hinaus zeigt das (jüngere) Urteil des BFH zu Kiesausbeuteverträgen[362] und den damit in Zusammenhang stehenden Kippgebühren[363], daß Einnahmen von Dritten, selbst wenn sie nicht vertraglich gesichert sind, durchaus bei der Ausgeglichenheitsprüfung schwebender Geschäfte zu berücksichtigen sind.

Der BFH nimmt keine streng formalrechtliche Abgrenzung des in Frage stehenden Vertragsverhältnisses vor, sondern meint, die Gegenüberstellung von Ansprüchen und Verpflichtungen aus einem schwebenden Geschäft schließe es

---

358 *Jüttner* (GoB-System, 1993): S. 247.
359 *Jüttner* (GoB-System, 1993): S. 249 (alle Zitate). Als Beispiel für eine faktische Durchsetzbarkeit nennt *Jüttner* die Verpflichtung eines Arbeitnehmers, dem ein Mitarbeiterdarlehen gewährt wurde, bis zur Rückzahlung des Darlehens nicht zu kündigen, und den Fall des Bierlieferungsrechts, "da hierdurch die Dispositionsfreiheit des Vertragspartners im Beschaffungsbereich eingeengt wird", S. 253 f.
360 *Jüttner* (GoB-System, 1993): S. 250.
361 Siehe hierzu unten 2. Kapitel, B. II. 3.1. und 4.3. a).
362 Vgl. *BFH* vom 16.12.1992 XI R 42/89, BFHE 170, S. 179-183.
363 Siehe hierzu unten B. II. 4.

"weder aus, *mehrere* Geschäfte wirtschaftlich als *Einheit* zu behandeln", noch impliziere dies ein Verbot, "*alle* wirtschaftlichen Folgen *eines* Geschäfts in den Saldierungsbereich einzubeziehen"[364]. Dem Gesetz lasse sich nicht entnehmen, "daß nur die Unterschiedsbeträge zwischen *bilanzierungsfähigen* Erträgen und höheren Aufwendungen Verluste i.S. des § 249 Abs. 1 Satz 1 HGB"[365] verkörperten. Obgleich durch diese Ausführungen deutlich wird, daß die Einbeziehung wirtschaftlich eng zusammenhängender schwebender Geschäfte in den Saldierungsbereich geboten ist[366], verbleiben dennoch Unklarheiten in bezug auf die Bestimmung der den Saldierungsbereich ausfüllenden Vermögensvorteile und Vermögensnachteile. Zu bedenken ist, daß in "einem Unternehmen (..) in der Regel alle Vorgänge in einem mehr oder weniger engen wirtschaftlichen Zusammenhang stehen"[367], mithin die Bildung wirtschaftlicher Einheiten zwischen mehreren Geschäften vom Ermessen des Bilanzierenden abhinge.

Ein Weg aus dem Dilemma, daß es kaum möglich erscheint, eine allgemeingültige Abgrenzung der in das 'bilanzrechtliche Synallagma' einzubeziehenden vermögenswerten Vorteile zu finden, besteht in der sogenannten Ausgeglichenheitsvermutung, wonach im "allgemeinen (..) von der Vermutung ausgegangen werden [darf], daß die vom Kaufmann getroffenen Maßnahmen sinnvoll sind und bei schwebenden Geschäften die beiderseitigen Leistungen gleichwertig einander gegenüberstehen. Das gilt insbesondere, wenn die Abschlüsse verhältnismäßig kurz vor dem Bilanzstichtag abgeschlossen worden sind"[368]. Demzufolge ist, "solange die Unausgeglichenheit nicht objektiv greifbar geworden ist"[369], von der Vermutung des ausgeglichenen schwebenden Geschäfts auszugehen und damit implizit von der hinreichenden Konkretisierung sämtlicher mit dem Geschäft in Zusammenhang stehender Vermögensvorteile.

---

364 *BFH* vom 3.2.1993 I R 37/91, BStBl. II 1993, S. 441-446, hier S. 446 (beide Zitate, Hervorh.en im Original), ebenso vgl. *BFH* vom 19.7.1983 VIII R 160/79, BStBl. II 1984, S. 56-59, hier S. 59.
365 *BFH* vom 3.2.1993 I R 37/91, BStBl. II 1993, S. 441-446, hier S. 443 (Hervorh. im Original).
366 Ebenso vgl. *Moxter* (Wirtschaftliche Betrachtungsweise, 1989): S. 239.
367 *Institut "Finanzen und Steuern"* (Nr. 258, 1986): S. 34.
368 *BFH* vom 3.7.1956 I 118/55 U, BStBl. III 1956, S. 248-250, hier S. 249.
369 *Moxter* (Bilanzrechtsprechung, 1996): S. 135.

Dabei ist in der im Zuge der Ausgeglichenheitsvermutung implizit vorgenommenen Saldierung künftiger Aufwendungen und Erträge[370] kein Verstoß gegen das Realisationsprinzip zu erkennen: Zwar dürfen Erträge erst dann realisiert werden, wenn sie so gut wie sicher sind, für die Möglichkeit der Saldierung wird man "allerdings (..) nicht fordern können, daß die künftigen Erträge ebenfalls bereits 'so gut wie sicher' sind; denn dann wären sie realisiert und infolgedessen keine 'künftigen' Erträge". Fallen die Erträge "nach objektiven Anhaltspunkten mit hoher Wahrscheinlichkeit an"[371], gibt es keinen Grund, sie einer möglichen Saldierung mit künftigen Aufwendungen zu verschließen.

Ein Saldierungsverbot mit Hinweis auf das allgemeine Vorsichtsprinzip hätte weitreichende Konsequenzen zur Folge. So müßten etwa Vermögensgegenstände des Anlagevermögens, wie z.B. eine Maschine, sofort nach ihrer Anschaffung voll abgeschrieben werden: Während die Berücksichtigung künftiger Aufwendungen in Form von Abschreibungen gesetzlich vorgeschrieben ist und insofern nicht unterlassen werden kann, sind die künftig mit der Maschine zu erzielenden Erträge in der Regel keinesfalls sicher und darüber hinaus oftmals gar nicht ermittelbar, weil einer Maschine als Element eines vielstufigen Produktionsprozesses kaum eine exakte Erfolgsziffer zugeordnet werden kann[372]. Trotzdem erscheint es nicht vertretbar, eine Maschine, die mit hoher Wahrscheinlichkeit einen positiven Erfolgsbeitrag leistet, wegen des Fehlens 'so gut wie sicherer', also realisierter Erträge, sofort nach Anschaffung voll abzuschreiben.[373] Konsequenterweise dürfen auch bei der Saldierung von Ansprüchen und Verpflichtungen aus schwebenden Geschäften keine Bedenken gegen die Einbeziehung sich erst künftig realisierender Erträge bestehen. Fraglich ist aber, welche künftigen Erträge und Aufwendungen dem betrachteten schwebenden Geschäft überhaupt zugerechnet werden können oder ob nicht gar Zurechnungsprobleme die Frage nach der Abgrenzung des Saldierungsbereichs überlagern.

---

370 Vgl. *Groh* (Verbindlichkeitsrückstellung, 1988): "Ist die Saldierung bei Verbindlichkeitsrückstellungen noch die Ausnahme, so ist sie bei Verlustrückstellungen die Regel", S. 29.

371 *Moxter* (Rückstellungskriterien, 1995): S. 320 (beide Zitate); vgl. *ders.* (Abzinsung, 1993): S. 199 ("Die strengeren Anforderungen an die künftigen Erträge kennt das Gesetz nur bei erfolgswirksamen Vorgängen").

372 Vgl. *Euler* (Verlustantizipation, 1991): S. 194.

373 Vgl. *Moxter* (Rückstellungskriterien, 1995): der hierzu feststellt: "es wäre verwegen anzunehmen, in Höhe etwa der aktivierten Vorräte, Sachanlagen oder immateriellen Anlagewerte enthalte die Bilanz so gut wie sichere künftige Erträge", S. 321.

II. Die Notwendigkeit der Ausgeglichenheitsvermutung als Konsequenz besonderer Zurechnungsprobleme

1. Absatzgeschäfte

1.1. Ertragszurechnung

Bei schwebenden Absatzgeschäften besteht das (Verlust-)Risiko darin, daß das bilanzierende Unternehmen zur Erfüllung des Geschäfts Aufwendungen in Kauf nehmen muß, die nicht (mehr) durch den (zuzurechnenden) Erlös (die Erträge) gedeckt sind.[374] Um festzustellen, ob dies der Fall ist, müssen Leistung (Aufwendungen) und Gegenleistung (Erträge) bewertend gegenübergestellt werden. Dabei ist der einem schwebenden Geschäft zuzurechnende Ertrag in Form des Anspruchs auf die Gegenleistung, "regelmäßig mit dem Nennbetrag zu bewerten, wenn eine Geldforderung besteht".[375] Werden einem Kunden Preisnachlässe in Form von Skonti, Boni oder Rabatten gewährt, ist der Anspruch aus dem schwebenden Geschäft entsprechend zu kürzen. Dies gilt allerdings nur insoweit, als einem einzelnen Geschäft ein Preisnachlaß zugeordnet werden kann. Während die Zurechnung von Boni in den meisten Fällen nicht gelingt, da dieser Preisnachlaß oftmals erst nach einem Geschäftsjahr abhängig vom mit dem Kunden umgesetzten (Gesamt-)Geschäftsvolumen gewährt wird, können demgegenüber Rabatte und Skonti grundsätzlich einem einzelnen Geschäft zugerechnet werden.[376]

Eine Bewertung des Anspruchs mit dem höheren aktuellen Marktpreis anstelle des niedrigeren vertraglich vereinbarten (Absatz-)Preises ist nicht zulässig. Im Schrifttum besteht Einigkeit darüber, daß in Höhe der Differenz zwischen vereinbartem Verkaufspreis und aktuellem Marktpreis kein Verlust droht, sondern es sich lediglich um einen nicht bilanzierungsfähigen entgangenen Gewinn handelt.[377]

---

374 Ähnlich vgl. *Huppertz* (Schwebende Geschäfte, 1978): S. 99.
375 *FG Baden-Württemberg*, Urteil vom 13.3.1991 2 K 376/86, rechtskräftig, EFG 1992, S. 10-11, hier S. 11.
376 Vgl. *Naumann* (Rückstellungen, 1989): S. 322.
377 Vgl. *Weber-Grellet* (in: Schmidt EStG, 1997): § 5, Rz 470. Hat ein Kaufmann mit einem anderen einen Vertrag über die Veräußerung von Waren zum Preis von 120 GE geschlossen, die am Bilanzstichtag mit 100 GE aktiviert sind und beträgt der Markt-

1.2. Aufwandszurechnung

a) Die Problematik der Aufwandszurechnung

Die Zurechnung von Aufwendungen bereitet bei schwebenden Absatzgeschäften regelmäßig erheblich größere Schwierigkeiten als die Zurechnung von Erträgen. Fest steht, daß "die Verpflichtung nach denselben Grundsätzen" zu bewerten ist, "die für eine Rückstellung für ungewisse Verbindlichkeiten gelten", mithin "nach dem für die Erfüllung der Verbindlichkeit maßgebenden Geldbetrag". Falls eine Sachleistung zu erbringen ist, "sind die für die Erfüllung beim Verpflichteten anfallenden Aufwendungen maßgebend"[378]. "Da es hierbei [stets] um künftig anfallende Kosten geht, ist eine nach vernünftiger kaufmännischer Beurteilung vorzunehmende Schätzung regelmäßig unvermeidbar".[379] Umstritten ist allerdings im Schrifttum, ob sich die Schätzung auf die künftig anfallenden variablen Kosten[380] (Teilkosten) oder auf Vollkosten[381] beziehen soll, daneben wird von einem Wahlrecht[382] ausgegangen.

---

preis für derartige Waren am Stichtag 150 GE, so droht in Höhe der Differenz zwischen vereinbartem Verkaufspreis und aktuellem Marktpreis kein Verlust. "Zu einer anderen Auffassung kann man bei richtiger Auffassung von Erfolg als Unterschied von Aufwand und Ertrag überhaupt nicht kommen", *Vellguth* (Schwebende Geschäfte, 1938): S. 67.

378 *BFH* vom 11.2.1988 IV R 191/85, BStBl. II 1988, S. 661-663, hier S. 662 (alle Zitate); vgl. ebenso *BFH* vom 7.7.1983 IV R 47/80, BStBl. II 1983, S. 753-755, hier S. 754; *BFH* vom 19.1.1972 I 114/65, BStBl. II 1972, S. 392-397; vgl. auch *Clemm / Nonnenmacher* (in: Beck'scher Bilanz-Kommentar, 1995): § 249, Anm. 77, die zu den noch anfallenden Kosten "auch Einzel-Gewährleistungskosten (..) und drohende Vertragsstrafen" zählen; ebenso *Adler / Düring / Schmaltz* (Rechnungslegung, 1995): § 253 HGB, Tz. 253.

379 *FG Baden-Württemberg*, Urteil vom 13.3.1991 2 K 376/86, rechtskräftig, EFG 1992, S. 10-11, hier S. 11.

380 Die Forderung nach Einbeziehung nur der variablen Kosten beruht auf dem kostenrechnerischen Kausalitätsprinzip: "Kausal zurechenbar sind (..) die bei Wegfall von Erzeugnissen abbaubaren Kosten" (*Moxter* (Herstellungskosten, 1988): S. 939). Würde ein schwebendes Geschäft nicht durchgeführt, so entfielen die bei Erstellung des abzusetzenden Produkts anfallenden variablen Kosten, fixe Kosten sind zwar ebenfalls kausal zurechenbar, soweit sie bei Aufgabe der Produktion einer bestimmten Erzeugnisart abbaubar sind, doch geht es bei der Frage, welche Kosten bei Nichtproduktion entfielen, eher um die kurzfristige Betrachtung, d.h. es wird auf das einzelne im Rahmen des schwebenden Absatzgeschäfts zu liefernde Produkt abgestellt, nicht aber auf die (mittel- bis langfristige) Aufgabe einer ganzen Erzeugnisart. Vgl. zum Kausalitätsprinzip *Kilger* (Kostenrechnung, 1987): S. 76. Zur wissenschaftstheoretischen Unhaltbarkeit sowohl der finalen als auch der kausalen Interpretation des Verur-

Für die Bewertung einer Drohverlustrückstellung mit den *variablen* Kosten der eigenen Leistungsverpflichtung spricht nach Auffassung einiger Autoren, daß die zukünftig anfallenden Fixkosten durch den Abschluß des in Betracht stehenden schwebenden Geschäfts nicht berührt würden; daher könnten nur die durch das schwebende Geschäft verursachten variablen Kosten bei der Rückstellungsbemessung berücksichtigt werden.[383] Damit würde zugleich vermieden, daß Unternehmen, die durch die Ausführung (noch) schwebender Absatzgeschäfte immerhin einen Teil der künftig anfallenden Fixkosten abdecken könnten, bei Vollkostenansatz ein bilanziell schlechteres Bild ihrer Vermögens-, Finanz- und Ertragslage zeigen müßten als andere Unternehmen, denen die Hereinnahme von Aufträgen nicht gelungen sei.[384] Verhindere allerdings das schwebende Geschäft die Hereinnahme vollkostendeckender Aufträge, weil es die Produktionskapazitäten vollständig auslaste, sei die Einrechnung fixer Kosten geboten.[385]

Die von Teilen des Schrifttums geforderte Bemessung der Drohverlustrückstellung auf Grundlage von Teilkosten orientiert sich an der Klassifikation einzelner Kostenkomponenten als variabel oder fix. In dem 'Fix-Variabel-Konzept' erfolgt eine Unterteilung der Kosten einer Periode in bezug auf die Beschäftigung (Ausbringung) in fixe und variable Kosten. In diesem Kostenrechnungssystem werden lediglich die variablen Kosten "den Produkten zugerechnet (..); die fixen Kosten gelten als der Periode zugehörig und nicht durch die Produkte

---

sachungsprinzips vgl. *Riebel* (Deckungsbeitragsrechnung, 1994): S. 70-75, der statt dessen zur Lösung der Zurechnungsproblematik das 'Identitätsprinzip' vorschlägt, wonach die Kosten in der Weise zuzurechnen sind, daß der Wertverzehr auf dieselbe Disposition zurückgeführt werden kann wie die Existenz des betrachteten Kalkulationsobjekts, S. 76 u. 286.

381 Vgl. *Lück* (Rückstellungen, 1996): S. 1737-1740; *Weber-Grellet* (in: Schmidt EStG, 1997): § 5, Rz 468, für die Steuerbilanz.

382 Vgl. z.B. *Adler / Düring / Schmaltz* (Rechnungslegung, 1995): § 253 HGB, Tz. 254; *Clemm / Nonnenmacher* (in: Beck'scher Bilanz-Kommentar, 1995): § 253, Anm. 171 ("weil eine Entscheidung zwischen zeitraum- und leistungsbezogener Fixkostenverrechnung bislang aus dem GoB-System nicht zwingend abgeleitet werden konnte und der Gesetzgeber diese Unbestimmtheit des Verursachungsprinzips auch bei der Bestimmung der Herstellungskosten von Erzeugnissen nicht beseitigt hat"); *Siepe* (Rückstellungen, 1991): S. 42.

383 Vgl. *Friederich* (Schwebende Geschäfte, 1976): S. 67 f. ("Durch die Antizipation fixer Kosten wird die Vergleichbarkeit gestört", S. 68); *Leffson* (GoB, 1987): S. 389 f.

384 Vgl. *Forster* (Rückstellungen, 1971): S. 394.

385 Vgl. *Forster* (Rückstellungen, 1971): S. 394 f.; ähnlich vgl. *Institut "Finanzen und Steuern"* (Nr. 187, 1979): S. 33.

verursacht. Sie werden aus dem Überschuß der Erlöse über die proportionalen Kosten (..) gedeckt"[386].

Die Kostenspaltung in fixe und variable Teile kann zu "erheblichen Unsicherheiten"[387] auf seiten des Bilanzierenden führen. Auch die Orientierung am "überwiegende[n] Charakter"[388] der jeweiligen Kosten trägt nicht dazu bei, das 'Willkürelement' zu vermeiden. Im Schrifttum wird daher der Vollkostenansatz für sinnvoller erachtet als die Bewertung von Drohverlustrückstellungen auf Teilkostenbasis.[389]

Fraglich ist jedoch, ob sich die Schwierigkeiten der Kostenspaltung bei Zugrundelegung der Vollkostenalternative umgehen lassen. Die Vollkostenrechnung impliziert die Unterscheidung in Einzelkosten und Gemeinkosten und nimmt in der Ausprägung als traditionelle Ist-Vollkostenrechnung ihren Ausgangspunkt in der Kostenartenrechnung. Hier werden sämtliche, während der Abrechnungsperiode angefallenen Kosten erfaßt. Kosten, die anhand eines Belegs[390] einem Bezugsobjekt bzw. der einzelnen betrieblichen Leistung unmittelbar zugerechnet werden können, stellen Einzelkosten dar. Alle übrigen Kosten sind als Gemeinkosten anzusehen, die erst durch Schlüsselung oder Umlage in Beziehung zu den Kostenträgern gebracht werden; die Schlüsselung kann auf der Basis von Wertschlüsseln (z.B. Fertigungslöhne, Materialeinzelkosten) oder unter Zugrundelegung von Mengenschlüsseln (z.B. Fertigungs- oder Maschinenstunden, (Quadratmeter-)Flächen) erfolgen[391]. Die Problematik besteht jedoch in der Wahl einer geeigneten Schlüsselgröße, denn schließlich "gibt es keine logische Möglichkeit, Gemeinkosten einzelnen Erzeugnissen zwingend zuzurechnen".[392]

---

386 *Riebel* (Deckungsbeitragsrechnung, 1993): Sp. 365.

387 *Jäger* (Rückstellungen für Versicherungsunternehmen, 1991): S. 109; ähnlich vgl. *Institut "Finanzen und Steuern"* (Nr. 187, 1979): "Die Begriffe fixe und variable Kosten sind nicht so eindeutig, wie bei der Diskussion über die Bemessung von Rückstellungen bei drohenden Verlusten aus schwebenden Geschäften wohl überwiegend unterstellt wird", S. 24.

388 *Forster* (Rückstellungen, 1971): S. 395.

389 *Jäger* (Rückstellungen für Versicherungsunternehmen, 1991): S. 109.

390 Für den Materialaufwand bietet sich beispielsweise eine Einzelaufschreibung auf der Grundlage von Materialentnahmescheinen und Strom-, Gas- und Wasserzählern an; beim Personalaufwand können z.B. Akkordlöhne einzeln erfaßt werden; vgl. *Kilger* (Kostenrechnung, 1987): S. 78-82.

391 Zu Einzelheiten vgl. *Hummel / Männel* (Kostenrechnung, 1986): S. 218.

392 Vgl. *Leffson* (GoB, 1987): S. 316.

Die Notwendigkeit einer Vollkostenbewertung wird im Schrifttum jedoch nicht nur mit dem Hinweis auf die häufig willkürliche Einteilung von Kosten in fixe und variable Bestandteile begründet. So leitet *Kessler* den Vollkostenansatz von Drohverlustrückstellungen "unmittelbar aus dem Ziel eines zutreffenden Schuldenausweises"[393] ab. Durch den Abschluß eines Absatzgeschäftes verpflichte sich der Kaufmann rechtlich zur Erbringung einer bestimmten Sach- oder Dienstleistung, mithin könne er die Entstehung von Fixkosten auch nicht durch die Stillegung von Anlagen oder Teilbetrieben verhindern, die für die Erstellung der abzusetzenden Leistung benötigt werden. Demzufolge wandele sich "die Inkaufnahme künftiger Fixkosten zur Rechtsverpflichtung"[394] "und damit zu einer rückstellungspflichtigen Stichtagsvermögensbelastung"[395]. Gegen diese Argumentation läßt sich einwenden, daß das Vorliegen einer Rechtsverpflichtung weder hinreichende noch notwendige Bedingung für das Vorliegen einer bilanzrechtlichen Verbindlichkeit ist.[396] Nur wenn der bilanzrechtliche Verbindlichkeitsbegriff zerschlagungsstatisch interpretiert wird, müssen sämtliche am Bilanzstichtag bestehenden Rechtsverpflichtungen passiviert werden, unabhängig davon, ob sie auch als wirtschaftliche Last im Sinne des Realisationsprinzips[397] oder des Imparitätsprinzips[398] zu betrachten sind. Ohnehin können aber rechtliche Gesichtspunkte die Bestimmung der einer eigenen Verpflichtung zugrunde zu legenden künftigen Aufwendungen nicht dominieren, weil ansonsten *sämtliche* im Rahmen eines schwebenden Absatzgeschäfts in Kauf genommenen, in diesem Sinne 'final'[399] zurechenbaren Kosten bei der

---

393 *Kessler* (in: Küting / Weber, 1995): § 249, Rn. 314; vgl. auch *Lück* (Rückstellungen, 1996): S. 1740.

394 *Kammann* (Stichtagsprinzip, 1988): S. 322.

395 *Kessler* (in: Küting / Weber, 1995): § 249, Rn. 314.

396 Vgl. *Moxter* (Passivierungszeitpunkt, 1992): S. 429.

397 Um eine wirtschaftliche Last im Sinne des Realisationsprinzips handelt es sich beispielsweise nicht, wenn mit der Ablösung der aufgrund eines Baugenehmigungsbescheides ergangenen Verpflichtung zur Schaffung einer bestimmten Anzahl von Kfz-Stellplätzen gerechnet wird. Zwar ist die Verbindlichkeit in diesem Fall rechtlich voll wirksam entstanden, doch sind die "künftigen, als Herstellungskosten zu aktivierenden Aufwendungen (..) künftigen Erträgen zuzuordnen", *Moxter* (Bilanzrechtsprechung, 1996): S. 131; vgl. auch S. 103. Die Passivierung der Verpflichtung kommt daher nicht in Frage.

398 In zerschlagungsstatischer Sicht dürfte beispielsweise keine Drohverlustrückstellung gebildet werden, wenn ein rechtswirksamer Vertrag noch nicht zustande gekommen ist, sondern lediglich ein bindendes Vertragsangebot besteht.

399 Vgl. hierzu *Moxter* (Herstellungskosten, 1988): die "finale Zurechenbarkeit ist die weitest denkbare Zuordnungsmöglichkeit von Kosten auf Vermögensgegenstände überhaupt", S. 938. Zum finalen Herstellungskostenbegriff des BFH vgl. *BFH* vom 13.10.1983 IV R 160/78, BStBl. II 1984, S. 101-105; Herstellungskosten seien "alle

Rückstellungsbemessung berücksichtigt werden müßten. Hierzu gehören auch solche Kosten, die *nur* mit erheblichen Ermessensspielräumen zurechenbar sind (wie etwa Kosten der allgemeinen Verwaltung in Unternehmen mit mehr als nur einer Erzeugnisart)[400]. Ob die Bilanzierung von Drohverlustrückstellungen von den aufgrund des Finalitätsprinzips einzurechnenden Kosten der eigenen Verpflichtung abhängen darf, ist im folgenden zu klären.

b) Berücksichtigung der vollen zurechenbaren Kosten

Die Fragestellung, ob lediglich variable Kosten eingerechnet werden müssen oder ob nicht der Ansatz zu Vollkosten maßgeblich ist, scheint bilanzrechtlich gesehen falsch. Vielmehr zwingt das Prinzip der Passivierung des vollen Erfüllungsbetrags[401] zu der Frage, welche Kosten direkt zurechenbar sind, unabhängig davon, ob diese nach kostenrechnerischen Gesichtspunkten als Einzel- oder Vollkosten oder als variable oder fixe Kosten gelten: "Soweit die Erfüllung in der Erstellung bestimmter Sachleistungen besteht (..), sind die vollen zurechenbaren Herstellungskosten der Sachleistung zu passivieren."[402] Insofern kann der Auffassung, drohende Verluste nur in Höhe der variablen Kosten anzusetzen, nicht zugestimmt werden.[403]

Der Forderung nach umfassender Kosteneinrechnung bei der Schuldenbewertung verleiht die höchstrichterliche Rechtsprechung mit dem Hinweis Nachdruck, "daß Verbindlichkeiten, die nicht in Geld zu erfüllen sind, grundsätzlich mit den gesamten Kosten (Einzelkosten und Gemeinkosten) zu bewerten

---

Aufwendungen, die durch den Verbrauch von Gütern und die Inanspruchnahme von Diensten für die Herstellung eines Wirtschaftsguts entstehen", S. 102. *Moxter* (Bilanzrechtsprechung, 1996) führt unter Bezugnahme auf dieses Urteil aus, daß es für die Einrechnung in die Herstellungskosten ausreicht, "daß die Kosten dem Herstellungszweck in einem vom BFH freilich nicht klar definierten Sinne dienlich waren", S. 178. Zum finalen Herstellungskostenbegriff vgl. auch *Döllerer* (Anschaffungskosten, 1966): "Der Kaufmann schafft die Maschinen an, um mit ihnen Güter herzustellen. Darin zeigt sich der finale Zusammenhang zwischen den Anschaffungskosten der Maschine und den künftig mit Hilfe dieser Maschinen herzustellenden Güter", S. 1408

400 Vgl. hierzu *Moxter* (Herstellungskosten, 1988): S. 938.

401 Vgl. *Finanzgericht Baden-Württemberg*, Urteil vom 13.3.1991 2 K 376/86, rechtskräftig, EFG 1992, S. 10-11, dem Erlös sind "sämtliche (künftigen) Kosten gegenüberzustellen", S. 11; *Jäger* (Rückstellungen für Versicherungsunternehmen, 1991): S. 112.

402 *Moxter* (Bilanzrechtsprechung, 1996): S. 201.

403 Vgl. *Döllerer* (Schwebender Vertrag, 1974): S. 1543, mit dem Hinweis, "daß bei der Ermittlung der notwendigen Herstellungskosten die sogenannten Leerkosten (..) auszuscheiden haben".

sind"[404]. Statt von Einzel- und Gemeinkosten spricht der BFH ebenso wie der überwiegende Teil des Schrifttums[405] auch von "Selbstkosten (ohne kalkulatorische Kosten)"[406]. Zu den Gemeinkosten werden vom BFH solche Kosten gezählt, die "für eine Mehrzahl von Kostenträgern" entstehen und "nur aufgrund bestimmter Annahmen [*mittelbar*] zugerechnet werden"[407] können. Demgegenüber sind Kosten, deren "Maßeinheiten (Zeit, Menge) für das einzelne Erzeugnis direkt bewertet werden können"[408], als Einzelkosten zu betrachten[409]. Die Trennung in Einzel- und Gemeinkosten ist kennzeichnend für das "von Vereinfachungsgesichtspunkten dominiert[e]"[410], jedoch "heute überholte Kostenrechnungssystem"[411] der sogenannten Zuschlagskalkulation.

Bei der Zurechnung von Gemeinkosten auf Kostenträger, die Gegenstand eines schwebenden Absatzgeschäfts sein können, behilft man sich mit bestimmten Schlüsselungen, wie z.B. "der anteiligen sachlich-personellen Beanspruchung" einer bestimmten Kostenstelle bei Fertigung des in Frage stehenden Produkts. Ergeben sich in einer Kostenstelle auch lediglich final zurechenbare Kosten in vernachlässigbarem Umfang, "bestehen bilanzrechtlich keine Bedenken"[412], diese Kosten nach demselben Schlüssel aufzuteilen wie die kausal zurechenbaren Kosten. Die hiermit verbundene Gefahr der Überbewertung des Werts der

---

404 *BFH* vom 19.1.1972 I 114/65, BStBl. II 1972, S. 392-397, hier S. 395; ebenso vgl. *BFH* vom 25.2.1986 VIII R 134/80, BStBl. II 1986, S. 788-790, hier S. 790; *BFH* vom 8.10.1987 IV R 18/86, BStBl. II 1988, S. 57-62, hier S. 59 f.

405 Vgl. *Crezelius* (Handelsbilanzrecht, 1987): "Im Ergebnis ist der vollen Verlustantizipierung [im Sinne von Selbstkosten] aus juristischer Sicht zuzustimmen", S. 36 f.; *Döllerer* (Imparitätsprinzip, 1978): S. 149; *Herzig* (Realisationsprinzip, 1993): S. 223; *Nies* (Rückstellungen, 1984): S. 131; *Stapper* (Bilanzierung schwebender Geschäfte, 1964): die Selbstkosten setzen sich zusammen aus "Einzel- und Fertigungsgemeinkosten (Herstellungskosten), Verwaltungskosten und Vertriebskosten", S. 99, Fn. 2; ebenso *Bordewin* (Rückstellung, 1974): "auch drohende Schadensersatzleistungen und Vertragsstrafen" sind wie Selbstkosten zu behandeln, S. 974.

406 *BFH* vom 8.3.1995 II R 10/92, BFHE 177, S. 132-139, hier S. 134.

407 *BFH* vom 11.2.1988 IV R 191/85, BStBl. II 1988, S. 661-663, hier S. 662.

408 *BFH* vom 31.7.1967 I 219/63, BStBl. II 1968, S. 22-24, hier S. 23. Zu den typischen Einzelkosten zählt der BFH die Fertigungslöhne, zu den typischen Gemeinkosten die Abschreibungen auf Fertigungsmaschinen.

409 Vgl. *Moxter* (Herstellungskosten, 1988): S. 941, der es für naheliegend hält, "dem Gesetz statt anspruchsvoller ökonomischer Zurechnungskonzeptionen die einfache technische Kategorie der bloßen unmittelbaren Erfassung des Kostenanfalls zu unterstellen".

410 *Moxter* (Herstellungskosten, 1988): S. 940.

411 *Moxter* (Bilanzrechtsprechung, 1996): S. 193.

412 *Moxter* (Herstellungskosten, 1988): S. 944 (beide Zitate).

eigenen Leistungsverpflichtung dürfte vor dem Hintergrund der tendenziell vorsichtigeren Bewertung von Passiva keine Rolle spielen.

1.3. Die Notwendigkeit der Ausgeglichenheitsvermutung für schwebende Absatzgeschäfte

Die Diskussion darüber, welche Kostenkategorien bei der Ermittlung der Verpflichtung zu berücksichtigen sind, verkennt die Problematik der Zurechnung solcher Kosten, die sich der Erfüllung nicht direkt zurechnen lassen. Dies gilt insbesondere für die typischerweise nur final und somit nur willkürlich zurechenbaren Beträge, wie z.B. die Kosten der allgemeinen Verwaltung[413]. Indes wäre die Forderung nach Einrechnung sämtlicher, also auch der nur final zurechenbaren Kosten nicht vereinbar mit dem Gebot der Rechtssicherheit; denn dem Bilanzierenden könnte in einem etwaigen Rechtsstreit schwerlich nachgewiesen werden, daß er eine Drohverlustrückstellung hätte bilanzieren müssen, weil bei (Mit-)Berücksichtigung der nur final zurechenbaren Kosten der Wert der eigenen Leistungsverpflichtung den Wert der Gegenleistung überstiegen hätte. Mangels Objektivierbarkeit kann sich das Vollkostenprinzip keinesfalls "auf die nicht oder nur durch intersubjektiv nicht überprüfbare Annahmen zurechenbaren Kosten erstrecken"[414]. Aus diesem Grund erscheint die Forderung[415] nach genereller Pflicht zur Einbeziehung z.B. von Kosten der allgemeinen Verwaltung oder nicht auftragsbezogenen Forschungs- und Entwicklungskosten in die Ermittlung des Werts der eigenen Verpflichtung problematisch.

Die Vermutung des ausgeglichenen schwebenden Absatzgeschäfts "gilt, solange die Unausgeglichenheit nicht objektiv greifbar geworden ist"[416], d.h. es müssen sehr gute Gründe dafür sprechen, von der Ausgeglichenheitsvermutung abzuweichen. Hiervon ist auszugehen, wenn der Bilanzierende in nachvollziehbarer Weise, also ohne Zugrundelegung willkürlicher Kostenschlüsselungen, ei-

---

413 Vgl. *Moxter* (Kosten der allgemeinen Verwaltung, 1995): S. 447-453, insbes. S. 452; *ders.* (Fremdkapitalbewertung, 1984): S. 405.

414 *Moxter* (Bilanzrechtsprechung, 1996): S. 201.

415 Vgl. *Mathiak* (Rechtsprechung, 1984), dem zufolge "nicht nur (..) die Aufwendungen im Anschaffungs- oder Herstellungsbereich zu erfassen [sind], sondern auch die voraussichtlichen Aufwendungen im Vertriebs- und im gesamten Verwaltungsbereich", S. 275. Ebenso *Müller, W.* (Innovation, 1991): der zu den einzubeziehenden Kosten z.B. "Kosten der Strategieinnovation, der Markterschließung, Investitionen in den Umweltschutz" zählt, S. 390; *Lück* (Rückstellungen, 1996): S. 1740.

416 *Moxter* (Bilanzrechtsprechung, 1996): S. 135.

nen Verpflichtungsüberschuß nachweisen kann. Relativ problemlos dürfte dies möglich sein, wenn (Handels-)Waren den Gegenstand eines schwebenden Absatzgeschäfts bilden, die Waren aber erst noch beschafft werden müssen und deren Preis den vereinbarten Veräußerungspreis übersteigt. In diesem Fall bestehen grundsätzlich keine derart ausgeprägten Kostenzurechnungsprobleme wie bei eigener Fertigung der zu veräußernden Produkte, da die Höhe der eigenen Verpflichtung fast ausschließlich durch den Marktpreis der zu beschaffenden Waren, die so zu verstehenden Einzelkosten repräsentiert wird. Aber auch wenn sich die Kostenzurechnung als schwierig erweist, ist die Entkräftung der Ausgeglichenheitsvermutung möglich. Voraussetzung ist allerdings, daß die vom Kaufmann bei der Ermittlung der Drohverlustrückstellung vorgenommene Kostenzurechnung nachvollziehbar und nicht bloß willkürlich erscheint.

1.4. Die Bedeutung des Stichtagsprinzips bei der Bilanzierung einer Drohverlustrückstellung für schwebende Absatzgeschäfte

Zu klären ist, welchen Einfluß am Bilanzstichtag erwartete Preissteigerungen auf die Bemessung des Verpflichtungsüberhangs haben. Denn es ist keineswegs ausgeschlossen, daß bei Zugrundelegung der Stichtagsverhältnisse zwar kein Verlust aus einem schwebenden Absatzgeschäft droht, sich bei Berücksichtigung der zukünftigen Preisentwicklung allerdings ein Verpflichtungsüberschuß ergibt. Der BFH hat in einem jüngeren Urteil entschieden, daß für eine den vertraglich vereinbarten Kaufpreis übersteigende Sachleistungsverpflichtung "die Preis- und Kostenverhältnisse am Bilanzstichtag maßgebend" und mithin "künftige Kostensteigerungen oder -senkungen (..) nicht zu berücksichtigen" sind. Sie würden erst durch "nach dem Stichtag"[417] eintretende Umstände begründet und könnten, selbst wenn sie "bereits am Stichtag als wahrscheinlich"[418] anzusehen seien, nicht in die Rückstellungsbemessung einfließen.

Der BFH legt das Stichtagsprinzip für den Bereich der Drohverlustrückstellungen extrem eng aus[419]; offenbar meint der BFH, die notwendige Ermessensbegrenzung lasse sich auf andere Weise nicht erreichen. Freilich darf das Objek-

---

417 *BFH* vom 8.3.1995 II R 10/92, BFHE 177, S. 132-139, hier S. 134 f. (alle Zitate), unter Hinweis auf *BFH* vom 19.2.1975 I R 28/73, BStBl. II 1975, S. 480-482; *BFH* vom 13.11.1975 IV R 170/73, BStBl. II 1976, S. 142-150, insbes. S. 146; *BFH* vom 5.3.1981 IV R 94/78, BStBl. II 1981, S. 658-660, insbes. S. 660; *BFH* vom 7.10.1982 IV R 39/80, BStBl. II 1983, S. 104-106, insbes. S. 106.

418 *BFH* vom 8.3.1995 II R 10/92, BFHE 177, S. 132-139, hier Leitsatz.

419 Dies gilt auch für Verbindlichkeitsrückstellungen, vgl. *BFH* vom 7.10.1982 IV R 39/80, BStBl. II 1983, S. 104-106.

tivierungsprinzip nicht zum Selbstzweck werden. Soweit künftige Lohn- und Materialpreissteigerungen wahrscheinlich sind und dem in Betracht stehenden schwebenden Geschäft nachvollziehbar und willkürfrei zugerechnet werden können, ist von einer hinreichenden Objektivierung auszugehen. Solchermaßen objektivierte künftige Aufwendungen dürfen bei der Bemessung einer Drohverlustrückstellung nicht unbeachtet bleiben, da andernfalls dem Sinn und Zweck der Drohverlustrückstellung, die Nichtbelastung künftiger GVR mit Aufwendungsüberschüssen sicherzustellen, nicht entsprochen werden könnte.[420] Dagegen will und kann das Gesetz "den Kaufmann nicht dazu zwingen, am Abschlußstichtag noch *nicht* hinreichend konkretisierte Wertänderungen bei der Verlustantizipation zu berücksichtigen"[421].

Soweit aus Sicht des Bilanzstichtags ein Verlust droht, ist eine strenge Stichtagsbetrachtung geboten: Muß ein Kaufman die im Rahmen eines schwebenden Geschäfts zu veräußernden Waren erst noch nach dem Bilanzstichtag beschaffen und liegt der Marktpreis am Bilanzstichtag für Waren gleicher Art über dem vereinbarten Lieferpreis, droht ein Verlust. Keine Rolle spielt eine mutmaßlich künftige Preisentwicklung dergestalt, daß der Kaufmann die Waren bis zum Lieferzeitpunkt noch unter dem vereinbarten Lieferpreis kaufen kann, ihm also aus dem schwebenden Geschäft kein Verlust mehr droht. Die Hoffnung auf ein Sinken der Preise mit der Folge der Nichtbilanzierung eines drohenden Verlustes darf für die bilanzrechtliche Beurteilung nicht maßgebend sein. Dies zeigt sich in der bilanziellen Behandlung von Vermögensgegenständen des Umlaufvermögens, für die charakteristisch ist, daß jederzeit mit ihrem alsbaldigen Abgang gerechnet werden muß[422], und deren Bewertung dem Niederstwertprinzip in seiner strengen Ausprägung[423] unterliegt. Da die (gebotene) Verlustantizipation nicht davon abhängen darf, ob ein Gegenstand bereits zum Vermögen des Bilanzierenden gehört oder erst noch beschafft werden muß[424],

---

420 Ähnlich vgl. *Naumann* (Rückstellungen, 1989): S. 329, der die Berücksichtigung von Preissteigerungen "die sich (..) konkret abzeichnen, in analoger Anwendung der Möglichkeit der Berücksichtigung zukünftiger Wertschwankungen im Umlaufvermögen" erwägt.

421 *Ciric* (Wertaufhellung, 1995): S. 115.

422 Vgl. *Wüstemann* (Imparitätsprinzip, 1995): S. 1038, daher "erscheint konzeptionell der Abgangswert für eine Verlustantizipation im Sinne des Imparitätsprinzips systemkonform. Den Abgangswert wird man zumeist mit dem Verkaufspreis (abzüglich damit einhergehender Aufwendungen) gleichsetzen können".

423 Vgl. § 253 Abs. 3 HGB.

424 Vgl. *Groh* (Künftige Verluste, 1976): S. 40; *Mathiak* (Rechtsprechung, 1988): S. 296; *Clemm / Nonnenmacher* (in: Beck'scher Bilanz-Kommentar, 1995): § 249, Anm. 64 f.; *Adler / Düring / Schmaltz* (Rechnungslegung, 1995): § 253 HGB, Tz. 251.

ist für Vermögensgegenstände des Umlaufvermögens, die den Gegenstand eines schwebenden Absatzgeschäfts bilden, ebenfalls der Bilanzstichtagspreis maßgebend.

2. Beschaffungsgeschäfte

2.1. Aufwands- und Ertragszurechnung

Um ein schwebendes Beschaffungsgeschäft handelt es sich, wenn ein Kauf-, Dienst-, Werklieferungs- oder Werkvertrag abgeschlossen wird, der den Vertragspartner zur Lieferung bzw. Erbringung der vereinbarten Leistung verpflichtet, während der bilanzierende Kaufmann den zu erhaltenden Vertragsgegenstand zu bezahlen oder gleichwertig zu vergüten hat.[425] Solange der zur Dienst- oder Sachleistung Verpflichtete noch nicht vollständig geleistet hat, befindet sich das Geschäft im Schwebezustand.

Die Aufwandskomponente eines schwebenden Beschaffungsgeschäfts besteht im Erfüllungsbetrag der eigenen Leistungsverpflichtung. "Dieser entspricht i.d.R. dem vereinbarten Kaufpreis bzw. Entgelt"[426]. Preisminderungen wie Rabatte mindern den Erfüllungsbetrag entsprechend, soweit sie einem einzelnen Geschäft zugerechnet werden können; auch Skonti dürfen strenggenommen nicht in den Erfüllungsbetrag eingehen, da sie einen Zinsanteil[427] im vereinbarten Kaufpreis darstellen. Zur Bestimmung der eigenen Verpflichtung dürfen jedoch "nicht nur die Aufwendungen aus der Rechtsbeziehung zwischen Käufer und Verkäufer herangezogen werden, sondern es sind alle Kosten zu berücksichtigen, die mit der Anschaffung unmittelbar zusammenhängen"[428], also beispielsweise auch Zoll- oder Frachtkosten. Der Wert der eigenen Verpflichtung bestimmt zugleich die zukünftigen Anschaffungskosten der zu erwartenden Gegenleistung[429]. Dieser Anschaffungswert stellt wie bei bereits aktivierten

---

425 Zu den Rechten und Pflichten aus einem Schuldverhältnis vgl. *Larenz* (Schuldrecht, 1987): S. 125-234.

426 *Naumann* (Rückstellungen, 1989): S. 311.

427 Vgl. *Moxter* (Bilanzrechtsprechung, 1996): "in wirtschaftlicher Betrachtungsweise ist der Zinscharakter [von Skonti] nicht zweifelhaft", S. 159; gl. A. *Rückle* (Skonto, 1994): S. 358-363. A.A. unter Hinweis auf den in zivilrechtlicher Sicht fehlenden Zinscharakter vgl. *Groh* (Skonto, 1991): S. 2336.

428 *Stapper* (Bilanzierung schwebender Geschäfte, 1964): S. 94; ebenso vgl. *Groh* (Verbindlichkeitsrückstellung, 1988): S. 29.

429 *Naumann* (Rückstellungen, 1989): S. 311.

Vermögensgegenständen "den Ausgangswert der aktivischen Bewertung"[430] dar. "Wirtschaftlich betrachtet liegt der Fall für den Kaufmann (..) gleich, ob der die Ware schon übernommen hat oder ob die Lieferung noch aussteht, was oft von Zufälligkeiten abhängt"[431], so daß die für die Bewertung von Vermögensgegenständen geltenden Grundsätze auf die zu beschaffenden Güter oder Leistungen übertragen werden können.[432]

Bei normalem Geschehensverlauf braucht mit dem Risiko, daß die 'künftigen' Anschaffungskosten den künftig beizulegenden Wert bzw. den Teilwert unterschreiten, nicht gerechnet zu werden. Erst wenn sich ein solches Risiko "nach Vertragsschluß tatsächlich konkretisiert", mithin die Aufwandskomponente die Ertragskomponente übersteigt, droht aus dem schwebenden Beschaffungsgeschäft ein Verlust. Nach dem Grundsatz der Nichtbilanzierung schwebender Geschäfte erfolgt jedoch kein Bruttoausweis durch Aktivierung der zu beschaffenden Leistung mit dem niedrigeren beizulegenden Wert und Passivierung der Verpflichtung, vielmehr wird das Aktivium selbst und die entsprechende Verbindlichkeit "erst bilanziert (und die bereits gebildete Drohverlustrückstellung aufgelöst), wenn der Vertragspartner (..) [im bilanzrechtlichen Sinne] erfüllt hat"[433].

Daß die Drohverlustrückstellung für schwebende Beschaffungsgeschäfte der Vorwegnahme einer durch außerplanmäßige Abschreibung auf den niedrigeren beizulegenden Wert zu erfassenden Vermögensminderung[434] dient, steht mit der Feststellung der höchstrichterlichen Rechtsprechung in Einklang, wonach ein bilanziell zu berücksichtigender Verlust dann vorliegt, "wenn der Teilwert des Gegenstandes am Bilanzstichtag niedriger ist als die Kaufpreisschuld"[435]. Wenngleich ein *formeller* (Wortlaut-)Unterschied zwischen handelsrechtlicher Verlustantizipation durch Abschreibung auf den *niedrigeren beizulegenden Wert* von Vermögensgegenständen[436] und bilanzsteuerrechtlicher Verlustantizipation durch Abschreibung auf den niedrigeren *Teilwert* von Wirtschaftsgü-

---

430 *Naumann* (Rückstellungen, 1989): S. 311; vgl. ebenso *Friederich* (Schwebende Geschäfte, 1976): "Der Anspruch aus einem Vertrag ist ebenso zu bewerten wie die schon erhaltene Leistung aus einem erfüllten Vertrag", S. 61; *Vellguth* (Schwebende Geschäfte, 1938): S. 87.
431 *RFH* vom 4.11.1925 VI A 491/25, RFHE 17, S. 332-337, hier S. 335.
432 Vgl. *Döllerer* (Imparitätsprinzip, 1978): S. 148 f.; *Jüttner* (GoB-System, 1993): S. 200; *Pelzer* (Drohverlustrückstellung, 1995): S. 2025.
433 *Moxter* (GoB, 1993): S. 539 (beide Zitate).
434 Vgl. *Kupsch* (Neuere Entwicklungen, 1989): S. 56.
435 *BFH* vom 26.1.1956 IV 566/54 U, BStBl. III 1956, S. 113-114, hier S. 114.
436 Vgl. § 253 Abs. 2 Satz 3, Abs. 3 HGB.

tern[437] besteht, handelt es sich bei funktionalem Verständnis[438] der Verlustantizipation doch "um inhaltlich identische Begriffe"[439].

Bislang ist allerdings strittig, welcher Wertmaßstab für die Bestimmung des niedrigeren beizulegenden Werts bzw. des Teilwerts maßgeblich ist. Denn die Ermittlung des Werts der zu erwartenden Gegenleistung kann sich entweder an den erwarteten Veräußerungs- bzw. Verwertungserlösen oder an gesunkenen Wiederbeschaffungspreisen[440] orientieren. Im folgenden ist aufzuzeigen, welche Argumentationen für die eine oder andere Konzeption vorgebracht werden und daß nur eine funktionale Interpretation des Teilwerts geeignet ist, die Wertfeststellung von zu beschaffenden Waren oder Leistungen bilanzzweckadäquat vorzunehmen.

a) Die Orientierung an Wiederbeschaffungskosten

Nach (noch) herrschender Meinung[441] ergibt sich die Notwendigkeit der Bilanzierung einer Drohverlustrückstellung für schwebende Beschaffungsgeschäfte, sobald der Wert des Anspruchs aufgrund gesunkener Wiederbeschaffungskosten der zu beschaffenden Vermögensgegenstände den Wert der eigenen Verpflichtung unterschreitet, die zu beschaffenden Güter also "nach den am Abschlußstichtag gegebenen Verhältnissen günstiger hätten erworben werden können"[442]. Nicht vereinbar mit dem geltenden Bilanzrecht und insbesondere

---

437 Vgl. § 6 Abs. 1 Nr.1 Satz 2, Nr. 2 Satz 2 EStG.

438 Vgl. hierzu *Moxter* (Teilwertverständnis, 1991): S. 473-481; *ders.* (Bilanzrechtsprechung, 1996): S. 242-245.

439 *Mellwig* (Teilwertverständnis, 1994): S. 1088, der die Identität von handelsrechtlich beizulegendem Wert und bilanzsteuerrechtlichem Teilwert aus der "Historie der Entwicklung des Teilwertes (..) und bilanzzweckorientierter Auslegung" ableitet.

440 Vgl. zur Bedeutung gesunkener Wiederbeschaffungskosten für die Entkräftung der Teilwertvermutungen und zum Meinungsstand in der Literatur *Breidert* (Abschreibungen, 1994): S. 136-144.

441 Vgl. *Mathiak* (Rechtsprechung, 1988): S. 294; *Weber-Grellet* (in: Schmidt EStG, 1997): § 5, Rz 466; *Kupsch* (Einzelbewertungsprinzip, 1992): S. 352; *Riedlinger* (Rückstellung, 1995): S. 304-306; bezogen auf anzuschaffende Sachanlagen und Roh-, Hilfs- und Betriebsstoffe vgl. *Clemm / Nonnenmacher* (in: Beck'scher Bilanz-Kommentar, 1995): § 249, Anm. 67 und 72.

442 *Adler / Düring / Schmaltz* (Rechnungslegung, 1995): § 253 HGB, Tz. 247, dies gelte uneingeschränkt allerdings nur für Vermögensgegenständen des Umlaufvermögens. Bei zu beschaffendem Anlagevermögen "ist eine Rückstellung nur dann obligatorisch, wenn nach den am Abschlußstichtag gegebenen Verhältnissen eine voraussichtlich

dem Einzelbewertungsgrundsatz sei demgegenüber die zusammenfassende Betrachtung von Beschaffungs- und Absatzgeschäften, derzufolge trotz gesunkener Wiederbeschaffungskosten auf eine Drohverlustrückstellung verzichtet wird, wenn Absatzverluste nicht zu erwarten sind.[443] Angesichts des sogenannten 'Hopfenurteils' (in dem der BFH entschieden hat, es sei für die Teilwertbestimmung unerheblich, daß ein zu bewertender Hopfenvorrat "bereits fest zu einem höheren Preis verkauft ist, also mit Sicherheit ein Gewinn zu erwarten ist"[444]) bestünden keine Zweifel daran, daß - unabhängig von den erwarteten Veräußerungserlösen - "auch für Beschaffungsgeschäfte Verlustrückstellungen gebildet werden können, wenn die vereinbarten Beschaffungskosten die zum Bilanzstichtag aktuellen Wiederbeschaffungskosten nachhaltig übersteigen"[445].

Auch die höchstrichterliche Rechtsprechung hält (bislang) eine Drohverlustrückstellung wegen gesunkener Wiederbeschaffungskosten - unabhängig davon, "ob es dem Kaufmann gelungen ist, das Geschäft ohne Verlust abzuwickeln" - für zulässig und geboten, "wenn die Waren, die Gegenstand des schwebenden Vertrages waren, in ihren Wiederbeschaffungskosten am Bilanzstichtag nachhaltig abgesunken"[446] sind. Die Orientierung an den Wiederbeschaffungskosten begründet der BFH mit der Teilwertfiktion des Unternehmenserwerbs: schließlich würde "ein Erwerber des ganzen Betriebs (..) in schwebende Geschäfte nur zu den Bedingungen eintreten, die am Tag der Übernahme des Geschäfts gegeben sind, d.h. er würde nur die am Bilanzstichtag aufzuwendenden Wiederbeschaffungskosten ansetzen"[447].

---

dauernde Preissenkung und damit eine voraussichtlich dauernde Wertminderung vorliegt".
443 Vgl. *Herzig* (Rückstellungen, 1991): S. 223; *Kupsch* (Bewertungseinheit, 1995): S. 145 f., da ein kausaler Zusammenhang fehlt und "die Risiken und Erträge aus den schwebenden Verträgen (..) auch keinen übereinstimmenden Sicherheitsgrad auf[weisen]", S. 146; *Strobl* (Rückstellungen, 1984): S. 199 f.
444 *BFH* vom 29.7.1965 IV 164/63 U, BStBl. III 1965, S. 648-650, hier S. 649. Vgl. hierzu *Moxter* (Bilanzrechtsprechung, 1996): S. 275.
445 *Herzig* (Rückstellungen, 1991): S. 223; ebenso vgl. *Christiansen* (Rückstellungen, 1990): S. 135 f.
446 *BFH* vom 26.1.1956 IV 566/54 U, BStBl. III 1956, S. 113-114, hier S. 114 (beide Zitate); vgl. ebenso *BFH* vom 25.2.1986 VIII R 377/83, BStBl. II 1986, S. 465-467, hier S. 466.
447 *BFH* vom 3.7.1956 I 118/55 U, BStBl. III 1956, S. 248-250, hier S. 249.

b) Die Orientierung an Veräußerungserlösen

Der Orientierung an gesunkenen Wiederbeschaffungskosten steht eine streng absatzmarktorientierte Verlustermittlung gegenüber. Hiernach sollen Drohverlustrückstellungen für schwebende Beschaffungsgeschäfte - unabhängig von Preisbewegungen auf dem Beschaffungsmarkt - erst dann bilanziert werden, wenn der Einkaufspreis der zu beschaffenden Ware deren voraussichtlichen Verkaufspreis (abzüglich Erlösschmälerungen und zurechenbarer Aufwendungen) übersteigt.[448] Bei Maßgeblichkeit von Veräußerungserlösen ergibt sich die Pflicht zur Bilanzierung einer Drohverlustrückstellung auch im Falle von Fehlmaßnahmen[449], wenn also konkrete Anhaltspunkte dafür bestehen, daß die zu beschaffenden Güter nicht abgesetzt werden können.[450] Bei Maßgeblichkeit von Beschaffungsmarktpreisen ist demgegenüber die Verlustantizipation nur im Falle zugleich gesunkener Wiederbeschaffungskosten zulässig.

Die Behauptung, sinkende Beschaffungsmarktpreise hätten eine gleichgerichtete Wirkung auf Absatzpreise, weshalb gesunkene Wiederbeschaffungspreise *stets* Verluste induzierten[451], wird von Teilen des Schrifttums bestritten. Um künftig zu antizipierende Verluste handele es sich erst dann, "wenn die Preissenkung am Beschaffungsmarkt durch den Absatzpreisrückgang überkompensiert"[452] würde. Soweit jedoch die Preise am Absatzmarkt für die zu beschaffenden Güter "alle aufwandsgleichen Kosten" deckten, entstünde "kein einzelgeschäftlicher Verlust"[453]. Gesunkene Wiederbeschaffungspreise führen in die-

---

448 Vgl. *Eifler* (in: HdJ, 1987): Rn 174; *Döllerer* (Imparitätsprinzip, 1978): S. 148. Demgegenüber sollen bei Waren und Roh-, Hilfs- und Betriebsstoffen gesunkene Wiederbeschaffungskosten eine Rückstellung begründen; *Clemm / Nonnenmacher* (in: Beck'scher Bilanz-Kommentar, 1995): § 249, Anm. 65 und 72 für Handelswaren; *Nies* (Rückstellungen, 1984): S. 131.

449 Zum Begriff der 'Fehlmaßnahme' und zu den diesbezüglichen Möglichkeiten der Entkräftung der Teilwertvermutungen vgl. *Breidert* (Abschreibungen, 1994): S. 124-128.

450 Vgl. *Eifler* (GoB für Rückstellungen, 1976): S. 128.

451 Vgl. z.B. *Glade* (Rechnungslegung, 1986): § 253 HGB, Anm. 40.

452 *Friederich* (Schwebende Geschäfte, 1976): S. 62; vgl. ebenso *Stapper* (Bilanzierung schwebender Geschäfte, 1964): "der Gebrauchswert eines Anlagegegenstandes [geht] nicht unbedingt dadurch zurück(..), daß er inzwischen billiger zu beschaffen ist", S. 83.

453 *Eifler* (GoB für Rückstellungen, 1976): S. 127 (beide Zitate); ähnlich bereits *Helpenstein* (Erfolgsbilanz, 1932): "Dadurch wird vermieden, daß infolge einer zwangsweisen Herabsetzungdes Anschaffungspreises auf den *gemeinen* Wert (Teilwert), der bei Waren regelmäßig *unter* dem Veräußerungspreis und keinesfalls über dem Wiederbeschaffungspreis liegt, in einem Geschäftsjahr ein Verlust entsteht, der sich bei der im nächsten Geschäftsjahr erfolgenden Veräußerung als Gewinn auswirkt,

ser Sicht "wohl zu einem Gewinnentgang, nicht [aber] zu negativen Erfolgsbeiträgen"[454]. Auch der Einzelbewertungsgrundsatz würde durch den Vergleich von im Rahmen des schwebenden Geschäfts zu leistenden Aufwendungen und am Absatzmarkt zu erwartenden Erträgen keineswegs verletzt, "da es um Kosten und Erlöse eines Vermögensgegenstandes, nämlich des abzusetzenden Produktes geht"[455] und erst dessen erwarteter Veräußerungserlös einen (möglichen) Verlust offenbare.[456] Die Argumentation des BFH und derjenigen Autoren, die mit der Entscheidung zum sogenannten 'Hopfenfall' die Wiederbeschaffungskostenorientierung zu stützen suchten[457], leide "unter der Prämisse, daß der Warenbestand anhand von Wiederbeschaffungskosten zu bewerten sei". Wiederbeschaffungskosten müßten jedoch bei der Prüfung, ob aus einem Beschaffungsgeschäft ein Verlust drohe, "durch solche Faktoren ersetzt werden", die - wie Veräußerungserlöse - "zukünftige Wertverhältnisse präziser, aber mit mindestens dem gleichen Objektivierungsgrad"[458] widerspiegeln.

---

    obwohl sich am Bilanzstichtag bereits übersehen läßt, daß im endgültigen Ergebnis aus der Veräußerung der Waren ein Verlust nicht entsteht", S. 382.

454 *Friederich* (Schwebende Geschäfte, 1976): S. 62; so auch vgl. *Heußner* (Zinsrückstellungen, 1988): S. 2423; *Kessler* (in: Küting / Weber, 1995), da "nur eine an den jeweiligen Verwertungsmöglichkeiten ausgerichtete Bewertung" gewährleiste, "daß die nach dem Imparitätsprinzip berücksichtigten Vermögensverluste eine verminderte Fähigkeit des Kaufmanns signalisieren, seine Schulden zu begleichen", § 249, Rn. 200; *Koch* (Niederstwertprinzip, 1957): S. 60-61.

455 *Eifler* (GoB für Rückstellungen, 1976): S. 128.

456 Vgl. *Friederich* (Schwebende Geschäfte, 1976): Gerade wenn Einkaufs- und Verkaufskonktrakt eindeutig einander zugeordnet werden könnten, handele es sich "ökonomisch gesehen um *ein* schwebendes Geschäft", S. 72; ähnlich vgl. *Maaßen* (Aufrechnung, 1965), S. 87.

457 Vgl. *Herzig* (Rückstellungen, 1991): S. 223; *Christiansen* (Rückstellungen, 1990): S. 135 f.

458 *Jüttner* (GoB-System, 1993): S. 211 f. (alle Zitate); ähnlich vgl. *Oestreicher* (Marktzinsänderungen, 1993): S. 265; ähnlich vgl. *Herzig / Rieck* (Abgrenzung des Saldierungsbereiches, 1995): S. 537, mit dem Hinweis, daß gesunkene Wiederbeschaffungsmarktpreise für Bestände, deren Veräußerung beabsichtigt ist "als Folge der fehlenden Notwendigkeit einer Zurechnungsobjektivierung bewertungsirrelevant" seien, S. 537; *Maaßen* (Aufrechnung, 1965): S. 87. A.A. *Pößl* (Saldierung, 1984): S. 431.

c) Ablehnung der Orientierung an Wiederbeschaffungskosten

Versteht man den im Rahmen einer Drohverlustrückstellung zu antizipierenden Verlust vermögensorientiert im Sinne der wortlautgetreuen Teilwertinterpretation, werden gesunkene Wiederbeschaffungskosten zum maßgeblichen Bewertungsmaßstab, weil sie den anteiligen Vermögenswert der zu beschaffenden Leistungen verkörpern.[459] Vorhandene (Waren-)Bestände und schwebende Verträge werden nach dieser Konzeption "im Hinblick auf heute mögliche bessere Konditionen überprüft und bewertet". Allerdings geht die "bilanzielle Erfassung von Opportunitätsnachteilen (..) über die [gebotene] Verlustantizipation hinaus"[460], deren Zweck in der Entlastung künftiger GVR von (hinreichend objektivierten) Aufwendungsüberschüssen besteht[461]. Da die Bestimmung des maximal entziehbaren Betrags "eine verwendungs-, nicht eine beschaffungsorientiert niedrigere Bewertung" verlangt, kommt die Bildung einer Drohverlustrückstellung "in einer Ausschüttungsbemessungsbilanz grundsätzlich nicht in Frage, wenn lediglich die Wiederbeschaffungs(..)kosten gesunken sind"[462]. Aus diesem Grund ist auch "ein wahlweises Heranziehen[463] der Preisverhältnisse auf

---

459 Vgl. *Moxter* (Teilwertverständnis, 1991): S. 476 f.; *ders.* (GoB, 1993): S. 543.

460 *Müller, U.* (Imparitätsprinzip,1996): S. 690 (beide Zitate).

461 Vgl. *Moxter* (Teilwertverständnis, 1991): S. 477-479; *ders.* (Teilwertkonzeption, 1994): S. 832.

462 *Mellwig* (Teilwertverständnis, 1994): S. 1082 (beide Zitate). Wiederbeschaffungskosten können allerdings nach Auffassung von *Euler* (Verlustantizipation, 1991) die zu erwartenden Nettoerträge eines Vermögensgegenstands approximieren, wenn Absatzmarktpreise "diese nur unbefriedigend zu approximieren vermögen", wie etwa im Falle der geplanten künftigen Nutzung von Anlagevermögen. Zwar seien "gesunkene Wiederbeschaffungsmarktpreise nicht kausal mit künftigen Anlageerträgen verknüpft", doch erscheine es "bei geminderten Wiederbeschaffungsmarktpreisen wahrscheinlich, daß die aktivierten Ausgabenvorleistungen (..) nicht mehr entsprechende Nettoerträge alimentieren", S. 198. Ebenso vgl. *Mellwig* (Teilwertverständnis, 1994): bei geleasten Objekten müsse aus diesem Grund "eine Verlustrückstellung gebildet werden, falls nunmehr günstigere Leasingverträge im Markt angeboten werden. Auch hier ist zwar ein künftiger Verlust allgemein nicht zwingend, doch wird man entsprechend von der Vermutung ausgehen, daß in einer Wettbewerbswirtschaft verbesserte Beschaffungsmöglichkeiten der Konkurrenz einen künftigen Aufwandsüberschuß hinreichend wahrscheinlich werden lassen", S. 1086, Fn. 46.

463 Vgl. hierfür *Adler / Düring / Schmaltz* (Rechnungslegung, 1995): § 253 HGB, Tz. 488; *Christiansen* (Beschaffungsdauerschuldverhältnisse, 1993): Zur Ermittlung des Teilwerts von zu beschaffenden aktivierungsfähigen Leistungen könne sowohl auf Wiederbeschaffungskosten als auch auf Veräußerungserlöse abgestellt werden, um sodann "auf die Bewertung zurückzugreifen, auf deren Grundlage sich der niedrigere der 'beiden Teilwerte' ergibt", S. 1243.

dem Beschaffungs- bzw. dem Absatzmarkt unhaltbar, weil bilanzzweckwidrig"[464].

Wenngleich die Entscheidung des BFH zum sogenannten 'Hopfenfall'[465] den Schluß nahelegt, der Teilwert sei grundsätzlich mit Wiederbeschaffungswerten gleichzusetzen, war die höchstrichterliche Rechtsprechung hinsichtlich der Verlustkonzeption doch nicht durchgehend von einem derartigen Verständnis geprägt: In einem Urteil aus dem Jahr 1924 hatte der RFH[466] darüber zu entscheiden, ob "der Unterschiedsbetrag zwischen dem vereinbarten Preise für künftig zu empfangende Rohstoffe und dem Marktpreise" zum Bilanzstichtag bilanziell berücksichtigt werden durfte. Der Senat meinte, gesunkene (Wiederbeschaffungs-)Marktpreise berechtigten den Kaufmann nicht, einen Verlust in Abzug zu bringen. Wenn überhaupt, könnte die Berücksichtigung des Preisunterschieds "nur die Bedeutung eines Wertberichtigungskontos [vom Wert der vorhandenen Warenbestände] haben, und dieses würde dann lediglich den Charakter einer Abschreibung auf den Wert des Unternehmens im ganzen tragen"[467]. Tatsächlich jedoch könne "nicht von einem am Bilanzstichtage bereits eingetretenen Verlust, nicht einmal von einem mit Sicherheit zu erwartenden Verlust, die Rede sein. Denn ob die Verträge über den Ankauf von Rohstoffen wirklich Verlust bringen würden, hing nicht allein von den noch völlig ungewissen Marktpreisen am Tage der Anlieferung der Rohstoffe, sondern vor allem von dem noch viel ungewisseren Verkaufspreise der aus den Rohstoffen herzustellenden Erzeugnisse und dem am [Bilanzstichtag] (..) im voraus nicht annähernd zu beurteilenden Verhältnis zwischen dem künftigen Preise der fertigen Waren und ihren gesamten Gestehungskosten ab (..). Durch Sinken des Preises für einzelne erst nach dem Bilanzstichtag anzuliefernde Rohstoffe allein kann ein bereits am Bilanzstichtage zu berücksichtigender Verlust noch nicht entstehen".[468]

In einem jüngeren Urteil zu Drohverlustrückstellungen aus Arbeitsverhältnissen äußert der BFH "Zweifel an der Möglichkeit von Rückstellungen für schwebende Geschäfte im Beschaffungsbereich (..), weil die Rückstellungen auch in

---

464 *Mellwig* (Teilwertverständnis, 1994): S. 1086 f.
465 Vgl. *BFH* vom 29.7.1965 IV 164/63, BStBl. III 1965, S. 648-650.
466 Vgl. *RFH* vom 17.10.1924 I A 88, StuW 1924, Urteil 604, Sp. 1626-1628.
467 Eine solche Abschreibung stellt nach Auffassung des RFH in einem anderen, zu einem ähnlichen Sachverhalt ergangenen Urteil "eine echte Rücklage dar und ist als solche steuerpflichtig", *RFH* vom 27.11.1924 VI e A 51, StuW 1925, Urteil 43, Sp. 105-106, hier Sp. 106.
468 *RFH* vom 17.10.1924 I A 88, StuW 1924, Urteil 604, Sp. 1626-1628, hier Sp. 1627 (alle Zitate).

Betracht kommen, wenn auf der Absatzseite keine Verluste entstehen bzw. drohen"[469]. Dies könnte ein Hinweis dafür sein, daß zumindest bei der Ertragsbemessung zu beschaffender Handelswaren, deren Veräußerungserlöse i.d.R. problemlos am Markt feststellbar sind, gesunkene Wiederbeschaffungspreise in Zukunft nicht mehr als rückstellungsbegründend anerkannt werden.

2.2. Die Notwendigkeit der Ausgeglichenheitsvermutung für schwebende Beschaffungsgeschäfte

Während die Bewertung des Anspruchs aus einem schwebenden Beschaffungsgeschäft im Falle von zur Veräußerung bestimmten, marktgängigen Vermögensgegenständen oder bei bereits fest verkauften Waren grundsätzlich keine Schwierigkeiten aufwirft, lassen sich zu beschaffenden Roh-, Hilfs- und Betriebsstoffen, Vermögensgegenständen des Anlagevermögens oder Dienstleistungen nur in seltenen Ausnahmefällen Erträge eindeutig zuordnen. Die Ermittlung von (etwaigen) Absatzverlusten ist demzufolge häufig nicht möglich.[470] Eine an den Verwertungsmöglichkeiten bzw. den Ertragswertbeiträgen ausgerichtete Bewertung der letztgenannten Beschaffungsobjekte erfordert daher "in aller Regel weitreichende Zurechnungsfiktionen, die dem Bilanzierenden erhebliche, mit der Beweissicherungsfunktion der Bilanz nicht zu vereinbarende Ermessensspielräume eröffnen"[471].

Da die Ertragszurechnung nur unter Inkaufnahme erheblicher Zurechnungswillkür möglich ist und der Rückgriff auf Hilfswerte wie Wiederbeschaffungskosten stets die Gefahr der Bilanzierung entgangener Gewinne birgt, drängt sich die Ausgeglichenheitsvermutung geradezu auf. Es ist davon auszugehen, daß sich der Kaufmann durch den Abschluß eines oder mehrerer Beschaffungsgeschäfte insgesamt Vorteile in Form künftiger Einnahmenüberschüsse erhofft, die sich gleichwohl häufig einem einzelnen Vertrag nicht zuordnen lassen; möglicherweise wird gar nicht feststellbar sein, in welcher Form sich die erwarteten Einnahmenüberschüsse zukünftig konkretisieren. Mangels geeigneter Zurechnungsmöglichkeiten muß daher (solange die Einschätzung der Vorteilhaftigkeit nicht greifbar objektiviert widerlegt wird) die Ausgeglichenheit von Leistung und Gegenleistung unterstellt werden.

---

469 *BFH* vom 16.12.1987 I R 68/87, BStBl. II 1988, S. 338-342, hier S. 339.
470 Vgl. *Herzig* (Rückstellungen, 1991): S. 222.
471 *Kessler* (in: Küting / Weber, 1995): § 249, Rn. 202.

Von der Ausgeglichenheitsvermutung für schwebende Beschaffungsgeschäfte ist jedoch bei objektiver Greifbarkeit eines Verlusts abzuweichen. Dies war für den BFH in einer Entscheidung aus dem Jahr 1959 dafür ausschlaggebend, dem Begehren eines Kaufmanns nach Passivierung einer Drohverlustrückstellung für ein schwebendes Beschaffungsgeschäft stattzugeben: Ein Buchverlag hatte im Jahr 1954 mit der Herstellung eines Buches begonnen. Bis zum Bilanzstichtag 31. Dezember 1954 waren Teilherstellungskosten von ca. 4.000 DM entstanden. Gleichzeitig war im Oktober 1954 einer Druckerei der Druckauftrag erteilt worden. In diesem Zusammenhang begehrte der Kaufmann eine Rückstellung von 15.000 DM.

Der IV. Senat stellte fest, daß "schon 1954 keine nennenswerten Verkaufsmöglichkeiten für das Buch" vorlagen, weshalb die bis zum Bilanzstichtag entstandenen Teilherstellungskosten durch eine Teilwertabschreibung in voller Höhe als sofort abzugsfähige Aufwendungen behandelt werden mußten. Bei dem erteilten Druckauftrag handelte es sich um "ein schwebendes Geschäft, das noch von keiner Seite erfüllt war". Offenbar kam eine Vertragsauflösung nicht infrage, so daß der Kaufmann in jedem Fall eine Verpflichtung von 15.000 DM gegenüber der Druckerei hatte. Dieser Verpflichtung standen wegen fehlender Absatzmöglichkeiten für die Druckerzeugnisse keinerlei Ertragserwartungen gegenüber. Bei Anschaffungsgeschäften, "für die man infolge des zu hoch geschätzten Absatzes später keine Verwendung hat", gebiete das Vorsichtsprinzip, "die zu erwartenden Verluste nicht späteren Jahren zur Last"[472] zu legen, sondern zwecks Belastung des Geschäftsjahrs der Verlustentstehung eine Drohverlustrückstellung zu bilanzieren. Die Marktverhältnisse deuteten nach Auffassung der Rechtsprechung bereits im Streitjahr auf den Mißerfolg des Buches hin, insofern war der Verlust schon bei Auftragserteilung unvermeidlich gewesen. Von einer Ausgeglichenheit der Leistung und der Gegenleistung durfte der Steuerpflichtige, hätte er die Verkaufsmöglichkeiten von Anfang an realistisch und zutreffend beurteilt, nicht ausgehen. Die völlig unzureichenden, praktisch fehlenden Verkaufsaussichten ließen den Verlust aus dem mit der Druckerei geschlossenen Vertrag objektiv greifbar in Erscheinung treten. Insoweit bestanden aber auch keine Zurechnungsprobleme mehr, da der erwartete Ertrag aus dem Buchverkauf annähernd Null betrug, mithin an der Ausgeglichenheitsvermutung nicht mehr festgehalten werden konnte. Bei beschaffungsorientierter Bewertung des Anspruchs aus dem schwebenden Geschäft hätte hingegen kein Verlust gedroht, denn der Buchverlag konnte mit der Erbringung der (vertraglich vereinbarten) vollwertigen (Buchdruck-)Leistung seitens der Druckerei rechnen. Daß der BFH die Drohverlustrückstellung ungeachtet der Beschaf-

---

472 *BFH* vom 4.6.1959 IV 115/59 U, BStBl. III 1959, S. 325-326, hier S. 326 (alle Zitate).

fungsverhältnisse bejaht hat, ist als Stütze für die (zunehmende) Absatzorientierung[473] (im Sinne des funktionalen Teilwertverständnisses) der höchstrichterlichen Rechtsprechung zu werten.

2.3. Die Bedeutung des Stichtagsprinzips bei der Bilanzierung einer Drohverlustrückstellung für schwebende Beschaffungsgeschäfte

Dient ein schwebendes Geschäft zur Beschaffung von Handelswaren, aus deren alsbaldiger Veräußerung der Kaufmann zum Zeitpunkt des Vertragsschlusses einen Einnahmenüberschuß erwartet, ist (zunächst) von der Ausgeglichenheit des schwebenden Geschäfts auszugehen. Sinkt der Veräußerungspreis für Waren gleicher Art am Bilanzstichtag jedoch unter den vertraglich vereinbarten Beschaffungspreis, kann der Kaufmann das schwebende Beschaffungsgeschäft nicht länger als ausgeglichen betrachten. In diesem Fall reflektieren die am Bilanzstichtag herrschenden Markt- bzw. Veräußerungspreise den Wert der zu beschaffenden Waren (analog zur (strengen) Niederstwertabschreibung für Vermögensgegenstände des Umlaufvermögens[474]), mithin muß eine Drohverlustrückstellung bilanziert werden.[475] Die zu beschaffenden Gütermengen werden so behandelt, "als ob sie bereits geliefert wären, wodurch man die bestellten Güter den vorrätigen gleichstellt. Ein Erfolgsbeitrag ist dann in gleicher Weise zu ermitteln wie bei den vorhandenen Beständen".[476]

3. Dauerschuldverhältnisse

3.1. Zum Begriff des bilanzrechtlichen Dauerschuldverhältnisses

Als Dauerschuldverhältnisse werden schwebende Verträge bezeichnet, die nicht durch eine einmalige Leistungserbringung, sondern durch mehrere einzelne

---

473 Vgl. auch *BFH* vom 16.12.1987 I R 68/87, BStBl. II 1988, S. 338-342, hier S. 339.

474 Vgl. § 253 Abs. 3 HGB.

475 Vgl. hierzu auch *BFH* vom 21.10.1981 I R 170/78, BStBl. II 1982, S. 121-123 zur Bilanzierung von Drohverlustrückstellungen für bestellte Modeartikel, weil bereits am Bilanzstichtag (bei Anwendung der gebotenen Sorgfalt und Vorsicht) absehbar war, daß die künftigen Absatzmöglichkeiten stark eingeschränkt waren, und hierzu *Ciric* (Wertaufhellung, 1995): S. 72 f.; *Döllerer* (Rechtsprechung, 1983): S. 409; *ders.* (Grundsätze, 1982): S. 781.

476 *Leffson* (GoB, 1987): S. 380.

oder kontinuierliche Leistungen über einen befristeten oder unbefristeten Zeitraum erfüllt werden: "Die beiderseitige Interessenlage und (..) der Wille beider [Vertragsparteien] erfordern daher, daß die Verpflichtung eines jeden regelmäßig nicht auf Leistung schlechthin, sondern auf Leistung 'Zug um Zug' gegen Empfang der Gegenleistung geht"[477].

Im Bürgerlichen Gesetzbuch finden sich allerdings keine expliziten Vorschriften zur Behandlung solcher "Austauschverträge"[478]. Aufgrund des Bedürfnisses, eine Bezeichnung für Verträge zu finden, die sich durch "die Zeitdimension als konstitutives Element der Leistung selbst und eine hieraus resultierende ständige Pflichtenanspannung"[479] auszeichnen, wurde der Begriff des Dauerschuldverhältnisses jedoch fester Bestandteil der Zivilrechtsdogmatik.[480] Während Schuldverhältnisse, die auf einmaligen Leistungsaustausch gerichtet sind, durch Abwicklung desselben (zwangsläufig) begrenzt werden, bedarf es zur Beendigung des Schwebezustands bei Dauerschuldverhältnissen von vornherein der expliziten vertraglichen Festlegung (Befristung).[481] Soweit der ein Dauerschuldverhältnis begründende Vertrag auf unbestimmte Zeit geschlossen wurde, kann die nicht präzisierte zeitliche Erstreckung durch Kündigung oder einvernehmliche Aufhebung begrenzt werden.[482]

---

477 *Larenz* (Schuldrecht, 1987): S. 205. Da sich allerdings ein Leistungsaustausch 'Zug um Zug' im strengen Sinne nicht durchführen läßt, sieht das BGB die Schaffung von Abrechnungsperioden vor (vgl. § 551 bei Miete, § 608 beim Darlehn, § 614 beim Dienstvertrag). Auf diese Weise wird eine "juristische Infinitesimalrechnung" (*Medicus*, (Schuldrecht, AT, 1995): Rn. 483), d.h. eine "Atomisierung des Schuldverhältnisses" (*Lüders* (Gewinnrealisierung, 1987): S. 110) vermieden.

478 *Larenz* (Schuldrecht, 1987): S. 202.

479 *Fumi* (Steuerrechtliche Rückstellungen, 1991): S. 70. Vgl. *Heinrichs* (in: Münchener Kommentar, 1994): Einleitung vor §§ 241-432, Anm. 84 ("dem Zeitmoment [kommt] eine essentielle Bedeutung zu").

480 Vgl. *Fumi* (Steuerrechtliche Rückstellungen, 1991): S. 70, unter Hinweis auf *von Gierke* (Dauernde Schuldverhältnisse, 1914): S. 355; *Heinrichs* (in: Münchener Kommentar, 1994): Einleitung vor §§ 241-432, Anm. 84 ("Die dogmatische Kategorie des Dauerschuldverhältnisses stammt aus der Lehre, wobei Otto von Gierke das Verdienst zukommt, sie als erster gründlich analysiert zu haben").

481 Vgl. *Heinrichs* (in: Münchener Kommentar, 1994): Einleitung vor §§ 241-432, Anm. 85, weil Dauerschuldverhältnisse ihrer "Idee nach zeitlich unbegrenzt gedacht" werden können (Anm. 83); *Wiese* (Dauerschuldverhältnisse, 1965): S. 837.

482 Vgl. *Heinrichs* (in: Münchener Kommentar, 1994): Einleitung vor §§ 241-432, Anm. 87. Daneben besteht sowohl beim befristeten als auch beim unbefristeten Dauerschuldverhältnis die Möglichkeit, "das Schuldverhältnis aus 'wichtigem Grund' fristlos zu kündigen ('außerordentliche Kündigung')", Anm. 88.

3.2. Die Ablehnung von Drohverlustrückstellungen für Dauerschuldverhältnisse

a) Gewohnheitsrecht als Grund der Ablehnung von Drohverlustrückstellungen für Dauerschuldverhältnisse

Biener negiert die Möglichkeit der Passivierung von Rückstellungen für drohende Verluste aus Beschaffungsdauerschuldverhältnissen wie Dienst- und Arbeitsverträgen oder Miet- und Pachtverträgen aus mehreren Gründen. Einen GoB, der Drohverlustrückstellungen in diesem Bereich zuließe, gäbe "es weder nach der induktiven noch nach der deduktiven Methode. (..). Solche Rückstellungen kamen in der Praxis bisher nicht vor, sie werden heute allenfalls vereinzelt gebildet. (..) Nach der deduktiven Methode wäre ein solcher GoB nur ableitbar, wenn die gesetzlichen Bilanzierungszwecke nur bei Berücksichtigung solcher Drohverlustrückstellungen erreicht werden könnten. Dies ist nicht der Fall".[483] Die Argumentation stützt sich u.a. auf eine Analyse der älteren Literatur, die zeige, daß die Vorwegnahme eines Verlustes für Lieferungs- und ähnliche Verträge (also Absatzgeschäfte) und für Beschaffungsgeschäfte durchweg als zutreffend erachtet und mit der gängigen Buchführungspraxis begründet wurde[484]; für Dauerschuldverhältnisse jedoch, die nicht auf den Austausch körperlicher Gegenstände gerichtet seien, habe man eine Buchung unterlassen.[485] Dies beruhe auf dem "Umstand, daß die vorleistungspflichtige Verbindlichkeit (Dienstleistung, Nutzungsüberlassung) weder beim Schuldner passivierungsfähig noch beim Gläubiger aktivierungsfähig ist"[486]. Jener Grund sei zwar allmählich in Vergessenheit geraten, doch wäre "die Praxis in Übereinstimmung mit der herrschenden Lehre dennoch (..) davon ausgegangen, daß Drohverlustrückstellungen aus Dauerschuldverhältnissen nicht zu bilden sind". Weil sich die Gesetzgebung an der bestehenden Praxis orientiert habe, müsse unterstellt werden, die Drohverlustrückstellung sei "als GoB" nur für "schwebende Beschaffungs- und Absatzgeschäfte entwickelt worden"[487].

---

483 *Biener / Berneke* (Bilanzrichtlinien-Gesetz, 1986): S. 78 f.
484 Vgl. *Biener* (Rückstellungen, 1988): S. 55 f.
485 Vgl. *Biener* (Rückstellungen, 1988): S. 53 f.
486 *Biener* (Rückstellungen, 1988): S. 54.
487 *Biener* (Rückstellungen, 1988): S. 58 (alle Zitate).

Euler bezweifelt indes, "ob Bieners Argumente ein entsprechendes Gewohnheitsrecht tragen"[488], denn weder die ältere Bilanzrechtsliteratur und die Kommentierungen zum AktG 1965 noch die Rechtsprechung des BFH ließen eine derartige Schlußfolgerung zu. Selbst wenn davon ausgegangen würde, daß die "Schöpfer des Begriffs der Rückstellungen für drohende Verluste aus schwebenden Geschäften (..) wohl in erster Linie an Rückstellungen für drohende Verluste aus Absatzgeschäften und Beschaffungsgeschäfte gedacht" haben, enthalte das Gesetz, so *Döllerer*, "keine Beschränkung"[489] der Bilanzierung von Drohverlustrückstellungen auf diese Geschäfte.[490]

Als weiteres Argument für seine These, Dauerschuldverhältnisse könnten nicht Gegenstand einer Drohverlustrückstellung sein, führt *Biener* an, daß deren in § 249 HGB genannte Bilanzierungsvoraussetzung 'schwebendes Geschäft' keinesfalls gleichgesetzt werden dürfe mit dem 'schwebenden Vertrag'. Der Umfang handelsrechtlicher Geschäfte werde durch § 1 Abs. 2 HGB bestimmt. Hierzu zählten aber nicht das Erbringen von Dienstleistungen oder das Vermieten von Sachen. Zudem gehörten Verträge nicht zu den gemäß § 238 Abs. 1 HGB in den Büchern aufzuführenden Handelsgeschäften und der abzubildenden Vermögenslage. "Sie werden erst gebucht, wenn sich im Rahmen der Erfüllung Vermögensgegenstände und/oder Schulden ergeben"[491].

Daß der Begriff des 'schwebenden Geschäfts' im Sinne von § 1 Abs. 2 HGB auszulegen ist, entspricht nicht der herrschenden (Bilanzrechts-)Meinung, die 'Geschäft' als auch Dauerschuldverhältnisse umfassende Rechtsgeschäfte gem. § 305 BGB versteht[492] und auf die Objektivierungsfunktion des 'schwebenden Geschäfts' in § 249 HGB hinweist. Nur sofern unterstellt wird, daß sich dro-

---

488 *Euler* (Rückstellungen, 1990): S. 1038.

489 *Döllerer* (Rückstellungen, 1987): S. 68 (beide Zitate). *Döllerer* weist hier auf den Unterschied zum schweizerischen Obligationenrecht hin, das die Bilanzierung von Drohverlustrückstellungen auf Vermögenseinbußen aus der späteren Erfüllung von Lieferungs- und Abnahmeverpflichtungen beschränkt (Art. 670 Abs. 2 Obligationenrecht); zustimmend vgl. *Mathiak* (Rechtsprechung, 1988): S. 296. A.A. vgl. *Weber-Grellet* (Realisationsprinzip und Rückstellungen, 1996): S. 907, der meint, daß bei zutreffender Interpretation der Zivilrechtslage in Deutschland ebenfalls von einer Beschränkung der Möglichkeit der Bilanzierung von Drohverlustrückstellungen auf Absatz und Beschaffungsgeschäfte ausgegangen werden müsse.

490 Ebenso vgl. *Fumi* (Steuerrechtliche Rückstellungen, 1991): S. 69.

491 *Biener* (Rückstellungen, 1988): S. 60.

492 Vgl. z.B. *Clemm / Nonnenmacher* (in: Beck'scher Bilanz-Kommentar, 1995): § 249, Anm. 51; *Glaubig* (Dauerrechtsverhältnisse, 1993): S. 91; *Kupsch* (Neuere Entwicklungen, 1989): S. 57; *Fumi* (Steuerrechtliche Rückstellungen, 1991): S. 68; ebenso vgl. *BFH* vom 25.2.1986 VIII R 377/83, BStBl. II 1986, S. 465-467, hier S. 466 m.w.N.

hende Verluste aus Dauerschuldverhältnissen generell einer Objektivierung entziehen und damit nicht dem Objektivierungserfordernis entsprechen, müßten derartige Rechtsverhältnisse von der Möglichkeit zur Passivierung einer Drohverlustrückstellung ausgenommen werden. Indes scheint die verallgemeinernde Behauptung einer mangelnden Objektivierbarkeit drohender Verluste aus Dauerschuldverhältnissen "wenig plausibel". So sind beispielsweise "Gründe, aus denen § 249 Abs. 1 Satz 1 HGB auf die Antizipation von Verlusten etwa aus Sukzessivlieferungsverträgen verzichten sollte, (..) nicht erkennbar"[493].

b) *Die "Verkennung der zivilrechtlichen Lage"[494] als Grund für die Ablehnung von Drohverlustrückstellungen für Dauerschuldverhältnisse*

Weber-Grellet meint, die Anerkennung von Drohverlustrückstellungen für Dauerschuldverhältnisse sei auf eine Verkennung der zivilrechtlichen Lage zurückzuführen. Da die Besonderheit eines Dauerschuldverhältnisses darin liege, "daß fortlaufend neue (!) Rechte und Pflichten mit dem Zeitablauf und nach Zeitabschnitten erst entstehen"[495], sei Teilen der Literatur nicht zuzustimmen, die Dauerschuldverhältnisse als einheitliche Schuldverhältnisse betrachteten.[496] Die fortwährende Neuentstehung von Rechten und Pflichten impliziere, daß sämtliche künftigen Rechte und Pflichten noch nicht entstanden seien und damit auch nicht "als Anknüpfungspunkt für Rückstellungen herangezogen" werden könnten. Die Verluste aus künftigen Zeitabschnitten seien "weder rechtlich noch wirtschaftlich verursacht". Es könne "nicht der Sinn einer Verlustrückstellung [sein], Belastungen, die erst in 20 Jahren rechtlich (und auch wirtschaftlich) entstehen, schon jetzt auszuweisen"[497].

Darüber hinaus verweist *Weber-Grellet* auf das grundlegende Urteil des RFH vom 20.Mai 1920[498], in dem seiner Meinung nach deutlich zum Ausdruck gebracht wird, daß die Vermögenslage des Kaufmanns nur unter der Voraussetzung *rechtlich* beeinträchtigt sein kann, daß "aus den laufenden Verträgen (..)

---

493 *Euler* (Rückstellungen, 1990): S. 1045 (beide Zitate).
494 *Weber-Grellet* (Realisationsprinzip und Rückstellungen, 1996): S. 906.
495 *Weber-Grellet* (Realisationsprinzip und Rückstellungen, 1996): S. 906 f.
496 So beispielsweise *Kessler* (Rückstellungen, 1992): S. 200-202; vgl. *Bauer* (Schwebende Geschäfte, 1981): S. 17; *Crezelius* (Schwebendes Geschäft, 1988): S. 84 f.; *Gelhausen* (Realisationsprinzip, 1985): S. 376.
497 *Weber-Grellet* (Realisationsprinzip und Rückstellungen, 1996): S. 907 (alle Zitate); vgl. auch *ders.* (Maßgeblichkeitsschutz, 1994): S. 291.
498 Vgl. *RFH* vom 7.5.1920 I A 302/19, RFHE 3, S. 22-27.

bereits Rechte und Pflichten des Kaufmanns entstanden"[499] sind; wegen ihres erst künftigen Entstehens könnten diese aber gar nicht vorliegen[500].

In dem angesprochenen Urteil hatte der RFH darüber zu entscheiden, ob die Verpflichtung zum Bau einer Salpeterfabrik die "korrespondierende Forderung am Werte" übertraf. Der Kläger hatte vorgetragen, daß die Errichtung der Fabrik ihn "nötige, höhere Herstellungskosten aufzuwenden, als der dafür (..) [vor dem Bilanzstichtag] vereinbarte Preis" betrug. Soweit dies zutreffe, müsse, so der RFH, dem Kaufmann "das Recht zugesprochen werden, diese Last (..) am (..) Bilanzstichtage zu berücksichtigen". "Da die laufenden Verträge bereits Rechte und Verbindlichkeiten des Kaufmanns fest begründet haben, (..) ist in diesen Fällen seine Vermögenslage am Bilanzstichtage bereits rechtlich und wirtschaftlich beeinträchtigt"[501]. Eine weitergehende Aussage des RFH derart, daß drohende Verluste im Rahmen schwebender Dauerschuldverhältnisse nicht antizipiert werden dürften, weil Rechte und Pflichten fortlaufend neu entstünden, findet sich in der Urteilsbegründung allerdings nicht, weshalb es zweifelhaft scheint, den RFH auch in diesem (weiteren) Sinne verstehen zu wollen.

Die zivilrechtliche Besonderheit von Dauerschuldverhältnissen, nämlich der laufende (und nicht einmalige) Leistungsaustausch, muß nicht zum Anlaß genommen werden, das Dauerschuldverhältnis in rechtlich selbständige Teilleistungen zu zergliedern mit der Folge, daß für erst *künftig* zu erbringende (Teil-)Leistungen die Möglichkeit der Verlustantizipation ausgeschlossen wird, weil hierfür ein *gegenwärtig* bereits bestehender Anknüpfungspunkt nicht vorliegt. Vielmehr ist der Auffassung[502] zu folgen, die dauernd zu erbringenden bzw. zu erhaltenden und "bezüglich ihres Inhalts und ihrer Qualität bereits von vornherein für den gesamten Vereinbarungszeitraum"[503] festgelegten Leistungen würden durch den Zeitablauf lediglich "aktualisiert"[504], also nicht laufend neu entstehen[505]. Auch der BFH betont, daß durch die insbesondere für

---

499 *Weber-Grellet* (Realisationsprinzip und Rückstellungen, 1996): S. 907.

500 A.A. und *Weber-Grellet* widersprechend vgl. Clemm (*Rückstellungen*, 1997): "Warum es bei einem langfristig unkündbaren abgeschlossenen Mietvertrag auf seiten des Vermieters keine rechtlich oder wirtschaftlich entstandene Verpflichtung (..) geben sollte, vermag ich nicht einzusehen", S. 129.

501 *RFH* vom 7.5.1920 I A 302/19, RFHE 3, S. 22-27 (alle Zitate).

502 Vgl. *Crezelius* (Schwebendes Geschäft, 1988): Das Dauerschuldverhältnis sei zivilrechtlich "ein einheitliches aufgrund nur eines Vertragsschlusses", S. 84 f.

503 *Kußmaul* (Nutzungsrechte, 1987): S. 276.

504 *Fahrholz* (Leasing, 1979): S. 127; ähnlich vgl. *Kessler* (Rückstellungen, 1992): S. 200.

505 So aber vgl. *Larenz* (Schuldrecht, 1987): S. 31 ("weil (..) fortgesetzt neue Leistungspflichten entstehen").

Besteuerungszwecke notwendige Schaffung von Abrechnungsperioden und damit die formale Periodisierung eines an sich nicht 'atomisierbaren' Dauerschuldverhältnisses[506] die "qualitativ stets gleichbleibende Dauerverpflichtung nicht nach ihrem Gegenstand, sondern nur im Hinblick auf ihre zeitliche Dimension"[507] geteilt wird. Nach der letztgenannten Konzeption entstehen Ansprüche und Verpflichtungen rechtlich bereits mit Abschluß eines schwebenden Dauerschuldverhältnisses; so gesehen dürften an der Zulässigkeit der Verlustantizipation keine Zweifel bestehen. Mit der höchstrichterlichen Rechtsprechung ist die oben dargestellte Forderung nach Nichtzulässigkeit von Rückstellungen für Dauerschuldverhältnisse ohnehin nicht zu vereinbaren, denn der BFH hat eindeutig klargestellt: "Rückstellungen wegen drohender Verluste aus schwebenden Geschäften sind nicht auf Schuldverhältnisse (gegenseitige Verträge) beschränkt, die auf einmalige Leistungen gerichtet sind. Sie können auch bei Dauerschuldverhältnissen geboten sein"[508].

3.3. Die Ausgeglichenheitsvermutung als Lösung der Zurechnungsproblematik

Die bei schwebenden Absatz- und Beschaffungsgeschäften bestehenden Zurechnungsprobleme ergeben sich bei Dauerschuldverhältnissen sowohl auf der Anspruchs- als auch auf der Verpflichtungsebene. Der denkbare Einwand, wenigstens die Verpflichtungskomponente ließe sich zuverlässig nach den für die Erfüllung zu leistenden Aufwendungen bestimmen, berücksichtigt nicht, welche gravierenden Probleme sich in der Regel bei der Zurechnung sogenannter Gemeinkosten, wie z.B. der Kosten sozialer Einrichtungen eines Betriebs oder des Werkschutzes ergeben.[509] Daß Aufwendungen, die sich einem Dauerschuldverhältnis, wie einer (dauernden) Überlassungsleistung, unmittelbar zurechnen lassen und daher "als ihre Einzelkosten bezeichnet werden"[510] können, bei der Bemessung der eigenen Verpflichtung zu berücksichtigen sind, ist dagegen unstrittig. So entschied der BFH[511], daß Zinsen, die im Zusammenhang mit der Darlehensaufnahme für die Anschaffung eines Schiffes anfallen, dem für das betreffende Schiff geschlossenen Chartervertrag als Einzelkosten zuzu-

---

506 Vgl. *Lüders* (Gewinnrealisierung, 1987): S. 110.
507 *BFH* vom 27.2.1976 III R 64/74, BStBl. II 1976, S 529-532, hier S. 530, unter Hinweis auf *Wiese* (Dauerschuldverhältnisse, 1965): S. 850.
508 *BFH* vom 27.7.1988 I R 133/84, BStBl. II 1988, S. 999-1000, hier S. 1000.
509 Vgl. *Moxter* (Bilanzrechtsprechung, 1996): S. 135.
510 *BFH* vom 11.2.1988 IV R 191/85, BStBl. II 1988, S. 661-663, hier S. 662.
511 Vgl. *BFH* vom 11.2.1988 IV R 191/85, BStBl. II 1988, S. 661-663.

rechnen sind und bei der Bemessung des drohenden Verlusts aus dem Chartervertrag zum Wert der eigenen Verpflichtung zählten.

"Völlig überfordert ist der Bilanzierende indes im allgemeinen, wenn er schwebenden Beschaffungsverhältnissen Erträge zurechnen soll."[512] Es existiert kein (insbesondere dem Erfordernis der Rechtssicherheit genügendes) allgemein akzeptiertes (objektives) Berechnungsschema, mit Hilfe dessen bestimmt werden könnte, welchen Beitrag z.b. der Anspruch aus einem Mietvertrag zu den gesamten Unternehmenserträgen leistet. Auch der BFH führt aus, daß sich regelmäßig gerade der Wert des Anspruchs gar nicht ermitteln lasse. Nur im Ausnahmefall sei es möglich, den Wert zu berechnen, den ein Anspruch oder das diesem zugrunde liegende Objekt "am Erfolg oder Mißerfolg des Gesamtunternehmens hat"[513], um auf diese Weise die Unausgewogenheit eines Dauerschuldverhältnisses feststellen zu können. In allen anderen Fällen könne das Vorliegen eines Verpflichtungsüberschusses nicht objektiv nachgewiesen werden, weshalb (typisierend) von der Ausgeglichenheit von Anspruch und Verpflichtung auszugehen sei.

Keinesfalls kann jedoch der Forderung nach Nichtzulässigkeit von Drohverlustrückstellungen für Dauerschuldverhältnisse gefolgt werden, denn Bewertungsprobleme dürfen nicht dazu führen, eine grundsätzliche Unzulässigkeit der Bilanzierung von Drohverlustrückstellungen für Dauerschuldverhältnisse zu konstatieren[514].

4. Implikationen der Ausgeglichenheitsvermutung für die Ermittlung eines Aufwendungsüberschusses - Bestehen zwischen den 'Kippgebühren-Urteilen' Wertungsdifferenzen?

Im folgenden soll untersucht werden, ob dem Vorsichtsprinzip je nachdem, ob es sich um eine dem Realisationsprinzip folgende Verbindlichkeitsrückstellung oder um eine das Imparitätsprinzip konkretisierende Drohverlustrückstellung handelt, ein anderes Gewicht beigemessen wird, und welche Bedeutung der Ausgeglichenheitsvermutung in diesem Zusammenhang zukommt. Anlaß zu dieser Fragestellung bieten insbesondere die beiden sogenannten 'Kippgebüh-

---

512 *Moxter* (Bilanzrechtsprechung, 1996): S. 135. Siehe hierzu auch unten, 2. Kapitel, B. I. 2.1.
513 *BFH* vom 27.7.1988 I R 133/84, BStBl. II 1988, S. 999-1000, hier S. 1000.
514 Ebenso vgl. *Glaubig* (Dauerrechtsverhältnisse, 1993): S. 92.

ren-Urteile' des BFH[515]. Dabei ist außerdem zu klären, inwiefern sich die spezifisch für Drohverlustrückstellungen geltende Ausgeglichenheitsvermutung auf die Bedeutung des Vorsichtsprinzips auswirkt.

Mit der Ausbeutung einer Kiesgrube ist regelmäßig die Verpflichtung verbunden, die Kiesgrube am Ende des Ausbeutungszeitraums wiederaufzufüllen und anschließend mit einer Humusschicht zu bedecken, um sie auf diese Weise zu rekultivieren. Wird die Ausbeutung nicht auf dem eigenen Grundstück, sondern auf gepachtetem Grund und Boden vollzogen, ist der "einzelne Ausbeutevertrag (..) ein sogenannter schwebender Vertrag, der (..) bilanzmäßig nicht ausgewiesen wird"[516]. Die Auffüllung der Gruben erfolgt überwiegend durch Bauschutt, der von Bauunternehmen gegen Entrichtung sogenannter Kippgebühren abgeladen werden darf. Die hieraus fließenden Erträge können die Rekultivierungsaufwendungen überkompensieren, so daß fraglich sein mag, ob es einer Rückstellung zum Ende des Ausbeutezeitraums überhaupt bedarf. Auch stellt sich die Frage, ob während des Ausbeutezeitraums eine Rückstellung bilanziert werden muß, wenn (ungeachtet etwaiger Kippgebühren) die Umsätze aus dem Kiesverkauf die laufenden Aufwendungen übersteigen, so daß kein Aufwandsüberschuß gegeben ist:

	t_1	t_2
Umsätze	10 Mio	10 Mio
laufende Aufwendungen	2 Mio	2 Mio
Rekultivierungsverpflichtung		7,5 Mio
Einzahlungsüberschüsse	8 Mio	0,5 Mio

Im Beispielfall entstehen in keiner Periode Ausgabenüberschüsse[517]. Insofern könnten an der Zulässigkeit einer Rückstellungsbildung - sei es eine Verbindlichkeitsrückstellung, sei es eine Drohverlustrückstellung - Zweifel bestehen. Gleichwohl verlangt die Rechtsprechung in den Fällen der Ausbeutung einer Kiesgrube wegen der Verpflichtung zur Rekultivierung und Wiederauffüllung die Bilanzierung einer Verbindlichkeitsrückstellung. Die Rückstellung sollte

---

515 Vgl. *BFH* vom 16.9.1970 I R 184/67, BStBl. II 1971, S. 85-87; *BFH* vom 16.12.1992 XI R 42/89, BFHE 170, S. 179-183.

516 *BFH* vom 16.9.1970 I R 184/67, BStBl. II 1971, S. 85-87, hier S. 86.

517 Vgl. hierzu *Moxter* (matching principle, 1995): "der schwebende Ausbeutevertrag verkörpert, im Gegenteil, einen einlagefähigen Vermögensgegenstand", S. 500.

nach dem Betrag bemessen werden, "den der Kläger nach den Verhältnissen am Bilanzstichtag aufwenden müßte, um den im laufenden Wirtschaftsjahr ausgebaggerten Teil der Gruben wieder aufzufüllen"[518].

In seiner Entscheidung aus dem Jahr 1970 stellt der BFH zunächst klar, daß es auf die formalrechtliche Entstehung der Wiederauffüll- und Rekultivierungsverpflichtung nicht ankommt. Würde der Passivierungszeitpunkt vom öffentlich-rechtlichen oder zivilrechtlichen Voll-Entstehen der entsprechenden Verpflichtungen abhängen, müßte eine Rückstellung möglicherweise erst mit Beendigung der Abbaumaßnahmen passiviert werden, soweit sich der Pächter erst zu diesem Zeitpunkt im (formalrechtlichen) Erfüllungsrückstand befindet und der Verpächter somit erst in diesem Moment die vollständige Wiederherstellung seines Grundstücks verlangen kann. Im Beispiel würde erst die GVR der letzten (Abbau-)Periode durch die Rekultivierungsaufwendungen mit 7,5 Mio GE belastet, die GVR der ersten Periode bliebe hingegen, abgesehen von den laufenden Aufwendungen, unbelastet.

Es ist darüber hinaus denkbar, daß die Pflicht zur Rekultivierung in vollem Umfang noch vor Beginn der Ausbeutung formalrechtlich entsteht,[519] weil schon die Vorbereitungsmaßnahmen zur Ausbeutung, wie etwa die Abtragung der Deckschicht, als die Rekultivierungspflicht auslösender Tatbestand betrachtet werden. In diesem Fall müßte der Kaufmann bereits zu diesem Zeitpunkt (obgleich mit dem Kiesabbau noch gar nicht begonnen wurde) die Rekultivierungsverpflichtung in voller Höhe durch Bildung einer Rückstellung berücksichtigen.[520]

Wird die Entscheidung über den Passivierungszeitpunkt jedoch nicht an formalrechtlichen Kriterien, sondern am Realisationsprinzip orientiert, bestimmt die

---

518 *BFH* vom 16.9.1970 I R 184/67, BStBl. II 1971, S. 85-87, hier S. 87.

519 So vgl. *Mathiak* (Rechtsprechung, 1987): S. 258. Nach Auffassung *Mathiaks* besteht "die Verpflichtung von vornherein in vollem Umfang", die ratierliche Aufstockung ließe sich nur damit rechtfertigen, daß die Bewertung der Rückstellung für Wiederauffüllung oder Rekultivierung "lediglich den ausgebeuteten Teil des Geländes betreffen kann". "Der 'ratierliche' Anstieg dieser Rückstellung erklärt sich dann nicht aus dem [von der Rechtsprechung] unterstellten Prinzip einer kontinuierlichen Aufstockung einer rechtlich im wesentlichen noch nicht verwirklichten Verbindlichkeit, sondern aus kontinuierlich fallenden Bewertungsabschlägen für eine rechtlich voll verwirklichte Verbindlichkeit".

520 Für die formalrechtliche Entstehung als Passivierungszeitpunkt von Verbindlichkeitsrückstellungen vgl. *Siegel* (Realisationsprinzip, 1994): S. 16-19. Ablehnend vgl. *Moxter* (Wirtschaftliche Betrachtungsweise, 1989), da "man mit einer solchen Partialzuordnung von Aufwendungen keinen Gewinn [ermittelte], der im Sinne des gesetzlichen Vorsichtsprinzips als entziehbarer Betrag gelten könnte", S. 240.

Zugehörigkeit künftiger Aufwendungen zu bereits realisierten Erträgen den Zeitpunkt der Bilanzierung einer Verbindlichkeitsrückstellung.[521] Insofern kann auch aus dem Grundsatz der Nichtbilanzierung schwebender Geschäfte nicht etwa gefolgert werden, bei Bestehen eines Dauerschuldverhältnisses, wie beispielsweise einem Pachtvertrag, kämen ausschließlich Drohverlustrückstellungen in Betracht; denn unabhängig davon, ob der Grundsatz "als Vereinfachungsprinzip oder als besondere Ausprägung des Verbots der Berücksichtigung [unrealisierter] Gewinne" interpretiert wird, "immer muß der Grundsatz weichen, wenn er (..) mit dem aus dem Realisationsprinzip folgenden Passivierungsgebot kollidiert"[522].

Demzufolge müssen die Rekultivierungsaufwendungen im Beispielfall im Verhältnis der realisierten Umsätze zurückgestellt werden[523], d.h. jede Periode hat einen Rekultivierungsaufwand von 3,75 Mio GE zu tragen. Auf der Ebene des Realisationsprinzips läßt sich die Rückstellungsbilanzierung unproblematisch begründen; wie bereits oben erwähnt, fehlt es aber an einem Ausgabenüberschuß, der nach dem Vermögensermittlungsprinzip unabdingbare Passivierungsvoraussetzung ist. Dieser Widerspruch gibt nun Anlaß, die Bedeutung des Vorsichtsprinzips für die Konkretisierung des Realisationsprinzips einerseits und des Vermögensermittlungsprinzips andererseits zu untersuchen.

Die Bilanzierung einer Verbindlichkeitsrückstellung darf (unbeschadet dessen, daß ein Ausgabenüberschuß im Sinne des Vermögensermittlungsprinzips nicht gegeben ist) dann nicht unterlassen werden, wenn die erwarteten Aufwendungen in einem (konkretisierten) Zusammenhang zu bereits erzielten Umsätzen stehen. Im Fall der Rekultivierungsverpflichtung ist von einer konkretisierten, unmittelbaren Verknüpfung der künftigen Aufwendungen mit den während des Pachtzeitraums bereits realisierten Umsätzen auszugehen. Im Rahmen des *(gewinnermittelnden)* Realisationsprinzips gilt ein derart strenges Vorsichtsprinzip, daß der Ausgabenüberschuß im Sinne des Vermögensermittlungsprinzips erst gar nicht geprüft werden muß, sondern dieser gleichsam 'fingiert' wird, indem die Zugehörigkeit künftiger Rekultivierungsaufwendungen zu bereits realisierten Erträgen bejaht und die Kompensation derselben Aufwendungen durch künftige Erträge deshalb zu verneinen ist.[524] "Für das Realisationsprinzip

---

521 Vgl. *Moxter* (Gewinnermittlung, 1988): S. 449.

522 Moxter (StRK-Anmerkungen, 1987): S. 2 (beide Zitate).

523 Vgl. *Moxter* (Passivierungszeitpunkt, 1992): S. 435; *Jäger* (Aufwandsperiodisierung, 1996): S. 165-168, *Naumann* (Rückstellungsbilanzierung, 1991): S. 533.

524 Vgl. hierzu *Moxter* (matching principle, 1995): "Der Kaufmann darf bei einer jährlichen Umsatzfolge, die zwingend mit künftigen Aufwendungen verbunden ist, nicht

typisch ist mithin eine so zu verstehende Unausgeglichenheitsvermutung; man will den passivierungsunwilligen Kaufmann gar nicht erst in die Versuchung kommen lassen, Ausgeglichenheit vorzuspiegeln."[525]

Diese besondere Betonung des Vorsichtsprinzips hat wohl auch den I. Senat im Urteil vom 16. September 1970 zu der Auffassung bewogen, "Kippgebühren, die dem Kläger durch die Auffüllverpflichtung verursachte Ausgaben zum Teil oder ganz decken oder gar übersteigen", könnten nicht bewirken, "daß dem Kläger niedrigere oder gar keine Ausgaben entstehen". Selbst wenn "mit hinreichender Wahrscheinlichkeit" davon ausgegangen werden dürfe, daß die Kippgebühren die Aufwendungen der Auffüllung mindestens ausgleichen, "handelt es sich nur um eine Aussicht, Einnahmen zu erzielen, die unter keinem denkbaren Gesichtspunkt bilanzierungsfähig und damit bewertbar (..) wäre".[526] In dem betreffenden Urteil prüfte der BFH neben der Zulässigkeit einer Verbindlichkeitsrückstellung auch die Möglichkeit der Bilanzierung einer Drohverlustrückstellung, konstatierte aber unter Hinweis auf die "Ausgewogenheit (..) des Werts des Ausbeuterechts des Klägers zu dem als Gegenleistung zu erbringenden Entgelt", daß "Rückstellungen wegen der Wiederauffüllverpflichtung (..) nicht unter dem Gesichtspunkt drohender Verluste aus schwebenden Geschäften in Betracht kommen"[527] können.

Im jüngeren 'Kippgebühren-Urteil' aus dem Jahr 1992 hatte der XI. Senat des BFH darüber zu entscheiden, inwiefern die aus der Wiederauffüllung einer Kiesgrube zu erlösenden Kippgebühren im Rahmen der Prüfung, "ob aus einem schwebenden Dauerrechtsverhältnis ein Verlust droht", berücksichtigt werden können. Anlaß des Rechtsstreits war folgender Sachverhalt: Ein Kaufmann hatte "mit einer Reihe von Grundeigentümern Kiesausbeuteverträge abgeschlossen"; nach dem Inhalt jedes einzelnen Vertrags war neben der Ausbeutevergütung für das Grundstück, "solange es durch die Ausbeute landwirtschaftlich nicht mehr nutzbar war", auch eine Flurentschädigung zu zahlen. Die Flurentschädigung behandelte der Kiesgrubenbetreiber "zunächst als laufenden Aufwand". "Für die Wiederauffüllung und Rekultivierung der ausgebeuteten Grundstücke" wurden Rückstellungen gebildet. Nach Durchführung einer Betriebsprüfung begehrte der Kaufmann "erstmals die Bildung von Rückstellun-

---

darauf vertrauen, daß diese künftigen Aufwendungen durch die in den Jahren unmittelbar vor dem Aufwendungsanfall sich ergebenden Umsätze gedeckt sind", S. 501 f.
525 *Moxter* (Rückstellungskriterien, 1995): S. 318.
526 *BFH* vom 16.9.1970 I R 184/67, BStBl. II 1971, S. 85-87, hier S. 87 (alle Zitate).
527 *BFH* vom 16.9.1970 I R 184/67, BStBl. II 1971, S. 85-87, hier S. 86 (beide Zitate).

gen für die Verpflichtung zur Zahlung von Flurentschädigungen".[528] Das nunmehr angerufene Finanzgericht lehnte die Bilanzierung einer Drohverlustrückstellung mit der Begründung ab, die Voraussetzung der Bilanzierung, "daß das Dauerschuldverhältnis nicht (mehr) ausgewogen ist, weil der Wert der eigenen Verpflichtung den Wert des Anspruchs auf die dafür zu erbringende Gegenleistung übersteigt", sei nicht gegeben. Hiervon könne selbst dann nicht ausgegangen werden, "wenn sich die Ertragsverhältnisse aus dem Nutzungsrecht beim Pächter ohne Veränderung der weiterhin objektiv ausgewogenen Wertverhältnisse von Leistung und Gegenleistung (..) ungünstig entwickeln". Die Flurentschädigung werde "für die Überlassung der Grundstücke zur eigenen Nutzung" erbracht, diese Nutzung umfasse nicht nur die Erträge aus der Kiesausbeutung, "sondern auch die von Dritten gezahlten Kippgebühren", letztere überstiegen im Streitfall "die gezahlten Flurentschädigungen bei weitem, so daß auch aus diesem Grunde keine Verluste aus dem Pachtverhältnis drohten"[529]. Gegen die Entscheidung legte der Kiesgrubenbetreiber Revision ein, doch pflichtete der BFH der Vorinstanz bei: Das Fehlen jeglicher Anhaltspunkte für Verluste aus den Ausbeuteverträgen stehe der Bilanzierung einer Drohverlustrückstellung entgegen. Die Einbeziehung der Kippgebühren "in die Beurteilung der Verlustträchtigkeit des Geschäfts"[530] könne nicht mit dem vom BFH vormals zu entscheidenden Fall, ob eine Rekultivierungsrückstellung durch erwartete Kippgebühren gemindert werde, verglichen werden. Wenngleich der BFH in diesem Urteil eine Reduzierung der Rückstellung für die Wiederauffüllverpflichtung abgelehnt habe, besage dies nicht, daß bei der Prüfung der Verlustträchtigkeit eines schwebenden Geschäfts "Einnahmen, die in Verbindung mit diesem Rechtsverhältnis von dritter Seite zufließen, außer Betracht zu lassen sind"[531].

Offenbar weichen die beiden Entscheidungen in der Kernfrage eklatant voneinander ab; diese Kernfrage lautet, ob zu erwartende Kippgebühren geeignet sind, künftige Aufwendungen zu kompensieren, so daß eine Rückstellung nicht gebildet zu werden braucht. Diese Divergenz könnte mit der Bedeutung des Vorsichtsprinzips innerhalb des Realisationsprinzips einerseits und innerhalb des Imparitätsprinzips andererseits erklärt werden. Die 'positive Komponente' des

---

528 *BFH* vom 16.12.1992 XI R 42/89, BFHE 170, S. 179-183, hier S. 179 (alle Zitate).

529 *FG München* vom 21.12.1988 I 171/87, F, EW, Revision eingelegt, EFG 1989, S. 222-223, hier S. 223 (alle Zitate).

530 *BFH* vom 16.12.1992 XI R 42/89, BFHE 170, S. 179-183, hier S. 182. Gl. A. vgl. *Groh* (Verbindlichkeitsrückstellung, 1988): "ein Pachtvertrag, der sich erst unter Einbeziehung dieser Gebühren 'rechnet', ist kein Verlustgeschäft", S. 29.

531 *BFH* vom 16.12.1992 XI R 42/89, BFHE 170, S. 179-183, hier S. 183.

Realisationsprinzips, nämlich die Ertragsrealisation, setzt 'so gut wie sichere' Erträge voraus; nur wenn diese Bedingung erfüllt ist, darf und muß der Kaufmann einen Ertrag ausweisen. An das Vorliegen 'so gut wie sicherer Erträge' stellt die Rechtsprechung jedoch sehr strenge Anforderungen, was als Hinweis auf den extrem vorsichtsbetonten Charakter des Realisationsprinzips gesehen werden muß. Wird auf der Ertragsseite als 'positive Komponente' der Gewinnrealisation aber ein derart strenger Maßstab angelegt, so erzwingt dieser Maßstab auf der Aufwendungsseite als 'negative Komponente' der Gewinnrealisierung gleichfalls eine besondere Betonung des Vorsichtsprinzips. Kippgebühren, die nicht so gut wie sicher sind, etwa weil sich noch kein Dritter vertraglich verpflichtet[532] hat, Bauschutt in der zur Kompensation der Rekultivierungsverpflichtung benötigten Menge abzuladen, können die Bilanzierung von Rekultivierungsrückstellungen weder dem Grunde noch der Höhe nach verhindern. Den bereits realisierten Erträgen und den aufgrund objektiver Anhaltspunkte erwarteten künftigen Erträgen ist der geschätzte Gesamtbetrag der künftigen Rekultivierungsaufwendungen proportional zuzuordnen. Erwartete Kippgebühren, die am Ende der Ausbeutephase die Rekultivierungsaufwendungen möglicherweise sogar überkompensieren, dürfen aufgrund der vorsichtsbetonten Aufwandsperiodisierung nicht rückstellungsmindernd berücksichtigt werden. Selbst wenn gute Chancen für das Erzielen von Kippgebühren bestehen, etwa weil die Abladmöglichkeiten für Bauschutt wegen wachsender Umweltschutzbestimmungen immer weiter reduziert werden und daher das Abladen in eine Kiesgrube die einzig (legale) Möglichkeit zur Entsorgung von Bauschutt darstellt, gilt die Vermutung des (gewinnorientierten) *Aufwendungsüberschusses*.

Bei Drohverlustrückstellungen gilt hingegen die *Ausgeglichenheitsvermutung*, d.h. der Kaufmann kann zunächst davon ausgehen, daß die Gegenüberstellung von zum Bilanzstichtag bestehenden Ansprüchen und Verpflichtungen aus schwebenden Geschäften ein zumindest ausgeglichenes Ergebnis liefert.[533] Mit dieser Vermutung ist eine Interpretation des Vorsichtsprinzips derart, daß künftig erwartete (hinreichend konkretisierte) Erträge generell als zu unsicher und damit als nicht saldierungsfähig betrachtet werden, nicht vereinbar. Eine strenge Anwendung des Vorsichtsprinzips führte ausnahmslos zur Vermutung der Unausgeglichenheit schwebender Geschäfte. Daß dies nicht rechtens sein

---

532 Zu dieser Voraussetzung, die erwartete Vermögensvorteile erfüllen müssen, um bei der Rückstellungsbemessung saldierend berücksichtigt werden zu können siehe oben B.I.1.2.

533 Vgl. *Moxter* (Rückstellungskriterien, 1995): "Das Realisationsprinzip zwingt den Kaufmann (..) zu größerer Vorsicht als das Imparitätsprinzip, was nicht überraschen darf, gilt hinsichtlich des Imparitätsprinzips doch die sogenannte Ausgeglichenheitsvermutung", S. 318.

kann, belegen zahlreiche Urteile der höchstrichterlichen Rechtsprechung, in denen die besondere Bedeutung der Ausgeglichenheitsvermutung betont wird. Während also "bei Rückstellungen für drohende Verluste aus schwebenden Geschäften ein breiter Spielraum für eine Saldierung von Forderungen mit Verbindlichkeiten" besteht, "kann dieser Spielraum nicht anerkannt werden bei Rückstellungen für ungewisse Verbindlichkeiten".[534]

Scheinbar liegt der Grund für diese unterschiedliche Wertung in der unterschiedlichen Gewichtung des Vorsichtsprinzips, bei genauer Analyse zeigt sich jedoch, daß es Zurechnungsprobleme sind, die zur Vermutung der Ausgeglichenheit schwebender Geschäfte führen. Im Fall der Ausbeutung und Wiederauffüllung einer Kiesgrube im Rahmen eines Pachtvertrages mag die Aufwandsseite (Pachtzahlungen und Wiederauffüllung) einigermaßen zuverlässig bestimmbar sein, die dem Pachtvertrag zuzurechnenden Erträge hingegen können allenfalls geschätzt werden, so daß es vernünftig erscheint, die Ausgeglichenheit von Aufwendungen und Erträgen zu unterstellen. Sollten sich während der Laufzeit konkrete Anhaltspunkte für eine Verlustträchtigkeit des Pachtvertrages ergeben, wie z.b. mangelnde bis fehlende Ausbeutemöglichkeiten, ist die Ausgeglichenheitsvermutung greifbar objektiviert entkräftet. Das im Imparitätsprinzip konkretisierte Vorsichtsprinzip gebietet dann den Ausweis einer Drohverlustrückstellung, von einer gegenüber der Verbindlichkeitsrückstellung unvorsichtigeren Bilanzierungsweise kann insoweit nicht gesprochen werden.

III. Zum Verhältnis von Ausgeglichenheitsvermutung und 'Ganzheitsbetrachtung' - Die Problematik der Bestimmung des Saldierungsbereichs in zeitlicher Hinsicht

1. Darstellung der Problematik anhand eines Beispiels

Ein Unternehmen, welches die Errichtung, Veräußerung und Vermietung von Wohn- und Geschäftsgebäuden betreibt, vermietet ab 1. Januar 1992 einen fertiggestellten Gebäudekomplex an einen Supermarkt. Der Mietvertrag ist frühestens in zehn Jahren, am 31. Dezember 2001, kündbar. Die jährliche Miete setzt sich zusammen aus einem Festbetrag und einem variablen Teil, der abhängig ist vom jeweiligen Jahresumsatz des Supermarktes. Eine Vorkalkulation unter Berücksichtigung der vom Mieter geschätzten zukünftigen Umsatzzahlen ergab einen Überschuß der Mieterträge gegenüber den Aufwendungen in Höhe von

---

534 *Döllerer* (Saldierung, 1994): S. 592 (beide Zitate).

insgesamt 500.000 DM. In den Jahren 1992 bis 1996 wurden die erwarteten Umsätze und damit verbunden der Gewinn aus dem Mietvertrag auch tatsächlich erzielt. Zum Ende des Geschäftsjahres 1996 wird in unmittelbarer Nachbarschaft ein weiterer Supermarkt eröffnet mit der Folge, daß die Umsätze der Folgejahre erheblich unter den erwarteten und in die Vorkalkulation eingeflossenen Umsätzen liegen werden. Die hiermit verbundene geringere Umsatzmiete für die Jahre 1997 bis 2001 führt voraussichtlich zu einem jährlichen Verlust aus der Vermietung in Höhe von ca. 50.000 DM. Trotz der für den Mieter ungünstigen wirtschaftlichen Entwicklung rechnet der Vermieter für die *gesamte* Mietdauer (vom 1.1.1992 bis zum 31.12.2001) nicht mit einem Verlust, weil die Vermietung in den Jahren 1992 bis 1996 Gewinne in Höhe von 300.000 DM erbracht hat. Es stellt sich die Frage, ob in der Bilanz zum 31.12.1996 eine Drohverlustrückstellung für die zu erwartenden Verluste der Jahre 1997 bis 2001 zu passivieren ist. Diskutiert wird diese Problematik im Schrifttum, aber auch von der Rechtsprechung, unter den Begriffen 'Ganzheitsbetrachtung' und 'Restwertbetrachtung'. Welche Konzeptionen sich jeweils dahinter verbergen und welcher Sicht der Vorzug gebührt, soll im folgenden analysiert werden.

2. *Restlaufzeitbetrachtung oder Ganzheitsbetrachtung?*

2.1. Die von der Rechtsprechung geforderte Ganzheitsbetrachtung

Zur Bilanzierung von Drohverlustrückstellungen für Mietverhältnisse hat der BFH im sogenannten 'Heizwerke-Urteil' ausgeführt, "es genügt nicht, daß einzelne Geschäftsjahre mit Verlust abschließen", "Voraussetzung ist, daß aus dem einzelnen Mietverhältnis insgesamt ein Verlust droht"[535]. Übertragen auf das oben angeführte Beispiel ließe die Ganzheitsbetrachtung eine Drohverlustrückstellung für die in den nächsten fünf Jahren erwarteten Verluste von 250.000 DM in der Bilanz zum 31.12.1996 nicht zu, da der schwebende Mietvertrag nur bezogen auf die künftigen Geschäftsjahre, nicht aber insgesamt gesehen verlustbringend ist.

In jüngeren Urteilen läßt es die Rechtsprechung allerdings offen, ob der Beantwortung der Frage nach Bilanzierung einer Drohverlustrückstellung die Ganzheitsbetrachtung oder die Restwert- bzw. Stichtagsbetrachtung zugrunde gelegt

---

535 *BFH* vom 19.7.1983 VIII R 160/79, BStBl. II 1984, S. 56-59, hier S. 58 (beide Zitate); vgl. auch *BFH* vom 17.7.1974 I R 195/72, BStBl. II 1974, S. 684-686, hier S. 686; *BFH* vom 3.7.1980 IV R 138/76, BStBl. II 1980, S. 648-651, hier S. 650; *BFH* vom 8.10.1987 IV R 18/86, BStBl. II 1988, S. 57-62, hier S. 59.

werden soll, da in den betreffenden Sachverhalten entweder "auch bezogen auf die Bilanzstichtage der Streitjahre" keine Anhaltspunkte dafür bestanden, "daß sich ein Verlust der Klägerin aus den von ihr abgeschlossenen (..) [Verträgen] abzeichnete"[536] oder die Umstände ergaben, "daß die [Verträge] auch im ganzen gesehen jeweils einen Verlust mit sich brachten"[537]. Angesichts der Tatsache, daß die entscheidenden Senate sich nicht eindeutig für die bislang von der höchstrichterlichen Rechtsprechung vertretene Ganzheitsbetrachtung ausgesprochen haben[538], könnte man mutmaßen, der BFH halte in Zukunft nicht mehr streng an dieser Betrachtung fest. Es bleibt abzuwarten, ob künftig zu treffende Entscheidungen diese Vermutung zur Gewißheit werden lassen.

2.2. *Restlaufzeitbetrachtung als Konsequenz der Aufteilung des schwebenden Geschäfts in einen abgewickelten und in einen noch schwebenden Teil*

Die Besonderheit von Mietverhältnissen und vergleichbaren Dauerschuldleistungen (z.B. Pachtverhältnisse) besteht darin, daß die Verträge "in einem *Zeitraum* zu erbringen sind. Bei ihnen ist - anders als insb. bei Veräußerungsverträgen - *kein Erfüllungszeitpunkt* auszumachen, an den die Realisierung anknüpfen könnte"[539]. Bilanzrechtlich wird daher "eine teilweise Erfüllung des Dauerschuldverhältnisses"[540] angenommen; "die qualitativ stets gleichbleibende Dauerverpflichtung" wird "nicht nach ihrem Gegenstand, sondern nur im Hinblick auf ihre zeitliche Dimension geteilt"[541]. Unabhängig von der zivilrechtlichen Erfüllung leistet beispielsweise ein Vermieter wirtschaftlich betrachtet "von Tag zu Tag"[542], ein sich über mehrere Geschäftsjahre erstreckendes schwebendes Geschäft läßt sich demzufolge in einen abgewickelten und einen noch schwebenden Teil zerlegen[543]. Weil "bei gehöriger beidseitiger Erfüllung der Dauerleistungen für den jeweils vergangenen Zeitraum eine teilweise Erfüllung des Dauerschuldverhältnisses anzunehmen ist", stehen "sich am Ende dieses

---

536 *BFH* vom 16.12.1992 XI R 42/89, BFHE 170, S. 179-183, hier S. 182 (beide Zitate).

537 *BFH* vom 11.2.1988 IV R 191/85, BStBl. II 1988, S. 661-663, hier S. 663.

538 Vgl. auch *Weber-Grellet* (in: Schmidt EStG, 1997): § 5, Rz 462 ("Die Rechtsprechung ist unsicher").

539 *BFH* vom 20.5.1992 X R 49/89, BStBl. II 1992, S. 904-909, hier S. 906 (Hervorh. im Orginal).

540 *BFH* vom 27.2.1976 III R 64/74, BStBl. II 1976, S. 529-532, hier S. 530.

541 *BFH* vom 27.2.1976 III R 64/74, BStBl. II 1976, S. 529-532, hier S. 529 (beide Zitate).

542 *BFH* vom 20.5.1992 X R 49/89, BStBl. II 1992, S. 904-909. hier S. 907.

543 Vgl. *Herzig* (Rückstellungen, 1991): S. 227.

Zeitraums erneut noch nicht erfüllte Rechte und Pflichten gleichwertig gegenüber"[544]. Hieraus ist zu folgern, daß der bereits abgewickelte Teil eines schwebenden Geschäfts bei der Prüfung der Ausgeglichenheit des noch schwebenden Teils nicht berücksichtigt werden darf; "die Bildung und Bemessung der Verlustrückstellung (..) kann sich allein am noch schwebenden Geschäftsteil orientieren"[545].

Im o.a. Beispiel ist der Mietvertrag für den Zeitraum von 1992 bis 1996 wirtschaftlich erfüllt, demgemäß konnte in den einzelnen Geschäftsjahren ein entsprechender Gewinn realisiert werden. Bei der Beurteilung, ob in Zukunft ein Verlust aus dem schwebenden Geschäft droht, muß die Gewinnrealisierung von 300.000 DM unbeachtet bleiben. Der erwartete Verlust in Höhe von 250.000 DM belastet künftige GVR und kann nicht durch bereits realisierte Erträge kompensiert werden. Allein der Umstand, daß die bereits realisierten Gewinne durch Ausschüttung oder Entnahme dem Unternehmen entzogen werden durften, zeigt, daß in der Vergangenheit realisierte Erträge keinesfalls die greifbar objektivierte Entkräftung der Ausgeglichenheitsvermutung für die Ansprüche und Verpflichtungen aus dem Mietverhältnis für die Geschäftsjahre 1997 bis 2001 rückgängig machen können. Eine so zu verstehende (versteckte) Saldierung in zeitlicher Hinsicht ist unzulässig.[546]

2.3. Die Ganzheitsbetrachtung als verschleierte Ausgeglichenheitsvermutung

Möglicherweise verlangt die Rechtsprechung mit der Formulierung, es genüge nicht, wenn einzelne Geschäftsjahre mit Verlust abschließen[547], überhaupt nicht, daß aus dem schwebenden Geschäft *insgesamt* ein Verlust drohen muß, eine Verlustrückstellung also nur dann passiviert werden kann, wenn das schwebende Geschäft während seiner gesamten Vertragsdauer nicht ausgeglichen sei. *Mathiak* vertritt hierzu die Auffassung, der BFH habe mit seiner Aussage im 'Heizwerke-Urteil' "nur die Ausgangslage beschreiben" wollen, "wie

---

544 *BFH* vom 27.2.1976 III R 64/74, BStBl. II 1976, S. 529-532, hier S. 530 (beide Zitate).
545 *Groh* (Verbindlichkeitsrückstellung, 1988): S. 28; ebenso vgl. *Jacobs* (Berechnung von Rückstellungen, 1988): S. 240; a.A. *Fumi* (Steuerrechtliche Rückstellungen, 1991): Im "Wege der sogenannten Ganzheitsbetrachtung [ist] auf die Gesamtlaufzeit des Dauerschuldverhältnisses abzustellen", S. 86.
546 Vgl. *Groh* (Hypertrophie, 1991): S. 77 f., der die Abkehr von der Ganzheitsbetrachtung als Verabschiedung von einer juristisch-statischen Betrachtungsweise interpretiert, die durch eine zutreffende Verfolgung der Erfolgsentwicklung des Geschäfts im Zeitablauf ersetzt worden sei.
547 Vgl. *BFH* vom 19.7.1983 VIII R 160/79, BStBl. II 1984, S. 56-59, hier Leitsatz.

die Rückstellung im Jahr des Abschlusses des Mietvertrags zu errechnen" sei. Für künftige Bilanzstichtage seien "nur die ausstehenden Ansprüche und Verpflichtungen, bezogen auf die Restlaufzeit, miteinander zu vergleichen. Hierfür spreche im Urteil "die Passage, die für den jeweiligen Bilanzstichtag den Ansatz der Barwerte der 'künftigen' Ansprüche und Verpflichtungen fordert".[548]

Bei einer Diskussion zum 'Heizwerke-Fall' wurde von *Döllerer* vorgebracht, daß die vom BFH geforderte Voraussetzung der Bilanzierung einer Drohverlustrückstellung, das schwebende Geschäft müsse insgesamt mit einem Verlust abschließen, auf die Besonderheiten der periodischen Gewinn- bzw. Verlustverwirklichung über mehrere Jahre zurückzuführen ist, "was zu einer restriktiveren Beurteilung von Verlustrückstellungen bei Wiederkehr-Schuldverhältnissen zwinge".[549] Möglicherweise ist *Döllerer* so zu verstehen, daß ein vom Bilanzierenden dem betrachteten Dauerschuldverhältnis lediglich *unterstellter* Ertrags- und Aufwandsverlauf, aufgrund dessen das Bestehen eines Verpflichtungsüberschusses behauptet wird, nicht genügt, eine Drohverlustrückstellung zu begründen.

Hierfür könnte sprechen, daß der BFH in einem Urteil zur Passivierung von Beträgen, die Kunden für die Speicherung und Sicherung von Daten gezahlt hatten, eine Drohverlustrückstellung mit dem Argument abgelehnt hat, es genüge nicht "daß das schwebende Geschäft noch künftige Kosten verursachen wird"[550]. Offenbar hatte der Steuerpflichtige die der Ermittlung eines drohenden Verlusts zugrunde gelegte Gegenüberstellung von Aufwendungen und Erträgen nicht überzeugend darlegen können. Fest stand, daß mit den von den Kunden zu leistenden Honoraren auch künftig entstehende Speicherungs- und Sicherungskosten abgegolten werden sollten, die dem Datenverarbeitungsunternehmen für die Vorhaltung der Daten für die dem Buchungsjahr folgenden zwei Jahre entstanden. Damit war der Datenverarbeitungsvertrag im ersten Jahr gewinnträchtig, ließ aber anschließend bis zum Ablauf des Vertrags einen Verlust erwarten, da in diesem Zeitraum den innerbetrieblich ermittelten Kosten keine weiteren Honorareinnahmen gegenüberstanden. Aus diesem Grund schien dem Bilanzierenden der Ausweis einer Drohverlustrückstellung wohl geboten. Vordergründig mag es daher erstaunen, daß aus Sicht der Rechtsprechung "keine Anhaltspunkte"[551] für einen drohenden Verlust vorlagen. Doch

---

548 *Mathiak* (Rechtsprechung, 1984): S. 275 (alle Zitate).
549 Diese Aussage *Döllerers* anläßlich der Arbeitstagung des Deutschen Anwaltsinstituts im Januar 1985 wird zitiert von *Haug* (Brennpunkte, 1985): S. 258.
550 *BFH* vom 24.8.1983 I R 16/79, BStBl. II 1984, S. 273-276, hier S. 276.
551 *BFH* vom 24.8.1983 I R 16/79, BStBl. II 1984, S. 273-276, hier S. 276.

gelang es dem Bilanzierenden nicht, die Ausgeglichenheitsvermutung für den Wartungsvertrag zu entkräften.

Unter der Voraussetzung, daß die Nachleistungspflichten samt zugehöriger Aufwendungen hinreichend konkretisiert sind, sie also "wie das für jede Verbindlichkeitsrückstellung gilt, als eine klar objektivierte unkompensierte Last"[552] zutage treten, hätte im vorliegenden Fall eine Verbindlichkeitsrückstellung bilanziert werden müssen[553]: Da die künftigen Aufwendungen aus der Speicherung und Sicherung von Daten (Nachleistungspflichten) nicht durch zugehörige Erträge gedeckt waren, sondern den bereits realisierten Erträgen zuzurechnen sind, hätten die zu Beginn der Vertragslaufzeit vereinnahmten Beträge mit entsprechend höheren als den im ersten Jahr der Vertragslaufzeit entstandenen Aufwendungen belastet werden müssen.[554] Die Möglichkeit der Bilanzierung einer Drohverlustrückstellung brauchte man daher erst gar nicht zu prüfen.

So gesehen darf es nicht verwundern, daß aus Sicht des BFH "keine Anhaltspunkte"[555] für einen drohenden Verlust vorlagen, d.h. der Vertrag als in seiner Ganzheit betrachtet gewinnbringend angesehen wurde. Denn bei Bilanzierung einer (ertragsproportionalen) Verbindlichkeitsrückstellung wäre das Geschäft tatsächlich in jeder Periode zumindest ausgeglichen gewesen. Von einer greifbaren Verlusterwartung war deshalb nicht auszugehen, weil sich offenbar weder objektiv nachweisen ließ, "daß eine Inanspruchnahme aus [der Nachleistungsverpflichtung] (..) droht", noch war "eine (offene oder verdeckte) Nachvergütung hierfür so gut wie ausgeschlossen"[556]. Zwar argumentiert der

---

552 *Moxter* (Bilanzrechtsprechung, 1993): S. 110.

553 Vgl. hierzu auch *Euler* (Rückstellungen, 1990): "Zu untersuchen ist daher, ob die Ansatzkriterien von Rückstellungen für ungewisse Verbindlichkeiten erfüllt sind, (..) darüber hinaus, ob Vorleistungen mittels passiver Rechnungsabgrenzungsposten (..) auszuweisen sind", S. 1048; ebenso *Böcking* (Verbindlichkeitspassivierung, 1994): wenn eine Verbindlichkeitsrückstellung zu bilanzieren sei, bleibe "insoweit kein Raum für eine Drohverlustrückstellung", S. 164. Der BFH lehnte die Verbindlichkeitsrückstellung ab, weil die (von der Rechtsprechung zur damaligen Zeit noch geforderte) Voraussetzung des Bestehens eines (zivilrechtlichen) Erfüllungsrückstands nicht erfüllt war, vgl. *BFH* vom 24.8.1983 I R 16/79, BStBl. II 1984, S. 273-276, hier S. 276.

554 Vgl. in diesem Sinne *Moxter* (Rückstellungskriterien, 1995): S. 318. Ähnlich vgl. bereits *Simon* (Betrachtungen, 1906) bzgl. der Verpflichtung einer Akkumulatorenfabrik zur Instandhaltung "gegen eine gleichbleibende feste Jahresprämie", da die "Instandhaltungskosten (..) im Laufe der Jahre erheblich wachsen", weshalb "der in den ersten Jahren nicht voll für Kosten verbrauchte Teil der Jahresprämien nicht als Jahresgewinn angesehen werden" dürfe, S. 399.

555 *BFH* vom 24.8.1983 I R 16/79, BStBl. II 1984, S. 273-276, hier S. 276.

556 *Moxter* (Bilanzrechtsprechung, 1993): S. 110 (beide Zitate).

BFH nicht explizit in ebenjener Weise, doch mag sich hinter dem Hinweis, für die Bilanzierung einer Drohverlustrückstellung genüge es nicht, "daß das schwebende Geschäft noch künftige Kosten verursachen wird"[557] oder "daß einzelne Geschäftsjahre mit Verlust abschließen"[558] "die Ausgeglichenheitsvermutung verbergen"[559]. Dies ist vor allem darauf zurückzuführen, daß Zurechnungsprobleme in vielen Fällen die (exakte) Ermittlung der Erträge und Aufwendungen aus einem schwebenden Geschäft verhindern. Ist jedoch ein Verlust aus der Gegenüberstellung der *künftigen* (für die verbleibende Vertragslaufzeit noch ausstehenden) Erträge und Aufwendungen objektiv greifbar geworden, kann "die Gesamtbetrachtung nicht rechtens sein: Ob am Bilanzstichtag eine wirtschaftliche Vermögensbelastung droht, bestimmt sich ausschließlich durch die nach dem Bilanzstichtag anfallenden Aufwendungsüberschüsse"[560].

3. Zur Maßgeblichkeit eines Aufwendungsüberschusses für den gesamten noch schwebenden Geschäftsteil

Zu klären bleibt, wann und in welcher Höhe eine Drohverlustrückstellung zu bilanzieren ist, wenn das obige Beispiel[561] in der Form abgewandelt wird, daß zum Bilanzstichtag 31.12.1996 zwar für das Jahr 1997 mit einem Verlust aus dem Mietvertrag von 50.000 DM gerechnet wird, die Jahre 1998 bis 2001 jedoch (Miet-)Gewinne von insgesamt 100.000 DM erwarten lassen. Für den Zeitraum vom 1.1.1997 bis zum 31.12.2001 ergibt sich folglich ein Einnahmenüberschuß von 50.000 DM. Fraglich ist, ob ein während der Dauer des Mietvertrags einmalig (in einem einzelnen künftigen Geschäftsjahr) erwarteter Verpflichtungsüberschuß ausreicht, die Passivierung einer Drohverlustrückstellung zu begründen. Ein solcher vorübergehender Verlust führt nach Auffassung der Literatur "nicht zwangsläufig für die gesamte Restlaufdauer zu einem Verlustsaldo"[562], weshalb eine Drohverlustrückstellung zum Bilanzstichtag 31.12.1996 nicht bilanziert werden könne.

---

557 *BFH* vom 24.8.1983 I R 16/79, BStBl. II 1984, S. 273-276, hier S. 276.
558 *BFH* vom 8.10.1987 IV R 18/86, BStBl. II 1988, S. 57-62, hier S. 59.
559 *Moxter* (Bilanzrechtsprechung, 1996): S. 135.
560 *Moxter* (Bilanzrechtsprechung, 1996): S. 135 f.
561 Siehe oben B. III. 1.
562 *Haug* (Brennpunkte, 1985): S. 258; ebenso vgl. *Hartung* (Ganzheitsbetrachtung, 1988): S. 377.

Dieser Auffassung ist zuzustimmen, denn am Bilanzstichtag ist von der Ausgeglichenheit des noch abzuwickelnden, d.h. schwebenden Geschäftsteils auszugehen. Erst die greifbar objektivierte Entkräftung der Ausgeglichenheitsvermutung würde die Bilanzierung einer Drohverlustrückstellung rechtfertigen. Eine solche Widerlegung ist aber nur dann möglich, wenn für den *gesamten* noch schwebenden Vertragsteil ein Verpflichtungsüberschuß gegeben ist. Das Auftreten eines einzelnen Geschäftsjahrsverlusts (wie im obigen Beispiel) ist demgegenüber nicht geeignet, von der Vermutung der sich ausgeglichen gegenüberstehenden Ansprüche und Verpflichtungen aus dem schwebenden Geschäft abzuweichen.

Zweites Kapitel

Besonderheiten der Bestimmung des Saldierungsbereichs von Drohverlustrückstellungen für ausgewählte Vertragstypen

A. Die Problematik der Ermittlung von Drohverlustrückstellungen für Miet- und ähnliche Verhältnisse unter besonderer Berücksichtigung des 'Apothekerfalls'

I. Zur Einordnung von Miet- und ähnlichen Verhältnissen als bilanzrechtliche Dauerschuldverhältnisse

Der Mietvertrag verpflichtet den Vermieter zur Überlassung des Gebrauchs oder der Nutzung der vermieteten Sache[1]. Dabei stehen sich die laufende "Gebrauchsüberlassung, einschließlich der laufenden Instandhaltung, und die laufende Mietzahlung (..) als einander ausgleichend gegenüber"[2]. Die Miete wird insbesondere durch die im Vordergrund stehende Zeitbezogenheit der Leistung des Vermieters als Dauerschuldverhältnis[3] klassifiziert; diese Einordnung wird bilanzrechtlich übernommen, woraus eine Behandlung nach den Bilanzierungsgrundsätzen für schwebende Geschäfte resultiert[4]. Gleiches gilt für Pachtverhältnisse[5], die jedoch im Unterschied zum Mietverhältnis auch den Bezug der Früchte aus einer gepachteten Sache oder eines gepachteten Rechts gewähren.[6] Leasingverträge als weitere Form von Sachnutzungsverträgen zeichnen

---

1 Vgl. *Putzo* (in: Palandt, 1996): Einf. v. § 535, Rn 61. Zu den Pflichten des Mieters vgl. Rn 62.

2 *Döllerer* (Schwebender Vertrag, 1974): S. 1546. Vgl. ebenso *Herrmann / Heuer / Raupach*, § 5 EStG, Anm. 1233.

3 Vgl. *Putzo* (in: Palandt, 1996): Einf. v. § 535, Rn 1; *Heinrichs* (in: Münchener Kommentar, 1994): Einleitung vor §§ 241-432, Anm. 84.

4 Vgl. *Müller, W.* (Rückstellungen, 1987): S. 323; *Clemm / Nonnenmacher* (in: Beck'scher Bilanz-Kommentar, 1995): § 249, Anm. 79. Zur Einordnung des Finanzierungsleasings als bilanzrechtliches Dauerschuldverhältnis vgl. *Hommel* (Dauerschuldverhältnisse, 1992): S. 110-165.

5 Vgl. *BFH* vom 3.12.1993 VIII R 88/87, BStBl. II 1993, S. 89-93, hier S. 90.

6 Vgl. *Putzo* (in: Palandt, 1996): Einf. v. § 535, Rn 10.

sich ebenfalls durch die Pflicht (des Leasinggebers) zur Überlassung einer Sache oder einer Sachgesamtheit gegen ein in Raten zu zahlendes Entgelt aus.[7]

II. Die Bewertungsproblematik bei Miet- und ähnlichen Verhältnissen

Die Bilanzierung einer Drohverlustrückstellung für Mietverhältnisse setzt voraus, daß der Wert der eigenen Leitungsverpflichtung den Wert der Gegenleistung übersteigt. Zur Feststellung eines solchen Verpflichtungsüberschusses müssen Verpflichtung und Anspruch wertmäßig bestimmt werden. Während der Wert der eigenen Verpflichtung in Form des Mietzinses *beim Mieter* regelmäßig eindeutig festliegt, trifft dies auf den Wert, den die Nutzung der Mietsache verkörpert, nicht zu, da deren "Beitrag zum Unternehmenserfolg i.d.R. nicht ermittelt werden kann", sich mithin "den entsprechenden Aufwendungen im Beschaffungsbereich ein absatzmarktbezogener Erfolgsanteil unmittelbar nicht zurechnen"[8] läßt. Beim *Vermieter* dagegen sind "der Anspruch aus dem Mietvertrag auf Zahlung des Mietzinses und die Aufwendungen[9] (..) unschwer zu ermitteln"[10]: Der eine Drohverlustrückstellung begründende Verpflichtungsüberschuß errechnet sich nach Auffassung der höchstrichterlichen Rechtsprechung durch Gegenüberstellung des Anspruchs auf den Mietzins und der Verpflichtung des Vermieters zur Sachleistung; letztere bemißt "sich nach dem Geldwert aller Aufwendungen (Vollkosten), die zu ihrer Bewirkung erforderlich sind"[11]. Übersteigen die Verpflichtungen zu Nutzungsüberlassung und Erhaltungsaufwendungen den zurechenbaren Mietzins, weil beispielsweise gestiegene Aufwendungen nicht im Wege einer Mieterhöhung an den Mieter weitergegeben werden können, so droht aus dem Mietverhältnis ein Verlust, der zu antizipieren ist.[12] Hat der Vermieter die Räume selbst angemietet, um sie an-

---

7 Vgl. *Putzo* (in: Palandt, 1996): Einf. v. § 535, Rn 27. Nach h.M. stellt der Leasingvertrag einen atypischen Mietvertrag dar; vgl. *BGH* vom 8.10.1975 VIII ZR 81/74, WM 1975, S. 1203 f. Nach anderer Auffassung handelt es sich dagegen um einen Vertrag sui generis, vgl. *Canaris* (Finanzierungsleasing, 1993): S. 404 f.

8 *Kupsch* (Neuere Entwicklungen, 1989): S. 56 (beide Zitate); vgl. auch *Herzig* (Rückstellungen, 1991): S. 224.

9 Zu bedenken ist allerdings, daß auch die Bestimmung zurechenbarer Aufwendungen wegen der Problematik der (anteiligen) Berücksichtigung sog. Gemeinkosten schwierig sein kann; vgl. *Moxter* (Bilanzrechtsprechung, 1996): S. 135.

10 *Döllerer* (Rückstellungen, 1987): S. 69.

11 *BFH-Beschluß* vom 26.5.1993 X R 72/90, BStBl. II 1993, S. 855-861, hier S. 857.

12 Vgl. *Herrmann / Heuer / Raupach*, § 5 EStG, Anm. 1253.

schließend unterzuvermieten, ist die Sachleistung, so der BFH, "vor allem anhand der Aufwendungen für die Anmietung zu bestimmen"[13].

Im (nachfolgenden) sogenannten 'Apothekerfall' geht es um die Frage, ob bei Prüfung der Voraussetzungen einer Drohverlustrückstellung ein bloßes Abstellen auf vertraglich zugesicherte Ansprüche und Verpflichtungen mit dem Imparitätsprinzip zu vereinbaren ist.

III. Sachverhalt und Entscheidung des Bundesfinanzhofs zum Apothekerfall

Mit Beschluß vom 26. Mai 1993 legte der X. Senat des BFH dem Großen Senat die Frage zur Entscheidung vor, ob ein Standortvorteil der Bilanzierung einer Drohverlustrückstellung entgegensteht und ob Drohverlustrückstellungen abzuzinsen sind.[14] Dabei ging es um die Beurteilung des folgenden Sachverhalts: Ein Apotheker hatte in einem seiner Apotheke gegenüberliegenden Wohn- und Geschäftshaus Räume zum monatlichen Mietzins vom 2.000 DM angemietet, die er laut Mietvertrag "in erster Linie an einen Arzt untervermieten" wollte. Die Räume wurden an einen Arzt "zum Zwecke des Betriebs einer Arztpraxis"[15] für monatlich 1.000 DM untervermietet. Wie der Mietvertrag sollte auch der Untermietvertrag eine feste Laufzeit bis zum 30. September 2003 haben. In seiner Bilanz zum 31. Dezember 1981 bildete der steuerpflichtige Apotheker eine Drohverlustrückstellung in Höhe von 246.000 DM für die aus seiner Sicht verlustbringende Untervermietung während des Zeitraums vom 1. April 1983 bis zum 30. September 2003[16]. Das zuständige Finanzamt lehnte im Anschluß an eine Betriebsprüfung die Rückstellungsbilanzierung ab; vom daraufhin angerufenen Finanzgericht wurde diese Rechtsauffassung bestätigt. Der Apotheker legte gegen das Urteil des Finanzgerichts Revision ein, worauf die einschlägigen Rechtsfragen des Sachverhalts dem BFH zur Entscheidung vorgelegt wurden.

Zunächst stellt der zuständige X. Senat fest, es handele sich bei der Untervermietung um ein Dauerschuldverhältnis, für das im Falle eines Verpflichtungsüberschusses eine Rückstellung für drohende Verluste aus schwebenden Geschäften zu bilden sei. Deren Bilanzierung stünde "- jedenfalls nach der bishe-

---

13 *BFH-Beschluß* vom 26.5.1993 X R 72/90, BStBl. II 1993, S. 855-861, hier S. 857.
14 Vgl. *BFH-Beschluß* vom 26.5.1993 X R 72/90, BStBl. II 1993, S. 855-861.
15 *BFH-Beschluß* vom 26.5.1993 X R 72/90, BStBl. II 1993, S. 855-861, hier S. 855 (beide Zitate).
16 246 Monate x 1.000 DM (Differenz zwischen eigener Mietzahlung in Höhe von 2.000 DM und Mietzahlung des Arztes in Höhe von 1.000 DM pro Monat).

rigen Rechtsprechung des BFH - nicht entgegen, daß der Kläger bewußt ein Verlustgeschäft eingegangen" war. Eine die Drohverlustrückstellung im Ergebnis ausgleichende "bilanzrechtlich (..) eigenständige Forderung auf Betrieb einer Arztpraxis"[17] habe der Steuerpflichtige nicht erlangt, die Aktivierung eines Wirtschaftsguts scheide daher aus. Doch sei "nicht zu verkennen, daß der Kläger von der verlustbringenden Untervermietung anderweitige wirtschaftliche Vorteile erwarten" mag, die als "Standortvorteil" bezeichnet werden könnten. Der Apotheker dürfe "auf den Erfahrungssatz bauen, daß die Patienten eines Arztes sehr häufig die nächstgelegene Apotheke aufsuchen werden". Derartig ungewisse, "ohne irgendeine Rückversicherung" verschaffte Vorteile, die lediglich geschäftswerterhöhend wirkten, stünden jedoch "außerhalb des Saldierungsbereichs" der im Streitfall zu beurteilenden Untervermietung. Bewertungsschwierigkeiten, die zu einer Ablehnung von Rückstellungen für Ausbildungskosten geführt hätten, seien hier nicht gegeben, denn die vom Arzt zu erbringende Gegenleistung bestünde "in Geld. Ihre Bewertung bereite keine Schwierigkeiten", der Verlust aus der Untervermietung sei mithin sicher, während die Erzielung künftiger Einnahmen durch die Patienten des Arztes nur eine vage Hoffnung darstelle. Aus diesen Gründen beurteilt der X. Senat den Standortvorteil als "nicht geeignet, den sicher drohenden Verlust des Klägers aus der Untervermietung zu kompensieren".[18]

Wenngleich der X. Senat meint, mit seiner Auffassung "nicht von Entscheidungen anderer Senate ab[zuweichen]"[19] und insoweit Zweifel an der Richtigkeit seiner Schlußfolgerungen nicht angebracht erscheinen, hielt er "die Sache nicht für spruchreif" und legte sowohl die Frage nach Berücksichtigung des Standortvorteils als auch nach der (von ihm geforderten) Abzinsung der Drohverlustrückstellung dem Großen Senat zu Entscheidung vor.

---

17 *BFH-Beschluß* vom 26.5.1993 X R 72/90, BStBl. II 1993, S. 855-861, hier S. 857 (beide Zitate).

18 *BFH-Beschluß* vom 26.5.1993 X R 72/90, BStBl. II 1993, S. 855-861, hier S. 858 (alle Zitate).

19 *BFH-Beschluß* vom 26.5.1993 X R 72/90, BStBl. II 1993, S. 855-861, hier S. 860, unter Hinweis auf *BFH* vom 16.12.1992 XI R 42/89, BFHE 170, S. 179-183 (Kippgebühren) und *BFH* vom 3.2.1993 I R 37/91, BStBl. II 1993, S. 441-446 (Ausbildungskosten), siehe hierzu auch unten B. II. 4.3.

IV. Beurteilung der Entscheidung durch die Literatur

1. Die Forderung nach Beachtung des Grundsatzes der Maßgeblichkeit der Bruttobilanzierung

1.1. Die Begründung der Forderung nach Aktivierungsfähigkeit

Teile der Literatur erheben die Forderung, daß Drohverlustrückstellungen "als Differenz zwischen den im Falle eines Bruttoausweises zu bilanzierenden Ansprüchen und Verpflichtungen aus dem gegenseitigen Vertrag zu ermitteln"[20] sind. So verweist *Karrenbrock* auf den Wortlaut des § 249 Abs. 1 Satz 1 HGB, der die Rückstellung einer Nettogröße verlange, was "in der praktischen Umsetzung zu keinem anderen Ergebnis als im Falle der Bruttobilanzierung führen"[21] darf. Auch nach *Siegel* sind "bei der Bewertung einer Drohverlustrückstellung genau diejenigen Sachverhalte saldierend zu berücksichtigen, die bei vollständiger Bilanzierung zu aktivieren wären".[22] Beim Standortvorteil handele es sich aber keineswegs um einen Vermögensgegenstand. Deshalb verbiete sich eine Saldierung des so gesehen offen zu Tage tretenden Verlustes mit dem Vorteil, der über die vertraglich gesicherten Ansprüche im Untermietvertrag hinausgeht, so daß eine Rückstellung für drohende Verluste aus schwebenden Geschäften bilanziert werden müsse.

Wie bereits oben ausgeführt[23], liegt die Vermutung nahe, daß die Forderung nach Beachtung des Grundsatzes der Maßgeblichkeit der Bruttobilanzierung auf einen zerschlagungsstatischen Hintergrund zurückzuführen ist, der sich mit dem rechtlich und (wohlverstanden) wirtschaftlich[24] geprägten "Zweck der Jahresbilanz als Grundlage der Bemessung von Ansprüchen auf einen zu verteilenden oder auszuschüttenden Gewinn"[25] nicht vereinbaren läßt. Dennoch sei der grundsätzliche Versuch, den im Rahmen der Drohverlustrückstellung als saldierungsfähig zu klassifizierenden Vorteil anhand der Vemögensgegenstands-

---

20 *Karrenbrock* (Saldierungsbereich, 1994): S. 99.
21 *Karrenbrock* (Saldierungsbereich, 1994): S. 99.
22 *Siegel* (Saldierungsprobleme, 1994): S. 2239.
23 Vgl. hierzu oben, 1. Kapitel, B. I. 2.2.
24 Vgl. *Moxter* (Wirtschaftliche Betrachtungsweise, 1989): S. 232-241; ders. (Bilanzsteuerrecht, 1983): S. 300-307; *Beisse* (Wirtschaftliche Betrachtungsweise, 1981): S. 1-14.
25 *Beisse* (Bilanzrechtssystem, 1994): S. 78.

eigenschaften zu konkretisieren, nicht voreilig als bilanzzweckinadäquat zurückgewiesen. Vielmehr muß der Frage nachgegangen werden, ob nicht besondere Möglichkeiten der Ertrags- und Aufwandszurechnung in bestimmten Fällen eine Orientierung an der (abstrakten) Aktivierungsfähigkeit eines in Frage stehenden Vorteils geboten erscheinen lassen.

Im folgenden bietet sich daher eine Analyse des Apothekerfalls hinsichtlich der bilanzrechtlichen Qualität des Standortvorteils an; anschließend soll untersucht werden, ob der Sachverhalt - verglichen mit anderen Dauerschuldverhältnissen - Besonderheiten hinsichtlich der Ertrags- und Aufwandskonstellation aufweist, die der Forderung nach Aktivierungsfähigkeit des Standortvorteils möglicherweise Nachdruck verleihen könnten.

1.2. Erfüllt der Standortvorteil die Voraussetzungen eines aktivierungsfähigen Vermögensgegenstandes?

a) Zur (Vermögens-)Werthaltigkeit des Standortvorteils

Die Aktivierungsfähigkeit eines vom Bilanzierenden als Vorteil angesehenen Geschäftsvorfalls ist davon abhängig, ob dieser einen "wirtschaftlich ausnutzbare[n] Vermögensvorteil"[26], einen "nach objektiven Kriterien feststellbaren wirtschaftlichen Wert"[27] darstellt. Ein als möglicherweise aktivierungsfähig erachtetes Bilanzobjekt ist erst "in dem Maße wirtschaftlich wertvoll, in dem es (direkt oder indirekt) künftige Einnahmenüberschüsse erwarten läßt"[28]. Konkretisiert wird das Vermögenswertprinzip durch das Prinzip des unternehmensspezifischen Nutzwertes, wonach es auf das unternehmensspezifische Nettoeinnahmenpotential ankommt und nicht auf marktabhängige Einzelwerte.[29] Darüber hinaus fordert die Rechtsprechung, daß immaterielle Werte einen über das Geschäftsjahr hinausgehenden längerfristigen Nutzen aufweisen müßten.[30]

Bei der Frage nach der Aktivierungsfähigkeit des Standortvorteils im Apothekerfall ist mithin zunächst zu klären, ob die grundlegenden Voraussetzungen

---

26 *BFH* vom 23.5.1984 I R 266/81, BStBl. II 1984, S. 723-726, hier S. 725.
27 *Moxter* (GoB, 1993): S. 536.
28 *Moxter* (Abzinsung, 1993): S. 196.
29 Vgl. *Hommel* (Informationsökonomie, 1996): S. 46-47.
30 A.A. vgl. *Hommel* (Informationsökonomie, 1996): S. 47-50, nach dem sich das "Subkriterium des 'längerfristigen Nutzens'" (..) bilanztheoretisch kaum begründen" läßt, S. 48.

des Vermögenswertprinzips erfüllt sind. Regelmäßig verkörpert der Standortvorteil ein zukünftiges Nettoeinnahmenpotential in Form von "zukünftigen Umsatzgeschäften mit 'Dritten'"[31]. Dabei handelt es sich zwar weder um eine Sache noch um ein (unmittelbares) Recht, doch ist dies weder hinreichende noch notwendige Bedingung für einen Vermögensgegenstand, aktivierungsfähig sind auch rein wirtschaftliche Güter[32], soweit sie eine Ertragswertsteigerung bewirken[33] "und sich als Einzelheit hinreichend sicher vom Geschäfts- oder Firmenwert abgrenzen lassen"[34].

Auch ließe sich beim Standortvorteil ein längerfristiger Nutzen konstatieren, weil davon ausgegangen werden kann, daß das den Standortvorteil begründende Mietverhältnis bis zum Ende der festen Mietzeit fortbesteht. Nur bei vorzeitiger Auflösung der Arztpraxis wäre der Standortvorteil nicht mehr existent, doch scheint auch der BFH diese Möglichkeit auszuschließen, wenn er ausführt, daß die "Ausübung eines außerordentlichen Kündigungsrechts [des Apothekers] (..) bei einem gewöhnlichen Verlauf der Untervermietung nicht zu erwarten"[35] sei.

Das Vermögenswertprinzip vermag zwar zu klären, ob zur Aktivierung anstehende Bilanzobjekte "positive wirtschaftliche Vermögenswerte darstellen"[36], doch ist es "in seiner allgemeinen Formulierung zu unscharf, um in Zweifelsfällen eine Beurteilung der wirtschaftlichen Werthaltigkeit bilanzzweckadäquat zu ermöglichen"[37]. Die Rechtsprechung behilft sich deshalb mit dem 'Prinzip des fiktiven Erwerbs'[38]: Anhand der Fragestellung, ob ein gedachter Erwerber des gesamten Unternehmens eine vom Unternehmensveräußerer getätigte Ausgabe bei der Bemessung des Kaufpreises gesondert vergüten würde, soll geprüft

---

31 *BFH-Beschluß* vom 26.5.1993 X R 72/90, BStBl. II 1993, S. 855-861, hier S. 858.

32 Vgl. *BFH* vom 29.4.1965 IV 403/62 U, BStBl. III 1965, S. 414-416. Der BFH weist in dieser Entscheidung darauf hin, daß "auch tatsächliche Zustände, konkrete Möglichkeiten und Vorteile für den Betrieb, deren Erlangung der Kaufmann sich etwas kosten läßt und die nach der Verkehrsauffassung einer besonderen Bewertung zugänglich sind", aktivierungsfähig sind, S. 415.

33 Vgl. *Kronner* (GoB für immaterielle Anlagewerte, 1995): S. 13.

34 *Hommel* (Informationsökonomie, 1996): S. 42.

35 *BFH-Beschluß* vom 26.5.1993 X R 72/90, BStBl. II 1993, S. 855-861, hier S. 857.

36 *Moxter* (GoB, 1993): S. 535.

37 *Hommel* (Informationsökonomie, 1996): S. 50.

38 Vgl. *Hommel* (Informationsökonomie, 1996): S. 50, der allerdings zu bedenken gibt, daß das Prinzip des fiktiven Erwerbs durch die "breite, teilwertorientierte Definition" die Gefahr birgt, "auch Nonvaleurs und Ausgaben zur Beseitigung von Fehlmaßnahmen die Eigenschaft von Vermögenswerten" zuzusprechen, S. 51.

werden, ob der mit der Ausgabe angestrebte Vermögensvorteil tatsächlich als solcher vorhanden und werthaltig ist.[39]
Im Beschluß zum Apothekerfall stellt der X. Senat unter Verweis auf die Teilwertdefinition in § 6 Abs. 1 Nr. 1 Satz 3 EStG fest: "Es mag sein, daß ein Erwerber der Apotheke den Standortvorteil aus der Nähe der Arztpraxis (..) in dem Gesamtkaufpreis für die Apotheke vergüten würde". Insoweit wäre dem Prinzip des fiktiven Erwerbs Genüge getan. Zugleich vertritt der BFH jedoch die Auffassung, daß ein "solcher Mehrpreis (..) indessen auf den Geschäftswert entfallen [würde], der gemäß § 5 Abs. 2 EStG unaktiviert"[40] bleibt. Zu untersuchen ist daher im folgenden, ob die Qualifikation des Standortvorteils als Element des Geschäftswerts zwingend ist und inwieweit andere Judikate in vergleichbaren Fällen zu gegenteiligen Beurteilungen gelangen.

b) Zur Übertragbarkeit des Standortvorteils

Da nicht jeder vom Bilanzierenden für vermögenswert gehaltene Vorteil das Vorhandensein eines Vermögensgegenstands impliziert, bedarf es neben dem Vermögenswertprinzip, das die Aktivierungsfähigkeit auf einer ersten Stufe regelt, weiterer Kriterien, die sicherstellen, daß nicht etwa die getätigten Ausgaben aktiviert werden, sondern "Ausgabengegenwerte"[41]. Rechtsprechung und Literatur[42] verlangen deshalb die Greifbarkeit[43] des vermögenswerten Vorteils, denn erst diese "erweist das Wirtschaftsgut"[44]. Dabei "zählen nur die zusammen mit dem Betrieb auf einen Dritten übertragbaren Vermögenswerte". Denn Vermögenswerte, die unmittelbar an der Person des Kaufmanns hängen, wie beispielsweise seine unternehmerischen Fähigkeiten, sind "zu wenig greifbar, um

---

39 Vgl. *BFH-Beschluß* vom 2.3.1970 - GrS 1/69, BStBl. II 1970, S. 382-383, hier S. 383; *BFH* v. 10.8.1989 X R 176-177/87, BStBl. II 1990, S. 15-17, hier S. 16.

40 *BFH-Beschluß* vom 26.5.1993 X R 72/90, BStBl. II 1993, S. 859 (beide Zitate).

41 *Moxter* (Gewinnermittlung, 1988): S. 451; vgl. *ders.* (Wirtschaftliche Betrachtungsweise, 1989): S. 234; *ders.* (Immaterielle Vermögensgegenstände, 1986): "Das Vorliegen eines vermögenswerten Vorteils bedeutet nur eine notwendige, nicht schon eine hinreichende Bedingung für die Aktivierung eines immateriellen Vermögensgegenstands des Anlagevermögens", S. 247.

42 Vgl. z.B. *Moxter* (Bilanzrechtsprechung, 1996): S. 11.

43 Vgl. *Moxter* (Selbständige Bewertbarkeit, 1987): S. 1849 f.; *Euler* (System, 1996): S. 139-152; *Hommel* (Informationsökonomie, 1996): S. 112-167.

44 *BFH* vom 18.6.1975 I R 24/73, BStBl. II 1975, S. 809-811, hier S. 811.

ein bilanzrechtliches Wirtschaftsgut zu bilden. Das Übertragbarkeitsprinzip stellt sich mithin als eine Ausprägung des Greifbarkeitsprinzips dar"[45].

aa) *Übertragbarkeit im Sinne der Einzelveräußerbarkeit*

Teile der Literatur setzen die Übertragbarkeit eines Vermögenswertes mit dessen Einzelveräußerbarkeit gleich und beschränken den Kreis der aktivierungsfähigen Objekte auf solche Vorteile, die geeignet sind, das Schuldendeckungspotential durch ihre Veräußerung zu erhöhen.[46] Damit wird der denkbar schlechteste Fall der weiteren Unternehmensentwicklung unterstellt, nämlich die Zerschlagung des Unternehmensvermögens im Konkursfall.[47] Wenngleich das Prinzip der Einzelveräußerbarkeit auf den ersten Blick den Vorteil aufweist, den Begriff des Vermögensgegenstandes klar und eindeutig abzugrenzen[48], so kann die Feststellung der Einzelveräußerbarkeit insbesondere bei rein wirtschaftlichen Gütern wie dem Standortvorteil problematisch sein. Da nicht zu bestreiten ist, daß selbst so schwer faßbare Vermögensvorteile wie ein Knowhow, Kundenbeziehungen oder eine erfolgreiche Organisationsstruktur einzelveräußerbar sein können[49], muß dies auch für einen Standortvorteil - zumindest als Bestandteil des übertragungsfähigen Mietvertrags - gelten. Da der Kreis der für einzelveräußerbar erachteten Vermögenswerte derart weit gefaßt wird, können die Schwierigkeiten der Konkretisierung rein wirtschaftlicher Güter erkennbar nicht durch das Kriterium der Einzelveräußerbarkeit gelöst werden.[50] Wenn bereits "die bilanzrechtliche Relevanz des Einzelveräußerbarkeitsprinzips (..) unter wirtschaftlicher Betrachtungsweise mehr als fragwürdig"[51] erscheint, so spricht gerade die mangelnde Objektivierbarkeit[52] der Einzelveräußerbarkeit

---

45 *Moxter* (Bilanzrechtsprechung, 1996): S. 12 (beide Zitate).
46 Vgl. z.B. *Coenenberg* (Jahresabschluß, 1994): S. 55; *Ley* (Wirtschaftsgut, 1984): S. 122 f. und 134.
47 Vgl. hierzu oben, 1. Kapitel, A. II. 1.
48 Vgl. *Tiedchen* (Vermögensgegenstand, 1991): S. 30.
49 Vgl. *Ballwieser* (in: Beck'sches Handbuch): Anm. 28; *Knapp* (Vermögensgegenstände, 1971): S. 1122.
50 Vgl. *Moxter* (Selbständige Bewertbarkeit, 1987): S. 1848.
51 *Hommel* (Informationsökonomie, 1996): S. 71; vgl. auch *Moxter* (Immaterielle Anlagewerte, 1979): S. 1106.
52 Dies gilt auch für die abstrakte Einzelveräußerbarkeit, wonach es ausreicht, "wenn die vermögenswerten Vorteile 'ihrer Natur nach' selbständig verwertbar sind, unabhängig davon, ob der konkreten Einzelveräußerbarkeit vertragliche oder gesetzliche Hindernisse entgegenstehen oder es im Einzelfall an konkreten Kaufinteressenten fehlt".

gegen deren Eignung als systemadäquates Kriterium zur Konkretisierung des Vermögenswertprinzips: Die "Einzelveräußerbarkeit bildet keine Ansatzvoraussetzung"[53].

bb) Übertragbarkeit im Sinne der Veräußerbarkeit mit dem ganzen Unternehmen

Die Rechtsprechung betont, daß "zu den Wesensmerkmalen eines Wirtschaftsguts (..) nicht nur die selbständige Bewertbarkeit, sondern auch die Übertragbarkeit [gehört], sei es einzeln oder im Zusammenhang mit dem Betriebe"[54]. Der Bilanzierende muß einen "immateriellen Vermögenswert zum Bilanzstichtag einzeln oder mit dem gesamten Betrieb, stets jedoch durch einen willentlichen Verfügungsakt, rechtlich auf einen potentiellen Erwerber übertragen"[55] können.

Die Übertragbarkeit mit dem ganzen Unternehmen und damit die Greifbarkeit spricht der BFH solchen Vermögenswerten ab, die neben dem Steuerpflichtigen selbst auch der Allgemeinheit zustehen, wie etwa die Nutzungsmöglichkeit einer öffentlichen Straße, für deren Bau ein Zuschuß gezahlt wurde. Ein derartiger Vorteil stellt keine gegenüber dem Geschäftswert abgrenzbare Einheit dar.[56] Bei rein wirtschaftlichen Gütern wie der verbesserten Nutzungsmöglichkeit einer Zufahrtsstraße ist es mithin nicht ausreichend, "wenn der jeweilige vermögenswerte Vorteil quasi als Reflex auf die Übertragung des gesamten Unternehmens zwingend und automatisch auf den potentiellen Erwerber übergeht, ohne daß die Vertragsparteien darüber Einvernehmen erzielen müssen."[57] In diesem Sinne sind auch bereits die Ausführungen des Reichsfinanzhofs zu verstehen, es müsse sich bei einem aktivierungsfähigen Vermögenswert stets "um ein Gut handeln, das bei Veräußerung des ganzen Betriebs sozusagen greifbar ist, d.h. als Einzelheit ins Gewicht fällt oder um etwas, das dem Betrieb

---

Hommel (Informationsökonomie, 1996): S. 73, unter Hinweis auf *Knobbe-Keuk* (Bilanzsteuerrecht, 1993): S. 77.

53 *Moxter* (GoB, 1993): S. 535. Dieselben Bedenken können gegen die Übertragbarkeit im Sinne der Einzelverwertbarkeit vorgebracht werden, denn auch unter Zugrundelegung dieses Prinzips "gelingt es (..) nicht, den Kreis der potentiellen Vermögensgegenstände hinreichend zu begrenzen." *Hommel* (Informationsökonomie, 1996): S. 76.

54 *BFH* vom 26.5.1982 I R 180/80, BStBl. II 1982, S. 695-696, hier S. 696.

55 *Hommel* (Informationsökonomie, 1996): S. 78 m.w.N.

56 Vgl. *BFH* vom 28.3.1990 II R 30/89, BStBl. II 1990, S. 569-570.

57 *Hommel* (Informationsökonomie, 1996): S. 84.

zwar für die Zukunft zugute kommt, sich aber nicht so ins Allgemeine verflüchtigt, daß es nur als Steigerung des good will des ganzen Unternehmens in die Erscheinung tritt"[58].

Hinsichtlich des Standortvorteils im Apotheker-Fall ist zu fragen, ob der Vorteil einem gedachten Erwerber der Apotheke automatisch, also auch bei eigener Neugründung des Unternehmens, zufallen würde, ohne daß er dafür besondere Ausgaben tätigen müßte. Dies würde etwa zutreffen auf die Infrastruktur, auf gefestigte Wege, auf einen vorhandenen Arbeitsmarkt oder im Umkreis ansässige Zulieferindustrie,[59] mithin auf "jedermann offenstehende"[60] Chancen, für die ein gedachter Erwerber keinen besonderen Betrag im Rahmen des Gesamtkaufpreises ansetzen würde, weil sie "untrennbar mit dem Geschäfts- oder Firmenwert verbunden"[61] sind.

Beim Standortvorteil handelt es sich demgegenüber nicht um einen Vermögenswert, an dem "nur der Gemeingebrauch zusteht"[62], vielmehr steht der Standortvorteil ausschließlich der Apotheke zu, deren Inhaber den Arzt durch einen äußerst günstigen Mietzins veranlaßt hat, eine Praxis in einem Geschäftshaus gegenüber seiner Apotheke zu betreiben. Zwar könnte man einwenden, daß auch andere in der Nähe der Arztpraxis liegende Apotheken automatisch über denselben Vorteil verfügen würden, doch gibt erstens der Sachverhalt diesbezüglich keinerlei Hinweise und zweitens ist es sehr unwahrscheinlich, daß der Apotheker dem Arzt vorteilhafte Mietkonditionen einräumt, wenn er gleichzeitig damit rechnen muß, daß auch andere Apotheken von der Arztpraxis profitieren werden und sein eigener Vorteil demzufolge sehr gering sein wird.

Ebenso wie die mit "Mietereinbauten verbundenen wirtschaftlichen Vorteile (..) mit dem zwischen dem Kaufmann und dem Vermieter bestehenden Mietverhältnis grundsätzlich untrennbar verbunden sind, so daß Mietvertrag und Mietereinbauten eine wirtschaftliche Übertragungseinheit bilden"[63], ist auch der Standortvorteil unmittelbar an den Untermietvertrag mit dem Arzt geknüpft. Der Apotheker wäre außerstande, im Falle einer Unternehmensveräußerung zwar den Mietvertrag auf den Käufer zu übertragen, nicht aber den Standortvorteil. Die Gemeinsamkeit zwischen Mietereinbauten und Standortvorteil besteht

---

58 *RFH* vom 21.10.1931 VI A 2002/29, RStBl. 1932, S. 305-308, hier S. 307.
59 Vgl. *Hommel* (Informationsökonomie, 1996): S. 84.
60 *FG Düsseldorf* vom 9.6.1988 15/2 K 89/84 F, G, BB, rechtskräftig, EFG 1988, S. 551-553, hier S. 552.
61 *Hommel* (Informationsökonomie, 1996): S. 84-85.
62 *BFH* vom 28.3.1990 II R 30/89, BStBl. II 1990, S. 569-570, hier S. 570.
63 *Hommel* (Informationsökonomie, 1996): S. 88-89.

mithin darin, daß beide vermögenswerten Vorteile "in einem besonderen Nutzungs- und Funktionszusammenhang nur zu dem Unternehmen"[64] stehen, das die Einbauten vornimmt bzw. den Untermietvertrag mit dem Arzt schließt.

Die diesbezügliche Parallele zwischen Mietereinbauten und dem Standortvorteil legt es nahe, die von der Rechtsprechung entwickelten Grundsätze zur bilanziellen Behandlung von Mietereinbauten auf den Standortvorteil zu übertragen: In ständiger Rechtsprechung erachtet der BFH Mietereinbauten "als selbständig bewertbare (und mithin auch als einzeln übertragbare) Vermögensgegenstände"[65]. Zwar sei der Vorteil der besseren und sinnvolleren Nutzung der Räumlichkeiten für den Betrieb "rechtlich nicht besonders schutzfähig"[66], dennoch würde ein potentieller Unternehmenskäufer dem -verkäufer nach Auffassung des BFH den Aufwand für die Mietereinbauten "(zeitanteilig) vergüten", wenn der Betrieb "vor Ablauf des bestehenden Mietvertrags"[67] veräußert würde.

Selbst wenn man streng formalrechtlich argumentiert, daß der Untermietvertrag lediglich die Nutzung der Räume regle, nicht aber den Standortvorteil, so stünde dies - unter Zugrundelegung der Rechtsprechung zu den Mietereinbauten - seiner Qualifikation als übertragbarem Vermögensvorteil nicht im Wege.

c) Zur Greifbarkeit des Standortvorteils

Da die 'Übertragbarkeit mit dem ganzen Unternehmen' "nur eine sehr schwach ausgeprägte Objektivierung"[68] darstellt und nur wenige vermögenswerte Vorteile nach diesem Kriterium von der Aktivierung ausgeschlossen wären, bedarf es zur Bestimmung des Vermögensgegenstandsbegriffs einer weiteren Konkretisierung des Greifbarkeitsprinzips. *Hommel* schlägt vor, das aktivische Greifbarkeitsprinzip unter Rückgriff auf das passivische Unentziehbarkeitsprinzip zu konkretisieren. Nach seiner Konzeption gelten vermögenswerte Vorteile "dann als greifbar werthaltig, wenn sie dem Bilanzierenden zum Bilanzstichtag von

---

64 *BFH* vom 28.3.1990 II R 30/89, BStBl. II 1990, S. 569- 570, hier S. 570.
65 *Hommel* (Informationsökonomie, 1996): S. 89, unter Hinweis auf *BFH* vom 28.7.1993 I R 88/92, BStBl. II 1994, S. 164-167, hier S. 165, und *BFH* vom 28.3.1990 II R 30/89, BStBl. II 1990, S. 569-570, hier S. 570.
66 *BFH* vom 25.5.1984 III R 103/81, BStBl. II 1984, S. 617-620, hier S. 619.
67 *BFH* vom 25.5.1984 III R 103/81, BStBl. II 1984, S. 617-620, hier S. 619 (beide Zitate).
68 *Hommel* (Informationsökonomie, 1996): S. 112.

keinem Dritten mehr entzogen werden können, ohne daß dieser Sanktionen seitens des Bilanzierenden befürchten muß"[69]. Für Sachen und Rechte kann "aufgrund ihres Bestandsschutzes"[70] vermutet werden, daß sie greifbar werthaltig sind[71], während rein wirtschaftlichen Vorteilen diese Eigenschaft wegen fehlenden Bestandsschutzes abgesprochen werden muß. Soweit jedoch rein wirtschaftliche Güter einen (objektivierten) "mittelbaren rechtlichen"[72] oder faktischen Bestandsschutz genießen, muß dies für die Vermutung der Greifbarkeit ausreichen, denn schließlich können auch rein faktische Außenverpflichtungen einer Passivierungspflicht unterliegen.[73]

Im Falle des Standortvorteils ist zu untersuchen, ob der Untermietvertrag die Gewinnchancen mittelbar rechtlich abzusichern vermag und damit die Aktivierungsvoraussetzung der Greifbarkeit erfüllt wäre. Dabei kann auf ein Urteil zur Vermögensgegenstandseigenschaft eines Vertreterbezirks zurückgegriffen werden. Im diesbezüglichen Sachverhalt hatte ein selbständiger Handelsvertreter den Vertreterbezirk eines anderen Handelsvertreters übernommen und leistete dem Geschäftsherrn hierfür eine bestimmte Vergütung. Der BFH entschied, daß der Handelsvertreter duch die Übernahme des "eingeführten und regelmäßig bearbeiteten Vertreterbezirks (..) einen greifbaren wirtschaftlichen Vorteil" erlangt habe. Dabei handele es sich um die " - rechtlich verfestigte - wirtschaftliche Chance, Provisionseinnahmen zu erzielen"[74]. Auch der Apotheker erwirbt durch Abschluß des Untermietvertrages mit dem Arzt eine 'rechtlich verfestigte Chance', künftig Einnahmen erzielen zu können, und damit einen rechtlich mittelbar gesicherten Standortvorteil.[75]

Man könnte gegen den Vergleich des Standortvorteils mit der wirtschaftlichen Chance aus einem Vertreterbezirk oder einem Auftragsbestand (der von der höchstrichterlichen Rechtsprechung[76] ebenfalls als immaterieller Vermögens-

---

69 *Hommel* (Informationsökonomie, 1996): S. 122 f.
70 *Hommel* (Informationsökonomie, 1996): S. 127.
71 Vgl. *Moxter* (Erfahrungen, 1992): S. 141.
72 *Hommel* (Informationsökonomie, 1996): S. 127.
73 Vgl. *Moxter* (Bilanzrechtsprechung, 1996): S. 81 f. ("freilich muß in derartigen Fällen der faktische Leistungszwang objektiv nachweisbar sein, die wirtschaftliche Belastung so gut wie sicher feststehen", S. 81).
74 *BFH* vom 18.1.1989 X R 10/86, BStBl. II 1989, S. 549-551, hier S. 550 (beide Zitate).
75 Vgl. *Moxter* (Drohverlustrückstellungen, 1993): S. 2482. A.A. *Thies* (Rückstellungen, 1996): S. 153 und 155.
76 Vgl. *Moxter* (Bilanzrechtsprechung, 1996): S. 22, unter Hinweis auf *BFH* vom 5.8.1970 I R 180/66, BStBl. II 1970, S. 804-806 (Verlagsrechte) und *BFH* vom 1.2.1989 VIII R 361/83, BFH/NV 1989, S. 778-779 (Auftragsbestand).

gegenstand angesehen wird) einwenden, daß letztere die rechtliche Absicherung der Gewinnchance (durch mit Kunden abgeschlossene Liefer- und Kaufverträge) auszeichnet, was beim Standortvorteil nicht der Fall ist. Denn die im Standortvorteil zum Ausdruck kommenden Gewinnchancen sind nicht durch bereits bestehende Kaufverträge mit Patienten des Arztes verfestigt. Daß sich der Arzt im Untermietvertrag verpflichtet hat, die Räume ausschließlich zum Betreiben einer Arztpraxis zu nutzen, und dem Apotheker andernfalls ein außerordentliches Kündigungsrecht zusteht, bedeutet (noch) nicht den Abschluß eines einzigen Kaufvertrags mit Patienten des Arztes. Aus diesem Grund scheint die im Standortvorteil verkörperte Gewinnchance in einem geringeren Maße konkretisiert als bei bereits abgeschlossenen Liefer- und Kaufverträgen, zu deren Erfüllung der jeweilige Vertragspartner "ebenso verpflichtet [ist] wie der Unternehmer selbst" und aus denen beide Vertragspartner "sich nicht mehr einseitig und sanktionslos (..) lösen"[77] können.

Die Entscheidungen zu Mietereinbauten zeigen allerdings, daß eine Gewinnchance bzw. die Möglichkeit, künftige Mehreinnahmen zu erzielen, nicht in Form bereits abgeschlossener Kaufverträge konkretisiert sein muß.[78] Als Bestandsschutz des mit den Einbauten geschaffenen Nettoeinnahmenpotentials wird der abgeschlossene Mietvertrag angesehen und nicht der Abschluß irgendwelcher Liefer- oder Kaufverträge. Es genügt, daß die "(kostenlose) Nutzung der Mietereinbauten (..) dem Mieter von keinem Dritten mehr sanktionslos entzogen werden"[79] kann. Auch im Apothekerfall kann dem Apotheker der Standortvorteil nicht entzogen werden, weil er rechtlich flankiert wird durch das mit dem Arzt geschlossene Untermietverhältnis, welches "zu einem objektiviert nachprüfbaren, mittelbaren rechtlichen Bestandsschutz"[80] des aus dem Standortvorteil resultierenden Vermögenswertes führt.

---

77   *Hommel* (Informationsökonomie, 1996): S. 131 (beide Zitate).

78   Dies wird auch deutlich in einer Entscheidung des BFH zu Bierlieferungsrechten: Obwohl es den Gastwirten vertraglich lediglich verboten war, von anderen Brauereien Bier zu beziehen, sie also nicht zur Abnahme bestimmter Mengen der Brauerei verpflichtet waren und es daher völlig offen war, ob und in welcher Höhe sich künftige Einnahmenüberschüsse aus der Abnahmeverpflichtung ergaben, klassifizierte der BFH die Bierlieferungsrechte als "selbständig, bewertungsfähige Wirtschaftsgüter", *BFH* vom 17.3.1959 I 207/58 U, BStBl. III 1959, S. 320-322 (hier Leitsatz).

79   *Hommel* (Informationsökonomie, 1996): S. 133.

80   *Hommel* (Informationsökonomie, 1996): S. 133, der für Mietereinbauten nachweist, daß "der abgeschlossene Mietvertrag zu einem objektiviert nachprüfbaren, mittelbaren rechtlichen Bestandsschutz des aus den Einbauten resultierenden Vermögenswertes" führt.

Das Abstellen auf die *mittelbare* rechtliche Absicherung rein wirtschaftlicher Güter zum Nachweis ihrer Greifbarkeit schließt rein wirtschaftliche Vorteile wie den Kundenstamm[81] oder das Know-how[82] von der Aktivierungsfähigkeit aus, die aber sowohl vom BFH als auch von der herrschenden Bilanzrechtsliteratur[83] als Vermögensgegenstände klassifiziert werden. Der Bestandsschutz derartiger rein wirtschaftlicher Vorteile wird zwar nicht rechtlich, aber "durch eine faktische Unentziehbarkeit gewährleistet", die sich dadurch auszeichnet, "daß der jeweilige Vermögenswert dem Bilanzierenden trotz fehlenden rechtlichen Bestandsschutzes aus tatsächlichen Gründen überhaupt nicht entziehbar ist". Überträgt man die Analyse *Hommel*s zur faktischen Unentziehbarkeit eines Know-hows auf den Apothekerfall, so gilt auch hier, daß der Standortvorteil "selbst dann in der Verfügungsmacht des Bilanzierenden [bleibt], wenn (..) [ihn] sich ein Dritter Unternehmensfremder angeeignet hat"[84]. Als Unternehmensfremder, der aus dem Betreiben der Arztpraxis ebenfalls einen vermögenswerten Vorteil ziehen könnte, käme nur eine andere Apotheke in Betracht, deren Existenz zwar den Wert des Standortvorteils für den an den Arzt untervermietenden Apotheker schmälern oder gar zerstören könnte, "doch ist auch dies wiederum keine Besonderheit rein wirtschaftlicher Güter: Auch das Belieferungsrecht einer Brauerei etwa ist entscheidend davon abhängig, wie sich die Konkurrenzsituation in der Umgebung der belieferten Gaststätte entwickelt".[85] Diese Überlegungen zeigen, daß der Standortvorteil auch ohne mittelbare rechtliche Absicherung als greifbarer Vermögenswert angesehen werden könnte.[86]

---

81 Vgl. *BFH* vom 16.9.1970 I R 196/67, BStBl. II 1971, S. 175-176.

82 Vgl. *BFH* vom 10.3.1993 I R 116/91, BFH/NV 1993, S. 595-597, hier S. 595.

83 Vgl. z.B. *Euler* (System, 1996): S. 147.

84 *Hommel* (Informationsökonomie, 1996): S. 135 (alle Zitate).

85 *Hommel* (Informationsökonomie, 1996): S. 136.

86 Allerdings ist die Gefahr einer 'Atomisierung' der vermögenswerten Vorteile bei bloßer Orientierung an deren faktischer Absicherung mit der Folge, daß "kein Platz mehr für einen Geschäfts- oder Firmenwert verbleibt" (*Hommel* (Informationsökonomie, 1996): S. 138), nicht zu übersehen. Um rechtssichere Aktivierungsgrenzen zu schaffen, bietet sich das Prinzip des entgeltlichen Erwerbs als Kriterium für den Existenznachweis rein wirtschaftlicher Güter an. Die höchstrichterliche Rechtsprechung versteht das Prinzip des entgeltlichen Erwerbs bei faktisch abgesicherten rein wirtschaftlichen Gütern eng. Die erworbenen Vorteile müssen, anders als bei Rechtsansprüchen (vgl. z.B. BFH vom 26.2.1975 I R 72/73, BStBl. II 1976, S. 13-16, hier S. 14), bereits beim Veräußerer "bestanden haben, dürfen also nicht erst durch den Erwerbsakt begründet werden", *Moxter* (Bilanzrechtsprechung, 1993): S. 10. Dieser Anforderung würde der Standortvorteil - sofern man die Auffassung vertritt, es handele sich um einen bloßen, faktisch abgesicherten Vorteil - nicht entsprechen: Der Apotheker erwirbt keinen schon beim Arzt existenten Standortvorteil.

Das Ergebnis der Klassifizierung des Standortvorteils als greifbarer Vermögenswert wird gestützt durch ein Urteil des RFH[87] aus dem Jahre 1938. Zu entscheiden war, ob ein Betrag von 150.000 RM, den die Klägerin für den "sonstigen[n] Wert (Theatername, Kundenstamm und dergleichen) beim Kauf von drei Filmtheatern (neben 50.000 RM für das Inventar) aufgewendet hatte, dem (damals noch nicht abschreibbaren[88]) Geschäftswert zugerechnet werden mußte. Der entscheidende Senat war der Auffassung, daß "ein eigentlicher Geschäftswert hier überhaupt nicht in Frage" kam, da es "sich im wesentlichen um das Mietrecht an den Kinogebäuden" handelte. Die Ausführung der Klägerin, wonach "der Wert des Geschäfts (..) bei einem derartigen Kinounternehmen keineswegs an der Firma, sondern ausschließlich an dem Gebäude" hinge, erschien dem RFH "beachtlich". Daran änderte auch der Umstand nichts, "daß im Vertrag vom Theaternamen, Kundenstamm und dergleichen die Rede (..) [war], nicht aber vom Mietrecht"[89]. Den erworbenen Vorteil hätte der RFH statt als 'Mietrecht' auch als 'Standortvorteil' bezeichnen können, denn ausdrücklich wird darauf hingewiesen, daß die Kundschaft an dem Gebäude des Kinopalastes hing.

So wie der Apotheker in Höhe des Differenzbetrages zwischen eigener Mietzahlung und vom Arzt zu erhaltenden Mietzinsen einen Standortvorteil erworben hat, sind die von der Käuferin der Filmtheater geleisteten 150.000 RM als Entgelt für den Erwerb des besonderen Standorts der Filmtheater aufgewendet worden. Aus diesem Grund dürften keine Bedenken bestehen, die Feststellung des RFH, daß der infrage stehende Betrag *nicht* für den Geschäftswert geleistet wurde, auf den Apothekerfall zu übertragen. Demzufolge ist der Standortvorteil als vom Geschäftswert isolierbarer Vorteil anzusehen.

d) Zur selbständigen Bewertbarkeit des Standortvorteils

Das "Erfordernis besonderer oder 'selbständiger' Bewertbarkeit folgt aus dem *Einzelbewertungsprinzip* (§ 252 Abs. 1 Nr. 3 HGB). (..) Wirtschaftsgut kann infolgedessen nur ein solcher Vermögensbestandteil sein, der sich *abgrenzbar bewerten* läßt"[90]. Während die Isolierbarkeit dem Grunde nach über die Greif-

---

87 Vgl. *RFH* vom 27.12.1938 VI 669/38, RStBl. 1939, S. 283-284.

88 Abschreibungen auf den Geschäfts- oder Firmenwert sind steuerrechtlich erst zulässig ab den Wirtschaftsjahren, die nach dem 31.12.1986 beginnen. Vgl. hierzu *Drenseck* (in: Schmidt EStG, 1997): § 7, Rz 19.

89 *RFH* vom 27.12.1938 VI 669/38, RStBl. 1939, S. 283-284, hier S. 283 (alle Zitate).

90 *Moxter* (Bilanzrechtsprechung, 1993): S. 11 (beide Zitate).

barkeit eines Vermögenswertes entscheidet, muß in einem zweiten Schritt beurteilt werden, ob der (greifbare) Vermögenswert einer isolierten *Bewertung* zugänglich ist; erst wenn beide Voraussetzungen erfüllt sind, liegt ein Vermögensgegenstand vor.

Nicht nur Vermögenswerte, die einen Börsen- oder Marktpreis aufweisen und deren Wertbestimmung infolgedessen weder im Zugangszeitpunkt noch an nachfolgenden Bilanzstichtagen Schwierigkeiten bereitet, sondern auch Vermögensobjekte, denen "ein ermessensbeschränkter Wert beigelegt werden kann"[91], sind selbständig bewertbar; die "Rechtsprechung begnügt sich sogar oft mit griffweisen Schätzungen"[92]. Diese müssen sich jedoch "in einem ökonomisch sinnvollen Rahmen bewegen, damit das Prinzip der selbständigen Bewertbarkeit seiner Objektivierungsaufgabe gerecht wird"[93], d.h. "mindestens die reale (ökonomische) Existenz [muß] nachweisbar sein, also der Wertansatz von null DM mit Gewißheit ausscheiden können"[94].

Zur Beurteilung der selbständigen Bewertbarkeit, die sich insbesondere bei immateriellen Vermögenswerten oftmals als problematisch erweist, kann an die mit der Anschaffung des Vermögenswerts verbundenen Ausgaben bzw. Aufwendungen angeknüpft werden. Der erhaltene Ausgabengegenwert wird insoweit " - nicht dem Grunde, sehr wohl aber der Höhe nach (!) - objektivierungsbedingt aus dem Wert des Hingegebenen" abgeleitet, "statt ihn unmittelbar anhand der erwarteten Einnahmenüberschüsse zu bestimmen"[95]. Dabei "reicht der Aufwandsbegriff der höchstrichterlichen Rechtsprechung über die bloße betriebswirtschaftliche Ausgabe bzw. Zahlung hinaus. Er umfaßt auch sonstige geldwerte Leistungen, die einem Gegenstand wertmäßig zurechenbar sind"[96], wie etwa die Begründung einer Verbindlichkeit, der Verzicht auf Erträge oder der Tausch mit einem eigenen wirtschaftlichen Vorteil.[97]

Im Apothekerfall erfüllt der Standortvorteil die Voraussetzung der selbständigen Bewertbarkeit, soweit man die Differenz zwischen eigener Mietzahlung und dem vom Arzt zu erbringenden Mietzins als einen "mit eingeschränktem Ermessen bestimmbaren Zugangswert"[98] anerkennt. Die 'getätigte Ausgabe' als

---

91 *Hommel* (Informationsökonomie, 1996): S. 175.
92 *Moxter* (Bilanzrechtsprechung, 1996): S. 14.
93 *Hommel* (Informationsökonomie, 1996): S. 176.
94 *Moxter* (Entgeltlicher Erwerb, 1978): S. 1808.
95 *Hommel* (Informationsökonomie, 1996): S. 187 (beide Zitate).
96 *Hommel* (Informationsökonomie, 1996): S. 179.
97 Vgl. *Hommel* (Informationsökonomie, 1996): S. 179-180.
98 *Euler* (System, 1996): S. 152.

von Literatur und Rechtsprechung gefordertes Kriterium zur Konkretisierung der selbständigen Bewertbarkeit besteht zwar nicht in einer Hingabe von Geld, doch bewegt sich der Verzicht des Apothekers auf höhere Mieterträge im Rahmen des oben dargestellten höchstrichterlichen Aufwandsbegriffs. Der Apotheker bringt durch den Abschluß des fest für die Dauer von zehn Jahren geschlossenen und auf den ersten Blick nachteiligen Untermietvertrags seine Erwartung zum Ausdruck, daß der Standortvorteil *mindestens* künftige Erträge in Höhe dieses Zugangswerts verkörpert. Dabei spielt es keine Rolle, daß die künftig durch den Standortvorteil erwarteten Erträge sich nicht "auf Heller und Pfennig" voraussagen lassen, denn schon "eine Bewertung nach anerkannten betriebswirtschaftlichen Methoden"[99] "erfüllt die vom Einzelbewertungsprinzip geforderten Voraussetzungen"[100]. Es genügt, wie im Falle der Aktivierung einer angeschafften Maschine, daß künftige Einnahmenüberschüsse *mindestens* in Höhe der so verstandenen 'Anschaffungskosten' erwartet werden. Dem steht nicht entgegen, daß ein geschickt verhandelnder Apotheker dem Arzt unter Umständen eine geringere Mietvergünstigung eingeräumt hätte, die sich dann nicht wie im Apothekerfall auf 1.000 DM monatlich beliefe, sondern zum Beispiel nur auf 500 DM. In dieser Konstellation repräsentiert der Differenzbetrag zwischen eigener und erhaltener Mietzahlung ebenfalls einen Mindestwert. Ob allerdings der Standortvorteil im Falle eines Einlagevorgangs nicht auch mit einem höheren als dem objektivierten Zugangswert eingelegt werden könnte, ist damit noch nicht beantwortet: Dem Standortvorteil könnten auf dem Wege der 'griffweisen', an der allgemeinen Verkehrsanschauung[101] orientierten Schätzung möglicherweise höhere Beträge zugeordnet werden.

Für die selbständige Bewertbarkeit des Standortvorteils muß außerdem die Voraussetzung der Ermittlung eines ermessensbeschränkten Werts *an nachfolgenden Bilanzstichtagen* erfüllt sein. Auch hinsichtlich dieser Folgewerte kann - ebenso wie bei den Zugangswerten - auf eine exakte Bezifferbarkeit verzichtet werden. Während beispielsweise "die bilanzrechtlich relevante Werthaltigkeit des Patentes keineswegs (..) selbstverständlich"[102] ist, besteht dennoch an der selbständigen Bewertbarkeit eines Patentrechtes an zukünftigen Bilanzstichtagen grundsätzlich kein Zweifel. Solange 'griffweise Schätzungen' möglich sind, hält die Rechtsprechung die Folgebewertung eines Vermögenswertes für gesichert. Dabei braucht der Folgewert beim Standortvorteil noch nicht einmal, wie

---

99 *Döllerer* (Einlagen, 1990): S. 191 (beide Zitate).
100 *Hommel* (Informationsökonomie, 1996): S. 176.
101 Vgl. *BFH-Beschluß* vom 16.2.1990 III B 90/88, BStBl. II 1990, S. 794-795, hier S. 795.
102 *Hommel* (Informationsökonomie, 1996): S. 135.

etwa beim Patentrecht oder beim Wettbewerbsverbot, 'griffweise' geschätzt zu werden. Vielmehr ist der Standortvorteil im Zugangszeitpunkt und an den folgenden Bilanzstichtagen in Höhe der Differenz zwischen den beiden (für die restliche Vertragslaufzeit noch ausstehenden) Mietzahlungsreihen einer besonderen Bewertung (im Sinne einer Mindestbewertung) zugänglich.

Im Falle des Standortvorteils entspricht die Dauer des Untermietverhältnisses der Dauer der Ertragswirksamkeit. Sollte der Arzt die angemieteten Räume entgegen der vertraglichen Vereinbarung nicht zum Zwecke des Betriebs einer Arztpraxis nutzen, steht dem Apotheker ein außerordentliches Kündigungsrecht zu. Eine Abgangskontrolle des Standortvorteils als Voraussetzung der selbständigen Bewertbarkeit ist somit gewährleistet.

e) Zur Einlagefähigkeit des Standortvorteils

Einlagefähig ist ein vermögenswerter Vorteil nur, wenn er einen Vermögensgegenstand bzw. ein Wirtschaftsgut darstellt, d.h der "Existenznachweis eines Vermögenswertes wird (..) bereits vollständig durch die Vermögensgegenstandskriterien erbracht"[103]. Da es sich beim Standortvorteil - wie oben gezeigt - um einen greifbaren, selbständig bewertbaren und damit aktivierungsfähigen Vermögensgegenstand handelt, ist dessen Einlagefähigkeit unstreitig gegeben, dementsprechend also beispielsweise bei Gründung einer OHG zum Zwecke des Betreibens einer Apotheke die Einlage eines rechtlich mittelbar gesicherten Standortvorteils grundsätzlich möglich. Der den Vorteil einbringende Gesellschafter legt dabei nicht nur den eigenen Vertrag zur Anmietung der Räume und den diesbezüglichen Untermietvertrag ein, die zusammengenommen zu einer negativen Einlage in Höhe des Differenzbetrages zwischen den beiden Mietzahlungsreihen führten, sondern damit verbunden auch den Standortvorteil, der sich aus dem - aus Sicht einer Apotheke - äußerst vorteilhaften Untermietvertrag mit einem Arzt ergibt. Mit Blick auf die Konsequenzen, die eine Verneinung des Standortvorteils als Vermögensgegenstand nach sich ziehen würde, stellt *Moxter* fest: "Man würde den Begriff des einlagefähigen Wirtschaftsguts unerträglich eng ziehen, wenn man im Streitfall ein einlagefähiges Wirtschaftsgut verneinen wollte".[104]

Im Gegensatz etwa zu einer Effektivvermögensmehrung, die sich aus allgemeinen Veränderungen der Wettbewerbssituation eines Unternehmens ergeben

---

103 *Hommel* (Informationsökonomie, 1996): S. 229.
104 *Moxter* (Drohverlustrückstellungen, 1993): S. 2482.

kann - etwa weil ein Konkurrent aus dem Markt ausscheidet - sind die Ertragswertsteigerungen im Zuge der (Neu-)Ansiedelung eines Arztes regelmäßig anhand von Erfahrungswerten abschätzbar. Auch Nutzungsrechten, die Gesellschafter ihrer Gesellschaft auf der Grundlage des Gesellschaftsvertrags einräumen, wird vom überwiegenden Teil der Bilanzrechtsliteratur[105] die Wirtschaftsguteigenschaft zuerkannt. Voraussetzung hierfür sei allerdings eine nachgewiesen unkündbare Mindestlaufzeit, "welche die Ermittlung eines Mindestertragswertes ermöglicht".[106] Dies trifft auch auf einen Standortvorteil zu, der im Zusammenhang mit einem zeitlich fixierten Untermietvertrag mit einem Arzt in eine (Apotheken-)OHG eingebracht wird. Die fest vereinbarte Mietdauer und die eindeutig ermittelbare Mietdifferenz (aus Miet- und Untermietvertrag) ermöglichen eine konkrete Feststellung hinsichtlich des Mindestertragswerts, der die subjektive Wertschätzung des den Standortvorteil einbringenden Gesellschafters hinreichend objektiviert.[107] Der Standortvorteil könnte auch mit einem die Mietdifferenz übersteigenden Betrag eingelegt werden, wenn er "ernstlich für so viel wert gehalten"[108] wird; er dürfte jedoch "nicht höher bewertet werden als zu den objektiv zurechenbaren Einnahmenüberschüssen"[109].

Gründe, die gegen die Einlagefähigkeit des Standortvorteils sprechen könnten, sind nicht ersichtlich, zumal dann nicht, wenn man bedenkt, daß der BGH eine noch nicht aufgeführte Operette, die von einem unbekannten Komponisten in einen Musikverlag zu einem Wert von 10.000 DM eingebracht wurde, als zur Sacheinlage geeigneten Vermögenswert betrachtet hat. Der BGH argumentierte, der Sachverhalt biete keine Anhaltspunkte für die Annahme, "daß die im Gesellschaftsvertrag vorgenommene Bewertung grob (..) gegen gesunde kaufmännische Gepflogenheiten oder Bilanzierungsgrundsätze" verstieße, da die Operettenaufführung Erträge erwarten lasse, "die ihrer Größenordnung nach eine Bewertung auf 10.000 DM rechtfertigen". An dieser Argumentation wird deutlich, daß selbst solche Vorteile einlagefähige Vermögenswerte darstellen können, deren Bewertung sich wegen fehlender Marktgängigkeit als ausgespro-

---

105 Vgl. z.B. *Groh* (Nutzungseinlage, 1988): S. 519; *Döllerer* (Kapitalnutzungsrecht, 1988): S. 47.
106 *Hommel* (Informationsökonomie, 1996): S. 110-111.
107 Vgl. hierzu *Hommel* (Informationsökonomie, 1996): S. 188, für rein wirtschaftliche Güter.
108 *BGH* vom 16.2.1959 II ZR 170/57, BGHZ 29, 300-310, hier S. 308.
109 *Moxter* (GoB, 1993): S. 541.

chen schwierig darstellt. Der Rechtsprechung genügt es, wenn der Einlagewert "im Verhältnis zu der möglichen Gewinnchance"[110] nicht unangemessen ist.

f) Zur Frage des entgeltlichen Erwerbs des Standortvorteils

Ein Zuschuß, um den es sich bei der Unterpreisvermietung an den Arzt im Apothekerfall handeln könnte, erfüllt die Voraussetzung des entgeltlichen Erwerbs[111] nur, wenn er sich "nach dem Inhalt des Vertrages (vgl. §§ 133, 157 BGB) oder jedenfalls nach den Vorstellungen beider Vertragsteile (subjektive Geschäftsgrundlage) als die Gegenleistung für den durch ihn erlangten Vorteil erweist". Nicht entgeltlich erworben im Sinne des § 248 Abs. 2 HGB sind bloße, einseitige Erwartungen des Zuschußgebers, "mögen sie auch tatsächlich gesichert erscheinen"[112]. Vielmehr muß der erworbene immaterielle Vermögensgegenstand "wegen der Zuschüsse eingeräumt"[113] worden sein und damit "die Gegenleistung, das so zu verstehende Entgelt, für die Leistung der anderen Partei bilden". Wie der Reklamefeldzug, so stellen auch die durch den Untermietvertrag mit dem Arzt erlangten Vorteile "keine Gegenleistungspflichten des Vertragspartners dar"[114]. Der Untermietvertrag verpflichtete den Apotheker lediglich dazu, die Räume zur Verfügung zu stellen, und den Arzt traf möglicherweise eine Gebrauchspflicht, die aber nach Auffassung des X. Senats die "Stellung des Klägers gegenüber [dem Untermieter] (..) nicht in einem solchen Ausmaß verstärkt, daß ein besonderes Wirtschaftsgut in Erscheinung tritt"[115]. Hieraus läßt sich schließen, daß der Standortvorteil - anders als das Bierlieferungsrecht, dem "eine Vermögensminderung des Zuschußnehmers in Form der Belastung durch das eingeräumte Recht direkt gegenüber[steht]" - "die Vermögenssphäre des Vertragspartners quasi unberührt"[116] läßt. Dementsprechend ist

---

110 *BGH* vom 16.2.1959 II ZR 170/57, BGHZ 29, 300-310 hier S. 308 f. (alle Zitate); vgl. hierzu auch *Hommel* (Informationsökonomie, 1996): S. 195-196.
111 Vgl. § 248 Abs. 2 HGB.
112 *Döllerer* (Maßgeblichkeit, 1969): S. 505 (beide Zitate); vgl. auch *BFH* vom 26.2.1975 I R 72/73, BStBl. II 1976, S. 13-16, hier S. 14.
113 *BFH* vom 26.2.1975 I R 72/73, BStBl. II 1976, S. 13-16, hier S. 14.
114 *Moxter* (Bilanzrechtsprechung, 1993): S. 24 (beide Zitate).
115 *BFH-Beschluß* vom 26.5.1993 X R 72/90, BStBl. II 1993, S. 855-861, hier S. 858.
116 *Kronner* (GoB für immaterielle Anlagewerte, 1995): S. 56 (beide Zitate), der die zweite Aussage auf den Zuschuß für eine verbesserte Zufahrtsstraße bezieht.

der entgeltliche Erwerb als Voraussetzung der Aktivierung[117] des immateriellen Vermögensgegenstands 'Standortvorteil' nicht erfüllt.

2. Würdigung der Literatur zur Vermögensgegenstandseigenschaft des Standortvorteils

2.1. Die Verneinung der Greifbarkeit des Standortvorteils

In Teilen des Schrifttums zum Apothekerfall wird im Gegensatz zu den obigen Ausführungen zur Klassifikation des Standortvorteils als Vermögensgegenstand die Auffassung vertreten, der Standortvorteil sei nichts anderes als "ein bilanzrechtliches Verlustgeschäft (..), das der Apotheker gezielt zur Steigerung seines eigenen Geschäfts- oder Firmenwerts eingegangen ist"[118]. In gleichem Maße, wie der X. Senat in seinem Beschluß die Ungewißheit[119] der erwarteten Vorteile aus dem Abschluß des Untermietvertrags mit dem Arzt hervorhebt, so weist auch *Kessler* darauf hin, daß solche wirtschaftlichen Vorteile "lediglich als vage Hoffnungen" zu betrachten seien, "die zwar möglicherweise ein Motiv für den Abschluß (..) [derartiger] Geschäfte abgeben, aus bilanzrechtlicher Sicht aber schon wegen des Realisationsprinzips bei der Ausgewogenheitsprüfung dieser Geschäfte keine Berücksichtigung finden dürfen"[120]. Da sich die Ausgeglichenheitserwartung des Apothekers im Hinblick auf das Untermietverhältnis auf rein subjektive Hoffnungen stütze, der BFH aber fordere, daß die in den Saldierungsbereich einzubeziehenden Aufwendungen und Erträge gleichermaßen "in greifbarer Weise abgesichert sind"[121], müsse die Verlustantizipation hingenommen werden. Der Hinweis von *Gosch* und die oben angeführten Stellungnahmen machen deutlich, daß dem Standortvorteil die Greifbarkeit als grundlegende Voraussetzung eines Vermögensgegenstands nicht zuerkannt wird. Bei den Umsatz- und Ertragserwartungen aus dem Abschluß des Unter-

---

117 Handelt es sich um Einlagen, werden immaterielle Vermögensgegenstände des Anlagevermögens jedoch "trotz fehlenden entgeltlichen Erwerbs aktiviert", *Moxter* (Bilanzrechtsprechung, 1996): S. 28.

118 *Kessler* (Dauerbeschaffungsgeschäfte, 1996): S. 12. Gl. A. vgl. *Thies* (Rückstellungen, 1996): S. 155. Der Standortvorteil besitze "einen kaum quantifizierbaren und nachprüfbaren positiven Einfluß auf die Umsatzentwicklung", S. 154.

119 Vgl. *BFH-Beschluß* vom 26.5.1993 X R 72/90, BStBl. II 1993, S. 855-861, hier S. 858.

120 *Kessler* (Drohverlustückstellung, 1994): S. 571.

121 *Gosch* (Rechtsprechung, 1994): S. 76.

mietvertrags soll es sich vielmehr um Aufwendungen für den originären Geschäftswert[122] handeln.

Einheitlich gelangen die oben zitierten Autoren zu der Auffassung, daß der Apotheker "gegenüber dem Untervermieter gar keinen rechtlich begründeten und damit grundsätzlich aktivierungsfähigen Anspruch auf den Betrieb einer Arztpraxis erworben" habe, weshalb eine "Zusammenfassung des Untermietverhältnisses mit den erwarteten künftigen Umsatzgeschäften aus dem Apothekenbetrieb zu einer Bewertungseinheit nicht in Betracht"[123] komme. In dieser Aussage zeigt sich implizit, daß die *rechtliche* Durchsetzbarkeit der Erzielung künftiger Einnahmenüberschüsse als maßgebendes Kriterium für die Aktivierungsfähigkeit vermögenswerter Vorteile angesehen wird. Die Ausführungen zur Greifbarkeit des Standortvorteils[124] zeigen aber, daß es nicht nur auf die *unmittelbare* rechtliche Unentziehbarkeit eines Anspruchs ankommt, sondern daß auch die *mittelbare* rechtliche Unentziehbarkeit die Bestandssicherheit eines vermögenswerten Vorteils gewährleisten kann.

Auf eben diesen Aspekt stellt ein weiterer Teil der bilanzrechtlichen Literatur zum Apothekerfall ab: Für *Moxter* begründet die Untervermietung "zu dem eingeschränkten Gebrauch für eine Arztpraxis"[125] "die rechtlich verfestigte Chance der Einnahmenerzielung"[126]. Ähnlich weist *Herzig* auf das außerordentliche Kündigungsrecht des Apothekers für den Fall hin, daß der Arzt keine Arztpraxis in den Räumen betreiben sollte. Faktisch könne der Apotheker hierdurch den Betrieb einer Arztpraxis durchsetzen: "Dieser faktische Anspruch ergibt sich dem Grund nach unmittelbar aus dem Untermietvertrag" (als "materielle Grundlage des Standortvorteils"[127]), "so daß der Einbeziehung dieses Vorteils in den Saldierungsbereich dem Grunde nach nichts entgegensteht"[128]; zwar bestünden grundsätzlich "Zweifel an der Qualifizierung des Standortvorteils als Vermögensgegenstand und Wirtschaftsgut"[129], doch sind diese wohl

---

122 Vgl. *Kupsch* (Bewertungseinheit, 1995): S. 155; *Strobl* (Matching Principle, 1994): S. 431.
123 *Karrenbrock* (Saldierungsbereich, 1994): S. 100 (beide Zitate); ebenso vgl. *Schön* (Rückstellungen, 1994): S. 12; *Strobl* (Matching Principle, 1994): S. 431 f.
124 Siehe hierzu oben, 2. Kapitel, A. IV. 1.2. c).
125 *BFH-Beschluß* vom 26.5.1993 X R 72/90, BStBl. II 1993, S. 855-861, hier S. 858.
126 *Moxter* (Drohverlustrückstellungen, 1993): S. 2482, unter Hinweis auf *BFH* vom 18.1.1989 X R 10/86, BStBl. II 1989, S. 549-551 (Handelsvertreterbezirk) und *BFH* vom 1.2.1989 VIII R 361/83, BFH/NV 1989, S. 778-779 (Auftragsbestand).
127 *Herzig* (Drohverlustrückstellungen, 1994): S. 1430 (beide Zitate).
128 *Herzig / Rieck* (Abgrenzung des Saldierungsbereiches, 1995): S. 538.
129 *Herzig* (Drohverlustrückstellungen, 1994): S. 1430.

eher auf mögliche Probleme bei der Bewertung der Gegenleistung und nicht auf die mangelnde Greifbarkeit des Standortvorteils zurückzuführen[130].

Unter der Voraussetzung, es würde sich beim Standortvorteil um einen rechtlich durchsetzbaren Anspruch gegenüber dem Arzt handeln, glaubt *Siegel*, "eine Parallele zum Bierlieferungsrecht zu sehen"[131]. Denn der BFH erkannte in der Gewährung von Zuschüssen, die eine Brauerei Gastwirten "gegen die Übernahme von zeitlich begrenzten Bierbezugsverpflichtungen"[132] eingeräumt hatte, ein entgeltlich erworbenes immaterielles Wirtschaftsgut. Da es sich jedoch "allenfalls um ein originär erworbenes Wirtschaftsgut handelt", sei "diese Behandlung eines Belieferungsrechts jedoch abzulehnen". Es könne gehofft werden, "daß das Bierlieferungsrecht-Urteil nur als Nachklang früherer 'dynamischer' Zeiten des BFH anzusehen ist"[133]. Wenn *Moxter* zur Festigung seiner Position die BFH-Urteile zum Handelsvertreterbezirk und zum übernommenen Auftragsbestand zitiere, in denen rechtlich verfestigte Einnahmeerzielungschancen zur Bilanzierung eines Vermögensgegenstandes führten, so verkenne er die jeweilige Besonderheit des Sachverhalts. In beiden Fällen sei es darum gegangen, einen Bestandteil des derivativen Geschäftswerts von diesem zu lösen, um den Handelsvertreterbezirk und den übernommenen Auftragsbestand in Abgrenzung zum damals noch nicht abschreibungsfähigen Geschäftswert über einen kurzen Zeitraum abzuschreiben.[134] Keinesfalls könnten die Ausführung des BFH in einer der genannten Entscheidungen zur Aktivierungsfähigkeit eines immateriellen Wirtschaftsguts "namens 'Gewinnaussichten aus schwebenden Verträgen' "[135] auf andere Sachverhalte übertragen werden: "Diese Qualifizierung kann offensichtlich gar nicht allgemeingültig gemeint sein, denn der BFH wird sich hüten, nicht realisierte Gewinne aus schwebenden Geschäften zu besteuern"[136]. Auch *Meyer-Scharenberg* leitet aus der vom BFH in einer Entscheidung aus dem Jahr 1985 gewählten Formulierung, es sei „offen, ob Gewinnchancen aus schwebenden Geschäften (..) abnutzbare immaterielle Einzelwirtschaftsgüter sein können"[137], unübersehbare Zweifel des BFH daran

---

130 Vgl. *Herzig* (Drohverlustrückstellungen, 1994): S. 1430.
131 *Siegel* (Saldierungsprobleme, 1994): S. 2238.
132 *BFH* vom 26.2.1975 I R 72/73, BStBl. II 1976, S. 13-16, hier S. 13.
133 *Siegel* (Saldierungsprobleme, 1994): S. 2238 (alle Zitate).
134 Vgl. auch *Breidenbach / Niemeyer* (Auftragsbestand, 1991): S. 2501.
135 *Siegel* (Saldierungsprobleme, 1994): S. 2238. *Siegel* zitiert hier das BFH-Urteil vom 1.2.1989 VIII R 361/83, BFH/NV 1989, S. 778-779.
136 *Siegel* (Saldierungsprobleme, 1994): S. 2238.
137 *BFH* vom 7.11.1985 IV R 7/83, BStBl. II 1986, S. 176-178, hier S. 177.

ab, ob die Anerkennung von Gewinnchancen als immaterielle Einzelwirtschaftsgüter tatsächlich als sachgerecht zu gelten habe.[138]

Der BFH führt in einem *jüngeren* Urteil zur Wirtschaftsguteigenschaft des Auftragsbestands aus: "Rechte aus schwebenden Verträgen - dazu gehört der übernommene Auftragsbestand - sind selbständig bewertungsfähige immaterielle Wirtschaftsgüter. Sie sind nicht Bestandteil des Geschäftswerts".[139] Trotz *ausdrücklicher* Qualifizierung der Gewinnchancen als Vermögensgegenstand läßt aber auch diese Entscheidung wiederum „offen, ob sie auch auf die Rechtslage nach Änderung des § 6 Abs. 1 Nr. 2 und Einfügung des § 7 Abs. 1 Satz 3 durch das EStG 1986 noch Anwendung findet"[140]. Zu bedenken ist, daß der Auftragsbestand im zugrundeliegenden Sachverhalt derivativ erworben, mithin "als solcher Gegenstand eines Anschaffungsgeschäfts war" und insoweit "kein Unterschied zum (gesonderten) Erwerb der Kundschaft" besteht, die von der Rechtsprechung ebenfalls als Vermögensgegenstand angesehen wird. Beim Erwerb eines Auftragsbestands zusammen mit einem anderen Unternehmen ergeben sich dagegen in der Regel "Zurechnungsprobleme: Vom Gesamtkaufpreis muß der den Auftragsbestand betreffende Teil abgespalten werden"[141], was nur bei feststehendem Wert der miterworbenen Vermögensvorteile möglich ist. Insofern liegt die Vermutung nahe, daß der BFH die Rechtsfrage deshalb offenließ, weil er nicht ausschließen wollte, im Falle des nicht-derivativen Erwerbs eines Auftragsbestands zu einem gegenteiligen Ergebnis hinsichtlich der Vermögensgegenstandseigenschaft zu gelangen. Außerdem wäre eine grundlegende Änderung der Rechtsprechung zur bilanzrechtlichen Klassifikation eines Auftragsbestands nur wegen geänderter steuerlicher Abschreibungsregeln zum Geschäftswert nicht einsichtig, denn Abschreibungsregeln stellen keine Kriterien dar, anhand derer die Vermögensgegenstandseigenschaft überprüft werden könnte. Insoweit bietet das Urteil zum Auftragsbestand keine Anhaltspunkte für die Behauptung, es handele sich um eine besondere Entscheidung, deren Wertungen nicht auf ähnliche Sachverhalte übertragen werden dürften. Dies gilt gleichermaßen für die Entscheidung zum Handelsvertreterbezirk, mag auch der BFH einen "firmenwertähnlichen Charakter"[142] des Vertreterrechts nicht ausschließen, denn schließlich ist bei vielen von der Rechtspre-

---

138 Vgl. *Meyer-Scharenberg* (Nutzungsrechte, 1987): S. 876; *ders.* (Nutzungsüberlassung, 1987): S. 109.
139 *BFH* vom 1.2.1989 VIII R 361/83, BFH/NV 1989, S. 778-779, hier Leitsatz.
140 *BFH* vom 1.2.1989 VIII R 361/83, BFH/NV 1989, S. 778-779, hier S. 779 .
141 *Moxter* (Bilanzrechtsprechung, 1996): S. 22 (alle Zitate).
142 *BFH* vom 18.1.1989 X R 10/86, BStBl. II 1989, S. 549-551, hier S. 551.

chung als immaterielle Vermögensgegenstände anerkannten Vermögenswerten von einer gewissen Firmenwertähnlichkeit auszugehen.

Wenn, wie *Hommel* zeigt, "dem Greifbarkeitsprinzip durch das formale Bestehen eines rechtlich unmittelbaren (Sachen oder Rechte) oder mittelbaren (rechtlich verfestigte Chance) Bestandsschutzes entsprochen wird"[143], können an der Greifbarkeit des Standortvorteils keine Zweifel bestehen, denn der Standortvorteil zeichnet sich durch die Existenz eines rechtlich mittelbaren Bestandsschutzes aus. Während die Leistung des Apothekers in der Zurverfügungstellung der Räume besteht, ist die (Gegen-)Leistung des Arztes auf das Betreiben einer Arztpraxis gerichtet. Daß der Arzt dem Apotheker Einnahmen in bestimmter Höhe (rechtlich) nicht garantiert und diese insofern vage sind, ändert nichts an der Greifbarkeit des Standortvorteils, denn auch Geschäftsbeziehungen[144] oder ein Wettbewerbsverbot[145] gelten als greifbare (und selbständig bewertbare) Vermögensgegenstände, wenngleich der (diese Vermögenswerte innehabende) Kaufmann keinerlei Möglichkeiten hat, die erwarteten Einnahmenüberschüsse rechtlich durchzusetzen, sie sind lediglich - ebenso wie der Standortvorteil - mittelbar rechtlich gesichert. In allen Fällen ist Vertragsinhalt nicht die Erzielung zusätzlicher Einnahmenüberschüsse. Eine vertragliche Zusicherung des wirtschaftlichen Erfolgs wäre auch im Hinblick auf die Beschränkungen des § 11 ApoG im Apothekerfall gar nicht zulässig.[146]

Wenn einzelne Autoren unter Hinweis auf den fehlenden Kausalzusammenhang zwischen Aufwand und Nutzen die Forderung nach der Einzelveräußerbarkeit als Vermögensgegenstandseigenschaft erheben, verkennen sie, "daß auch die Tatsache, daß ein Vermögensgegenstand einzelveräußerbar ist, noch keine Aussage darüber erlaubt, ob mit diesem Gegenstand im konkreten Einzelfall Einnahmenüberschüsse zu erzielen sind"[147]. Kennzeichnend für einen Vermögensgegenstand ist vielmehr dessen "Bewertungsfähigkeit im Rahmen des lebenden Betriebs", nicht aber "die Einzelbewertbarkeit und -verwertbarkeit und damit auch die Greifbarkeit im Insolvenzfall"[148]. Auf eine Einzelveräußerbarkeit im

---

143 *Hommel* (Informationsökonomie, 1996): S. 229.

144 Vgl. *BFH* vom 16.9.1970 I R 196/67, BStBl. II 1971, S. 175-176.

145 Vgl. *BFH* vom 25.1.1979 IV R 21/75, BStBl. II 1979, S. 369-372.

146 Vgl. *BFH-Beschluß* vom 26.5.1993 X R 72/90, BStBl. II 1993, S. 855-861, hier S. 858.

147 *Hommel* (Informationsökonomie, 1996): S. 183 f.

148 *Beisse* (Bilanzauffassung, 1978): S. 78 (beide Zitate). Für die selbständige Verwertbarkeit als Vermögensgegenstandskriterium vgl. z.B. *Marx* (Immaterielle Anlagewerte, 1994): S. 2382-2384, der aus diesem Grund beispielsweise verneint, daß Zahlungen, die ein Abnehmer von Gußteilen einem Lieferanten dafür leistet, daß dieser eine Gußform herstellt und für zukünftige Bestellungen verwendet, als ein Recht eigener Art

Zerschlagungsfall, wie sie etwa von *Siegel*[149] gefordert wird, kann es zur Bestimmung der Greifbarkeit eines Vermögensgegenstands nicht ankommen.

2.2. Die Verneinung der selbständigen Bewertbarkeit

Der in der faktischen Verpflichtung des Arztes zum Betreiben einer Arztpraxis in den angemieteten Räumen verankerte Standortvorteil ist zweifelsfrei mit einigen Unsicherheiten behaftet. So läßt sich das Verschreibungsverhalten des Arztes, welches maßgeblich für die zukünftige wirtschaftliche Situation der Apotheke ist, nur schwer abschätzen: Die erwarteten Vorteile sind umso geringer, je weniger der Arzt verschreibt und umgekehrt. Daneben bestehen Unwägbarkeiten hinsichtlich des Patientenverhaltens; der BFH meint: "Es läßt sich nicht annähernd bestimmen, wieviele Patienten ihre Rezepte in die nächstgelegene Apotheke tragen"[150]. *Schön* zufolge läßt sich der durch den Untermietvertrag erlangte "Zusatzvorteil (..) wertmäßig nicht beziffern", weshalb die gebotene gesonderte Prüfung auf die "Bilanzierungs- und Bewertungsfähigkeit"[151] des Standortvorteils offenbar zu einer Verneinung der Vermögensgegenstandseigenschaft führen müsse. Auch nach *Kupsch* ist "die Verwirklichung der erwarteten Umsatzsteigerung ungewiß und nicht eindeutig durch die Mietunterdeckung verursacht, so daß eine Saldierung von Standortvorteil und Mietaufwandsüberschuß nicht zulässig"[152] sei. Fraglich bleibt, ob diese Unsicherheiten dazu führen dürfen, dem erwarteten wirtschaftlichen Vorteil die selbständige Bewertbarkeit abzusprechen.

Wenngleich es nicht auszuschließen ist, daß einige Patienten die Rezepte bei einem anderen Apotheker als dem Vermieter der Praxisräume einlösen werden, geht eine ganz und gar pessimistische Einschätzung, "die im vorliegenden Fall unterstellt, daß der Betrieb der Arztpraxis für den Apotheker keinerlei Vorteil entfaltet", mithin "auf den denkbar ungünstigsten Fall" abstellt, "jedoch weit über das Vorsichtsprinzip hinaus"[153]. Selbst der X. Senat meint, der Apotheker könne "auf den Erfahrungssatz bauen, daß die Patienten eines Arztes sehr häu-

---

und damit als immaterieller Vermögensgegenstand zu klassifizieren ist. Der BFH bejahte demgegenüber einen immateriellen Vermögensgegenstand, vgl. *BFH* vom 1.6.1989 IV R 64/88, BStBl. II 1989, S. 830-831.

149 Vgl. *Siegel* (Saldierungsprobleme, 1994): S. 2238.
150 *BFH-Beschluß* vom 26.5.1993 X R 72/90, BStBl. II 1993, S. 855-861, hier S. 858.
151 *Schön* (Rückstellungen, 1994): S. 12 (beide Zitate).
152 *Kupsch* (Bewertungseinheit, 1995): S. 154 f.
153 *Herzig* (Drohverlustrückstellungen, 1994): S. 1431 (alle Zitate).

fig die nächstgelegene Apotheke aufsuchen werden"[154]. Ein Wert des Standortvorteils von null scheidet insofern aus, und damit ist zugleich dessen "reale (ökonomische) Existenz"[155] als Mindestanforderung der selbständigen Bewertbarkeit erfüllt. Die Behauptung, der Standortvorteil sei einer Wertzumessung gar nicht zugänglich, muß daher zurückgewiesen werden. Wie bereits oben gezeigt[156], ist die selbständige Bewertbarkeit der mit der Untervermietung der Praxisräume verknüpften Gewinnchance durch den Verweis auf nachweisbare Ausgaben in Form des Verzichts auf Mieterträge gegeben.

Wenn in der Literatur dennoch die Auffassung vertreten wird, der Differenzbetrag zwischen eigener Mietverpflichtung und den Mieteinnahmen aus dem Untermietvertrag gäbe keinen Hinweis auf gesicherte zukünftige Erträge, wird "das Kriterium der entstandenen Aufwendungen regelmäßig nicht mehr in seiner ursprünglichen Bedeutung als objektivierende Ergänzung zum Vermögenswertprinzip" verwendet. "Vielmehr erfährt das Ausgabenkriterium eine viel anspruchsvollere Interpretation, indem die getätigte Ausgabe nicht mehr den zuvor ermittelten Vermögenswert objektiviert, sondern, ohne ihn zu prüfen, an die Stelle des zukünftigen Nutzwertes tritt"[157].

2.3. Die Forderung nach entgeltlichem Erwerb

Siegel reicht die "Einlagefähigkeit (die auch ohne entgeltlichen Erwerb vorliegen kann) (..) nicht aus"[158]. Erst durch den entgeltlichen Erwerb erweise ein immaterieller Vermögenswert seine (konkrete) Aktivierungsfähigkeit und könne im Sinne des Grundsatzes der Maßgeblichkeit der Bruttobilanzierung saldierend berücksichtigt werden. Die Nichtanwendung des Kriteriums des entgeltlichen Erwerbs für die Abgrenzung des Saldierungsbereichs von Drohverlustrückstellungen führt nach Auffassung *Kesslers* "zu offenkundigen Wertungswidersprüchen". Gewähre der Apotheker dem Arzt einen Zuschuß in Höhe von monatlich 1.000 DM und vermiete ihm die Praxisräume zu einem Preis, der seinen eigenen Mietzinsen (2.000 DM) entspreche, unterscheide sich die Vereinbarung "lediglich hinsichtlich ihrer rechtlichen Einkleidung von derjenigen des Vorlagebeschlusses". "Materiell" bestehe hingegen "zwischen beiden

---

154 *BFH-Beschluß* vom 26.5.1993 X R 72/90, BStBl. II 1993, S. 855-861, hier S. 858.
155 *Moxter* (Entgeltlicher Erwerb, 1978): S. 1808.
156 Siehe hierzu oben, 2. Kapitel, A. IV. 1.2. d).
157 *Hommel* (Informationsökonomie, 1996): S. 183 (beide Zitate).
158 *Siegel* (Saldierungsprobleme, 1994): S. 2239

Gestaltungsvarianten kein Unterschied". "Wer sich im ersten Fall gegen die Passivierung einer Drohverlustrückstellung und damit gegen eine unmittelbar erfolgsmindernde Berücksichtigung der Zuwendung ausspricht, muß im zweiten Fall folgerichtig ebenfalls für eine erfolgsneutrale Behandlung des Zuschusses, sprich für seine Aktivierung als immaterielles Wirtschaftsgut eintreten"[159].

Wie bereits oben gezeigt[160], ist der Standortvorteil bei Anwendung der von der Rechtsprechung entwickelten Grundsätze nicht entgeltlich erworben. Um beurteilen zu können, ob der von *Kessler* behauptete 'Wertungswiderspruch' tatsächlich besteht, bedarf es zunächst einer Klärung der bilanzrechtlichen Aufgabe des Prinzips des entgeltlichen Erwerbs. Nach *Hommel* zielt es "weder auf den Existenznachweis immaterieller Anlagewerte" noch ist es "konzeptionell dazu geeignet (..), diese immateriellen Vermögensgegenstände im Sinne der Vermögensermittlungsprinzipien zweckadäquat zu bewerten"[161]. Die Bilanzaufgabe des Prinzips des entgeltlichen Erwerbs liegt nicht darin, immaterielle Vermögensgegenstände aufgrund fehlender Greifbarkeit und/oder selbständiger Bewertbarkeit von der Aktivierung auszuschließen, denn "Existenz- und Bewertungsfunktion werden (..) bereits durch die vorgelagerten Vermögensgegenstandsprinzipien umfassend und vollständig gewährleistet"[162]. Vielmehr entzieht sich die auf nicht entgeltlich erworbene Anlagegegenstände "gerichtete Rechenschaftslegung des Kaufmanns regelmäßig einer objektivierten, sanktionsbewehrten Überprüfung"[163]: Dem "regelmäßig informationsärmeren Bilanzadressaten [dürfte es] schwerfallen zu beurteilen, ob der Bilanzierende auch sämtliche immateriellen, originär geschaffenen Anlagewerte, die einer Aktivierung zugänglich wären, bilanziell erfaßt"[164].

Aufgrund dieser bilanzrechtlichen Wertung kann aber der 'entgeltliche Erwerb' für die Abgrenzung des Saldierungsbereichs von Drohverlustrückstellungen (ebenso wie für die Konkretisierung eines greifbaren und selbständig bewertbaren Vermögensgegenstandes) keine Rolle spielen. Daß der Standortvorteil Ge-

---

159 *Kessler* (Drohverlustückstellung, 1994): S. 572 (alle Zitate).
160 Siehe hierzu oben, 2. Kapitel A. IV. 1.2. f).
161 *Hommel* (Informationsökonomie, 1996): S. 233 f.
162 *Hommel* (Informationsökonomie, 1996): S. 233 f. A.A. wohl *Döllerer / Rädler* (Forschungsbohrungen, 1994): Dem entgeltlichen Erwerb liege der "Gedanke zugrunde, daß selbst hergestellte Vermögensgegenstände unsichere Güter darstellen, deren Vorhandensein als Vermögensvorteil und deren Wert ohne einen entgeltlichen Erwerb nur schwierig oder überhaupt nicht nachzuweisen sind", S. 810.
163 *Hommel* (Informationsökonomie, 1996): S. 242.
164 *Hommel* (Informationsökonomie, 1996): S. 239 f.

genstand einer gesellschaftsrechtlichen Sacheinlage sein kann und "jedenfalls bei solchen schwebenden Verträgen, die aus dem Zugang eines (abstrakt) einlagefähigen Wirtschaftsgutes resultieren, die Ausgeglichenheitsvermutung nicht als entkräftet gelten darf"[165], muß keineswegs "eine großzügigere Auslegung des Erwerbskriteriums auf der Aktivseite nach sich ziehen"[166]. Zu Recht weist *Moxter* darauf hin, daß es im Apothekerfall auch "nicht etwa darum gehen [kann], eine Aktivierungspflicht konstruieren zu wollen"[167]. Entscheidend ist, daß eine Entkräftung der Ausgeglichenheitsvermutung nicht bereits dann möglich ist, wenn ein außerhalb des (zivilrechtlichen) Synallagmas stehender Vorteil nicht entgeltlich erworben wurde. Das Prinzip des entgeltlichen Erwerbs erfüllt die Aufgabe, originär erworbene immaterielle Anlagegegenstände von der Aktivierung auszuschließen, nicht aber die Funktion, als objektivierendes Kriterium die Ausgeglichenheitsvermutung zu entkräften. Auch die Überlegung, daß im Apothekerfall die Drohverlustrückstellung *im Ergebnis* jederzeit dadurch vermieden werden könnte, daß der Apotheker dem Arzt die Räume privat, d.h. außerhalb seiner betrieblichen Tätigkeit vermietet und anschließend das Mietverhältnis und damit zugleich den Standortvorteil einlegt[168], zeigt, daß die Entkräftung der Vermutung eines ausgeglichenen Mietverhältnisses unter bloßem Hinweis auf den fehlenden entgeltlichen Erwerb die Leistungsfähigkeit[169] bilanzzweckinadäquat widerspiegelt.

3. Abschließende Würdigung - Die Bedeutung der Ausgeglichenheitsvermutung und deren mögliche Entkräftung im Apothekerfall

Nach Auffassung eines Teils des Schrifttums stehen im Apothekerfall den Aufwendungen für die Anmietung der Räume ausschließlich "die Mietzahlungen des Untervermieters"[170] als saldierungsfähige Elemente gegenüber. Aus der

---

165 *Moxter* (Drohverlustrückstellungen, 1993): S. 2482.
166 *Kessler* (Drohverlustückstellung, 1994): S. 572.
167 *Moxter* (Drohverlustrückstellungen, 1993): S. 2482.
168 Einlagevorgänge werden nicht durch das Prinzip des entgeltlichen Erwerbs beschränkt, da bei Einlagen nicht die Gefahr droht, "daß in Höhe realisierter Ausgaben ein Aktivum bilanziert wird, obgleich diese Ausgaben gar nicht zu einem Gegenwert geführt haben", *Moxter* (Bilanzrechtsprechung, 1996): S. 29.
169 Vgl. hierzu *Mellwig* (Bilanzrechtsprechung, 1983): Handels- und Steuerbilanz ermitteln "die eine, wenngleich objektivierungsbedingt verzerrte wirtschaftliche Leistungsfähigkeit", S. 1617; in beiden Fällen handele es sich "um die Ermittlung des (..) entziehbaren Betrages", S. 1616.
170 *Karrenbrock* (Saldierungsbereich, 1994): S. 100.

Differenz beider (Miet-)Zahlungsreihen ergebe sich, so *Karrenbrock*, der rückstellungsrelevante Verpflichtungsüberschuß. Keinesfalls dürften alle wirtschaftlichen Folgen eines schwebenden Geschäfts, wie etwa der Standortvorteil des Apothekers, in den Saldierungsbereich einbezogen werden, sondern nur solche positiven Komponenten, die welchselseitig kausal mit der negativen Komponente zusammenhingen. Dies treffe auf den Standortvorteil, der "von anderen, zusätzlich zu erfüllenden Voraussetzungen"[171] abhänge, jedoch nicht zu. In vergleichbarer Weise argumentiert *Schön*, es sei unzulässig, "allgemein die Vorteile und Nachteile des Vertrages abwägen zu müssen"[172]. Dies widerspreche sowohl dem Einzelbewertungsgebot und dem Saldierungsverbot als auch dem Prinzip vollständiger Bilanzierung. In jenen Aussagen wird deutlich, daß zur Prüfung der Ausgeglichenheit des schwebenden Untermietverhältnisses im Apothekerfall einzig auf die vertraglich fixierten (Miet-)Ansprüche und (Miet-)Verpflichtungen abgestellt werden soll. Da sich aus dieser Gegenüberstellung für den Apotheker eine Zahlungsreihe ergibt, die ausschließlich Ausgabenüberschüsse aufweist, muß nach diesem Verständnis eine Drohverlustrückstellung ausgewiesen werden.

Differenzierter argumentiert *Kessler*, daß zwar einer beschafften Dauerleistung (um die es sich bei der Anmietung von Räumen handelt) in der Regel Erträge nicht willkürfrei zugerechnet werden könnten, doch bildeten kombinierte Beschaffungs- und Absatzgeschäfte eine Ausnahme. Diese erlaubten es, dem Anspruchselement einen konkreten Ertrag zuzuweisen. Beispielsweise sei es im Apothekerfall möglich, dem Beschaffungsgeschäft 'Anmietung der Räume durch den Apotheker' das Absatzgeschäft 'Vermietung der Räume an den Arzt' zuzuordnen: "Die Problematik dieses Sachverhalts liegt denn auch weniger darin, wie die gegenseitigen Ansprüche und Verpflichtungen zu bewerten sind, sondern in der Frage, ob bei der Ausgewogenheitsprüfung dieses Vertrags die erhoffte Umsatzsteigerung verlustkompensierend zu berücksichtigen ist"[173]. Diese Frage müsse aufgrund des nicht konkret aktivierungsfähigen Standortvorteils eindeutig verneint werden.

Schließt man sich der Auffassung an, daß der dem Apothekerfall zugrundeliegende Sachverhalt als kombiniertes Beschaffungs- und Absatzgeschäft eine absatzmarktorientierte Bewertung des Mietverhältnisses erlaubt, indem die "Leistung des Apothekers und des Arztes, nämlich die Überlassung der Praxisräume und die Zahlung des Mietzinses", verglichen werden, "so kommt man an der

---

171 *Karrenbrock* (Saldierungsbereich, 1994): S. 100.
172 *Schön* (Rückstellungen, 1994): S. 12.
173 *Kessler* (Dauerbeschaffungsgeschäfte, 1996): S. 12.

Annahme eines drohenden Verlustes nicht vorbei"[174]. Daß der Apotheker "durch die Zuschußgewährung unzweifelhaft einen als immaterielles Wirtschaftsgut zu qualifizierenden (Standort-)Vorteil erlangt"[175], genüge nicht. Aus Sicht der vorstehend zitierten Autoren muß es sich beim Standortvorteil - soll dieser in das Absatzgeschäft 'Untervermietung' (verlustkompensierend) miteinbezogen werden dürfen - um einen *konkret* aktivierungsfähigen Vermögensgegenstand handeln.

Selbst wenn man davon ausgeht, daß sich die vertraglichen Ansprüche und Verpflichtungen aus dem schwebenden Untermietverhältnis im Apothekerfall problemlos bewerten lassen und als Ergebnis dieser Bewertung ein Verpflichtungsüberschuß ermittelt wird, muß dennoch überlegt werden, ob nicht die Existenz des Standortvorteils den (formalrechtlichen) Verpflichtungsüberschuß kompensiert. Da es sich bei dem in Frage stehenden Vorteil um einen einlagefähigen Vermögensgegenstand handelt, muß dieser verlustkompensierend berücksichtigt werden. Ansonsten bliebe nicht nur das Wirtschaftsgut 'Standortvorteil' wegen des objektivierenden Prinzips des entgeltlichen Erwerbs unaktiviert, vielmehr würde darüber hinaus eine Pflicht zur Passivierung einer Drohverlustrückstellung bestehen, mithin das Vermögensermittlungsprinzip in *zweifacher* Hinsicht eingeschränkt. Gründe, daß "das Gesetz wirklich eine derartige grobe Verzerrung wirtschaftlich sinnvoller Bilanzinhalte gebietet"[176], sind aber nicht ersichtlich. Zu bedenken ist, daß die höchstrichterliche Rechtsprechung und Teile des Schrifttums auch im Falle der Verbindlichkeitsrückstellungen Saldierungen des *zunächst* ermittelten Aufwandsüberschusses mit hinreichend konkretisierten vermögenswerten Vorteilen verlangen.[177]

Moxter[178] und ihm folgend *Herzig* halten die Einbeziehung des Standortvorteils "in den Saldierungsbereich des schwebenden Geschäfts [für] zwingend geboten", soweit man die Einlagefähigkeit des Vorteils unterstellt. Fraglich sei allerdings, "ob im Rahmen der Ausgeglichenheitsprüfung ausschließlich Vorteile

---

174 *Schön* (Rückstellungen, 1994): S. 12 (beide Zitate).

175 *Kessler* (Drohverlustückstellung, 1994): S. 572.

176 *Moxter* (Drohverlustrückstellungen, 1993): S. 1482; vgl. ebenso *Herzig* (Drohverlustrückstellungen, 1994): S. 1431. Im Ergebnis ähnlich vgl. *Weber-Grellet* (Steuerrecht, 1995): Dem Grundsatz der Vermittlung eines den tatsächlichen Verhältnissen entsprechenden Bildes der Vermögens-, Finanz- und Ertragslage (§ 264 Abs. 2 HGB) könnte "interpretative und korrigierende" Funktion bei der Lösung des Apothekerfalles zukommen: "Es würde mit Sicherheit kein den tatsächlichen Verhältnissen entsprechendes Bild der Vermögenslage geben, wenn zukünftige Verluste bereits im Jahr des Abschlusses des Mietvertrags erfaßt würden", S. 351.

177 Vgl. hierzu oben, 1. Kapitel, B. I. 1.2. b).

178 Vgl. *Moxter* (Drohverlustrückstellungen, 1993): S. 2481 f.

und Ansprüche Berücksichtigung finden können, die auf ein Wirtschaftsgut bzw. einen Vermögensgegenstand gerichtet sind", da "erhebliche Zweifel" bestehen, "ob eine so weitgehende Forderung dem Zweck der Drohverlustrückstellung entspricht"[179]. Nach dieser Konzeption dominiert die Ausgeglichenheitsvermutung die zu jedem Bilanzstichtag vom Kaufmann anzustellende Beurteilung, ob für die zu seinem Vermögen zählenden schwebenden Geschäfte Drohverlustrückstellungen zu bilden sind. Erst wenn sich konkrete Hinweise für die Unausgeglichenheit eines schwebenden Geschäfts ergeben, muß der Bilanzierende von der Vermutung der Ausgeglichenheit abweichen. Indes erscheint eine "allein an der Zivilrechtsstruktur orientierte Entkräftung"[180] der Ausgeglichenheitsvermutung vor dem Hintergrund, daß "Bilanzen (..) dem Kaufmann und Dritten wirtschaftlich sinnvolle Entscheidungen ermöglichen (..), also grundsätzlich ein wirtschaftlich zu verstehendes Vermögen abbilden"[181] sollen, "entschieden zu eng"[182]. Dieser Auffassung scheint sich der X. Senat bei der Beurteilung des Apothekerfalls zum Teil anzuschließen. Denn hinsichtlich der Bemessung der Leistungs*verpflichtung* des Apothekers sollen auch jene Verpflichtungen berücksichtigt werden, die "außerhalb der Vertragswerke" liegen, wie im Sachverhalt die vom Apotheker "eingegangene Verpflichtung zu Mietzinserstattungen (..) (bis zum Umzug)" an den Arzt, "zur Übernahme der Umbaukosten und für die Zuschußzahlung an den bisherigen Vermieter"[183] des Arztes.

Mit dem Imparitätsprinzip ist es unvereinbar, unter Hinweis auf bestehende Unsicherheiten hinsichtlich der Umsatz- und Gewinnauswirkungen eines vermögenswerten Vorteils, der neben den vertraglich zugesicherten Aufwendungen und Erträgen eines schwebenden Geschäfts existiert, diesen stets unberücksichtigt zu lassen. Für den Apothekerfall bedeutete dies, implizit zu unterstellen, daß der Standortvorteil zu keinerlei wirtschaftlichen Vorteilen führt. Die Bilanzierung einer Drohverlustrückstellung ist aber erst geboten, wenn der Eintritt eines Verlustes *droht*, nicht bereits dann, wenn die denkbar schlechteste Entwicklung nicht ausgeschlossen werden kann. Auch für Verbindlichkeits-

---

179 *Herzig* (Drohverlustrückstellungen, 1994): S. 1430 (alle Zitate).
180 *Moxter* (Drohverlustrückstellungen, 1993): S. 2482.
181 *Moxter* (GoB, 1993): S. 536.
182 *Moxter* (Drohverlustrückstellungen, 1993): S. 1482.
183 *BFH-Beschluß* vom 26.5.1993 X R 72/90, BStBl. II 1993, S. 855-861, hier S. 857 (alle Zitate). Im Untermietvertrag hatte sich der Apotheker verpflichtet, dem Arzt "dessen Mietzins von monatlich 1 000 DM für die Praxisräume B-Straße 5 'bis zum Beginn des Untermietvertrages' zu erstatten. Außerdem erklärte sich der Kläger bereit, dem Vermieter des (..) [Arztes] im Hause B-Straße so lange einen Zuschuß von monatlich 150 DM zu zahlen, bis (..) [der Arzt] umgezogen war", S. 855.

rückstellungen gilt, daß die "bloße Möglichkeit des Bestehens oder Entstehens" nicht ausreicht, vielmehr muß mit der Verpflichtung "ernsthaft zu rechnen"[184] sein. Solange "ein Handeln nach den Maßstäben vernünftiger kaufmännischer Beurteilung gegeben ist"[185], zumindest wenn ein schwebendes Geschäft "nach der Verkehrsauffassung erhebliche Gewinne (Ertragsüberschüsse) erwarten"[186] läßt, besteht kein Anlaß, die Vermutung eines ausgeglichenen schwebenden Geschäfts zugunsten der Vermutung der Unausgeglichenheit aufzugeben.

Anlaß zu einer Drohverlustrückstellung und damit für eine Entkräftung der Ausgeglichenheitsvermutung geben erst "Aufzeichnungen von sämtlichen Umsätzen aufgrund von Rezepten dieses Arztes, die zu durchschnittlichen Deckungsbeiträgen unter 1000 DM führen"[187]. Die Rückstellungsbildung wird demnach erst dann "in Erwägung gezogen, wenn sich herausstellen sollte, daß wirklich ein Verlustgeschäft gegeben ist". Auch in diesem Fall ist die Bemessung der Rückstellung nicht an den vertraglich zugesicherten Erträgen und Aufwendungen zu orientieren, wonach sie pro Monat 1.000 DM betragen würde. "Denkbar ist vielmehr auch eine Abstufung der Rückstellung in der Bandbreite zwischen null und 1000 DM pro Monat, wenn entsprechende Anhaltspunkte vorliegen"[188].

V. Würdigung: Handelt es sich im 'Apothekerfall' um ein bewußt eingegangenes Verlustgeschäft, für das der im 'Heizwerkefall' aufgestellte Grundsatz gilt?

1. Definition des bewußt eingegangenen Verlustgeschäfts

Der BFH stellt im Beschluß vom 26. Mai 1993 fest, daß sich der Apotheker "in kaufmännischer Freiheit unter Abwägung der Risiken zunächst für ein Verlustgeschäft entschieden habe", und verweist auf das Urteil im 'Heizwerkefall'[189].

---

184 *BFH* vom 17.7.1980 IV R 10/76, BStBl. II 1981, S. 669-672, hier S. 671 (beide Zitate); vgl. hierzu auch *Moxter* (Bilanzrechtsprechung, 1996): S. 79-80.
185 *Herzig* (Drohverlustrückstellungen, 1994): S. 1431.
186 *Moxter* (Bilanzrechtsprechung, 1996): S. 2482.
187 *Schneider* (Streitfragen, 1995): S. 1425.
188 *Herzig* (Drohverlustrückstellungen, 1994): S. 1431 (beide Zitate). Ebenso vgl. *Weber-Grellet* (Steuerbilanzrecht, 1996): S. 155.
189 Vgl. *BFH* vom 19.7.1983 VIII R 160/79, BStBl. II 1984, S. 56-59.

Bei einem bewußt eingegangenen Verlustgeschäft handelt es sich in Abgrenzung zu unternehmerischen Fehlmaßnahmen[190] um schwebende Geschäfte, die in Kenntnis zu erwartender Verluste geschlossen werden. In diesen Fällen ist der Verlust von Anfang an 'vorprogrammiert'[191] und stellt sich nicht überraschend während der Vertragslaufzeit ein. Eine Datenänderung (wie z.B. gesunkene Marktpreise, die eine Verlustantizipation in Form der Abwertung eines Warenbestandes gemäß § 253 Abs. 3 Satz 1 HGB erzwingen können) liegt deshalb in diesem Fall nicht vor. Der Abschluß solcher Geschäfte ist auf vielfältige Gründe zurückzuführen: So kann mit Hilfe des 'Verlust'-Auftrags eine verbesserte Kapazitätsauslastung erreicht werden. Darüber hinaus mag es vorteilhaft sein, bestimmte Produkte mit Verlust zu verkaufen, um auf diese Weise andere Produkte mit Gewinn abzusetzen.[192] Möglicherweise verspricht sich der Kaufmann gewinnbringende Anschlußaufträge, oder er nimmt vorübergehend aufgrund einer aktuellen Wettbewerbssituation Verlustaufträge in Kauf. Gemeinsam ist den Beweggründen, "daß sie aus dem geplanten betrieblichen Handeln resultieren"[193].

Im folgenden soll gezeigt werden, wie derartige Geschäfte nach Auffassung von Literatur und Rechtsprechung zu behandeln sind. Darüber hinaus sei der Frage nachgegangen, ob sämtliche (als solche bezeichnete) bewußt in Kauf genommenen Verlustgeschäfte in gleicher Weise zu behandeln sind.

2. Behandlung des bewußt eingegangenen Verlustgeschäfts durch die Literatur

2.1. Die Maßgeblichkeit der Vorteilserwartung als Argument der Literatur gegen eine Drohverlustrückstellung

Die These, wonach es einer Drohverlustrückstellung im Falle bewußt eingegangener Verlustgeschäfte nicht bedürfe, wird damit begründet, daß den vertraglichen Nachteilen Vorteile gegenüberstehen können, "die für die Beurteilung des schwebenden Geschäfts von Bedeutung" sind. Der Verzicht auf Kostendeckung werde in einem solchen Fall durch spätere Marktbedingungen oder

---

190 Siehe hierzu *Glanegger* (in: Schmidt EStG, 1997): § 6, Rz 250 (Fehlmaßnahme).
191 Vgl. *Schön* (Rückstellungen, 1994): S. 12.
192 Vgl. *Friederich* (Schwebende Geschäfte, 1976): S. 73; *Stapper* (Bilanzierung schwebender Geschäfte, 1964): S. 78.
193 *Müller, U.* (Imparitätsprinzip, 1996): S. 690.

durch Kalkulation eines gesamten Sortiments ausgeglichen. "Gerade wenn in der Kalkulation - wie bei der Kalkulation eines ganzen Sortiments - die positiven und negativen Erfolgsbeiträge zusammen gesehen werden, sollte auch bei der Berechnung des Erfolgsbeitrages nicht auf die Saldierung von erfolgsmindernden und erfolgserhöhenden Faktoren verzichtet werden."[194] Ähnlich argumentiert *Herzig*, daß beim Verkauf von Waren zu Niedrigstpreisen mit dem Ziel, in einen neuen Markt einzudringen, als "ein Leistungselement, das in den Saldierungsbereich einzubeziehen ist, (..) das immaterielle Element 'Erschließung eines neuen Marktes' gewertet werden" müsse. Dabei stehe das "bilanzielle Ansatzverbot eines solchen Vorteils (..) seiner Berücksichtigung bei der Ermittlung eines Verpflichtungsüberschusses nicht entgegen"[195]. *Weber-Grellet* meint, daß die hinter dem Abschluß eines Verlustgeschäfts stehenden Beweggründe die Annahme gerechtfertigt erscheinen lassen, "daß der vermeintliche Verlust durch bestimmte Vorteile kompensiert wird." Hiervon müsse ausgegangen werden, "solange die Unausgeglichenheit nicht objektiv greifbar geworden ist". Der Einzelbewertungsgrundsatz und das Saldierungsverbot stünden dieser Sicht nicht entgegen, da "die Beurteilung nicht atomisiert werden" dürfe. Vielmehr sei das schwebende Geschäft "in seiner Gesamtheit"[196] zu sehen. Auch *Schneider* lehnt einen "Verlustvorsorgepuffer" ab "für eine Investition bzw. Spekulation auf künftige Mehrerträge, die jährlich laufende Ausgabenüberschüsse mit sich bringt", weil derartige Drohverlustrückstellungen "in erheblicher Höhe allein das Jahr der Vertragsabschlüsse gewinnmindernd"[197] belasteten.

Zusammenfassend läßt sich sagen, daß die Bilanzierung einer Drohverlustrückstellung nach Auffassung eines Teils der Literatur immer dann unterbleiben kann, wenn durch Einbeziehung von Vorteilen außerhalb der vertraglichen Vereinbarungen eines schwebenden Geschäfts im Ergebnis ein zumindest ausgeglichenes Gesamtgeschäft erwartet werden darf. Nimmt also der Kaufmann einen Einnahmenverzicht oder gleichbedeutend ein Verlustgeschäft in Kauf, so genügen bloße Vorteil*erwartungen*, um von der Bilanzierung einer Drohverlustrückstellung abzusehen.

---

194 *Friederich* (Schwebende Geschäfte, 1976): S. 73 (beide Zitate).
195 *Herzig* (Dauerrechtsverhältnisse, 1988): S. 220 (beide Zitate).
196 *Weber-Grellet* (Adolf Moxter, 1994): S. 32 (alle Zitate). Zudem würde die Belastung des Gewinns mit "rein rechnerischen Verlusten künftiger Jahre" der "tatsächlichen Leistungsfähigkeit widersprechen" und wäre daher "in jedem Fall steuerrechtlich nicht gerechtfertigt", S. 32.
197 *Schneider* (Streitfragen, 1995): S. 1425 (beide Zitate).

Nach *Jüttner* sind derart weit gefaßte Saldierungen jedoch nicht zulässig. Verlustgeschäfte, die in der Hoffnung geschlossen werden, gewinnbringende Anschlußgeschäfte zu erlangen, seien "nur dann mit einem hinreichend konkretisierten Vorteil verbunden, wenn sich das Verlustgeschäft in einer [zumindest] faktischen Belastung des Vertragspartners niederschlägt". Werde beispielsweise eine Anlage zu einem nicht kostendeckenden Preis geliefert und verpflichte sich der Abnehmer gleichzeitig zur Abnahme von Verbrauchsmaterial für diese Anlage, so handele es sich gar um einen rechtlich konkretisierten Vorteil, dessen Einbeziehung in den Saldierungsbereich des Verlustgeschäfts nicht in Frage stehe.[198] Auch genüge bereits eine rein faktische Belastung, die gegeben sei, falls "auf der Maschine Verbrauchsmaterialien anderer Hersteller nicht verwendet werden können", mithin der Käufer einer Abnahme des Materials "bei planmäßiger Nutzung der Maschine (..) nicht mehr entgehen"[199] könne. Für derartige bewußt in Kauf genommene Verlustgeschäfte seien keine Drohverlustrückstellungen zu bilden, wenn die erwarteten Erträge aus dem Verkauf des Verbrauchsmaterials den Verlust aus der Veräußerung der Anlage überstiegen.

2.2. Argumente der Literatur für eine Drohverlustrückstellung

Überwiegend wird im Schrifttum die Auffassung vertreten, ein von Anfang an aus betriebswirtschaftlichen Gründen geplantes Verlustgeschäft stehe der Bildung einer Drohverlustrückstellung nicht entgegen. Da das Wissen um (vermeintlich) verlustkompensierende Erträge kaum intersubjektiv nachgeprüft werden könne, erscheine die Nichtbilanzierung eines drohenden Verlustes nicht willkürfrei möglich.[200] Auch würden "die Voraussetzungen für die Bildung einer komplexen Bewertungseinheit nicht erfüllt, so daß eine kompensatorische Bewertung unzulässig" sei. Insbesondere seien erwartete Vorteile aus Verlustgeschäften wie Verkaufsförderung, Marktanteilserweiterung und Konkurrenzabwehr unsicherer als der sichere Verlust, mithin die "mit einem verlustträchtigen Verkaufspreis zusammenhängenden Vorteile nicht hinreichend abgrenzbar und konkretisiert (greifbar)", daneben bestehe "keine wechselseitige Kausalität zwischen niedrigerem Absatzpreis und den bezweckten Vorteilen (..), denn die

---

198 Ebenso vgl. *Kupsch* (Einzelbewertungsprinzip, 1992): S. 356.
199 *Jüttner* (GoB-System, 1993): S. 255 (beide Zitate).
200 Vgl. *Jäger* (Rückstellungen für Versicherungsunternehmen, 1991): S. 68.

eingetretene Erlösminderung verursacht nicht zwangsläufig marktliche Vorteile"[201].

Die von den verschiedenen Autoren beschriebenen Vermögensvorteile lassen sich unter den Oberbegriffen 'Kundenbeziehungen' oder 'Marktposition' zusammenfassen und stellen grundsätzlich Elemente des Geschäfts- oder Firmenwertes dar.[202] Eine Erhöhung desselben durch den Abschluß eines Verlustgeschäfts ist aber "nicht in den Saldierungsbereich einzubeziehen", eine Drohverlustrückstellung "daher auch zulässig und geboten, wenn der Kaufmann die Verluste aus dem schwebenden Geschäft voraussieht und wegen der Erwartung eine Erhöhung oder Stärkung des Geschäftswerts in Kauf nimmt"[203]. Diesem Satz mißt *Döllerer* besondere Bedeutung zu: "Wäre er nicht richtig, dürfte ein Kaufmann keine Rückstellung für drohende Verluste aus einem Absatzgeschäft bilden, wenn er, um einen Kunden nicht zu verlieren, an ihn zu einem Preis liefert, der seine Selbstkosten nicht deckt".[204] Auch *Moxter* betont, daß bewußt eingegangene Verlustgeschäfte zu einer Belastung künftiger GVR führen können und "daher aufgrund des Imparitätsprinzips (..) antizipationspflichtig" seien. Allerdings (und entscheidend) müsse "es sich wirklich um ein Verlustgeschäft handeln"[205].

Der überwiegende Teil der oben aufgeführten Aussagen ist auf das Urteil des BFH vom 19. Juli 1983[206] zurückzuführen, dem hinsichtlich der Beurteilung bewußt eingegangener Verlustgeschäfte zuzustimmen sei, "da eine Nichtberücksichtigung wissentlich eingegangener Verlustgeschäfte nicht in Einklang mit dem (..) Imparitätsprinzip stünde"[207]. Zur Würdigung der Literatur soll im

---

201 *Kupsch* (Bewertungseinheit, 1995): S. 144 (alle Zitate). Gegen die Berücksichtigung gewinnträchtiger Anschlußgeschäfte vgl. auch *Eibelshäuser* (Rückstellungsbildung, 1987): S. 865.

202 Vgl. *Moxter* (Selbständige Bewertbarkeit, 1987): S. 1846.

203 *Döllerer* (Rechtsprechung, 1985): S. 389, im Zusammenhang mit der Darstellung des Urteils des *BFH* vom 19.7.1983 VIII R 160/79, BStBl. II 1984, S. 56-59; vgl. auch *Christiansen* (Bewußte Verluste, 1988): S. 266-268; *Müller, W.* (Rückstellungen, 1987): S. 326.

204 *Döllerer* (Rückstellungen, 1987): S. 68 f.

205 *Moxter* (Drohverlustrückstellungen, 1993): S. 2481 (beide Zitate).

206 Vgl. *BFH* vom 19.7.1983 VIII R 160/79, BStBl. II 1984, S. 56-59.

207 *Jäger* (Rückstellungen für Versicherungsunternehmen, 1991): S. 68, der es für den defizitären technischen Geschäftsbereich einer Versicherung allerdings weder für zulässig noch für erforderlich hält, eine Drohverlustrückstellung zu bilden, sofern man dem Vorschlag folge, Kapitalerträge des nicht-technischen Geschäfts einzubeziehen, wodurch man zu einer ausgeglichenen oder gar positiven Gesamterfolgserwartung gelangt. Unter dem 'Gesamtgeschäft' versteht Jäger "*nicht* eine Zusammenbetrachtung aller (Unter-)Zweige eines Versicherungsunternehmens, *sondern* eine Berücksichti-

folgenden der dem sog. 'Heizwerkeurteil' zugrundeliegende Sachverhalt dargestellt und die Entscheidung anschließend einer Analyse unterzogen werden.

3. Darstellung des dem Urteil vom 19.7.1983 zugrunde liegenden Sachverhalts

Im 'Heizwerkeurteil' vom 19. Juli 1983 führte der BFH erstmals aus, daß auch "das bewußte Eingehen eines verlustbringenden Geschäfts die Rückstellung für drohende Verluste aus diesem Geschäft"[208] rechtfertigt. Der Entscheidung lag folgender Sachverhalt zugrunde: In einem Siedlungsgebiet baute ein Steuerpflichtiger Eigenheime und Heizwerke. Während er die Eigenheime gewinnbringend veräußerte, wurden die Heizwerke verlustbringend, d.h. nicht in Höhe der für die Errichtung aufgewandten Kosten vermietet. Dem Kläger war es nach Aussage der Vorinstanz ersichtlich darauf angekommen, daß das Bauvorhaben insgesamt einen Ertrag abwarf, mithin die Veräußerungsgewinne die Verluste aus der Heizwerkvermietung überstiegen. Der BFH ließ den vom Kläger begehrten Ansatz des niedrigeren Teilwertes für die Heizwerke nicht zu, statt dessen verlangte der entscheidende Senat die Bilanzierung einer Drohverlustrückstellung, da diese und nicht die Teilwertabschreibung des vermieteten Wirtschaftsguts "die bilanzrechtlich zutreffende Folge einer verlustbringenden Vermietung"[209] sei. Daß "der Kläger die Verluste aus der Vermietung der Heizwerke offenbar vorausgesehen hat", stand im Streitfall einer Rückstellung für drohende Verluste "nicht entgegen"[210].

4. Würdigung

Um beurteilen zu können, welcher Auffassung aus bilanzrechtlicher Sicht der Vorzug zu geben ist, muß geklärt werden, was unter einem bewußt eingegangenen Verlustgeschäft im Sinne der Rechtsprechung zu verstehen ist. Im Heizwerkefall soll sich die Höhe der Rückstellung aus dem einzelnen Mietvertrag dergestalt bestimmen, "daß dem Anspruch des Klägers aus dem Mietvertrag auf Zahlung des Mietzinses für die ganze Laufzeit des Mietvertrags der Wert der

---

gung der technischen und der nicht-technischen Erfolgsbeiträge im Saldierungsprozeß - bezogen auf ein bewertungsrelevantes (Teil-)Kollektiv", S. 69, Fn. 281.
208 *BFH* vom 19.7.1983 VIII R 160/79, BStBl. II 1984, S. 56-59, hier S. 59.
209 *BFH* vom 19.7.1983 VIII R 160/79, BStBl. II 1984, S. 56-59, hier S. 58.
210 *BFH* vom 19.7.1983 VIII R 160/79, BStBl. II 1984, S. 56-59, hier S. 59 (beide Zitate).

Verpflichtungen (..) zur Überlassung und Erhaltung des einzelnen Heizwerks gegenübergestellt wird". Aus der Maßgeblichkeit des Erfüllungsbetrages, "der sich bei Verpflichtungen zu einer Leistung, die nicht in Geld besteht, (..) nach dem Geldwert der Aufwendungen [bemesse], die zur Bewirkung der Leistung erforderlich sind", folge "die Bewertung der Verpflichtungen aus dem Mietvertrag mit den Vollkosten - Einzelkosten und Gemeinkosten - (..), die durch die Vermietung des Heizwerks verursacht"[211] seien. Hierzu zählten insbesondere die AfA auf die abnutzbaren Wirtschaftsgüter des Heizwerkes. Im Streitfall konnte der Steuerpflichtige glaubhaft darlegen, daß der so ermittelte Erfüllungsbetrag die Mieteinnahmen überstieg.

Der Unterschied zu Fällen, in denen sich eine derartige Unausgeglichenheit erst *während* der Mietdauer ergibt und infolgedessen eine Drohverlustrückstellung bilanziert werden muß, besteht darin, daß der Steuerpflichtige im Heizwerkefall die Verlustsituation bereits *bei Abschluß* der Mietverträge kannte und in Kauf nahm, weil er offenbar die gewinnbringende Veräußerung der Eigenheime berücksichtigte und die Gesamtbetrachtung des Bauprojekts Gewinne erwarten ließ. Im Gegensatz zu den ansonsten im Geschäftsleben durchaus üblichen sog. Verlustverträgen, die in der Hoffnung geschlossen werden, vorteilhafte Anschlußverträge zu erlangen, besteht die Besonderheit des Heizwerkefalles allerdings darin, daß die Eigenheime schon vor dem Bilanzstichtag mit Gewinn veräußert wurden, wodurch sie nach den Ausführungen des VIII. Senats den Zusammenhang mit den vermieteten Heizwerken verloren und die Heizwerke "damit möglicherweise Teilbetriebe wurden", die von nun an "nicht mehr rentabel" arbeiteten. *Vor* der Veräußerung der Eigenheime treffe, so der erkennende Senat, die Auffassung zu, wonach eine Abschreibung der Heizwerke auf einen niedrigeren Teilwert wegen Unrentabilität nicht in Betracht komme. "Denn in diesem Zeitraum gehörten die beiden Heizwerke zusammen mit den Häusern und Eigentumswohnungen zum Betrieb des Klägers. Dieser Betrieb war (..) rentabel"[212].

Diese Aussagen geben zu der Vermutung Anlaß, daß entscheidend für die Zulässigkeit der Drohverlustrückstellung im Heizkraftwerke-Fall nicht das bewußte Eingehen einer verlustbringenden Vermietung der Heizkraftwerke war, sondern daß nach Veräußerung der Eigenheime nicht mehr davon ausgegangen werden durfte, die Verluste aus der Heizwerkvermietung würden künftig durch hinreichend konkretisierte Erträge kompensiert. Gewinnbringende *Anschluß*verträge, die Geschäftspartner aufgrund der günstigen Heizwerk-Vermietung

---

211 *BFH* vom 19.7.1983 VIII R 160/79, BStBl. II 1984, S. 56-59, hier S. 59 (alle Zitate).
212 *BFH* vom 19.7.1983 VIII R 160/79, BStBl. II 1984, S. 56-59, hier S. 58 (alle Zitate).

mit dem Steuerpflichtigen zu schließen beabsichtigten, waren im Streitfall nicht zu erkennen.[213] Es zeigt sich, daß die Feststellung des BFH, ein bewußt eingegangenes Verlustgeschäft stehe der Bilanzierung einer Drohverlustrückstellung nicht entgegen, differenzierter zu betrachten ist und nicht generell auf sämtliche geplanten sog. Verlustgeschäfte übertragen werden darf. Soweit einem bewußt in Kauf genommenen Verlust wie im Heizwerkefall nach Veräußerung der Eigenheime überhaupt keine konkretisierten Ertragserwartungen gegenüberstehen, besteht an der Pflicht zur Verlustantizipation kein Zweifel. Eine andere Beurteilung ergibt sich indes für solche Fälle, in denen ein Verpflichtungsüberschuß durch greifbar konkretisierte Erträge kompensiert wird.

5. Konsequenzen aus den Rechtsprechungsgrundsätzen (auch für den Apothekerfall)

Im Apothekerfall ist neben den vertraglich zugesicherten Aufwendungen und Erträgen ein vermögenswerter Vorteil gegeben, so daß letztlich kein Anlaß besteht, von der Ausgeglichenheitsvermutung abzuweichen. Im Gegensatz hierzu besteht im Heizkraftwerkefall neben der verlustträchtigen Vermietung von Heizkraftwerken kein (sich zukünftig realisierender) konkretisierter vermögenswerter Vorteil. Aus diesem Grund hat der von der Rechtsprechung entwickelte Grundsatz, wonach das bewußte Eingehen eines Verlustgeschäftes einer Drohverlustrückstellung nicht entgegensteht, keine unmittelbare Auswirkung auf den Apothekerfall. Um ein bewußt eingegangenes Verlustgeschäft (das die Antizipation eines drohenden Verlustes gebietet) würde es sich nur handeln, wenn man die Maßgeblichkeit des Grundsatzes der Bruttobilanzierung favorisierte, wonach die Einbeziehung solcher zusätzlichen Vorteile unzulässig ist, die außerhalb der vertraglich vereinbarten Gegenleistung erwartet werden. In diesem Sinne kann durch die "schlichte Feststellung der objektiven Wertverhältnisse"[214] die Ausgeglichenheitsvermutung in Fällen des bewußten Inkaufnehmens von Verlusten stets widerlegt werden. Dieser Sicht liegt jedoch ein von der hier vertretenen Konzeption abweichendes (Droh-)Verlustverständnis zugrunde[215] und ändert nichts an dem Ergebnis, daß die aus zivilrechtlicher

---

213 Insoweit handelt es sich beim Heizkraftwerke-Urteil um eine Entscheidung gegen die Ganzheits- bzw. Gesamt(laufzeit)betrachtung.

214 *Schön* (Rückstellungen, 1994): S. 12. So auch vgl. *Kupsch* (Diskussion, 1995): S. 180, der in bezug auf den Apothekerfall von einer "tatsächlichen finanziellen Unterdeckung im Mietbereich" spricht.

215 Vgl. hierzu oben, 1. Kapitel, B. 2.2. und 2.3.

Sicht verlustbringende Untervermietung von Räumen durch den Apotheker an den Arzt in wirtschaftlicher Sicht als vorteilhaft anzusehen ist, weshalb von einem bewußt eingegangenen Verlustgeschäft wie im Heizwerkefall nicht ausgegangen werden kann: Denn das "Geschäft schließt der Apotheker nur deshalb in dieser Form ab, weil er (..) gerade keinen Verlust erwartet"[216]. Demgegenüber ist der künftige Verlust im Heizwerkefall unabwendbar, da der vermögenswerte Vorteil aus der gewinnbringenden Veräußerung der Eigenheime bereits realisiert ist[217] und dementsprechend der Verlust aus der Heizkraftwerkevermietung gerade erwartet wird.

Eine ähnliche Betrachtung wie im Apothekerfall ergibt sich, wenn beispielsweise ein Automobilhersteller Räume anmietet und diese an einen (fortan exklusiv mit dem Vertrieb der entsprechenden Automarke betrauten) Autohändler zu einem Mietzins untervermietet, der unter den Mietaufwendungen des Automobilherstellers liegt. Annahmegemäß verpflichte sich der Autohändler im Untermietvertrag zur Nutzung der Räume für Zwecke des Exklusiv-Vertriebs der Automobile des Vermieters. Hiervon verspricht sich der Automobilhersteller geschäftliche Vorteile, insbesondere höhere Umsätze durch die Verkaufsbemühungen des Autohändlers und Einsparungen in der eigenen Vertriebsorganisation. Bei ausschließlicher Berücksichtigung der in den beiden Mietverträgen eingeräumten Leistungen und Gegenleistungen handelt es sich auch in diesem Fall um ein bewußt eingegangenes Verlustgeschäft. Bezieht man dagegen in den Saldierungsbereich auch solche mit dem schwebenden Geschäft verbundenen erwarteten Erträge ein, die nicht Gegenstand zivilrechtlicher Vereinbarungen sind, kann von einem Verlustgeschäft nicht mehr ausgegangen werden. Wie der Standortvorteil des Apothekers sind auch die vom Automobilhersteller erwarteten Vorteile mittelbar durch das Untermietverhältnis gesichert und damit greifbar sowie die Vorteile in Höhe der Differenz zwischen den vom Autohändler zu zahlenden Mietzinsen und den eigenen zu leistenden Mietzahlungen als selbständig bewertbar einzustufen. Die vertragliche (vorläufige) Unausgewogenheit von Miet- und Untermietverhältnis führt dementsprechend noch nicht zur (endgültigen) Entkräftung der Ausgeglichenheitsvermutung.

---

216 *Schneider* (Streitfragen, 1995): S. 1425.
217 Vgl. *Jüttner* (GoB-System, 1993), der zutreffend feststellt, daß die "Aufwandsüberschüsse aus den Vermietungsgeschäften" aufgrund "der bereits realisierten Erträge aus den Veräußerungsgeschäften (..) eindeutig einen Vergangenheitsbezug auf[weisen] und .. daher wirtschaftlich verursacht" sind. Im vorliegenden Sachverhalt hätte infolgedessen eine Verbindlichkeitsrückstellung bilanziert werden müssen, S. 269.

Eine andere Beurteilung würde sich indes ergeben, wenn der Automobilhersteller die Räume statt an einen Autohändler an einen potentiellen Kunden in der Hoffnung untervermietet, dieser könnte sich durch die günstigen Mietkonditionen veranlaßt sehen, seine Fahrzeugflotte künftig mit Fahrzeugen der Marke des vermietenden Automobilherstellers auszustatten. Zwar ist auch in diesem Fall der erwartete Vorteil Ausfluß des Untermietvertrags, doch geht der Untermieter außer der Verpflichtung zur Zahlung des Mietzinses keinerlei weitere Verpflichtung gegenüber dem Automobilhersteller ein. Der von diesem erwartete Vorteil ist damit - anders als in der oben erwähnten Variante - nicht mittelbar in einem Anspruch auf eine bestimmte Leistung konkretisiert. Der allfällige Ankauf von PKW beruht vielmehr auf einer reinen Willensentscheidung des Mieters und wird nicht durch Erfahrungswerte konkretisiert. Dagegen ist beispielsweise bei der Untervermietung von Praxisräumen durch einen Apotheker an einen Arzt davon auszugehen, daß durch statistische Untersuchungen gestützte, verläßliche Erfahrungswerte vorliegen, die den vermögenswerten (Standort-)Vorteil hinreichend gesichert erscheinen lassen. Im Falle der Untervermietung an einen potentiellen Kunden sind diese Umfeldbedingungen allerdings nicht gegeben, so daß der erwartete Vorteil allenfalls den Geschäftswert erhöht. Ob die Steigerung eines Geschäftswerts ausreicht, ein aus zivilrechtlicher Sicht verlustträchtiges Geschäft dennoch für ausgeglichen zu halten, erscheint aber fraglich. Denn sofern der BFH die Ausgeglichenheitsvermutung unter Hinweis auf das Vorliegen von geschäftswertähnlichen Vorteilen stützt, handelt es sich ausschließlich um schwebende Geschäfte, die einer Ertragszurechnung und/oder einer Aufwandszurechnung nicht objektiviert zugänglich sind.[218]

Gegen die These, daß geschäftswertbildende Faktoren nicht geeignet sind, einem formalrechtlich unausgewogenen Geschäft zur Ausgeglichenheit zu verhelfen, läßt sich der Fall der Gewährung zinsloser Darlehen an Mitarbeiter anführen. Dem jeweiligen Darlehensverhältnis lassen sich vertraglich gesicherte Erträge in Höhe von Null zurechnen, während die Aufwendungen in Form von Fremdkapitalzinsen (oder Opportunitätskosten bei Eigenfinanzierung) stets größer als null sind. Unterstellt man vereinfachungsbedingt, für die Vergabe der Darlehen hätten Fremdmittel zum Zinssatz von 10 % aufgenommen werden müssen, so läßt sich der (formalrechtliche) Verpflichtungsüberschuß exakt beziffern. Dennoch lehnt der BFH[219] die Berücksichtigung der mangelnden

---

218 Siehe hierzu unten B. 4.3. a) (Berücksichtigung des Ansehensvorteils bei der Bilanzierung von Drohverlustrückstellungen für Ausbildungsverhältnisse).
219 Vgl. *BFH* vom 30.11.1988 I R 114/84, BStBl. II 1988, S. 117-119. Vgl. ebenso *BFH* vom 24.1.1990 I R 157/85 I R 157/85 , BStBl. II 1990, S. 639-643, insbes. S. 640 f.

Verzinsung durch den Ansatz der Darlehensforderungen zum Barwert ab, da deren Teilwert nicht gesunken sei. Der Steuerpflichtige konnte nicht nachweisen, daß es sich bei der "besondere[n] Form betrieblicher Sozialleistungen"[220] um eine Fehlmaßnahme handelte, da "die zinsverbilligten Kredite von den Arbeitnehmern in größerem Umfang in Anspruch genommen wurden"[221]. Vorteile wie der durch ein gutes Betriebsklima günstig beeinflußte Betriebsablauf oder verbesserte Arbeitsleistungen zählen gemeinhin zu den Faktoren des Geschäftswerts[222], dennoch kompensieren sie (mindestens) den formalrechtlichen Zinsnachteil. Entscheidend ist jedoch, daß es sich um "*kaufmännisch vernünftige Praktiken*"[223] handelt, die auch von einem gedachten Erwerber als solche bei der Kaufpreisbemessung berücksichtigt würden. Damit erfordert die Konkretisierung eines saldierungsfähigen Vorteils (bei aus zivilrechtlicher Sicht bestehender Unausgeglichenheit) zwar nicht die rechtliche Einkleidung der durch Abschluß des Geschäfts erwarteten Vorteile[224], doch muß die wirtschaftliche Gegenleistung gemessen an der allgemeinen Verkehrsauffassung konkret faßbar sein. Im Falle der (unverzinslichen) Mitarbeiterdarlehen bedeutet dies, daß von einer Ertragswirksamkeit solange auszugehen ist, wie die einzelnen Mitarbeiter während der Dauer des schwebenden Geschäfts 'Darlehensvertrag' bei dem darlehensgebenden Unternehmen beschäftigt sind und damit faktisch zur Realisierung der Vorteile beitragen.

Bei sogenannten bewußt eingegangenen Verlustgeschäften wird daher folgende Vorgehensweise vorgeschlagen: Wird die allen schwebenden Geschäften zugrunde zu legende Ausgeglichenheitsvermutung in einem ersten Schritt durch den objektivierten Nachweis entkräftet, daß die vertraglich zurechenbaren Aufwendungen die vertraglich zurechenbaren Erträge übersteigen, so ist im zweiten Schritt zu prüfen, ob nicht weitere hinreichend konkretisierte Erträge die vorläufige Entkräftung aufheben, mithin die Ausgeglichenheitsvermutung wiederaufleben lassen. Hiervon ist stets auszugehen, wenn die nicht vertraglich gesicherten Vorteile die Voraussetzungen eines (einlagefähigen) Vermögensgegenstandes erfüllen, mithin greifbar und selbständig bewertbar sind, oder die

---

220 *BFH* vom 30.11.1988 I R 114/84, BStBl. II 1988, S. 117-119, hier S. 118.

221 *BFH* vom 30.11.1988 I R 114/84, BStBl. II 1988, S. 117-119, hier S. 119.

222 Der Vorteil der Bindung von Mitarbeitern an das Unternehmen wurde vom BFH in einem älteren Urteil noch als "aktivierungspflichtiges Wirtschaftsgut" klassifiziert. Das durch die Zusage, nach Ablauf von mehreren Jahren einen festen Betrag zusätzlich zum laufenden Gehalt zu zahlen, "geschaffene Wirtschaftsgut ist abgrenzbar und faßbar", *BFH* vom 18.3.1965 IV 116/64 U, BStBl. III 1965, S. 289-291, hier S. 290.

223 *Mathiak* (Rechtsprechung, 1989): S. 662 (Hervorh. im Original).

224 Vgl. *Moxter* (Bilanzrechtsprechung, 1996): S. 262 (in bezug auf Mitarbeiterdarlehen).

Vorteile auf einer faktischen Bindung des Vertragspartners beruhen und die Vermögenswirksamkeit der entsprechenden Vorteile auch nach allgemeiner kaufmännischer Beurteilung bejaht wird.

VI. Die besondere Bedeutung der Ausgeglichenheitsvermutung für Miet- und ähnliche Dauerschuldverhältnisse vor dem Hintergrund der Zurechnungsproblematik

1. Vorschläge von Literatur und Rechtsprechung zur Lösung der Bewertungsproblematik

1.1. Die Forderung der Literatur nach Orientierung an Wiederbeschaffungskosten

Der Wert eines Überlassungsanspruchs könnte im Sinne der ökonomischen Theorie durch Orientierung am Alternativvertragssatz ermittelt werden. Doch stellt die Zurechnung entgehender Erträge (im Sinne der Opportunitätskostenkonzeption) zu den aus einem Überlassungsverhältnis erwachsenden Leistungsansprüchen den Bilanzierenden vor unlösbare Probleme. Weder "der zu bewertenden Leistungsforderung noch der optimalen alternativen Leistungsforderung [kann] ein isolierter Ertrag als Beitrag zum Unternehmensertrag zugerechnet werden"[225].

Vor diesem Hintergrund vertritt *Euler* die Auffassung, Drohverlustrückstellungen aus schwebenden Beschaffungsdauerschuldverhältnissen scheiterten "regelmäßig am Passivierungskriterium der selbständigen Bewertbarkeit, falls in der Handelsbilanz ausschließlich kausale Ertragszurechnungen auf Lieferungs- oder Leistungsansprüche zulässig sein sollten". Indes müsse angesichts der zulässigen Einrechnung (aufwandsgleicher) Gemeinkosten in die Herstellungskosten (§ 255 Abs. 2 Sätze 3 bis 5 HGB) und des Wortlauts der Teilwertvorschrift (§ 6 Abs. 1 Nr. 1 Satz 3 EStG) bezweifelt werden, "ob im Bilanzrecht lediglich kausale Aufwands- und Ertragszurechnungen gestattet sind"[226]. Soweit das Bewerterermessen bei Ertragszurechnungen hinreichend beschränkt werden könne, seien auch nichtkausale Ertragszurechnungen als imparitätsprinzipkonform anzusehen. Die Objektivierung der Ertragszurechnung ließe

---

225 *Euler* (Rückstellungen, 1990): S. 1051.
226 *Euler* (Rückstellungen, 1990): S. 1052 (beide Zitate).

sich durch "Vergleich des zu bewertenden Dauerrechtsverhältnisses mit marktüblichen Verträgen" erreichen. Das Kriterium der 'Marktüblichkeit' erlaube "die nachvollziehbare Beurteilung, ob ein schwebendes Beschaffungsdauerrechtsverhältnis (..) als ausgeglichen gelten kann". Weiche "das zu bewertende Dauerrechtsverhältnis von den alternativen, marktüblichen Vertragsgestaltungen erheblich ab", so sei, "sofern nicht einzelfallbedingt greifbare Gründe hiergegen sprechen, im Zweifel ein Verpflichtungsüberschuß zu vermuten"[227].

Das Abstellen auf die Marktüblichkeit einer Vertragsgestaltung ist gleichbedeutend mit der Orientierung an Wiederbeschaffungskosten, die von weiten Teilen der Literatur als maßgeblich für die Bewertung der Ansprüche aus Mietverhältnissen angesehen werden.[228] So fordert *Christiansen*, die für die Bewertung von Ansprüchen im Rahmen von (einfachen) Beschaffungsgeschäften geltende Wiederbeschaffungskostenkonzeption[229] auf die Bewertung des Gegenleistungsanspruchs bei Überlassungsleistungen wie Miete und Leasing zu übertragen. Die Orientierung "am objektiven Kriterium der Wiederbeschaffungskosten"[230] bedeute, auf Preise für vergleichbare Leistungen zurückzugreifen. "Die Wiederbeschaffungskosten entsprechen dann dem marktüblichen Entgelt für Leistungen gleicher Art, Menge und Dauer". Unterschreiten diese Wiederbeschaffungskosten die " 'Anschaffungskosten' in Höhe der Verbindlichkeit zur Leistung des vertraglich vereinbarten Entgelts"[231], so ist nach dieser Konzeption eine Drohverlustrückstellung zu bilden.[232]

---

227 *Euler* (Rückstellungen, 1990): S. 1053 f. (alle Zitate).
228 Vgl. z.B. *Herrmann / Heuer / Raupach*, § 5 EStG, Anm. 1252; *Sarx* (Verlustrückstellungen, 1985): S. 100; *Rohse* (Dauerschuldverhältnisse, 1987): S. 296; *Stapper* (Bilanzierung schwebender Geschäfte, 1964): S. 113, der statt von gesunkenen Wiederbeschaffungskosten oder negativen Erfolgsbeiträgen von einem "Nutzwert" spricht, der "hinter der Zahlungsverpflichtung aus dem Mietvertrag" zurückbleibe, wenn beispielsweise ein Kaufmann Geschäftsräume gemietet habe und sich am Bilanzstichtag herausstellt, "daß die Geschäftsraummiete im Vergleich zur ortsüblichen Miete stark überhöht ist".
229 Vgl. zur Maßgeblichkeit gesunkener Wiederbeschaffungskosten bei der Ermittlung von Drohverlustrückstellungen für (einfache) Beschaffungsgeschäfte oben, 1. Kapitel, B. II. 2.1. a).
230 *Christiansen* (Einzelbewertung, 1995): S. 395.
231 *Christiansen* (Beschaffungsdauerschuldverhältnisse, 1993): S. 1243.
232 Nach Auffassung *Rohses* (Rückstellungen, 1985) dürfen die Wiederbeschaffungskosten nicht am Mietzins für das gleiche Mietobjekt orientiert werden, sondern am gesunkenen Mietniveau, welches für die gleiche Sache in einem technisch verbesserten Zustand gelte. Werde beispielsweise eine Maschine für fünf Jahre gepachtet und sinke nach einem Jahr das Niveau der Miete für vergleichbare Maschinen, weil neue, leistungsstärkere angeboten werden, sei eine Drohverlustrückstellung zu bilden, selbst

Auf die Ergebnisse der Absatzseite dürfe es dabei nicht ankommen, da die Saldierung von Absatz- und Beschaffungsgeschäften dem Grundsatz der Einzelbewertung widerstreite und zudem eine finale Verknüpfung[233] zwischen Beschaffungsdauerschuldverhältnis und Absatzgeschäften "regelmäßig nicht herstellbar" sei. Gesunkene Wiederbeschaffungskosten würden auch dann die Bilanzierung von Drohverlustrückstellungen für Beschaffungsgeschäfte gebieten, wenn hieraus "im Gesamtergebnis des Unternehmens lediglich ein 'geminderter Gewinn' "[234] resultiere. Denn überhöhte Entgelte auf der Beschaffungsseite minderten "die betrieblichen (wenn auch positiven) Ergebnisse", so daß "dem jeweiligen Beschaffungsgeschäft sehr wohl (..) ein negativer Erfolgsbeitrag zu[komme], der objektivierbar und zu quantifizieren"[235] sei. Für die Bildung einer Drohverlustrückstellung spreche außerdem der Teilwertgedanke: Ein gedachter Unternehmenserwerber würde die langfristige Bindung an überhöhte Entgelte und den damit verbundenen negativen Erfolgsbeitrag eines Dauerschuldverhältnisses stets kaufpreismindernd berücksichtigen.[236]

1.2. Die Ablehnung der Orientierung an Wiederbeschaffungskosten durch Rechtsprechung und Literatur

a) Die Grundsätze der Rechtsprechung

Der BFH führt im Urteil vom 25. Februar 1986 aus, daß die Bilanzierung von Drohverlustrückstellungen für Dauerschuldverhältnisse einen Verpflichtungsüberschuß voraussetze. Dieser entziehe sich jedoch grundsätzlich einer objektivierten Ermittlung, da sich der Wert des Anspruchs im Rahmen eines Dauerschuldverhältnisses als "Beitrag (..) zum Erfolg oder Mißerfolg des Betriebs"[237]

---

    wenn die gleiche Maschine noch immer zum gleichen Mietzins angeboten würde und damit der schwebende Vertrag ausgeglichen sei. Denn wäre "der Pächter Eigentümer der Maschine, könnte er eine Teilwertabschreibung vornehmen", S. 136.

233 Vgl. hierzu *Christiansen* (Einzelbewertung, 1995): S. 395, der unter einer finalen Bewertungseinheit (zwischen Beschaffungs- und Absatzgeschäft) versteht, "daß beide Geschäfte sich auf den selben Kontraktgegenstand beziehen".

234 *Christiansen* (Beschaffungsdauerschuldverhältnisse, 1993): S. 1244.

235 *Christiansen* (Einzelbewertung, 1995): S. 395 (beide Zitate); vgl. auch *ders.* (Rückstellungen, 1990): S. 144.

236 Vgl. *Jacobs* (Berechnung von Rückstellungen, 1988): S. 241; *Christiansen* (Beschaffungsdauerschuldverhältnisse, 1993): S. 1245.

237 *BFH* vom 25.2.1986 VIII R 377/83, BStBl. II 1986, S. 465-467, hier S. 466.

kaum bestimmen ließe. Ähnlich wird in der Entscheidung vom 16. Dezember 1987 hervorgehoben, daß den "einzelnen Kapitalanteilen und Produktionsfaktoren (Arbeit, Maschinen und Gebäude) (..) bestimmte Beträge häufig nicht"[238] zugeordnet werden können. Dies gelinge auch nicht "unter dem Gesichtspunkt der Bewertung zu Wiederbeschaffungskosten". Nachhaltig gesunkene Wiederbeschaffungskosten könnten nur bei "Geschäften über die Beschaffung von Wirtschaftsgütern des Anlagevermögens" eine Drohverlustrückstellung gebieten, da in diesen Fällen eine "Ableitung aus dem Wert der zu erwerbenden Wirtschaftsgüter in der Bilanz auf den Wert des Anspruchs auf die Leistung möglich" sei. Eine Übertragung dieses Rechtsgrundsatzes auf Dauerschuldverhältnisse verbiete sich allerdings: "Rückstellungen für drohende Verluste aus (..) Miet- oder Pachtverträgen sind nicht damit zu begründen, daß der (..) übliche Miet- oder Pachtzins nachhaltig gesunken ist"[239].

Der I. Senat äußert generelle "Zweifel an der Möglichkeit von Rückstellungen für schwebende Geschäfte im Beschaffungsbereich (..), weil die Rückstellungen auch in Betracht kommen, wenn auf der Absatzseite keine Verluste entstehen bzw. drohen"[240], und damit unzulässigerweise Rückstellungen für entgehende Gewinne gebildet würden. Ebenso zweifelhaft erscheine, "ob der von der Rechtsprechung gemachte Vorbehalt (..), wonach eine Rückstellung in Betracht kommt, wenn ein Betrieb nicht mehr mit Gewinn arbeitet", zutreffend sei. Eine derartige Rückstellung würde einen Aufwand für einen Zeitraum vorwegnehmen, für den gerade nicht feststehe, ob der Betrieb mit Gewinn oder Verlust arbeite. Außerdem könne "auch bei einem insgesamt mit Verlust arbeitenden Betrieb nicht ausgeschlossen werden, daß einzelne Produktionsfaktoren noch zu Absatzgeschäften beitragen, die einen Ertrag bringen"[241].

Der BFH hat sich in den oben angeführten Entscheidungen eindeutig gegen die Orientierung an Wiederbeschaffungskosten für die Bewertung des Anspruchs aus einem Dauerschuldverhältnis ausgesprochen. Insoweit muß die Aussage des IV. Senats in einem zur Behandlung des Erbbaurechts ergangenen Urteil aus dem Jahr 1983 als überholt betrachtet werden, wonach eine Drohverlustrückstellung zu bilden sei, weil "z.B. (..) am Grundstücksmarkt ohne weiteres

---

238 *BFH* vom 16.12.1987 I R 68/87, BStBl. II 1988, S. 338-342, hier S. 339.
239 *BFH* vom 25.2.1986 VIII R 377/83, BStBl. II 1986, S. 465-467, hier S. 466 (alle Zitate).
240 *BFH* vom 16.12.1987 I R 68/87, BStBl. II 1988, S. 338-342, hier S. 339.
241 *BFH* vom 16.12.1987 I R 68/87, BStBl. II 1988, S. 338-342, hier S. 340 (beide Zitate).

ein vergleichbares Grundstück zur Nutzung gegen erheblich niedrigere laufende Leistungen zu erlangen gewesen wäre"[242].

b) Die Argumentation von Teilen des Schrifttums

Teile des Schrifttums folgen der Argumentation des BFH und lehnen die Bilanzierung von Drohverlustrückstellungen für Dauerschuldverhältnisse aufgrund gesunkener Wiederbeschaffungskosten ebenfalls ab. Die "imparitätsprinzipkonforme Bewertung von Dauerrechtsforderungen" müsse sich "nach den erwarteten Erträgen und nicht nach den entgehenden Alternativverträgen"[243] richten. Zutreffend habe der BFH in bezug auf die Bewertung von Arbeitsverhältnissen festgestellt, daß den Ansprüchen seitens des Arbeitgebers regelmäßig keine Erträge "im anspruchsvollen Sinne"[244] zugeordnet werden könnten. Der Beitrag eines angemieteten Gebäudes zum Erfolg des Unternehmens sei ebensowenig feststellbar bzw. objektiv bewertbar wie der Beitrag des aufgenommenen Fremdkapitals oder eines Arbeitnehmers.[245] Eben aus diesem Grund bestehe, so *Döllerer*, auch "keine Möglichkeit, dem Wert des Gebrauchs der gemieteten Sache einen geringeren Wert beizumessen, als es der vereinbarte Mietzins ist", solange das Unternehmen des Mieters noch mit Gewinn arbeite. Eine Rückstellung für drohende Verluste aus schwebenden Mietverhältnissen könne deshalb "nicht damit begründet werden, daß (..) der übliche Miet- oder Pachtzins nachhaltig gesunken ist"[246].

Kupsch meint, "materiell [erfolge] eine Gleichsetzung von Dispositionsverlusten auf der Beschaffungsseite mit drohenden Verlusten auf dem Absatzmarkt"[247] und damit die Vorwegnahme eines entgangenen Gewinns, falls Drohverlustrückstellungen für Mietverhältnisse mit gesunkenen Wiederbeschaf-

---

242 *BFH* vom 20.1.1983 IV R 158/80, BStBl. II 1983, S. 413-417, hier S. 417.

243 *Euler* (Rückstellungen, 1990): S. 1951 (beide Zitate).

244 *Euler* (Rückstellungen, 1990): S. 1052, der in diesem Zusammenhang auf den von *Gümbel* (Teilwert, 1987): S 131-145, entwickelten Zurechnungsalgorithmus hinweist, demzufolge der Unternehmensertrag auf die "Mengenkomponenten jeder Vermögensposition" nach Maßgabe der "Grenzleistungsfähigkeit aller Vermögenspositionen" aufzuteilen ist, S. 140. *Euler* meint jedoch, daß "die Anwendung des Zurechnungsalgorithmus auf praktische Bewertungsprobleme schon daran [scheitere], daß die Grenzleistungsfähigkeiten der Vermögenspositionen unbekannt sind".

245 Vgl. *Döllerer* (Rückstellungen, 1987): S. 69; *Weber-Grellet* (in: *Schmidt* EStG, 1997): § 5, Rz 465.

246 *Döllerer* (Rückstellungen, 1987): S. 69 f. (beide Zitate).

247 *Kupsch* (Neuere Entwicklungen, 1989): S. 56.

fungspreisen begründet würden. Auch die generelle Unterstellung, daß sinkende Wiederbeschaffungskosten alsbald eine entsprechende Anpassung der Verkaufspreise bewirkten[248], erscheine wegen des fehlenden unmittelbaren Zusammenhangs und hinsichtlich "der Gefahr der Antizipation nur entgehender Gewinne bedenklich"[249].

2. Würdigung: Die besondere Bedeutung der Ausgeglichenheitsvermutung für Mietverhältnisse

Der BFH argumentiert im Urteil vom 25. Februar 1986, daß bei Dauerbeschaffungsgeschäften - im Gegensatz zu 'einfachen' Beschaffungsgeschäften - kein aktivierbares Wirtschaftsgut erworben würde, von dessen Bewertung auf den Wert des Leistungsanspruchs geschlossen werden könne[250]. Daher sei die Bilanzierung einer Drohverlustrückstellung nicht zulässig. Diese Argumentation wird vom Schrifttum zu Recht kritisiert.[251]

Die Zulässigkeit einer Drohverlustrückstellung darf nicht davon abhängen, welche bilanzrechtliche Qualität die im Rahmen eines schwebenden Vertrags zu erwartende Leistung des Vertragspartners besitzt, ob sie sich also in einem zu aktivierenden Vermögensgegenstand, in einer Nutzungsüberlassung oder sonstigen Dienstleistung niederschlägt. Andere Entscheidungen des BFH lassen denn auch an der grundsätzlichen Möglichkeit der Bilanzierung von Drohverlustrückstellungen für Dauerschuldverhältnisse keine Zweifel[252]. Vermutlich sollte der Hinweis auf die mangelnde Aktivierbarkeit der Gegenleistung nur verdeutlichen, daß sich der Wert von Produktionsfaktoren wie der Anmietung von Räumen oder der Arbeitsleistung von Mitarbeitern "nicht in einer objektiv nachprüfbaren Weise von dem Beitrag anderer Produktionsfaktoren"[253] abgrenzen läßt. Die gleiche Problematik stellt sich aber strenggenommen auch bei der Anschaffung einer Maschine, die Gegenstand eines schwebenden Beschaffungsgeschäfts ist, denn einer Maschine kann angesichts der üblichen komple-

---

248 Vgl. *BFH* vom 8.10.1957 I 86/57 U, BStBl. III 1957, S. 442-443, hier S. 442.
249 *Thies* (Rückstellungen, 1996): S. 133 f.
250 Vgl. *BFH* vom 25.2.1986 VIII R 377/83, BStBl. II 1986, S. 465-467, hier S. 466.
251 Vgl. z.B. *Christiansen* (Beschaffungsdauerschuldverhältnisse, 1993): S. 1244.
252 Vgl. z.B. *BFH* vom 3.2.1993 I R 37/91, BStBl. II 1993, S. 441-446, insbes. S. 443; vgl. auch *Döllerer* (Handelsrechtliche Entscheidungen, 1994): S. 705.
253 *Glaubig* (Dauerrechtsverhältnisse, 1993): S. 121.

xen Produktionsabläufe nur in seltenen Ausnahmefällen ein Ertragswertbeitrag unmittelbar zugerechnet werden.[254]

Die Forderung nach Maßgeblichkeit gesunkener Wiederbeschaffungskosten darf auch nicht auf die (bislang) "relativ weitgehende Passivierungspflicht von Drohverlustrückstellungen für Wirtschaftsgüter, deren Wiederbeschaffungspreise gesunken sind und die bereits mit Gewinn weiterverkauft sind"[255], gestützt werden[256]. Zwar ließe sich anführen, daß die Drohverlustrückstellung für 'einfache' schwebende Beschaffungsgeschäfte der Vorwegnahme außerplanmäßiger Abschreibungen dient und "derartige Vermögensminderungen" bei Dauerbeschaffungsgeschäften wegen des Fehlens von Vermögensgegenständen "nicht auftreten"[257] können. Doch handelt es sich hierbei um eine rein formale Begründung. Die materielle Begründung dafür, die von der Rechtsprechung für die Bewertung von Wirtschaftsgütern wegen gesunkener Wiederbeschaffungskosten entwickelten Grundsätze nicht auf die Bewertung von Ansprüchen aus Dauerbeschaffungsverhältnissen zu übertragen besteht darin, daß die der Referenzentscheidung im sog. 'Hopfenfall'[258] zugrundeliegende Teilwertkonzeption mittlerweile als überholt gelten muß: "Das Imparitätsprinzip hat nicht die Aufgabe, Unterschiede zwischen realisierten und nachträglich als optimal anzusehenden Handlungsalternativen aufzuzeigen"[259]. Der Zweck des Imparitätsprinzips besteht vielmehr darin, absehbare künftige Verluste durch Begrenzung des Ausschüttungspotentials zu antizipieren.[260] Aus diesem Grund ist der Auffassung der Rechtsprechung zu folgen, wonach gesunkene Wiederbeschaffungskosten nicht dazu geeignet sind, als Maßstab zur Bewertung des Leistungsanspruchs aus einem Dauerschuldverhältnis zu dienen.[261] Vielmehr wertet die Rechtsprechung "gefallene Wiederbeschaffungskosten bei Dauerbeschaffungs-

---

254 Vgl. *Euler* (Verlustantizipation, 1991): S. 196; ebenso *Mellwig* (Teilwertverständnis, 1994): S. 1085; *ders.* (in: Beck HdR, 'Niedrigere Tageswerte, 1995): B 164, Rz 26.

255 *Kupsch* (Neuere Entwicklungen, 1989): S. 57.

256 So aber vgl. *Christiansen* (Beschaffungsdauerschuldverhältnisse, 1993): S. 1244; vgl. auch *Hartung* (Bilanzierung bei Kurssicherung, 1990): S. 637.

257 *Kupsch* (Neuere Entwicklungen, 1989): S. 57 (beide Zitate). *Kupsch* stützt hierauf seine Auffassung, wonach gesunkene Wiederbeschaffungskosten für die Bilanzierung von Drohverlustrückstellungen für Dauerschuldverhältnisse nicht maßgeblich sind.

258 Vgl. *BFH* vom 29.7.1965 IV 164/63 U, BStBl. III 1965, S. 648-650.

259 *Eifler* (GoB für Rückstellungen, 1976): S. 133; vgl. auch *Glaubig* (Dauerrechtsverhältnisse, 1993): S. 132.

260 Vgl. *Moxter* (Teilwertkonzeption, 1994): S 831 f.; *ders.* (Helmrich-Konzeption, 1994): S. 715; *Groh* (Adolf Moxter, 1994): S. 67.

261 So auch vgl. *Platzer* (Rückstellungen, 1987): S. 303 ("Opportunitätskosten (..) sind diesbezüglich ohne Bedeutung").

verhältnissen" zutreffend lediglich als "Indikator für entgangene Gewinne, nicht [aber] für (hinreichend konkretisierte) künftige Verluste"[262].

In der oben dargestellten Entscheidung vom 25. Februar 1986 gibt der BFH zu bedenken, daß "die Ermittlung von 'Beschaffungskosten' " für Arbeitsleistungen problematisch sei. Denn eine "am Arbeitsmarkt zu beschaffende Ersatzarbeitskraft" müsse die "individuellen Eigenarten der zu beurteilenden einzelnen Arbeitskraft"[263] aufweisen. Fraglich ist, ob sich im Gegensatz hierzu für gemietete Räume oder Sachen nicht doch vergleichbare Objekte am Markt finden lassen, deren Mietzinsen mit den zu leistenden Mietzahlungen im Rahmen des in Frage stehenden Mietverhältnisses verglichen werden können. Im Gegensatz zu menschlichen Arbeitsleistungen scheinen individuelle Eigenschaften bei gemieteten Räumen oder Sachen regelmäßig nicht besonders ausgeprägt. Allerdings ist zu bedenken, daß ein gemietetes Gebäude möglicherweise gerade durch seine für den Mieter besonders günstige Lage wertvoll wird. Gewichtet man diesen Gesichtspunkt stärker als die Möglichkeit, daß sich hinsichtlich baulicher Gegebenheiten und Lage in der Regel vergleichbare Mietobjekte finden lassen, so muß bezweifelt werden, daß die Orientierung an Wiederbeschaffungskosten (im Sinne gemeiner Werte) den Wert des Überlassungsanspruchs tatsächlich zu objektivieren vermag.

Die "hinreichende Konkretisierbarkeit des Vergleichsobjekts"[264] als Voraussetzung für die Eignung von Wiederbeschaffungskosten als Bewertungsmaßstab ist insbesondere dann nicht erfüllt, wenn der Kaufmann der in Frage stehenden Nutzungsmöglichkeit einen (deutlich) höheren Wert beimißt als ein Dritter, der lediglich bereit wäre, einen Mietzins in Höhe des üblichen Mietniveaus zu leisten. In diesem Sinne werden Wiederbeschaffungskosten als 'betriebsbezogene Marktpreise'[265] verstanden und erfassen so den Effektivvermögensanteil der Nutzungsüberlassung "besser als mit gemeinen Werten". Der Unterschiedsbetrag zwischen vereinbarten und am Bilanzstichtag gesunkenen marktüblichen Mietzahlungen "verkörpert in solchen Fällen einen grundsätzlich berechenbaren Anteil an dem betriebsspezifischen Mehrwert"[266] der Nutzungsmöglichkeit; auf das allgemeine Mietzinsniveau braucht insofern zur Ermittlung eines zurechenbaren Ertragswertanteils nicht zurückgegriffen zu werden. Die Unterstellung,

---

262 *Moxter* (Rückstellungen, 1991): S. 13.
263 *BFH* vom 25.2.1986 VIII R 377/83, BStBl. II 1986, S. 465-467, hier S. 466 (alle Zitate).
264 *Glaubig* (Dauerrechtsverhältnisse, 1993): S. 131.
265 Vgl. *Moxter* (Bilanzrechtsprechung, 1996): S. 239.
266 *Moxter* (Bilanzrechtsprechung, 1996): S. 239 (beide Zitate), der diese Aussagen auf den Fall des besonders wertvollen Nachbargrundstücks bezieht.

der Wert des Anspruchs aus einem Mietverhältnis entspreche stets den marktüblichen Mietzinsen, weshalb bei diesen überschreitenden Mietzinsvereinbarungen von einer Unausgewogenheit des Dauerrechtsverhältnisses ausgegangen werden müsse, ist mithin zurückzuweisen.

Die Ausgeglichenheitsvermutung für Mietverhältnisse erscheint aus Gründen unlösbarer Zurechnungsprobleme zwingend, da die Zuordnung betrieblicher Erträge auf einen bestimmten Mietvertrag in der Regel nicht sinnvoll durchführbar ist. Der Versuch, einem Mietverhältnis Verluste zuzurechnen, ist ähnlich ermessensbehaftet wie der Versuch, zukünftige Risiken, "die einer jeden unternehmerischen Tätigkeit inhärent sind", zu isolieren "und als Einzelverlust eines bestimmten Investitionsobjekts"[267] zu interpretieren. Pauschale Zurechnungen von Veränderungen auf dem Absatzmarkt, die zu einer Verschlechterung der Gewinnsituation des Unternehmens führen, zu einzelnen schwebenden Geschäften oder anderen Invesitionsobjekten sind regelmäßig nicht willkürfrei möglich. Bei einem Nutzungsvertrag kann deshalb "ein negativer Erfolgsbeitrag nicht daraus entstehen, daß die Mieten oder Pachten in vergleichbaren Fällen gesunken sind"[268].

3. *Die Betonung der Ausgeglichenheitsvermutung durch Rechtsprechung und Literatur für Pacht- und Leasingverträge*

3.1. *Leasingverträge*

Der BFH hatte zu entscheiden, ob ein Leasing*nehmer* eine Drohverlustrückstellung für einen aus seiner Sicht nachteiligen Leasingvertrag über ein Grundstück samt darauf errichteter Lagerhalle bilden durfte. Der Leasingnehmer führte an, daß die vereinbarten Leasingraten im Vergleich zu den bei Abschluß am Bilanzstichtag möglichen Leasingraten einen zu hohen Zinsanteil enthielten, "da dem Vertrag der Zins einer Hochzinsphase zugrunde liege"[269]. Der I. Senat lehnte die Bilanzierung einer Drohverlustrückstellung mit dem Argument ab, ein Verpflichtungsüberschuß sei im Streitfall nicht feststellbar. Zwar ließe sich bei Leasingverträgen der Wert der Verpflichtung des Leasingnehmers ermitteln, "der Wert des Anspruchs auf Leistungen des Leasinggebers ist jedoch im all-

---

267 *Heibel* (Bilanzierungsgrundsätze, 1981): S. 75 (beide Zitate), bezogen auf die Verlustantizipation für Vermögensgegenstände des Anlagevermögens.
268 *Friederich* (Schwebende Geschäfte, 1976): S. 83.
269 BFH vom 27.7.1988 I R 133/84, BStBl. II 1988, S. 999-1000, hier S. 999.

gemeinen nicht feststellbar". Die Bestimmung des Werts des Anspruchs gelänge nur, wenn der betriebsinterne Wert des geleasten Grundstücks, der so zu verstehende Beitrag am "Erfolg oder Mißerfolg des Gesamtunternehmens" feststünde. Dieser lasse sich aber, so der BFH, "im Streitfall ebensowenig feststellen wie die betriebsinterne Verzinsung eines aufgenommenen Darlehens".[270]

Mit der Forderung, es komme beim Leasingnehmer auf den 'betriebsinternen Wert' des Anspruchs aus der Nutzungsüberlassung an, stellt der BFH nach Auffassung von *Schmidt* klar, daß für die Bilanzierung einer Drohverlustrückstellung "nicht etwa ein nach dem Anschaffungskostenprinzip durch Kapitalisierung der Leasingraten errechneter Wert eines Nutzungsrechts"[271] den Verpflichtungen aus dem Leasingvertrag gegenüberstellen ist. Zu bedenken ist, daß im Falle der (gleichwohl wegen des Grundsatzes der Nichtbilanzierung schwebender Geschäfte nicht zulässigen) Bruttobilanzierung des Leasingverhältnisses der Wert des Nutzungsrechts der (kapitalisierten) Verpflichtung zur Zahlung der Leasingraten entspricht und damit das Leasingverhältnis als ausgeglichen anzusehen ist. Erst wenn die Gesamtaufwendungen die dem Leasingverhältnis zuzurechnende Umsatzsumme überschreiten, droht ein Verlust, der die außerplanmäßige Abschreibung des Nutzungsrechts gebietet.[272] Allerdings ist es regelmäßig nicht möglich, dem (aktivierten) Recht auf Nutzung eines Grundstücks und einer Lagerhalle Umsätze in bestimmter Höhe zuzuordnen. Es entstehen mithin die gleichen Probleme wie im Falle der Nichtbilanzierung des schwebenden Leasinggeschäfts und der damit einhergehenden Gegenüberstellung von Leistung und Gegenleistung zwecks Bestimmung eines Verpflichtungsüberschusses. Die Ermittlung der Unausgewogenheit des Leasingverhältnisses wird demzufolge nicht durch Bilanzierung eines Nutzungsrechts zu (fortgeschriebenen) Anschaffungskosten erleichtert. Mit ziemlicher Sicherheit kam es dem BFH in der oben angeführten Entscheidung auch gar nicht darauf an, die Frage nach der Bestimmbarkeit von Anschaffungskosten eines (etwaigen) Nutzungsrechts durch Kapitalisierung der Leasingraten zu verneinen; vielmehr steht die Einsicht im Vordergrund, daß sich der Beitrag des Investitionsobjekts 'Leasingvertrag' zum Unternehmenserfolg einer objektivierten Feststellung entzieht:

---

270 *BFH* vom 27.7.1988 I R 133/84, BStBl. II 1988, S. 999-1000, hier S. 1000 (alle Zitate).
271 *Schmidt* (Anmerkung zum BFH-Urteil vom 27.7.1988): S. 585.
272 Vgl. *Breidert* (Abschreibungen, 1994): S. 38. *Breidert* weist darauf hin, daß unter die Gesamtaufwendungen gefallene Umsätze den einzigen Fall darstellen, bei dem das Imparitätsprinzip die Abschreibungsnachholung gebietet. Ansonsten verfolge die Abschreibungsnachholung "vielmehr das dem Realisationsprinzip entsprechende Ziel, den Vermögenswert so weit herabzusetzen, daß künftig ein den verschlechterten Erwartungen entsprechender umsatzproportionaler Gewinn ermittelt werden kann".

Wenn der Ertragsanteil (Anspruchswert) eines Dauerschuldverhältnisses nicht feststellbar ist, ergibt sich "ein unlösbares Zurechnungsproblem". Dies hat der I. Senat im oben dargestellten Urteil "zutreffend herausgestellt"; nur "in Extremfällen" sind "bei derartigen Miet- bzw. Leasingverhältnissen Drohverluste greifbar"[273]. Deshalb ist die Entkräftung der Ausgeglichenheitsvermutung nur in sehr beschränktem Umfang möglich.

Die Bilanzierung einer Drohverlustrückstellung beim Leasing*geber* setzt ebenfalls einen "feststellbaren Verpflichtungsüberschuß"[274] voraus. Im Gegensatz zum Fall der Bilanzierung einer Drohverlustrückstellung durch den Leasingnehmer lassen sich der Anspruch auf Zahlung der Leasingraten sowie die Aufwendungen des Vermieters und damit ein möglicher Verpflichtungsüberschuß meist ermessensbeschränkt ermitteln.[275] Nach Auffassung des BFH übersteigen die Ansprüche des Leasinggebers aus dem schwebenden Dauerschuldverhältnis 'Leasingvertrag' zumindest dann die Verpflichtungen, wenn zwischen den beteiligten Vertragspartnern unstreitig sei, daß der Leasinggeber "mit den laufenden Mietraten während der Laufzeit des Mietvertrags (..) sämtliche Kosten (Absetzung für Abnutzung, Zinsen, Verwaltungskosten) und (..) [einen] kalkulierten Gewinnaufschlag"[276] vereinnahme. Habe sich der Leasinggeber verpflichtet, den Leasingnehmer nach Beendigung des Leasingvertrages "in Höhe von 90 v.H. des zu diesem Zeitpunkt ermittelten Verkehrswerts[277] des Leasingguts"[278] zu beteiligen, so werde der sich während der Mietzeit ergebende Überschuß durch diese Vereinbarung, zur "Auskehrung von 90 v.H. des Verwertungserlöses an den Mieter nicht verringert, sondern um einen weiteren Betrag in Höhe von 10 v.H. des Verwertungserlöses erhöht"[279]. Aus diesem Grund stelle der Leasingvertrag ein ausgeglichenes schwebendes Geschäft dar.

Zwar ist es nicht zutreffend, daß der aus der Veräußerung des Leasingobjekts resultierende Veräußerungserlös den Überschuß der Erträge über die Aufwendungen aus dem Leasingvertrag erhöht, denn die Ausbuchung des Restbuch-

---

273 *Moxter* (Rückstellungen, 1991): S. 10 (alle Zitate).
274 *Moxter* (Rückstellungen, 1991): S. 10.
275 Vgl. *Döllerer* (Rückstellungen, 1987): S. 69, der diese Aussage allgemein auf Mietverhältnisse bezieht.
276 *BFH* vom 8.10.1987 IV R 18/86, BStBl. II 1988, S. 57-62, hier S. 60.
277 *Böcking* (Finanzierungsleasing, 1989) geht davon aus, daß im vorliegenden Sachverhalt "der Verkehrswert grundsätzlich dem Buchwert nach der steuerlichen AfA-Tabelle entspricht und daß der Leasinggeber den Vermögensgegenstand an einen Dritten zum Buchwert verkaufen kann", S. 492.
278 *BFH* vom 8.10.1987 IV R 18/86, BStBl. II 1988, S. 57-62, hier S. 57.
279 *BFH* vom 8.10.1987 IV R 18/86, BStBl. II 1988, S. 57-62, hier S. 60.

wertes muß als dem schwebenden Geschäft zuzurechnender Aufwand angesehen werden, der nicht durch die lediglich 10-prozentige Beteiligung des Leasinggebers am Veräußerungserlös kompensiert wird. Insgesamt ist der Leasingvertrag jedoch als (mindestens) ausgeglichen anzusehen. Daß dem Teil des Verwertungserlöses, der zum Ende der Vertragslaufzeit dem Leasingnehmer zusteht, keine entsprechenden Erträge gegenüberstehen, darf nicht zum Anlaß genommen werden, eine Drohverlustrückstellung zu bilden. Denn das bilanzrechtlich adäquate Instrument zur Berücksichtigung des Ungleichgewichts von Leistung und Gegenleistung zum Vertragsende ist die Verbindlichkeitsrückstellung[280], da es sich bei der Beteiligung des Leasingnehmers am Veräußerungserlös um einen (bilanzrechtlichen[281]) Erfüllungsrückstand handelt.[282] "Ökonomisch gesehen sichern erst die Abschreibungen [des Leasingobjekts] in Verbindung mit der Verbindlichkeitsrückstellung die 'erfolgsneutrale' Behandlung des Darlehensbetrags"[283], der dem Leasinggeber in Form überhöhter Leasingraten vom Leasingnehmer gewährt wird. Für einen im Sinne des Imparitätsprinzips antizipationspflichtigen Verlust ist kein Platz mehr[284], wenn der Leasinggeber die Abwicklung des Leasingverhältnisses in seiner Bilanz gemäß dem Grundsatz unsatzbezogener Gewinnrealisierung abbildet, mithin für die Verpflichtung zur Beteiligung des Leasingnehmers am Verwertungserlös des Leasingsgegenstands eine Verbindlichkeitsrückstellung passiviert.

3.2. Pachtverträge

Pachtet ein Kaufmann Grundstücke zum Zweck des Kiesabbaus, so handelt es sich bei diesen sog. 'Ausbeuteverträgen' um schwebende Geschäfte, für die wegen des Grundsatzes der Nichtbilanzierung ein Bilanzausweis unterbleibt. Die

---

280 So auch vgl. *BFH* vom 15.4.1993 IV R 75/91, BFHE 171, S. 435-440, zur Verpflichtung des Leasinggebers, dem Leasingnehmer (bei Ausübung der entsprechenden Option) den Leasinggegenstand am Ende der Grundmietzeit zu einem Vorzugspreis zu überlassen, weil während der Grundmietzeit überhöhte Leasingraten zu entrichten waren.

281 Im o.a. Urteil des *BFH* vom 8.10.1987 wurde hingegen bestritten, daß es sich um einen (zivilrechtlichen) Erfüllungsrückstand handelt, S. 60 f.

282 Vgl. *BFH* vom 15.4.1993 IV R 75/91, BFHE 171, S. 435-440, hier S. 439 f.

283 *Böcking* (Finanzierungsleasing, 1989): S. 511.

284 Vgl. *BFH* vom 15.4.1993 IV R 75/91, BFHE 171, S. 435-440: "Da der Erfüllungsrückstand der Klägerin durch eine Verbindlichkeitsrückstellung zu berücksichtigen ist, kommt die Bildung einer Verlustrückstellung (..) nicht in Betracht", S. 440; ebenso *Böcking* (Finanzierungsleasing, 1989): S. 511.

vertragliche oder öffentlich-rechtliche Verpflichtung zur Wiederauffüllung der Kiesgruben ist nach Auffassung der höchstrichterlichen Rechtsprechung "zwar rechtlich und wirtschaftlich Bestandteil des Ausbeutevertrages", trotzdem berühren die Auffüllverpflichtungen "nicht die Ausgewogenheit der einzelnen Ausbeuteverträge". Die Ausgeglichenheit der Ausbeuteverträge beruhe ausschließlich "auf dem Verhältnis des Werts des Ausbeuterechts (..) zu dem als Gegenleistung zu erbringenden Entgelt"[285]. Während sich die Gegenleistung in Form der Pachtzahlungen ohne Schwierigkeiten ermitteln läßt, ist der Wert des Ausbeuterechts regelmäßig nicht exakt feststellbar. Wie hoch die künftigen Einnahmenüberschüsse aus dem Kiesabbau sein werden, hängt von den jeweiligen Marktgegebenheiten ab, die maßgeblich von der allgemeinen Bautätigkeit bestimmt werden. Es darf jedoch beim Abschluß eines Kiesausbeute-Pachtvertrages davon ausgegangen werden, daß der Wert des Ausbeuterechts mindestens Einnahmenüberschüsse in Höhe der Verpflichtung zur Zahlung des Pachtzinses verkörpert.[286] Dies gilt auch, wenn der Pächter eines Grundstücks mit Kiesvorkommen zur jährlichen Leistung von Flurentschädigungen an den Verpächter verpflichtet ist, weil dieser die Grundstücke beispielsweise nicht mehr landwirtschaftlich nutzen kann. Diese Verpflichtungen gehören, so der BFH, "zu den Verbindlichkeiten" aus den Kiesausbeuteverträgen, denn sie seien, "Teil der Gegenleistung für die Nutzung der Grundstücke"[287]. Solange keine Anhaltspunkte dafür vorliegen, daß sich ein Verlust aus den abgeschlossenen Ausbeuteverträgen abzeichnet, muß die Ausgewogenheit des Werts der noch zu erbringenden Leistungen und Gegenleistungen unterstellt werden. Gestützt wird diese Vermutung noch zusätzlich, wenn ein Teil der Grundstücksnutzung in der Möglichkeit besteht, Dritten gegen Entgelt die Einkippung von Abbruchmaterial zu gestatten. Übersteigen diese "wirtschaftlich mit der Grundstücksnutzung zusammenhängenden" Kippgebühren die gezahlten Flurentschädigungen, so drohen "*auch* aus diesem Grunde keine Verluste aus dem Pachtverhältnis"[288].

Der Saldierungsbereich eines Pachtverhältnisses umfaßt somit nicht nur die im eigentlichen Pachtvertrag fixierten (Nutzungs-)Ansprüche und (Zahlungs-)Verpflichtungen, sondern darüber hinaus sämtliche mit der Grundstücksnutzung

---

285 *BFH* vom 16.9.1970 I R 184/67, BStBl. II 1971, S. 85-87, hier S. 86 (alle Zitate).

286 Auch im Falle der Anschaffung einer Maschine wird (widerlegbar) vermutet, daß sie Einnahmenüberschüsse mindestens in Höhe der Anschaffungskosten verkörpert.

287 *BFH* vom 16.12.1992 XI R 42/89, BFHE 170, S. 181 f. (beide Zitate).

288 So das in der Vorinstanz mit dem Fall befaßte und vom *BFH* in seiner Entscheidung vom 16.12.1992 XI R 42/89, BFHE 170, S. 179-183 zitierte *FG München*, Urteil vom 21.12.1988 I 171/87 F,EW, Revision eingelegt, EFG 1989, S. 222-223, hier S. 223 (beide Zitate); vgl. auch oben 1. Kapitel, B. II. 4.

zusammenhängenden Erträge und Aufwendungen, wie beispielsweise (hinreichend konkretisierte) Kippgebühren und Flurentschädigungen. Auf die rechtliche Einkleidung der gegenüberzustellenden Erträge und Aufwendungen kann es dabei nicht ankommen. Ansonsten müßten die (nicht vertraglich gesicherten) Kippgebühren entgegen der Rechtsprechung des BFH unberücksichtigt bleiben.

Geht man (vereinfachend) davon aus, ein Kaufmann habe sowohl einen Kiesausbeute-Pachtvertrag fest über fünf Jahre als auch Kies-Verkaufsverträge mit Dritten während dieses Zeitraums geschlossen, und die Verpflichtung zur Zahlung des Pachtzinses betrage wie die Einnahmenüberschüsse aus den Kiesverkäufen 100.000 DM, so drohte wegen der Ausgeglichenheit des Werts von Anspruch und Verpflichtung aus dem Pachtvertrag kein Verlust. Ist der Kaufmann darüber hinaus zur Leistung einer Flurentschädigung von 10.000 DM verpflichtet, könnte von der Ausgewogenheit des Pachtverhältnisses nicht mehr ausgegangen werden. Gemäß dem von der Rechtsprechung zur Behandlung von Kippgebühren im Rahmen der Ermittlung von Drohverlustrückstellungen entwickelten Grundsatz müßten zu erwartende Kippgebühren allerdings verlustkompensierend wirken. Dies setzt indes das Bestehen greifbarer Anhaltspunkte für die Realisierung der künftigen Erträge voraus. Soweit diese Voraussetzung erfüllt ist, vermag eine gemessen an den zivilrechtlichen Gegebenheiten festgestellte Übergewichtigkeit der (vertraglichen) Verpflichtungen über die (vertraglichen) Ansprüche die Ausgeglichenheitsvermutung nicht zu entkräften. Ist dagegen bereits die Bewertung des Anspruchs aus einem Pachtvertrag nicht ermessensfrei möglich und muß bereits aus diesem Grund die Ausgeglichenheit von Leistung und Gegenleistung (einschließlich einer etwaigen Flurentschädigung) des schwebenden Geschäfts vermutet werden, dient der Hinweis auf zu erwartende Kippgebühren allenfalls der Bekräftigung der Ausgeglichenheitsvermutung und erschwert (zusätzlich zu der auf Ertrags-Zurechnungsproblemen beruhenden Ausgeglichenheitsvermutung) die Behauptung eines unausgewogenen schwebenden Geschäfts.

VII. Möglichkeiten zur Entkräftung der Ausgeglichenheitsvermutung

1. Völlige Ertragslosigkeit

Eine Drohverlustrückstellung für Miet-, Pacht-, Leasing- und Erbbaurechtsverhältnisse ist aus Sicht des Nutzungsberechtigten stets dann zu bilanzieren, wenn das gemietete Objekt (z.B. ein Grundstück) überhaupt nicht mehr genutzt werden kann.[289] Wird beispielsweise "eine gemietete Anlage aufgrund technischer oder wirtschaftlicher Überholung stillgelegt (..), obwohl der laufende Mietvertrag noch zu erfüllen ist"[290], stehen den künftig zu leistenden Mietaufwendungen keine zurechenbaren Erträge gegenüber. Die grundsätzlich nicht durchführbare Zurechnung von Erträgen auf ein bestimmtes Mietverhältnis wird möglich, sobald hinreichende Anhaltspunkte dafür bestehen, daß der schwebende Mietvertrag keinerlei Beiträge zu den Unternehmenserträgen liefert[291], der Wert des Anspruchs also null beträgt. Bereits die ältere Bilanzrechtsliteratur hat auf die Möglichkeit einer "Änderung der Betriebs- oder Wirtschaftsstruktur" hingewiesen, was zur Folge haben könne, daß "der Betrieb die gemieteten Gegenstände nicht mehr oder nur noch sehr unvollkommen ausnutzen kann, ohne [aber] sofort vom Mietvertrag loszukommen."[292] Soll beispielsweise ein Auslieferungslager auf einem zu diesem Zweck für die Dauer von zehn Jahren fest gemieteten Gelände errichtet werden und stellt sich nach zwei Jahren heraus, "daß sich das Auslieferungslager nicht lohnt"[293], das Gelände außerdem nicht weitervermietet werden kann und infolgedessen brachliegt, müsse der Betrieb den Verlust aus dem Mietverhältnis sofort ausweisen. Ähnlich sind bei Leasingverhältnissen die aus Sicht des Bilanzstichtags noch zu leistenden Leasingraten in eine Drohverlustrückstellung einzustellen, wenn Leasingobjekte "aufgrund erwarteter wirtschaftlicher Veränderungen nicht mehr in der Produktion eingesetzt werden können, aber der Leasing-Vertrag noch über eine bestimmte Zeit unkündbar ist (..), denn die Güternutzungen können nicht mehr in absatzfähige Erzeugnisse umgewandelt werden."[294]

Unter der Voraussetzung, daß eine alternative Nutzung des Mietobjekts oder eine sofortige Kündigung des Dauerschuldverhältnisses nicht möglich ist, wird die Belastung künftiger GVR durch das Mietverhältnis offensichtlich und damit der Ausweis einer Drohverlustrückstellung unvermeidbar. Zugleich wird deutlich, daß die Heranziehung von Wiederbeschaffungskosten als Maßstab für die Bewertung des Anspruchs aus einem schwebenden Mietverhältnis in Fällen der völligen Ertragslosigkeit zu keinem sinnvollen Ergebnis führt und daher abzulehnen ist: Die Wiederbeschaffung eines aus Sicht des betreffenden Kaufmanns völlig nutzlosen, weil Aufwandsüberschüsse verkörpernden Mietverhältnisses

---

289 Vgl. *Kupsch* (Neuere Entwicklungen, 1989): S. 56; *Herrmann / Heuer / Raupach*, § 5 EStG, Anm. 1252.

290 *Friederich* (Schwebende Geschäfte, 1976): S. 84.

291 Vgl. *Glaubig* (Dauerrechtsverhältnisse, 1993): S. 123.

292 *Vellguth* (Schwebende Geschäfte, 1938): S. 115 (beide Zitate).

293 *Mittelbach* (Rückstellungen, 1982): S. 26.

294 *Eifler* (GoB für Rückstellungen, 1976): S. 128 f.

kommt nicht in Frage. Eine Orientierung an den für vergleichbare Mietobjekte am Markt verlangten Mietzinsen ist insofern abwegig. Bedeutung erlangt allein der betriebsindividuelle Wert des Leistungsanspruchs, der nicht unter Rückgriff auf Marktpreise ermittelt werden kann, sondern wegen seiner Ertragslosigkeit in objektivierter Weise null beträgt. Daß der betriebsindividuelle Wert eines Dauerschuldverhältnisses ausnahmsweise meßbar ist[295] und damit zugleich der dem schwebenden Geschäfte zuzurechnende Aufwandsüberschuß durch hinreichend objektivierte Anhaltspunkte konkretisiert wird, führt zur Entkräftung der Ausgeglichenheitsvermutung.

2. *(Objektiv) eingeschränkte Nutzungsmöglichkeit*

Im Schrifttum wird die Auffassung vertreten, der Ausgeglichenheitsvermutung seien "zumindest dann Grenzen gesetzt", wenn der "Wert des Leistungsanspruchs sich aufgrund der mangelnden Verwendbarkeit gegenüber dem ursprünglichen Wert zum Zeitpunkt des Vertragsschlusses negativ verändert"[296]. Außer bei völliger Nutzlosigkeit kann die Bilanzierung einer Drohverlustrückstellung mithin auch dann geboten sein, wenn die Nutzung des vom Vertragspartner überlassenen Objekts nur eingeschränkt möglich ist. Hierbei stellt sich allerdings die Frage, an welchem Maßstab die eingeschränkte Nutzbarkeit gemessen werden soll und inwieweit sie die Vermutung eines ausgeglichenen schwebenden Geschäfts entkräften kann.

Zur Verdeutlichung der Problematik diene das folgende Beispiel[297]: Kaufmann A schließt am 30. November 1996 einen Pachtvertrag mit B über 30 Jahre ab. Der jährlich zu entrichtende Pachtzins beträgt 50.000 DM. A plant, auf dem Grundstück eine Produktionshalle zu errichten. Dies wird aller Voraussicht nach erst in drei Jahren, nach Änderung des Bebauungsplans, möglich sein. Eine Änderung des Bebauungsplans noch im Dezember 1996 läßt wider Erwarten die Bebauung des Grundstücks mit einer Produktionshalle nicht zu. Aus diesem Grund entschließt sich A, mit dem Kaufmann C einen Unterpachtvertrag abzuschließen, der die Zahlung eines jährlichen Pachtzinses von 40.000 DM vorsieht und dessen Laufzeit am 1. Januar 1997 beginnt. Der von C zu leistende Pachtzins entspricht dabei den zum Zeitpunkt des Vertragsschlusses am Markt üblichen Bedingungen.

---

295 So auch vgl. *Kupsch* (Neuere Entwicklungen, 1989): S. 56.
296 *Glaubig* (Dauerrechtsverhältnisse, 1993): S. 122 (beide Zitate).
297 Vgl. *Hütz* (Erbbaurecht, 1983): S. 7 (bezogen auf einen Erbbaurechtsvertrag).

Der mit B geschlossene Pachtvertrag ist für A, nachdem die ursprünglich vorgesehene Nutzung des überlassenen Grundstücks nicht zu realisieren war, zunächst wertlos. Am Bilanzstichtag 31. Dezember 1996 liegen mit der Änderung des Bebauungsplans objektiv nachprüfbare Tatsachen vor, die an der Verlustträchtigkeit des Pachtvertrages mit B keinen Zweifel aufkommen lassen.[298] Insoweit liegt eine völlige Nutzlosigkeit vor, die (wie oben bereits ausgeführt) zur Bilanzierung einer Drohverlustrückstellung in Höhe der noch zu leistenden Pachtzinsen führen müßte. Zu berücksichtigen ist indes, daß Kaufmann A zwar aus dem Pachtvertrag mit B jährliche Aufwendungen in Höhe von 50.000 DM entstehen, diesen aber greifbare Erträge aus dem Unterpachtvertrag in Höhe von 40.000 DM gegenüberstehen, mithin die künftigen GVR lediglich mit 10.000 DM jährlich belastet sind. Die für Pachtverhältnisse wie für alle anderen schwebenden Geschäfte geltende Ausgeglichenheitsvermutung ist so gesehen nicht gänzlich entkräftet, sondern nur für den Teil des Anspruchs aus dem mit B geschlossenen Pachtvertrag, dem keine (hinreichend konkretisierten) Erträge zugerechnet werden können (im Beispielfall 10.000 DM).[299]

Eine eingeschränkte Nutzungsmöglichkeit liegt beispielsweise auch dann vor, wenn eine Maschine zu marktüblichen Konditionen für 10 Jahre gemietet wird und bald nach Inbetriebnahme eine behördliche Verfügung ergeht, derzufolge die Maschine nur noch während der nächsten fünf Jahre, mithin lediglich für die Hälfte der Mietzeit, eingesetzt werden kann. Dabei handelt es sich nur aus Sicht des *Zugangs*zeitpunkts des schwebenden Geschäfts um eine zukünftig eingeschränkte Nutzungsmöglichkeit. Denn ab dem Zeitpunkt der tatsächlichen Beschränkung der Nutzungsmöglichkeit, d.h. nach fünf Jahren, besteht *völlige* Ertragslosigkeit, da einer nicht mehr im Produktionsprozeß einsetzbaren Maschine und damit dem Anspruch aus dem Nutzungsverhältnis Erträge von null zuzurechnen sind. Strenggenommen wird die Ausgeglichenheitsvermutung deshalb durch *völlige* Ertragslosigkeit, nicht aber durch eine *eingeschränkte* Nutzungsmöglichkeit entkräftet. Die Zulässigkeit der Bilanzierung einer Drohverlustrückstellung für die während des Zeitraums fehlender Einsetzbarkeit der

---

298 Gl. A. *Clemm* (Rückstellungen, 1997) in bezug auf die Untervermietung von Räumen zu einem Mietzins, der unter dem eigenen zu leistenden liegt, um "wenigstens einen Teil (..) [der] monatlichen Mietaufwendungen zu decken". Damit konkretisierten sich für die "Zeit der festen Untervermietung 'todsichere' monatliche Unterdeckungen (Verlust, Ausgabenüberschüsse)", S. 130.

299 Vgl. für eine Berücksichtigung der Untervermietung oder der Weiterverpachtung im Saldierungsbereich eines Miet- oder Pachtverhältnisses *Friederich* (Schwebende Geschäfte, 1976): S. 84; *Clemm* (Rückstellungen, 1997): S. 129 f.

Maschine zu leistenden Mietzinsen steht aufgrund des eindeutig konkretisierten Aufwandsüberschusses außer Frage.[300]

Der o.a. Fall einer zeitlich begrenzt einsetzbaren gemieteten Maschine wird im Schrifttum mit der Überdimensionierung von Anlagen verglichen[301], für die der BFH[302] Teilwertabschreibungen wegen von Anfang an bestehender Fehlmaßnahme anerkannt habe. Bei der eingeschränkten Nutzbarkeit einer gemieteten Maschine handele es sich gleichfalls um eine Fehlmaßnahme, die den Ausweis einer Drohverlustrückstellung erfordere, weil sie nicht mittels Teilwertabschreibung berücksichtigt werden könne: "Die entgeltliche Inanspruchnahme nicht genutzter Überkapazitäten einer maschinellen Anlage bedeutet einen (negativen) Beitrag für das Unternehmen, der hinreichend abgrenz- und quantifizierbar ist."[303]

Tatsächlich könnte ein Mietvertrag über eine Maschine, für die bereits kurz nach Vertragsschluß feststeht, daß sie nach einiger Zeit nicht mehr im Produktionsprozeß nutzbar ist, als von vornherein verfehlt angesehen werden und insoweit eine Parallele zur Anschaffung eines Wirtschaftsguts des Anlagevermögens gezogen werden, dessen "wirtschaftlicher Nutzen bei objektiver Betrachtung deutlich hinter dem für den Erwerb getätigten Aufwand zurückbleibt und demgemäß dieser Aufwand so unwirtschaftlich war, daß er von einem gedachten Erwerber des gesamten Betriebs im Kaufpreis nicht honoriert würde"[304]. Derartige Fehlmaßnahmen werden von der Rechtsprechung als Entkräftung der allgemeinen Teilwertvermutung anerkannt, wonach die Anschaffungs- oder Herstellungskosten zum Zugangszeitpunkt den "Normalwert des Wirtschaftsgutes"[305] repräsentieren.

Die Bilanzierung einer Drohverlustrückstellung für das oben beschriebene Mietverhältnis über eine Maschine mit dem Hinweis zu begründen, daß "der

---

300 Bei strenger Orientierung an Wiederbeschaffungskosten im Sinne marktüblicher Preise gelangt man hingegen zu einem anderen Ergebnis: Entspricht der Mietzins den marktüblichen Bedingungen droht "bei ausschließlich objektiver Betrachtung kein Verlust". Aus diesem Grund wird auch von Autoren, die ansonsten die Maßgeblichkeit von Wiederbeschaffungskosten favorisieren, in diesen Fällen "der subjektiven Betrachtung" (*Christiansen* (Beschaffungsdauerschuldverhältnisse, 1993): S. 1245), wonach der Mietvertrag zukünftig verlustträchtig sei, der Vorzug gegeben. Ähnlich vgl. *Strobl* (Neue Entwicklungen, 1985): S. 315.

301 Vgl. *Christiansen* (Beschaffungsdauerschuldverhältnisse, 1993): S. 1245.

302 Vgl. *BFH* vom 17.9.1987 III R 201-202/84, BStBl. II 1988, S. 488-490.

303 *Christiansen* (Beschaffungsdauerschuldverhältnisse, 1993): S. 1245.

304 *BFH* vom 13.3.1991 I R 83/89, BStBl. II 1991, S. 595-597, hier S. 597.

305 *Moxter* (Bilanzrechtsprechung, 1996): S. 252.

Steuerpflichtige im Zugangszeitpunkt die Verwendbarkeit des Gutes im Unternehmen überschätzt hat"[306], bedeutete mithin, sich auf das Vorliegen einer Fehlmaßnahme zu berufen. Wenngleich der BFH bei der Beurteilung von schwebenden Geschäften nicht (explizit) das Vorliegen von Fehlmaßnahmen untersucht, sollten die für deren Behandlung entwickelten Grundsätze dennoch auf schwebende Geschäfte übertragen werden können, da die Antizipation eines Aufwandsüberschusses nicht davon abhängen darf, ob das genutzte Wirtschaftsgut gemietet oder gekauft wurde.[307] Die Unausgewogenheit eines schwebenden Geschäfts muß sich aber stets wie die Fehlmaßnahme "in einer Weise konkretisiert haben, daß sie dem sorgfältigen Kaufmann am Bilanzstichtag erkennbar war"[308].

Fraglich ist, ob eine Drohverlustrückstellung bilanziert werden muß, wenn die Mietsache nur vermindert betrieblich verwendbar ist, etwa weil nur ein Teil der gemieteten Räume genutzt wird oder Teile eines gepachteten Grundstücks brachliegen. Die Ausgeglichenheitsvermutung könnte in diesen Fällen für jene Leistungen und Gegenleistungen entkräftet sein, die sich auf den nicht genutzten Teil des Mietverhältnisses beziehen. Ist beispielsweise ein Bürogebäude fest für 20 Jahre zum jährlichen Mietzins von 90.000 DM pro Jahr gemietet und wird nach 10 Jahren (unvorhergesehen) wegen der Ausgliederung eines Betriebsteils nur noch ein Drittel der Büroräume genutzt, muß geprüft werden, inwieweit die Gefahr besteht, daß künftig zu leistende Mietzahlungen nicht durch zugehörige Erträge gedeckt werden, mithin das gemietete Gebäude nicht länger einen (Mindest-)Ertragswertbeitrag von 90.000 DM pro Jahr verkörpert. Da sich jedoch der Ertragswertbeitrag eines gemieteten Gebäudes zu den Unternehmenserträgen in der Regel gar nicht messen läßt, erscheint auch die Feststellung von *unter* die zu leistenden Mietzahlungen gesunkenen Ertragswertbeiträgen grundsätzlich nicht möglich. Dies setzt freilich voraus, daß der Mietgegenstand wirtschaftlich nicht 'zerlegt' werden kann. Denn geht man davon aus, daß der insgesamt zu leistende Mietzins quadratmeterproportional aufgeteilt werden kann, läßt sich dem nicht genutzten Teil der angemieteten Büroräume ein bestimmter (Teil-)Mietzins zurechnen. Dieser ist aufgrund der fehlenden Nutzung in objektivierter Weise nicht durch zugehörige Erträge kompensiert und infolgedessen als Aufwandsüberschuß zu betrachten, für den eine

---

306 *Breidert* (Abschreibungen, 1994): S. 128, unter Hinweis auf *RFH* vom 3.10.1928 VI A 1224/28, StuW II 1929, Sp. 131-133, hier Sp. 132.

307 Ähnlich vgl. *Weber-Grellet* (Adolf Moxter, 1994): Sowohl bei der Teilwertabschreibung als auch bei der Drohverlustrückstellung ginge es "um Antizipation, einmal von Aufwand, das andere Mal von Verlusten", S. 32.

308 *Moxter* (Bilanzrechtsprechung, 1996): S. 253.

Drohverlustrückstellung ausgewiesen werden muß. Die Ausgeglichenheitsvermutung bezieht sich folglich nur noch auf die genutzten Büroräume; für den nicht genutzten Teil des gemieteten Gebäudes gilt die Ausgeglichenheitsvermutung hingegen als entkräftet.

3. Bewertung der Drohverlustrückstellung bei Entkräftung der Ausgeglichenheitsvermutung

Die Frage, ob ein Verpflichtungsüberschuß im Rahmen von Dauerschuldverhältnissen abzuzinsen ist, hängt davon ab, wie weit der Saldierungsbereich schwebender Geschäfte gefaßt wird. Bei Berücksichtigung nur jener Komponenten, die bei unterstellter Bruttobilanzierung des gegenseitigen Vertrags aktiviert bzw. passiviert würden, bemißt sich eine etwaige Drohverlustrückstellung bei Mietverhältnissen nach der Differenz zwischen der Verbindlichkeit zur Zahlung der Mietzinsen und dem Nutzungsanspruch. Für den oben dargestellten Apothekerfall bedeutet dies nach *Kessler*, daß die vom Apotheker zu zahlenden Mietzinsen als Anschaffungskosten der Erlangung des Nutzungsrechts anzusehen sind, während die vom Arzt zu leistenden Mietzahlungen "als Gegenleistung für die (Weiter-)Übertragung des Nutzungsrechts"[309] betrachtet werden können. Die Anschaffungskosten des Nutzungsrechts entsprechen dabei dem "Barwert der insgesamt zu zahlenden Mietzinsen", denn "bei einer sofortigen Entrichtung des gesamten Entgelts [wäre] ein niedrigerer Betrag geleistet worden"[310]. Auch für die Weitergabe des Nutzungsrechts an den Arzt gelte, daß dieser aufgrund der 'Ratenzahlung' einen höheren Preis in Kauf nehme als bei sofortiger Entrichtung der Mietzinsen: "Die ursprünglichen Anschaffungskosten der als Gegenleistung für die Übertragung des Nutzungsrechts anzusetzenden Forderung entsprechen damit dem fiktiven, durch Abzinsung zu ermittelnden 'Barverkaufspreis' "[311]. Bei Orientierung an der Bruttobilanzierung sei demzufolge eine Drohverlustrückstellung in Höhe der Differenz zwischen dem Barwert der eigenen Mietzinsverpflichtung und dem Barwert der vom Arzt zu erhaltenden Mietzinsen zu bilden.

Vertritt man hingegen die Auffassung, der Standortvorteil stelle einen (einlagefähigen) Vermögensgegenstand dar und müsse bei der Beurteilung des schwebenden Geschäfts berücksichtigt werden, so droht auch bei Bewertung der nunmehr in den Saldierungsbereich einzubeziehenden Komponenten mit dem

---

309 *Kessler* (Drohverlustückstellung, 1994): S. 573.
310 *Kessler* (Drohverlustückstellung, 1994): S. 574 (beide Zitate).
311 *Kessler* (Drohverlustückstellung, 1994): S. 573.

Barwert kein Verlust; es bedarf deshalb "an sich keiner Prüfung der Abzinsungsfrage mehr"[312]. Im Schrifttum wird außerdem darauf hingewiesen, daß bei Dauerschuldverhältnissen "eine zeitliche Diskrepanz zwischen Leistung und Gegenleistung, die die Annahme eines fiktiven Kreditverhältnisses rechtfertigt, (..) nicht gegeben" ist, da "Leistungen und Gegenleistungen über einen größeren Zeitraum in synchroner Weise ständig wiederkehren"[313] und sich bereits aus dieser Sicht die Frage, ob der Erfüllungsbetrag verdeckte Zinsanteile enthält, nicht stellt. Der X. Senat hat sich im Apothekerfall gleichwohl zur Abzinsungsfrage geäußert, da seiner Meinung nach eine Drohverlustrückstellung zu bilanzieren ist und bereits in früheren Entscheidungen klargestellt worden sei, daß "der durch Abzinsung zu ermittelnde Barwert der künftigen Ansprüche und Verpflichtungen"[314] angesetzt werden müsse. Gegen die Abzinsung spreche lediglich bei *Verbindlichkeits*rückstellungen die Erwägung, "daß auch eine ungewisse Verbindlichkeit eine Verbindlichkeit ist, die handels- und steuerrechtlich mit ihrem (ggf. geschätzten) Rückzahlungsbetrag (Nennwert) anzusetzen ist". Diese Überlegung gelte allerdings nicht für Drohverlustrückstellungen, denn diese "sind ausschließlich nach den Regeln der Rückstellungsbewertung anzusetzen". "Vor allem findet kein Übergang von ungewissen zu gewissen Verpflichtungen statt", da Verpflichtungen (und Ansprüche) "vielfach - so auch im Streitfall - von Anfang an gewiß" seien.

Der vom BFH im Apothekerfall hervorgehobene *fehlende Übergang* von ungewissen zu gewissen Verbindlichkeiten als Begründung für die Abzinsung der Drohverlustrückstellung überzeugt nicht. Daß über die Verpflichtung *von Anfang an* Gewißheit besteht, ist kein schlüssiges Argument dafür, Drohverlustrückstellungen lediglich in Höhe des Barwertes, nicht aber zum Rückzahlungsbetrag (Nennwert) anzusetzen, denn auch (gewisse) Verbindlichkeiten sind dem Grunde und der Höhe nach von Anfang an gewiß und müssen (gerade deshalb) mit dem Rückzahlungsbetrag bilanziert werden. Der X. Senat führt aus, eine Drohverlustrückstellung für Dauerschuldverhältnisse sei an die "Verhältnisse des jeweiligen Bilanzstichtages anzupassen", jedoch erlösche "auch dieses hinausgezogene Schwebeverhältnis (..) eines Tages, ohne daß eine (gewisse) Ver-

---

312 *Moxter* (Drohverlustrückstellungen, 1993): S. 2483.
313 *Lauth* (Entwicklungstendenzen, 1993): S. 402 f. (beide Zitate).
314 *BFH-Beschluß* vom 26.5.1993 X R 72/90, BStBl. II 1993, S. 855-861, hier S. 859, unter Hinweis auf *BFH* vom 19.7.1983 VIII R 160/79, BStBl. II 1984, S. 56-59 und weiteren Entscheidungen zur Abzinsung von Verbindlichkeitsrückstellungen, z.B. *BFH* vom 7.7.1983 IV R 47/80, BStBl. II 1983, S. 753-755.

bindlichkeit an seine Stelle träte"[315]. Diese Aussage gibt Anlaß zu der Vermutung, daß der Senat die von ihm geforderte Drohverlustrückstellung nicht als bilanzrechtliche Verbindlichkeit im Sinne künftiger Aufwendungsüberschüsse betrachtet.[316] Offenbar ist es die (formale) Eigenschaft des Verpflichtungsüberschusses, eine bloße Saldogröße zu sein, die den X. Senat in erster Linie veranlaßt, "auf das gerade noch Erforderliche abzustellen" und damit eine Rückstellung für drohende Verluste nur in Höhe des abgezinsten Verpflichtungsüberschusses zu fordern.

Dies verwundert insofern, als der BFH darauf hinweist, daß der Apotheker "die künftigen Vermieterleistungen (Sachleistungen) gegenüber Dr. K nur dadurch erfüllen [könne], daß er seinerseits Geldleistungen - insbesondere die Mietzinsaufwendungen an K - erbringt"[317] und für diese Geldaufwendungen Vorsorge getroffen werden müsse; durch Barwertpassivierung lassen sich die künftigen jährlichen Verpflichtungsüberschüsse von 12.000 DM indes nicht auffangen. Vielmehr muß der Unterschiedsbetrag zwischen jeweiliger partieller Rückstellungsauflösung und Verpflichtungsüberschuß "aus anderen Geschäftsjahreserträgen gedeckt werden"[318] und damit aus Erträgen, die mit dem schwebenden Geschäft 'Untermietvertrag' auch nicht (wie der Standortvorteil) *mittelbar* verbunden sind. Wenn aber einerseits die Einbeziehung des Standortvorteils in den Saldierungsbereich unter Hinweis auf dessen Unsicherheit abgelehnt wird, erscheint es inkonsequent, andererseits zu unterstellen, künftige Zinserträge verkörperten mehr als "die bloße Aussicht, Einnahmen zu erzielen"[319]. "In beiden Fällen fehlt die unmittelbare Verbindung der erwarteten Erträge mit dem schwebenden Geschäft (Untermietvertrag)."[320] So gesehen kann die Abzinsung des Verpflichtungsüberschusses nicht ernsthaft in Betracht gezogen werden.

---

315 *BFH-Beschluß* vom 26.5.1993 X R 72/90, BStBl. II 1993, S. 855-861, hier S. 860 (alle Zitate).

316 Der *BFH* hat jedoch in anderen Entscheidungen keinen Zweifel daran gelassen, daß Drohverlustrückstellungen zu den Verbindlichkeiten zählen; vgl. z.B. *BFH* vom 16.11.1982 VIII R 95/81, BStBl. II 1983, S. 361-364: "Die Rückstellung für drohende Verluste aus schwebenden Geschäften setzt wie die Rückstellung für ungewisse Verbindlichkeiten das Bestehen einer Verbindlichkeit voraus", S. 363.

317 *BFH-Beschluß* vom 26.5.1993 X R 72/90, BStBl. II 1993, S. 855-861, hier S. 860 (beide Zitate).

318 *Moxter* (Drohverlustrückstellungen, 1993): S. 2483.

319 *BFH-Beschluß* vom 26.5.1993 X R 72/90, BStBl. II 1993, S. 855-861, hier S. 859.

320 *Moxter* (Drohverlustrückstellungen, 1993): S. 2483.

Nun könnte man argumentieren[321], die Einbeziehung künftiger Zinserträge in den Saldierungsbereich sei dann zwingend, wenn auch der Standortvorteil berücksichtigt würde. Soweit beide erwarteten Vorteile die "Chance einer künftigen Umsatzsteigerung"[322] verkörperten, müßten sie auch gleichbehandelt werden. Dem läßt sich entgegenhalten, daß die auf den Standortvorteil gestützten Ertragserwartungen durch das Untermietverhältnis bzw. die Verpflichtung des Arztes, in den gemieteten Räumen eine Arztpraxis zu betreiben, hinreichend gesichert erscheinen. Demgegenüber sind die künftigen Zinserträge nicht durch eine mittelbare Bestandssicherung konkretisiert. Diese Bestandssicherung ist aber im Falle eines erhaltenen Darlehens gegeben, da hierbei dem Unternehmen (Geld-)Mittel zufließen, für die in typisierender Betrachtung gilt, "daß diese Mittel (künftige) Erträge mindestens in Höhe der (künftigen) Zinsausaufwendungen abwerfen"[323]. Wenn die Ausgeglichenheitsvermutung wie in den oben dargestellten Fällen der völligen Ertragslosigkeit oder der eingeschränkten Nutzungsmöglichkeit entkräftet worden ist, muß der Betrag, für den nicht mehr angenommen werden darf, daß er durch zurechenbare Erträge (mindestens) ausgeglichen ist, in voller Höhe zurückgestellt werden.[324]

Dies bedeutet jedoch nicht, daß der Zinsaspekt generell von der Prüfung der Ausgeglichenheit eines schwebenden Geschäfts auszuschließen ist. Wandelt man den Apothekerfall dergestalt ab, daß ein Apotheker beginnend am 31. Dezember 1997 angemietete Räume für 10 Jahre an einen Rechtsanwalt untervermietet, der zur Zahlung der gesamten Mietzinsen in Höhe von 100.000 DM zum 31. Dezember 1997 verpflichtet ist, während der Apotheker erst am 31. Dezember 2006 einen Betrag von 110.000 DM an den Vermieter der Räume zu leisten hat, so erscheint es fragwürdig, Zinseffekte nicht zu berücksichtigen.[325] Durch bloße Gegenüberstellung der eigenen Mietzinsverpflichtung mit den vom Rechtsanwalt zu zahlenden Mietzinsen ergäbe sich nämlich ein Verpflichtungsüberschuß von 10.000 DM, der als Drohverlustrückstellung zum 31. Dezember 1997 zu bilanzieren wäre. Dabei bliebe unbeachtet, daß der Apotheker "wirtschaftlich ein außerordentlich vorteilhaftes Geschäft abgeschlossen

---

321 Vgl. *Siegel* (Saldierungsprobleme, 1994): S. 2242.
322 *BFH-Beschluß* vom 26.5.1993 X R 72/90, BStBl. II 1993, S. 855-861, hier S. 858.
323 *Moxter* (Drohverlustrückstellungen, 1993): S. 2483.
324 Vgl. für die Ablehung der Abzinsung der Drohverlustrückstellung im Apothekerfall *Moxter* (Drohverlustrückstellungen, 1993): S. 2483 f.; *Karrenbrock* (Saldierungsbereich, 1994): S. 101 f.; *Kupsch* (Diskussion, 1995): S. 180; a.A. vgl. *Gosch* (Rechtsprechung, 1994): S. 76 f.
325 Das Beispiel ist in leicht abgewandelter Form dem Beitrag von *Herzig* (Drohverlustrückstellungen, 1994): S. 1431, entnommen.

[hat], da ihm im Ergebnis ein Kredit zu einem außerordentlich niedrigen Zinssatz eingeräumt worden ist, der deutlich unter dem bei normalem Geschäftsgang erzielbaren Habenzins liegt"[326]. Den Aufwendungen von 110.000 DM sind nicht nur die Erträge aus der Untervermietung von 100.000 DM zuzurechnen, sondern darüber hinaus die Erträge aus der Anlage der zugeflossenen Mittel. Der Zufluß der Mittel zu Beginn der Mietdauer ist entscheidend dafür, daß in typisierender Betrachtung von deren Ertragswirksamkeit in Form von Zinserträgen ausgegangen werden darf. Auch hier zeigt sich, daß die Überprüfung der Ausgeglichenheitsvermutung nicht nur auf vertraglich zugesicherte Aufwands- und Ertragsbestandteile eines schwebenden Geschäfts beschränkt werden darf bzw. daß die formalrechtliche Entkräftung der Ausgeglichenheitsvermutung wegen der hinreichenden Konkretisierung des wirtschaftlichen Zinsvorteils nicht maßgebend für die Bilanzierung einer Drohverlustrückstellung sein kann.

B. Die Problematik der Bilanzierung von Drohverlustrückstellungen für Arbeits- und Ausbildungsverträge

I. Arbeitsverhältnisse

1. Arbeitsrechtliche Grundlagen

1.1. Zum Begriff des Arbeitsverhältnisses

Das Arbeitsverhältnis wird durch die "Gesamtheit aller Arbeitsbedingungen (..) geprägt"[327]. Grundlage der Rechtsbeziehungen zwischen Arbeitnehmer und Arbeitgeber ist der Arbeitsvertrag.[328] In diesem verpflichtet sich der Arbeitnehmer, seine Arbeitskraft zur Verfügung zu stellen. Für seine Arbeitsleistung steht

---

326 *Herzig* (Drohverlustrückstellungen, 1994): S. 1431.
327 *Hoyningen-Huene* (Arbeitsvertrag, 1992): Sp. 416.
328 Der Arbeitsvertrag ist ein gegenseitiger Vertrag und eine Unterart des Dienstvertrages (§ 611 BGB). Die persönliche Abhängigkeit des Arbeitnehmers vom Arbeitgeber unterscheidet den Arbeitsvertrag vom 'freien' Dienstvertrag. Beim Werkvertrag (§ 631 BGB) wird im Gegensatz zum Arbeitsvertrag ein bestimmtes Arbeitsergebnis (ein Werk) geschuldet, aber nicht das Tätigwerden an sich. Vgl. *Zöllner* (Arbeitsrecht, 1992): S. 40.

dem Arbeitnehmer der vertraglich vereinbarte Lohn zu.[329] Dieser ist "ohne Rücksicht darauf zu zahlen, ob ein bestimmter Arbeitserfolg eintritt oder nicht"[330]. Im Gegenzug verpflichtet sich der Arbeitgeber, Maschinen, Arbeitsmittel, Werkzeuge etc., die für die Durchführung der Tätigkeiten erforderlich sind, zu stellen. Die Pflichten des Arbeitgebers umfassen neben der Zahlung des Arbeitslohns und der Fürsorge für Leben und Gesundheit des Arbeitnehmers[331] vielfältige soziale Leistungen wie Lohnfortzahlung im Krankheitsfall[332] oder bezahlten Urlaub[333] und erstrecken sich auch auf den Kündigungsschutz[334]. Diese Sozialverpflichtungen knüpfen stets an den Arbeitsvertrag an und sind deshalb Bestandteil der Leistungs- und Gegenleistungspflichten eines Arbeitsverhältnisses.[335]

Nach ständiger Rechtsprechung handelt es sich bei Arbeitsverhältnissen "um schwebende Geschäfte"[336] im Sinne des § 249 Abs. 1 Satz 1 HGB. Der Erfüllungszeitraum des Dauerschuldverhältnisses beginnt mit dem im Arbeitsvertrag vereinbarten Anfangstermin.[337] Für die Bestimmung des Endes dieser schwebenden Geschäfte ist "auf den typischen Geschehensablauf abzustellen"[338]. Bei unbefristeten Arbeitsverhältnissen bedeutet dies, daß das Arbeitsverhältnis durch Kündigung oder altersbedingtes Ausscheiden beendet wird[339], während

---

329 Vgl. *Putzo* (in: Palandt, 1996): Einf. vor § 611, Rn 1.
330 *Wittorff* (Ausbildungsrückstellung, 1981): S. 229.
331 Vgl. *Putzo* (in: Palandt, 1996): § 611, Rn 96-101. Zum Arbeitnehmerschutz vgl. auch *Söllner* (Arbeitsrecht, 1994): S. 214-226.
332 Vgl. § 3 Gesetz über die Zahlung des Arbeitsentgelts an Feiertagen und im Krankheitsfall (Entgeltfortzahlungsgesetz).
333 Vgl. § 1 Bundesurlaubsgesetz (BUrlG).
334 Vgl. insbes. § 1 Kündigungsschutzgesetz (KSchG).
335 Vgl. *BFH* vom 26.6.1980 IV R 35/74, BStBl. II 1980, S. 506-509, insbes. S. 508. Vgl. auch *Herzig* (Rückstellungen, 1986): S. 70.
336 *BFH* vom 16.12.1987 I R 68/87, BStBl. II 1987, S. 338-342, hier S. 339; vgl. auch *BFH* vom 25.2.1986 VIII R 377/83, BStBl. II 1986, S. 465-467, insbes. S. 466 m.w.N. A.A. vgl. *Schönnenbeck* (Bilanzierung drohender Verluste, 1962): S. 1284, der angesichts bestehender Bewertungsprobleme die Frage stellt, "ob es sinnvoll ist, Arbeitsverträge als schwebende Geschäfte zu behandeln".
337 Vgl. *Wiese* (Arbeitsvertrag, 1975): Sp. 395.
338 *Herzig* (Dauerrechtsverhältnisse, 1988): S. 217.
339 Darüber hinaus kann ein Arbeitsverhältnis durch Aufhebungsvertrag, Tod des Arbeitnehmers oder "im Arbeitskampf durch lösende Aussperrung oder durch das Abkehren des Arbeitnehmers nach suspendierter Aussperrung" beendet werden; *Söllner* (Arbeitsrecht, 1994), S. 278.

bei befristeten Arbeitsverhältnissen[340] der Ablauf der Vertragsdauer den Endpunkt markiert.[341]

1.2. Rechtsgrundlagen für Verpflichtungen aus Arbeitsverhältnissen

Die rechtliche Gestaltung eines Arbeitsvertrages unterliegt wie alle schuldrechtlichen Verträge dem "Grundsatz der Vertrags- und insb. Inhaltsfreiheit (§§ 305 BGB, 105 GewO)". Indes stehen die Arbeitsbedingungen nur theoretisch zur Disposition der Vertragsparteien; denn der Inhalt eines Arbeitsverhältnisses wird nicht nur vom Arbeitsvertrag bestimmt, "sondern vorrangig durch höherrangiges Recht"[342]. Den ersten Rang nehmen dabei zwingende Bestimmungen des Grundgesetzes, insbesondere die Grundrechte und das Sozialstaatsprinzip,[343] ein. Daneben sollen zahlreiche Arbeitsrechtsgesetze einen Ausgleich für die wegen des Abhängigkeitsverhältnisses geschwächte Position des Arbeitnehmers gegenüber dem Arbeitgeber schaffen. Diese Mindestschutzgesetze (z.b. Kündigungsschutzgesetz, Lohnfortzahlungsgesetz) werden auch ohne explizite Vereinbarung Bestandteil jedes Arbeitsvertrages.[344] Einschränkungen durch nachgeordnete Gestaltungsmittel wie Tarifverträge oder Gesamt- und Einzelzusage sind nur zulässig, soweit die Einhaltung der Schutzgesetze nicht zwingend vorgeschrieben ist. "Diese zwingende Wirkung ist allerdings wieder in vielfacher Weise aufgelockert"[345], um eine Besserstellung des Arbeitnehmers durch günstigere kollektiv- oder einzelvertragliche Regelungen zu ermöglichen.

Tarifverträge oder Betriebsvereinbarungen übernehmen als den Gesetzen und Rechtsverordnungen nachrangige Gestaltungsmittel[346] die Funktion der Konkretisierung oder Neubegründung von Arbeitsbedingungen. Die Rechtsnormen eines Tarifvertrags "gelten unmittelbar und zwingend"[347]. "Ungünstigere Ab-

---

340 Befristete Arbeitsverhältnisse sind "nur zulässig, wenn für die Befristung ein sachlicher Grund vorliegt. Dieser bestimmt sich nach objektiven Kriterien aus der Natur der Arbeit oder des Arbeitsplatzes". *Hoyningen-Huene* (Arbeitsvertrag, 1992): Sp. 417.

341 Einer Kündigungserklärung bedarf es bei befristeten Arbeitsverhältnissen nicht (§ 620 Abs. 1 BGB).

342 *Hoyningen-Huene* (Arbeitsvertrag, 1992): Sp. 421 (beide Zitate).

343 Vgl. hierzu *Söllner* (Arbeitsrecht, 1994): S 32-38.

344 Vgl. *Zöllner* (Arbeitsrecht, 1992): S. 65.

345 *Zöllner* (Arbeitsrecht, 1992): S. 62.

346 Vgl. *Wiese* (Arbeitsvertrag, 1975): Sp. 399.

347 § 4 Abs. 1 und 2 Tarifvertragsgesetz (TVG).

machungen im Arbeitsvertrag sind, sofern nicht ausnahmsweise durch den Tarifvertrag selbst gestattet, unwirksam, an ihre Stelle treten, ohne daß es irgendeines Umsetzungsaktes bedürfte, die Tarifbestimmungen"[348]. Der Geltungsbereich eines Tarifvertrags erstreckt sich auf jenen Teil des Tarifbezirks oder der Branche, "für den die Tarifpartner eigentlich zuständig sind, oder für einen Teil der Arbeitnehmer, für die der Tarifvertrag eigentlich gelten könnte"[349]. Neben den Tarifverträgen entfalten Betriebsvereinbarungen als weitere kollektivrechtliche Vereinbarungen normative Wirkung. Sie werden auf der Ebene der Betriebsparteien (Arbeitgeber und Betriebsrat) geschlossen und ermöglichen als "das klassische Instrument"[350] zur Beteiligung der Arbeitnehmer an der formalen Entscheidungsmacht des Arbeitgebers die Mitgestaltung des Betriebs. Während die Betriebsvereinbarung auf "die Arbeitsverhältnisse aller vom BetrVG erfaßten, aktiven Arbeitnehmer (vgl. §§ 5 BetrVG) einwirkt"[351], gestalten *formlose* Regelungen wie arbeitsvertragliche Einheitsregelungen, Gesamtzusagen des Arbeitgebers (z.B. hinsichtlich der Zahlung von Tantiemen) oder allgemeine Arbeitsbedingungen "als Bestandteil des Einzelarbeitsvertrages oder nach den Grundsätzen der Vertrauenshaftung das individuelle Arbeitsverhältnis"[352].

Verpflichtungen des Arbeitgebers können sich auch aus betrieblicher Übung ergeben, die zwar nach h.M. "keine unmittelbare und normative Wirkung auf das Einzelarbeitsverhältnis" hat und "auch kein betriebliches Gewohnheitsrecht darstellt", aber ihre rechtliche Bedeutung daraus bezieht, "daß ihr Inhalt kraft stillschweigender einzelvertraglicher Vereinbarung in die einzelnen Arbeitsverhältnisse eingehen und die Arbeitsverträge ergänzen kann"[353]. So begründet nach der Rechtsprechung des Bundesarbeitsgerichts[354] die mindestens dreimalige Gewährung einer Weihnachtsgratifikation einen Rechtsanspruch des Arbeitnehmers und damit eine künftige Verpflichtung des Arbeitgebers.

---

348 *Hromadka* (Tarifvertrag, 1992): Sp. 2175.
349 *Hromadka* (Tarifvertrag, 1992): Sp. 2176.
350 *Oechsler* (Betriebsvereinbarung, 1992): Sp. 645.
351 *Oechsler* (Betriebsvereinbarung, 1992): Sp. 645.
352 *Oechsler* (Betriebsvereinbarung, 1992): Sp. 646.
353 *Wiese* (Arbeitsvertrag, 1975): Sp. 399 (alle Zitate).
354 Vgl. *BAG* vom 23.4.1963, 3 AZR 173/62, BAGE 14, S. 174-179.

2. Möglichkeiten zur Bilanzierung von Drohverlustrückstellungen für Arbeitsverhältnisse

2.1. Die zentrale Zurechnungsproblematik

Voraussetzung der Bilanzierung von Drohverlustrückstellungen für Arbeitsverhältnisse ist (wie für andere schwebende Geschäfte auch), daß "der Wert der eigenen Verpflichtung den Wert des Anspruchs auf die Gegenleistung übersteigt (Verpflichtungsüberschuß)"[355]. Die bloße Vermutung, daß die künftige Arbeitsleistung eines Mitarbeiters geringer ist als die vom Arbeitgeber zu erbringenden Leistungen, konkretisiert jedoch noch keinen passivierungspflichtigen Verlust. Dieser liegt erst vor, wenn die vermeintlich ungünstige Beschaffung der Arbeitsleistung zu einem Verlust auf dem Absatzmarkt führt.[356] Der Nachweis eines durch zu hoch vergütete Arbeitsleistungen hervorgerufenen Absatzmarktverlustes ist allerdings kaum zu führen. Abgesehen von dem praktisch ausgeschlossenen Fall, daß nur ein einziger Produktionsfaktor zur Erstellung der abzusetzenden Leistungen benötigt wird, ist die Aufteilung eines Verlustes aus einem Absatzgeschäft auf die an der Erstellung des Produkts beteiligten Produktionsfaktoren (Arbeitsleistung, Rohstoffe, Energie usw.) insbesondere wegen der Schwierigkeiten bei der Bewertung menschlicher Arbeitskraft grundsätzlich nicht möglich. So läßt sich nach Auffassung des BFH zwar der Wert der Verpflichtungen des Arbeitgebers meist "unschwer ermitteln, nicht aber der Wert des Anspruchs auf die Leistungen des Arbeitnehmers"[357].

Im folgenden ist zu untersuchen, ob die Schwierigkeiten bei der Bewertung des Anspruchs die ablehnende Haltung der Rechtsprechung gegenüber Drohverlustrückstellungen für Verpflichtungen zur Gehaltsfortzahlung für künftige Krankheitstage[358], für Abfindungen aufgrund des Kündigungsschutzgesetzes[359] und für die (verdienstgesicherte) Umsetzung von Mitarbeitern auf tarifvertraglich

---

355 *BFH* vom 25.2.1986 VIII R 377/83, BStBl. II 1986, S. 465-467, hier S. 466; vgl. ebenso *BFH* vom 16.12.1987 I R 68/87, BStBl. II 1988, S. 338-342, hier S. 339.
356 Vgl. *Heibel* (Bilanzierungsgrundsätze, 1981): S. 142.
357 *BFH* vom 25.2.1986 VIII R 377/83, BStBl. II 1986, S. 465-467, hier S. 466.
358 Vgl. *BFH* vom 25.9.1956 I 122/56 U, BStBl. III 1956, S. 333-334; *BFH* vom 7.6.1988 VIII R 296/82, BStBl. II 1988, S. 886-890.
359 Vgl. *BFH* vom 7.9.1954 I 50/54 U, BStBl. III 1954, S. 330-331; *BFH-Beschluß* vom 9.5.1995 IV B 97/94, BFH/NV 1995, S. 970-971.

geringer entlohnte Arbeitsplätze[360] gerechtfertigt erscheinen lassen. Darüber hinaus sind sowohl kritische Anmerkungen zu den entsprechenden Entscheidungen als auch Vorschläge von seiten der bilanzrechtlichen Literatur zur Bewertung einer Arbeitsleistung zu würdigen. Außerdem soll der Frage nachgegangen werden, inwieweit ein vom Schrifttum mehrfach hervorgehobenes "Unbehagen"[361] gegenüber der Bewertung menschlicher Arbeitskraft[362] dafür ausschlaggebend ist, Rückstellungsüberlegungen für Arbeitsverhältnisse abzulehnen.

2.2. Vorschläge der Literatur zur Lösung der Bewertungsproblematik

a) Wiederbeschaffungskosten als Vergleichsmaßstab

aa) Die Forderung von Teilen des Schrifttums nach Maßgeblichkeit von Wiederbeschaffungskosten

Die Erkenntnis, daß es sich bei Arbeitsverträgen um schwebende Geschäfte zur *Beschaffung* von Dienstleistungen handelt und sich daher für Arbeitsverhältnisse "eine Beziehung zum Absatzmarkt in der Regel nicht herstellen läßt"[363], veranlaßt Teile des Schrifttums, eine beschaffungsmarktorientierte Verlustermittlung vorzuschlagen. Nach dieser Konzeption wird der Wert der Arbeitsleistung eines Mitarbeiters mit den Kosten der "billigsten vergleichbaren, aber nicht eingestellten Arbeitskraft oder einer Mensch-Maschine-Kombination angesetzt"[364]. Konkrete Alternativen wie etwa Rationalisierungsmaßnahmen, Verlegung der Produktion in Niedriglohnländer oder die Möglichkeit der Beschäftigung von sog. 'Schwarzarbeitern' müßten bei der Bewertung eines Arbeitsverhältnisses berücksichtigt werden.[365] Ebenso wäre beispielsweise der

---

360 Vgl. *BFH* vom 25.2.1986 VIII R 377/83, BStBl. II 1986, S. 465-467; *BFH* vom 16.12.1987 I R 68/87, BStBl. II 1988, S. 338-342.

361 *Sarx* (Verlustrückstellungen, 1985): S. 104.

362 So auch vgl. *Groh* (Hypertrophie, 1991): S. 79 ("die Rechtsprechung wird sich nicht zu würdelosen Berechnungen hergeben").

363 *Groh* (Rechtsprechung, 1994): S. 95.

364 *Ballwieser* (Strukturwandel, 1989): S. 966.

365 Vgl. *Lempenau* (Ausbildungskosten, 1984): "Stellt ein Unternehmen beispielsweise Textilien im Inland für 100 DM her und bezieht es vergleichbare Produkte aus einem Billiglohnland für 80 DM, so muß auch die inländische Ware abgewertet werden". Dementsprechend sei für ein Arbeitsverhältnis mit einem inländischen Arbeitnehmer

Anspruch aus einem Arbeitsverhältnis mit einem Schwerbehinderten[366] nach dieser Konzeption mit dem Betrag anzusetzen, "der anfallen würde, wenn ein äquivalenter, nicht behinderter Arbeitnehmer"[367] dieselbe Leistung erbringen müßte.

Dem (Alternativ-)Wert soll anschließend der tatsächliche Lohn gegenübergestellt und bei niedrigeren Wiederbeschaffungskosten eine Drohverlustrückstellung bilanziert werden. Ein Verpflichtungsüberschuß zwischen zu leistendem Lohn und den niedrigeren Lohnkosten eines "äquivalenten Arbeitnehmers" entsteht aus dieser Sicht zum Beispiel, "wenn die Arbeitsleistung älterer Arbeitnehmer infolge von Altersteilzeitarbeit oder der Gewährung von zusätzlicher Altersfreizeit bei nicht entsprechend gekürztem Arbeitsentgelt merklich abgenommen hat"[368]. Auch für den Fall, daß ein Mitarbeiter im Anschluß an eine Umsetzung weniger qualifizierte Tätigkeiten ausführt als die im Arbeitsvertrag ursprünglich vereinbarten und er aufgrund einer Verdienstsicherung weiterhin den der höher qualifizierten Tätigkeit entsprechenden Lohn erhält, besteht nach überwiegender Auffassung im Schrifttum in Höhe (des Barwerts)[369] der Differenz zwischen den für beide Tätigkeiten jeweils geltenden Tariflöhnen ein Verpflichtungsüberschuß[370]: Unbeschadet "der personenrecht-

---

eine Drohverlustrückstellung zu bilden, "wenn das Unternehmen in der Lage wäre, bei Kündigung der Arbeitsverhältnisse die Produktion insgesamt billiger aus dem Ausland zu beziehen", S. 463.

366 Zum besonderen Arbeitsschutz Schwerbehinderter vgl. *Söllner* (Arbeitsrecht, 1994): S 235-237.

367 *Kessler* (Dauerbeschaffungsgeschäfte, 1996): S. 10. A.A. *Weber-Grellet* (in: Schmidt EStG, 1997): § 5, Rz 550 (Soziallasten); *Schreiber* (in: Blümich EStG): § 5 EStG, Anm. 920 (Arbeitsverhältnis).

368 *Kessler* (Dauerbeschaffungsgeschäfte, 1996): S. 11 (beide Zitate). Bei nicht dauerhaft, "sondern allenfalls vorübergehend" geminderter Arbeitsleistung (z.B. vorübergehende Krankheit) fehlt es nach Auffassung *Kesslers* allerdings "an einer wesentlichen Voraussetzung für die Zulässigkeit einer beschaffungsmarktorientierten Anspruchsbemessung". Gegen die Bilanzierung von Rückstellungen für bezahlte Altersfreizeit vgl. *Niedersächsisches Finanzgericht*, Urteil vom 15.10.1987 VI 59/85, BB 1988, S. 1359-1362: weder seien die künftigen Leistungen und Gegenleistungen unausgewogen noch liege ein Erfüllungsrückstand vor.

369 Vgl. z.B. *Schülen* (Entwicklungstendenzen, 1983): S. 662; *Brezing* (Steuerliche Probleme, 1978): S. 382: Zurückgestellt werden müsse der "kapitalisierte Betrag des bis zum Ende der aktiven Dienstzeit des versetzten Arbeitnehmers voraussichtlich zu gewährenden Über-Lohns". Ähnlich auch *Meilicke* (Verpflichtungsüberschuß, 1978): S. 2484; *Herzig* (Rückstellungen, 1986): S. 102.

370 So vgl. *Herzig* (Dauerrechtsverhältnisse, 1988): S. 220. Ähnlich vertritt *Stobl* (Rückstellungen, 1984) die Auffassung, daß der Leistungsanspruch aus einem verdienstgesicherten Arbeitsverhältnis nach dem "Maßstab der 'benötigten Leistung' " zu bewerten sei, d.h. "daß für den Anspruch auf Leistung der 'niedrigere' Tariflohn an

lichen Elemente des Arbeitsvertrages (..) ist in diesem Fall die Bildung einer Rückstellung geboten, da die Wiederbeschaffungskosten der Arbeitsleistung nachhaltig gesunken sind"[371].

bb) Kritik an der Wiederbeschaffungskostenkonzeption durch die Literatur

Die Ablehnung der Maßgeblichkeit des Beschaffungsmarkts für die Bewertung von Arbeitsverhältnissen folgt nach *Mathiak* "einer betriebswirtschaftlichen Betrachtung". Denn "Beschaffungsgeschäfte bereiten im allgemeinen ein Absatzgeschäft vor. Erst der Absatz entscheidet darüber, ob ein negativer Erfolgsbeitrag eintritt". Solange mit dem Vertrieb der Produkte "auskömmliche Preise" erzielt würden, bestehe kein Anlaß, "den einzelnen Beschaffungsgeschäften negative Erfolgsbeiträge zuzurechnen"[372]. Diese strikte Absatzmarktorientierung könnte allerdings mit dem Argument zurückgewiesen werden, daß der Beschaffungsmarkt nach langjähriger Rechtsprechung für Beschaffungsgeschäfte über Anlagegegenstände stets maßgeblich war. Doch fällt die "Hinwendung zum Absatzmarkt" im Urteil des I. Senats vom 16. Dezember 1987 "so deutlich aus"[373], daß sich beim BFH die Sicht durchgesetzt zu haben scheint, die Verlustantizipation für Beschaffungsgeschäfte bei zu aktivierenden Wirtschaftsgütern in Zukunft nicht mehr wegen gesunkener Wiederbeschaffungskosten bzw. wegen entgangener Gewinne zuzulassen.[374]

Daß die höchstrichterliche Rechtsprechung Opportunitätsüberlegungen beim Umlaufvermögen bislang noch nicht ausdrücklich zurückgewiesen hat, vermag als Rechtfertigung für den Rückgriff auf Wiederbeschaffungskosten bei der Bewertung von Arbeitsverhältnissen nicht zu überzeugen. *Ballwieser* hebt hervor, daß zum einen bei "Arbeitnehmern kein aktivierungsfähiger Vermögens-

---

dem jeweiligen Arbeitsplatz zugrunde gelegt wird", S. 216. Dies entspreche der Bewertung des Leistungsanspruchs aus einem Mietvertrag bei Minderauslastung der Kapazität. Ebenso vgl. *Clemm / Nonnenmacher* (in: Beck'scher Bilanz-Kommentar, 1995): § 249, Anm. 100 (Verdienstsicherung); *Mayer-Wegelin* (in: Küting / Weber, 1995): § 249, Rn 229 (Verdienstsicherung); *Bordewin* (Verdienstsicherungsklauseln, 1982): S. 1711; WP-Handbuch (Band I, 1996): Abschnitt E, Anm. 140.

371 *Herzig* (Rückstellungen, 1986): S. 99.
372 *Mathiak* (Rechtsprechung, 1986): S. 291 (alle Zitate). Gl. A. vgl. *Heibel* (Bilanzierungsgrundsätze, 1981): S. 142.
373 *Mathiak* (Rechtsprechung, 1988): S. 296 (beide Zitate).
374 Vgl. *Moxter* (Rückstellungen, 1991): S. 9, der darauf hinweist, daß dies "die Teilwertinterpretation revolutionieren" würde. Siehe hierzu auch oben, 1. Kapitel, B. II. 2.2.

gegenstand" vorliegt und zum anderen - und entscheidend - die einzelne Arbeitsleistung "kein so homogenes Gut" darstellt wie Vermögensgegenstände des Umlaufvermögens, weshalb äußerst fraglich sei, ab wann überhaupt 'Vergleichbarkeit' von Arbeitsleistungen konstatiert werden kann. Ebenso zum Scheitern verurteilt sei der Versuch, die Wiederbeschaffungskostenkonzeption auf Teilwertüberlegungen zurückzuführen. Hierbei bliebe unberücksichtigt, "wie schwer es regelmäßig im Rahmen des Kündigungsschutzes fallen wird, den als zu teuer empfundenen Arbeitnehmer durch einen billigeren zu ersetzen. Sowohl der Zeitpunkt als auch die geltenden Konditionen sind sehr ungewiß". Der Kaufpreisabschlag, den ein gedachter Unternehmenserwerber für überhöhte Löhne und Gehälter vornehmen würde, sei daher "in hohem Maße ermessensbehaftet"[375]. Selbst *Christiansen*, der ansonsten für die beschaffungsmarktorientierte Bewertung von Ansprüchen aus Dauerschuldverhältnissen eintritt, hält die Ausgeglichenheitsvermutung bei Arbeitsverhältnissen für "berechtigt, da der Wert der Arbeitsleistung von individuellen Eigenschaften und Charakteristika des jeweiligen Arbeitnehmers abhängt und daher - zumindest absolut - nicht bewertbar ist"[376].

Die von den Verfechtern der Wiederbeschaffungskostenkonzeption aufgeworfene "entscheidende Frage (..), welchen wirtschaftlichen Nutzen das Unternehmen nach den Verhältnissen am Stichtag aus der zukünftigen Leistung des Arbeitnehmers haben wird"[377], läßt sich (abgesehen von Grenzfällen) tatsächlich nicht durch Rückgriff auf "konkrete Alternativen"[378] beantworten. Die erhobene Forderung im Fall der Verdienstsicherung älterer Arbeitnehmer als relevantes Vergleichsobjekt ein alternatives Arbeitsverhältnis mit einem nicht zur Verdienstsicherung berechtigten Arbeitnehmer heranzuziehen, läßt unberücksichtigt, daß als Vergleichsobjekt ebenfalls "das nämliche marktübliche Dauerrechtsverhältnis"[379] (mit einem verdienstgesicherten Arbeitnehmer) herangezogen werden könnte. Doch selbst wenn diese Frage zugunsten der 'Wiederbeschaffung' eines geringer entlohnten, nicht verdienstgesicherten jüngeren Arbeitnehmers entschieden würde, erscheint die Behauptung, dieser verkörpere für das Unternehmen einen höheren Nutzen bzw. ein höheres Ertragspotential

---

375 *Ballwieser* (Strukturwandel, 1989): S. 966 (alle Zitate).
376 *Christiansen* (Rückstellungen, 1990): S. 144. Ebenso vgl. *ders.* (Einzelbewertung, 1995): S. 391 u. 395; *Kupsch* (Neuere Entwicklungen, 1989): S. 56 ("die Ermittlung der Wiederbeschaffungskosten für eine durch persönliche Merkmale geprägte individuelle Arbeitsleistung [stößt] auf Schwierigkeiten").
377 *Lempenau* (Ausbildungskosten, 1984): S. 464.
378 *Lempenau* (Ausbildungskosten, 1984): S. 463.
379 *Euler* (Rückstellungen, 1990): S. 1053.

nicht zwingend, da eine Bewertung der Arbeitsleistung anhand objektiver Kriterien nicht möglich erscheint.

Die zunächst naheliegende Lösung, im Falle des Versagens absatzmarktorientierter Bewertung auf den Beschaffungsmarkt zurückzugreifen und eine dementsprechende Verlustantzipation als "vorweggenommene absatzmarktorientierte Verlustantizipation"[380] zu interpretieren, überzeugt bei näherer Betrachtung keineswegs. Der damit bezweckte Objektivierungseffekt läßt sich nur unter Zurückdrängung maßgeblicher Bestimmungsfaktoren der Arbeitsleistung eines Mitarbeiters wie beispielsweise persönlicher Einsatzbereitschaft und Erfahrung erreichen. Wenn aber wichtige Eigenschaften einer Leistung bzw. eines Produktionsfaktors bei Orientierung am Beschaffungspreis einer (allenfalls) ähnlichen Leistung gar nicht berücksichtigt werden, ist der Objektivierungserfolg mehr als fragwürdig.

b) Adäquate Sachmittel als Vergleichsmaßstab

aa) Die Forderung nach Orientierung an vergleichbaren Sachmitteln

Teile des Schrifttums lassen die Schwierigkeiten der Bewertung von Arbeitsleistungen als Argument gegen die Bilanzierung von Drohverlustrückstellungen für Arbeitsverhältnisse nur gelten, soweit Tätigkeiten im Verwaltungsbereich betroffen sind, da sich diese regelmäßig einer intersubjektiven Erfolgsbeitragsprognose entzögen. Dies treffe allerdings nicht auf "einfache ausführende Tätigkeiten" zu, die sich ebenso wie die Leistung einer Maschine ermitteln ließen: Dabei könne der vom BFH hervorgehobene Umstand, "daß die einzelnen Arbeitnehmer den Anforderungsprofilen in durchaus unterschiedlicher Weise gerecht werden"[381], mit Hilfe von "Eignungs- bzw. Leistungsprofilen und Eignungsscores"[382] Berücksichtigung finden. Gerade im gewerblich-technischen Bereich setze man immer häufiger Sachmittel wie moderne Computertechnik ein, für die unter bestimmten Voraussetzungen Teilwertabschreibungen vorzunehmen seien. Somit müßten Drohverlustrückstellungen für Arbeitsverhältnisse "zumindest dann passivierungsfähig sein, wenn bei eindeutig unrentierlichen ausführenden Tätigkeiten eine Aufgabenerfüllung durch vergleich-

---

380 *Herzig* (Dauerrechtsverhältnisse, 1988): S. 223, Fn. 34; vgl. auch *ders.* (Rückstellungen, 1986): S. 90 f.
381 *BFH* vom 16.12.1987 I R 68/87, BStBl. II 1988, S. 338-342, hier S. 341.
382 *Hartung* (Verlustrückstellungsbildung, 1988): S. 2139 (beide Zitate).

bare Sachmittel möglich ist und wenn für diese Sachmittel negative Erfolgsbeiträge als antizipationsfähig angesehen werden"[383].

bb) Ablehnung der Orientierung an vergleichbaren Sachmitteln

Gegen eine Orientierung an vergleichbaren Sachmitteln spricht, daß eine Maschine gefunden werden müßte, die "dasselbe Maß an Arbeit in derselben Zeit verbringt wie der einzelne Arbeitnehmer". Nur bei Tätigkeiten, die "in dem Bewegen einer Sache über eine bestimmte Distanz" bestehen, kann man aufbauend "auf dem Maß der Arbeit im physikalischen Sinne als Produkt der Kraft und Verschiebung (..) als Wert der Arbeitsleistung die Kosten einer 'Mensch-Maschine' zugrunde legen". Da sich derart einfache Tätigkeiten, "die als Produkt aus Kraft und Verschiebung eingegrenzt werden können"[384], in modernen Produktionsprozessen kaum finden lassen, ist der Anwendungsbereich für Mensch-Maschinen als Maßstab einer Arbeitsleistung stark eingeschränkt.

Bedacht werden muß ferner, daß die Arbeitsleistung an den meisten Arbeitsplätzen untrennbar verbunden ist mit dem physischen und psychischen Einsatz des Mitarbeiters, sie kann also nicht beschränkt werden auf die bloße Messung der hervorgebrachten Produkte je Zeiteinheit. Vielmehr kommt es für die Beurteilung einer Arbeitsleistung auch darauf an, welche Qualität die Produkte aufweisen, und diese hängt wiederum unmittelbar von der Sorgfalt ab, mit welcher die Produkte gefertigt wurden. Selbst wenn man der Meinung ist, daß sich auch derartige Faktoren der Arbeitsleistung mit Hilfe von Anforderungskatalogen[385] erfassen lassen, bleibt nach wie vor ungeklärt, wie die einzelnen Anforderungen (objektiviert) zu bewerten sind. Solange diese Frage aber nicht beantwortet wird, kann auch nicht festgestellt werden, ob die Arbeitsleistung eines Mitarbeiters *unrentierlich* ist. Dies soll jedoch nach Auffassung von *Hartung* Voraussetzung für den Vergleich der Arbeitsleistung mit einem Sachmittel sein, dessen Unrentierlichkeit sich in einer Teilwertminderung niederschlägt.

---

383 *Hartung* (Verlustrückstellungsbildung, 1988): S. 2140.
384 BFH vom 16.12.1987 I R 68/87, BStBl. II 1988, S. 338-342, hier S. 340 (alle Zitate).
385 Vgl. hierzu *Zülch* (Arbeitsbewertung, 1992): Sp. 70-83 m.w.N.

3. Die Maßgeblichkeit der Ausgeglichenheitsvermutung als Konsequenz nicht lösbarer Zurechnungsprobleme

3.1. Die Auffassung der Rechtsprechung

a) Lohnfortzahlung im Krankheitsfall

Im Falle der Arbeitsunfähigkeit durch Erkrankung bleibt dem Mitarbeiter (soweit ihn kein Verschulden trifft[386]) der arbeitsrechtliche Entgeltanspruch für die Dauer von sechs Wochen, höchstens jedoch bis zum Ende des Arbeitsverhältnisses erhalten;[387] die Auszahlung des Entgelts hat "zu den betriebsüblichen Lohnfortzahlungsterminen zu erfolgen"[388].

Der BFH hatte bislang in zwei Fällen über die Frage zu entscheiden, ob für Lohnfortzahlungen im Falle der Arbeitsunfähigkeit wegen Krankheit Rückstellungen zu bilanzieren sind. Im Urteil vom 7. Juni 1988 lehnte der VIII. Senat dies ab: "Der Einbeziehung des Lohnfortzahlungsanspruchs in die Gleichwertigkeitsvermutung" stehe nicht entgegen, daß die diesbezüglichen gesetzlichen Regelungen "die synallagmatische Verknüpfung der beiderseitigen Leistungsverpflichtungen des Arbeitsvertrages (§ 323 BGB)" durchbrechen, da die "grundsätzlich nicht abdingbare Verpflichtung" des Arbeitgebers, "Gehaltsaufwendungen (..) für (künftige) Krankheitstage" zu leisten, "Teil der Aufwendungen" sei, die der Arbeitgeber "tätigt, um die Arbeitsleistung zu erhalten"[389].

b) Verdienstsicherungsvereinbarungen

aa) Betonung der Zurechnungsproblematik

Die Frage, ob tarifvertragliche Verdienstsicherungen für ältere Arbeitnehmer im Umsetzungsfall die Bilanzierung einer Drohverlustrückstellung rechtferti-

---

386 Vgl. *Putzo* (in: Palandt, 1996): § 616, Rn 3a-cc. Auch durch Freizeitbeschäftigungen entstandene Erkrankungen lösen bei nicht schuldhafter Herbeiführung durch den Arbeitnehmer die Lohnfortzahlungsverpflichtung aus.
387 Vgl. § 3 Abs. 1 Satz 1 Entgeltfortzahlungsgesetz.
388 *BFH* vom 7.6.1988 VIII R 296/82, BStBl. II 1988, S. 886-890, hier S. 888.
389 *BFH* vom 7.6.1988 VIII R 296/82, BStBl. II 1988, S. 886-890, hier S. 888 (alle Zitate); vgl. auch *BFH* vom 25.9.1956 I 122/56 U, BStBl. III 1956, S. 333-334.

gen, lag der Entscheidung des BFH vom 25. Februar 1986[390] zugrunde. Anlaß zur Vorlage der Rechtsfrage war die Umsetzung von 23 der insgesamt 400 Beschäftigten eines Unternehmens auf Arbeitsplätze "mit geringeren Qualifikationsmerkmalen". Die Umsetzung hatte allerdings keine Minderung des Arbeitslohns zur Folge, da im Tarifvertrag geregelt war, daß "Arbeitnehmer, die im 55. Lebensjahr stehen oder älter sind und dem Betrieb wenigstens 1 Jahr lang angehören, (..) Anspruch auf den Verdienst [haben], der aus dem Durchschnittsverdienst der letzten 12 voll gearbeiteten Kalendermonate errechnet wird"[391].

Der VIII. Senat meinte, eine Rückstellung sei nicht statthaft, und führte aus, daß das Bestehen eines Verpflichtungsüberschusses aus dem einzelnen Arbeitsverhältnis regelmäßig nicht festgestellt werden könne, da sich der Anspruch des Arbeitgebers aus dem Dauerschuldverhältnis regelmäßig nicht bewerten lasse. Der betriebsinterne Wert der Arbeitsleistung sei "nicht identisch mit dem tarifvertraglich festgelegten Lohngruppenwert des einzelnen Arbeitnehmers", sondern entspreche dem "Beitrag der Leistung des einzelnen Arbeitnehmers zum Erfolg oder Mißerfolg des Betriebs". Da sich die "Erträge des Betriebs (..) im allgemeinen nicht auf die (..) Produktionsfaktoren Arbeit und Kapital" aufteilen ließen, "kann dem einzelnen Arbeitsverhältnis im allgemeinen kein negativer Erfolgsbeitrag zugerechnet werden, solange ein Betrieb mit Gewinn arbeitet"[392].

bb) Ablehnung der Orientierung an Wiederbeschaffungskosten

Diese Zurechnungsschwierigkeiten können nach Meinung des VIII. Senats auch nicht durch Rückgriff auf Wiederbeschaffungskosten gelöst werden, denn der Anspruch aus einem Arbeitsverhältnis stelle kein zu aktivierendes Wirtschaftsgut dar, dessen (Anschaffungs-)Wert die Ableitung des Werts des Anspruchs auf Leistung ermögliche. "Abgesehen davon" sei allerdings die "Ermittlung von 'Beschaffungskosten' für die Arbeitsleistung problematisch". Zwar entziehe sich die menschliche Arbeitsleistung nicht grundsätzlich einer Bewertung, da zu-

---

390 *BFH* vom 25.2.1986 VIII R 377/83, BStBl. II 1986, S. 465-467; vgl. auch *Mathiak* (Rechtsprechung, 1986): S. 290-292.

391 *BFH* vom 25.2.1986 VIII R 377/83, BStBl. II 1986, S. 465-467, hier S. 465 (beide Zitate).

392 *BFH* vom 25.2.1986 VIII R 377/83, BStBl. II 1986, S. 465-467, hier S. 466 (alle Zitate); vgl. ebenso *FG Münster*, Urteil vom 22.8.1996 13 K 4763/93 F, Revision eingelegt, EFG 1996, S. 1204 f., das mit der gleichen Begründung Rückstellungen nach § 14 Mutterschutzgesetz ablehnte.

mindest eine relative Wertzumessung durchführbar sei im Sinne der Feststellung, daß einer Arbeitsleistung "im Vergleich zu anderen Arbeitsleistungen eine höhere oder niedrigere Entlohnung zukommt". Doch "dürfen die individuellen Eigenarten der zu beurteilenden einzelnen Arbeitskraft nicht außer acht gelassen werden". Schließlich sei der Arbeitsvertrag nicht "eine Miete von Diensten, sondern ein personenrechtlicher Vertrag, der die Persönlichkeit des Arbeitnehmers erfaßt"[393]. Aus diesem Grund bestimme sich der Wert einer Arbeitsleistung nicht nur nach "den normalisierten Anforderungen des Arbeitsplatzes" gemäß tarifvertraglicher Regelungen, sondern hänge maßgeblich auch von den besonderen Eigenschaften ab, "die Arbeitnehmer vornehmlich mit zunehmendem Alter entwickeln" und die unter dem Begriff "Verantwortung" zusammengefaßt werden könnten; als Beispiel werden u.a. genannt "Zuverlässigkeit und Sorgfalt bei der Ausführung von Planvorgaben und Umgang mit Werkstoffen, Geräten und den Arbeitskollegen" sowie "betriebsspezifische Kenntnisse und Erfahrungen, die durch längere Unternehmenszugehörigkeit erworben" wurden. Leistung und Gegenleistung müßten jedenfalls dann "als ausgewogen angesehen werden", "wenn die Bedingungen von Arbeitsverträgen als üblich anzusehen sind, wofür insbesondere die Übereinstimmung mit einem Tarifvertrag spricht"[394].

cc) Ablehnung von Arbeitsbewertungsmodellen für bilanzielle Zwecke

Ein weiteres Urteil zur bilanziellen Behandlung von verdienstgesicherten Arbeitsverhältnissen erging am 16. Dezember 1987[395]. In dem der Entscheidung zugrunde liegenden Sachverhalt hatte ein Druckereibetrieb den Betriebszweig 'Maschinensatz' auf 'Fotosatz' umgestellt und gewährte den bislang als Maschinensetzern tätigen Mitarbeitern aufgrund einer Betriebsvereinbarung auch nach der Umstellung weiterhin den für Maschinensetzer vereinbarten höheren Lohn, der erheblich über der tariflich vorgesehenen Entlohnung eines Textgestalters lag. Der Kläger begehrte mit dem Argument, daß er die betreffenden Arbeitsplätze auch mit geringer bezahlten Textgestaltern hätte besetzen können, die Bilanzierung von Drohverlustrückstellungen. Dies lehnte der BFH

---

393 *BFH* vom 25.2.1986 VIII R 377/83, BStBl. II 1986, S. 465-467, hier S. 466 (alle Zitate).
394 *BFH* vom 25.2.1986 VIII R 377/83, BStBl. II 1986, S. 465-467, hier S. 467 (alle Zitate).
395 Vgl. *BFH* vom 16.12.1987 I R 68/87, BStBl. II 1988, S. 338-342; vgl. hierzu *Mathiak* (Rechtsprechung, 1988): S. 295-296.

mit dem Hinweis auf die Ausgeglichenheitsvermutung ab, die nicht nur für den Fall gelte, daß der Arbeitslohn dem Tariflohn entspreche, sondern auch dann, wenn der Arbeitslohn "über dem Tariflohn liegt". Diese Schlußfolgerung wird in erfreulich detaillierter Weise begründet: Zunächst betont der entscheidende Senat die Problematik der Zurechnung von Erträgen auf einzelne Arbeitsverhältnisse und verneint im folgenden die Tauglichkeit von Arbeitsbewertungsmodellen für Zwecke der bilanziellen Beurteilung von Arbeitsverhältnissen: "Der Wert einer Arbeit wird trotz aller Bemühungen der Arbeitsbewerter um Objektivierung der Lohnfindung nicht gemessen, sondern [tarifvertraglich] gesetzt". "Da es objektive und einer gerichtlichen Nachprüfung zugängliche Methoden nicht gibt, um den Wert einer Arbeit zu ermitteln, muß davon ausgegangen werden, daß die Arbeitsleistung den Wert hat, den ihr die Tarifpartner bzw. die Partner des Arbeitsvertrages durch Festlegung des Arbeitsentgelts beilegen". Die von wissenschaftlicher Seite entwickelten Methoden zur Arbeitsbewertung krankten sämtlich daran, daß die jeweils vorgeschlagenen Anforderungskataloge, mit deren Hilfe die einzelne Arbeit bewertet werden solle, "nicht einem objektiven Maßstab" entsprächen. Selbst "wenn man der Meinung sein sollte, daß gerichtlich überprüft werden könnte, ob eine bestimmte Arbeitsleistung einem vorgegebenen Anforderungsprofil entspricht", "bedürfte es (..) noch einer Bewertung der einzelnen Anforderungsprofile, für die ebenfalls kein objektiver Maßstab zur Verfügung steht"[396]. Objektiv ließe sich nicht feststellen, in welcher Weise, d.h. mit welcher Intensität, ein Anforderungsprofil erfüllt würde. So müsse insbesondere bei übertariflichen Leistungen unterstellt werden, "daß der einzelne Arbeitnehmer den Anforderungen mehr als gerecht wird"[397].

c)   Abfindungen nach dem Kündigungsschutzgesetz

Arbeitsverhältnisse von Arbeitnehmern, die länger als sechs Monate beschäftigt worden sind, unterliegen nach dem Kündigungsschutzgesetz[398] einem besonde-

---

396   *BFH* vom 16.12.1987 I R 68/87, BStBl. II 1988, S. 338-342, hier S. 340 (alle Zitate).
397   *BFH* vom 16.12.1987 I R 68/87, BStBl. II 1988, S. 338-342, hier S. 341.
398   Vgl. Kündigungsschutzgesetz in der Fassung der Bekanntmachung vom 25.8.1969, BGBl. I, S. 1317, mit allen weiteren Änderungen. Hiervon zu unterscheiden sind Abfindungen, die im Rahmen eines Sozialplans gewährt werden. Nach § 112 BetrVG ist bei betrieblichen Veränderungen, insbesondere Einschränkungen und Stillegungen eines Betriebes oder eines Betriebsteils zum Ausgleich oder zur Milderung der wirtschaftlichen Nachteile ein Sozialplan aufzustellen, der "über das Erfordernis der Einhaltung der gesetzlich oder vertraglich vorgesehenen Kündigungsfristen hinaus eine *Abfindungslast* für den Arbeitgeber [beinhaltet], die an die Stelle der Abfindung nach

ren Bestandsschutz. Beurteilt ein Arbeitsgericht[399] eine Kündigung als sozial ungerechtfertigt[400] oder hält es eine außerordentliche Kündigung für unbegründet[401], "ist jedoch dem Arbeitnehmer die Fortsetzung des Arbeitsverhältnisses nicht zuzumuten, so hat das Gericht auf Antrag des Arbeitnehmers das Arbeitsverhältnis aufzulösen und den Arbeitgeber zur Zahlung einer angemessenen Abfindung zu verurteilen" (§ 9 Abs. 1 Satz 1 KSchG). Auch auf Antrag des Arbeitgebers kann das Gericht eine Abfindung festlegen, "wenn Gründe vorliegen, die eine den Betriebszwecken dienliche weitere Zusammenarbeit zwischen Arbeitgeber und Arbeitnehmer nicht erwarten lassen" (§ 9 Abs. 1 Satz 2 KSchG). Als Abfindung hat das Gericht einen "Betrag bis zu zwölf Monatsverdiensten festzusetzen" (§ 10 Abs. 1 KSchG).[402]

Im Beschluß vom 9. Mai 1995 zur Rückstellungsbildung für Abfindungsverpflichtungen nach §§ 9-11 KSchG stellt der BFH[403] zunächst fest, die Beschwerdebegründung der Klägerin genüge nicht dem Erfordernis darzulegen, daß "eine neue Entscheidung im Interesse der Rechtseinheit oder Rechtsfortbildung" erforderlich sei. Bereits mehrfach habe der BFH zu der Frage, inwieweit Rückstellungen für Verpflichtungen nach dem Kündigungsschutzgesetz gebildet werden können, Stellung genommen.[404] In derartigen Fällen führe "die Gleichwertigkeitsvermutung regelmäßig dazu, daß eine Rückstellung nicht ge-

---

dem Kündigungsschutzgesetz (..) tritt." *Meilicke* (Verpflichtungsüberschuß, 1978): S. 2486. Der Sozialplan hat nach § 112 Abs. 1 Satz 3 BetrVG "die Wirkung einer Betriebsvereinbarung".

399 Zur Kündigungsschutzklage vgl. *Söllner* (Arbeitsrecht, 1994): S. 300 f.

400 Vgl. § 1 Abs. 2 Satz 1 KSchG. Hiernach ist eine Kündigung immer dann sozial ungerechtfertigt und damit rechtsunwirksam, wenn sie nicht durch Gründe, die in der Person oder im Verhalten des Arbeitnehmers liegen, oder durch dringende betriebliche Erfordernisse, die einer Weiterbeschäftigung in dem betreffenden Betrieb entgegenstehen, bedingt ist. Die Kündigung aus dringenden betrieblichen Erfordernissen ist auch dann sozial ungerechtfertigt, wenn soziale Gesichtspunkte (z.B. Kinderzahl, Lebensalter, Dauer der Betriebszugehörigkeit) nicht oder nicht ausreichend beachtet wurden; vgl. *Söllner* (Arbeitsrecht, 1994): S. 297-300; *Ammermüller* (Abfindungen, 1975): S. 4-6.

401 Vgl. *Söllner* (Arbeitsrecht, 1994): "Außerordentliche Kündigungen setzen stets das Vorliegen eines wichtigen Grundes voraus", S. 296, *Meilicke* (Verpflichtungsüberschuß, 1978): S. 248; *Ammermüller* (Abfindungen, 1975): S. 6-7.

402 Bei über 50-jährigen (55-jährigen) Mitarbeitern und solchen, deren Arbeitsverhältnis mindestens 15 (20) Jahre bestanden hat, beträgt die Abfindung bis zu 15 (18) Monatsverdienste (§ 10 Abs. 2 KSchG).

403 Vgl. *BFH-Beschluß* vom 9.5.1995 IV B 97/94, BFH/NV 1995, S. 970-971.

404 Der BFH verweist im Beschluß auf die Urteile des *BFH* vom 7.9.1954 I 50/54 U, BStBl. III 1954, S. 330-331 und vom 21.10.1955 III 121/55 U, BStBl. III 1955, S. 343-344.

rechtfertigt ist. Insbesondere kommt sie nicht bereits deshalb in Betracht, weil es in der Vergangenheit zu Abfindungszahlungen gekommen ist". Der Hinweis der Klägerin, daß Abfindungen im Sinne des § 9 KSchG nach der Rechtsprechung des Bundesarbeitsgerichts "weder Arbeitsentgelt, noch Ersatz für entgangenes Arbeitsentgelt, noch vertraglichen oder deliktischen Schadensersatz, sondern einen Ausgleich für die durch den Arbeitsplatzverlust verursachte Beeinträchtigung des sozialen Besitzstandes darstellen", gebe keinen Anlaß zur Überprüfung der Grundsätze über die Behandlung schwebender Verträge. Denn der BFH habe im Urteil vom 7. Juni 1988 klargestellt, "daß Sozialleistungen auch dann in die Gleichwertigkeitsvermutung einzubeziehen sind, wenn sie die synallagmatische Verknüpfung der beiderseitigen Leistungsverpflichtungen des Arbeitsvertrages (§ 323 des Bürgerlichen Gesetzbuches) durchbrechen."[405] Entscheidend komme es darauf an, welche Aufwendungen - und hierzu zählten auch die Verpflichtungen aus dem Kündigungsschutzgesetz - der Arbeitgeber tätige, um die Leistung des Arbeitnehmers zu erhalten.

3.2. Die Auffassung von Teilen des Schrifttums

Wie in der Rechtsprechung, so wird auch in der Literatur die Meinung vertreten, daß sich die Arbeitskraft eines Menschen grundsätzlich einer "zahlenmäßige[n] Quantifizierung"[406] entziehe, da Produktionsergebnisse auf Produktionsfaktoren wie Arbeitsleistungen "stets nur mit Willkür und Konvention"[407] zugerechnet werden könnten. Die Beurteilung der Leistungsstärke, des Werts der Arbeit und des Vergleichs dieses Werts mit dem Arbeitseinkommen "sollte grundsätzlich als eine von außen kaum nachvollziehbare, also nicht objektivierbare betriebsinterne Beurteilung angesehen werden, die deshalb nicht Anlaß einer Rückstellungsbildung sein kann"[408]. Dies gelte auch für Arbeitsverhältnisse "mit Personen aus sogenannten Randgruppen" wie etwa Schwerbehinderten, da die Bildung einer Drohverlustrückstellung die Feststellung voraussetze, "daß der Wert der Arbeitsleistung eines unbeeinträchtigten Arbeitnehmers genau dem normalen Tariflohn entspricht". Diese Feststellung sei allerdings "nicht möglich".

---

405 *BFH-Beschluß* vom 9.5.1995 IV B 97/94, BFH/NV 1995, S. 970-971, hier S. 970 (alle Zitate).
406 *Knobbe-Keuk* (Bilanzsteuerrecht, 1993): S. 151.
407 *Ballwieser* (Strukturwandel, 1989): S. 965.
408 *Herzig/Esser* (Arbeitsverhältnisse, 1985): S. 1305.

Außerdem schließe der Arbeitgeber einen Arbeitsvertrag unter Kenntnis möglicher Belastungen, die sich im Laufe der Zeit ergeben könnten. Damit bringe er "zum Ausdruck, daß die Arbeitsleistung des Arbeitnehmers nicht nur den zu zahlenden Tariflohn wert ist, sondern mehr, zumindest so viel mehr, daß er spätere Folgelasten in Kauf nehmen kann"[409]. Solche Folgelasten könnten beispielsweise in der Freistellung für Betriebsratsaufgaben oder in dem mit zunehmendem Alter höheren Krankheitsrisiko eines Arbeitnehmers erblickt werden; trotzdem sei das betreffende Arbeitsverhältnis immer noch als ausgeglichen anzusehen. Gleiches gelte für vorübergehende Schwankungen der Arbeitsfähigkeit, die "allein schon wegen der langen Laufzeit immer einmal auftreten können"[410]. Deshalb rechtfertige beispielsweise ein erwarteter höherer Krankenstand älterer Mitarbeiter keine Drohverlustrückstellung. Zahlungen des Arbeitgebers im Rahmen des Mutterschutzgesetzes[411] und ähnliche soziale Leistungen stellten zwar "keine unmittelbare Vergütung für die Tätigkeit der Arbeitnehmer im Betrieb dar", doch seien sie "bei ganzheitlicher Betrachtung des Arbeitsverhältnisses zweifellos als eine allgemeine Gegenleistung für die Bereitschaft des Arbeitnehmers anzusehen (..), seine Arbeitskraft dem Betrieb für eine meist unbestimmte Zeit zu überlassen."[412]

Auch die Anhebung der Verpflichtung aus einem Arbeitsverhältnis aufgrund einer Lohnerhöhung "macht für sich das Vertragsverhältnis noch nicht unausgeglichen". Denn um "klare Anhaltspunkte"[413] als Voraussetzung der Objektivierung eines drohenden Verlusts handele es sich in diesem Fall nicht. Ebensowenig erfordere ein Arbeitsverhältnis mit einem leistungsschwachen Mitarbeiter, der "ein typisiertes und in seinem Fall zu hohes Arbeitsentgelt, insbes. also ein tarifvertraglich festgelegtes Entgelt erhält"[414], keine Drohverlustrückstel-

---

409 *Knobbe-Keuk* (Bilanzsteuerrecht, 1993): S. 151 (alle Zitate).

410 *Wittorff* (Ausbildungsrückstellung, 1981): S. 230.

411 Vgl. Gesetz zum Schutze der erwerbstätigen Mutter (Mutterschutzgesetz - MuSchG) i.d.F. vom 18.4.1968, BGBl. I 1968, S. 315, einschließlich aller Änderungen.

412 *Kessler* (Rückstellungen, 1992): S. 243 (beide Zitate). Gl. A. hinsichtlich der Verpflichtung, Leistungen nach dem MuSchG erbringen zu müssen, vgl. *FG Münster*, Urteil vom 22.8.1996 13 K 4763/93 F, Revision eingelegt, EFG 1996, S. 1204 f.: der Arbeitnehmer akzeptiere "potentielle Mehraufwendungen, um eine bestimmte Arbeitnehmerin für sein Unternehmen zu gewinnen. In diese Äquivalenz von Leistung und Gegenleistung ist der Fall einzuschließen, daß tatsächlich eine Schwangerschaft angezeigt wird, sich das Risiko von Mehraufwendungen für ein Arbeitsverhältnis also realisiert".

413 *Mellwig* (Rückstellungen, 1985) S. 4 (Teil II, beide Zitate).

414 *Herzig / Esser* (Arbeitsverhältnisse, 1985): S. 1305.

lung. Die "teilweise Minderleistung - auch über mehrere Perioden -"[415] vermag einen Verpflichtungsüberschuß nicht zu objektivieren. Denn solange einem Arbeitsverhältnis in objektivierter Weise keine Erträge zugerechnet werden könnten, ließen sich etwaige Minderleistungen gar nicht bewerten.[416] Vermeintliche Minderleistungen, die durch den vorübergehenden Einsatz eines Arbeitnehmers auf einem weniger qualifizierten Arbeitsplatz hervorgerufen werden, haben demnach keinen Einfluß auf die Ausgeglichenheit des Arbeitsverhältnisses, da der Mitarbeiter nach wie vor seine Arbeitskraft zur Verfügung stellt und somit die arbeitsvertraglichen Pflichten weiterhin erfüllt. Würde z.B. ein Dreher in einem Metallveredelungsbetrieb aufgrund des Fehlens von Veredelungsaufträgen vorübergehend für minderwertigere (Hilfs-)Arbeiten eingesetzt, komme eine Drohverlustrückstellung in Höhe des Unterschiedsbetrags zwischen Hilfsarbeiterlohn und Facharbeiterlohn für den Zeitraum mangelnder Aufträge nicht in Frage. Denn "Verlustgefahren offenbart erst das erzeugte Produkt, wenn die aufgewendeten Herstellungskosten durch den erzielbaren Preis nicht gedeckt werden"[417]. Das Arbeitsverhältnis entziehe sich dagegen "den üblichen Gewinnermittlungsregeln", weil "eine Gewinnermittlung aus dem Vergleich 'Wert der erarbeiteten Früchte' zu 'Wert der dafür gemachten Aufwendungen' " nicht stattfände. Damit aber sei ein Arbeitsverhältnis nicht nach den Regeln des Absatzmarktes zu bestimmen, sondern richte sich "nach eigenen Kriterien", nämlich "nach den Regeln des Arbeitsmarktes". Solange der Arbeitsvertrag als *üblich* anzusehen sei, mithin Lohnhöhe und die vom Arbeitnehmer zu erbringende Leistung einer tarifvertraglichen Gruppierung entsprächen, gelte für das Arbeitsverhältnis die Vermutung der Ausgeglichenheit.[418]

---

415 *Müller, W.* (Rückstellungen, 1987): S. 329.

416 Vgl. auch *Schönnenbeck* (Bilanzierung drohender Verluste, 1962): S. 1284, der es (ohne dies jedoch näher zu begründen) als "wenig sinnvoll" erachtet, "Rückstellungen für künftige Belastungen mit Personalkosten zu bilden, die darauf beruhen, daß der älter werdende Mitarbeiter mit einiger Wahrscheinlichkeit in seinem Gehalt auch dann steigen wird, wenn seine Arbeitsleistung unverändert bleibt oder durch altersbedingte Krankheiten abnimmt." Ebenso vgl. *Siepe* (Rückstellungen, 1991): S. 50, der darauf hinweist, daß sich die Feststellung, der Lohn entspreche der versprochenen Arbeitsleistung, "nicht leicht widerlegen" ließe, da "Arbeitsverträge (..) in der Bilanzierungspraxis in der Regel nicht daraufhin untersucht" würden.

417 *Wittorff* (Ausbildungsrückstellung, 1981): S. 230, dessen Beitrag auch das Beispiel entnommen wurde.

418 So auch vgl. *Woerner* (Dauerschuldverhältnisse, 1985): S. 199.

4. Kritische Analyse zur Ablehnung der Ausgeglichenheitsvermutung durch Teile des Schrifttums

4.1. Verdienstsicherungszusagen

a) Unzulässige Ausweitung des Saldierungsbereichs

Tarif- oder einzelvertragliche unspezifizierte Verdienstsicherungsklauseln gewähren dem Arbeitnehmer im Fall seiner Umsetzung auf einen ansonsten niedriger bezahlten Arbeitsplatz einen Anspruch auf Fortzahlung seines bisherigen Entgelts. Der Verdienstsicherungsfall muß allerdings nicht zwangsläufig eintreten. Vielmehr ist bei Abschluß des Arbeitsvertrags "zunächst völlig ungewiß", ob überhaupt Umsetzungen erfolgen, die den Arbeitgeber zur Leistung des verdienstgesicherten Entgelts verpflichten. Die bloße Existenz derartiger Regelungen erlaubt es nach Auffassung *Herzigs* nicht, Rückstellungen zu bilden. Sobald jedoch die Umsetzung bis zum Bilanzstichtag erfolge oder die "Versetzung mit ausreichender Sicherheit zu erwarten"[419] sei, etwa weil der Betrieb Maßnahmen beschließt, die einen weniger qualifizierten, "andersartigen Einsatz von Arbeitskräften"[420] vorsehen, ist nach überwiegender Auffassung im Schrifttum eine Drohverlustrückstellung zu bilden. "Denn mit einer solchen Versetzung wird eine Unausgeglichenheit des Arbeitsverhältnisses in objektiv nachvollziehbarer Weise herbeigeführt"[421]. Es dürfe bei derartig "offensichtlichen Mißverhältnissen"[422] nicht davon ausgegangen werden, daß die Löhne den Arbeitsleistungen entsprächen bzw. die Verträge üblich seien.[423] Das Wirksamwerden der Verdienstsicherungsklausel führt in dieser Sicht dazu, daß die Wiederbeschaffungskosten, "die bei Einstellung eines geeigneten Arbeitnehmers für den neuen Arbeitsplatz anfallen, um den Sicherungsbetrag unter dem verdienstgesicherten Lohnniveau"[424] liegen und daher aus dem Arbeitsverhältnis Verluste in Höhe des Sicherungsbetrags drohen.

---

419 *Herzig* (Rückstellungen, 1986): S. 99.
420 *Schülen* (Entwicklungstendenzen, 1983): S. 662.
421 *Herzig* (Rückstellungen, 1986): S. 99. Gl. A. *Bordewin* (Verdienstsicherungsklauseln, 1982): S. 1710 f.
422 *Siepe* (Rückstellungen, 1991): S. 50.
423 Vgl. *Herzig / Esser* (Arbeitsverhältnisse, 1985): S. 1302-1303.
424 *Herzig* (Rückstellungen, 1986): S. 99 f.

Unmaßgeblich bei der Beurteilung der Verlustträchtigkeit verdienstgesicherter Arbeitsverhältnisse sei die positive Erfolgslage des gesamten Unternehmens. Wenn der BFH dennoch die Drohverlustrückstellung mit dem Hinweis ablehne, daß das gesamte Unternehmen noch mit Gewinn arbeite, zähle dies zu den "häufigsten und folgenschwersten Verstößen gegen den Grundsatz der Einzelbewertung"[425], weil drohende Verluste mit künftigen Gewinnen saldiert würden.

Ebenso unzulässig sei die Berücksichtigung von "Sondereigenschaften eines Arbeitnehmers"[426]. Der BFH habe im Urteil zur Heizwerkevermietung klargestellt, daß Vorteile, die außerhalb des schwebenden Geschäfts liegen, dem in Frage stehenden Vertrag nicht zugerechnet werden dürften.[427] Um solche Vorteile handele es sich aber bei positiven altersspezifischen Eigenschaften wie beispielsweise erhöhter Einsatzbereitschaft oder gesteigertem Verantwortungsbewußtsein. Eine Kompensation des Verpflichtungsüberschusses durch derartige Arbeitnehmereigenschaften verbiete sich[428], da "nicht die Arbeitnehmer, sondern vielmehr die Arbeitsplätze bewertet werden" und Fähigkeiten, die nicht zum Anforderungsprofil eines Arbeitsplatzes zählten, "betrieblich grundsätzlich ohne Bedeutung und für die Bilanzierung irrelevant"[429] sind. Überdies könnten die vom BFH angeführten (positiven) Eigenschaften eines umgesetzten Mitarbeiters "durch etwaige negative Begleiterscheinungen der Umsetzung (z.B. geringere Motivation) kompensiert werden". Allenfalls "bei ausgeprägter Konkretisierung"[430] dürften derartige Faktoren Beachtung finden.

---

425 *Strobl* (Rückstellungen, 1984): S. 199. Ähnlich vgl. *Müller, W.* (Rückstellungen, 1987): S. 327: Man könne "nicht soweit wie der BFH gehen" und die mögliche Zurechnung negativer Erfolgsbeiträge zu einzelnen Arbeitsverhältnissen verneinen, solange der Betrieb mit Gewinn arbeite.

426 *Herzig* (Rückstellungen, 1986): S. 100.

427 Vgl. *Sünner* (Rückstellungen, 1984): S. 175. Im Falle spezifizierter Verdienstsicherung spricht sich *Sünner* für die ratierliche Ansammlung einer Verbindlichkeitsrückstellung aus.

428 Vgl. *Rohse* (Dauerschuldverhältnisse, 1987): S. 297. Bei Betrachtung des betriebsinternen Werts bzw. des Erfolgsbeitrags eines Arbeitsverhältnisses "würden in den Saldierungsbereich des schwebenden Geschäfts vom BFH Komponenten mit einbezogen, die außerhalb des eigentlichen schwebenden Geschäfts liegen".

429 *Herzig* (Rückstellungen, 1986): S. 101 (beide Zitate).

430 *Kessler* (Rückstellungen, 1992): S. 391 (beide Zitate), wobei allerdings nicht ausgeführt wird, worin eine ausgeprägte Konkretisierung bestehen kann. A.A. vgl. *Jacobs* (Berechnung von Rückstellungen, 1988): S. 241 ("Selbst wenn diese Eigenschaften im konkreten Fall alle gegeben wären, widerspricht ihre Berücksichtigung dem Teilwert-

b) Fehlende Gegenleistung des Arbeitnehmers

Der 'zusätzliche' Lohn im Falle der Verdienstsicherung stelle "kein Entgelt für die gleichzeitig erbrachte Arbeitsleistung dar, sondern eine soziale Leistung, die wegen altersbedingter Schwäche zu zahlen ist, um ein soziales Abgleiten des Arbeitnehmers zu vermeiden"[431]. Die Gewährung sozialer Leistungen wie der Verdienstsicherung für ältere Arbeitnehmer könne nicht darauf zurückgeführt werden, daß der Arbeitgeber einen der Verpflichtung äquivalenten Gegenwert erwartet, sondern liege in der "Sozialorientierung" begründet. Häufig induzierten die Sozialaufwendungen "Vermögenseinbußen, denen sich der Kaufmann in der gegenwärtigen Umwelt nicht entziehen kann, die aber mit keinem entsprechenden Gegenwert korrespondieren"[432]. Die Ansprüche der von Umsetzungen betroffenen Arbeitnehmer ähneln in dieser Sicht Verdienstausgleichszahlungen, die Mitarbeitern aufgrund eines Sozialplans zu gewähren[433], und für die nach herrschender Meinung (Verbindlichkeits-)Rückstellungen zu bilanzieren sind[434]. Außerdem sei nicht einzusehen, daß der BFH zwar die Rückstellungsfähigkeit von Jubiläumszuwendungen anerkannt habe, aber Rückstellungen für Verdienstsicherungsabreden nicht zulasse. Denn zwischen "Vergütungen für 'schon bewirkte Leistungen' und Vergütungen für umzusetzende 'bisher tätige' Arbeitnehmer darf nicht unterschieden werden"[435]. Daß die Belastungen aus tarifvertraglichen Verdienstabsicherungen ein "Entgelt für früher geleistete Tätigkeiten" darstellen, zeige sich bereits darin, daß man den Verpflichtungsüber-

---

gedanken. Sie sind nicht konkret erfaßbar und auch nicht beschaffungsmarktorientiert").

431 *Brezing* (Steuerliche Probleme, 1978): S. 381.
432 *Herzig / Esser* (Arbeitsverhältnisse, 1985): S. 1303 (beide Zitate).
433 Vgl. *Sarx* (Verlustrückstellungen, 1985): S. 106; *Schülen* (Entwicklungstendenzen, 1983): S. 662.
434 Vgl. *Clemm / Nonnenmacher* (in: Beck'scher Bilanz-Kommentar, 1995): § 249, Anm. 100 (Sozialplan), dabei sei die Unterrichtung des Betriebsrats keine notwendige Voraussetzung für die Rückstellungsbildung, ausreichend sei die hinreichende Konkretisierung des Beschlusses über die Betriebsänderung; ähnlich *Weber-Grellet* (in: Schmidt EStG, 1997): § 5, Rz 550 (Sozialplan), die bloße Wahrscheinlichkeit künftiger Betriebsänderungen reiche allerdings nicht aus; *Herzig* (Rückstellungen, 1986): S. 105 f.; *Uelner* (Aktuelle Fragen, 1977): S. 165. A.A. *Briese* (Sozialplanverpflichtungen, 1977): S. 366 f.; *Inhoffen / Müller-Dahl* (Rückstellungen für Abfindungen, 1981): S. 1529 f.
435 *Siepe* (Rückstellungen, 1991): S. 49.

schuß nicht etwa "als zusätzliche Anschaffungskosten für das neu anzuschaffende rechnergesteuerte Textsystem einsetzen"[436] könne.

c) Bilanzielle Behandlung sogenannter 'spezifizierter' Verdienstsicherungsklauseln

Weitgehende Einigkeit besteht in der Literatur darüber, daß im Falle von sog. 'spezifizierten' Verdienstsicherungsklauseln Rückstellungen zu bilden sind. Im Gegensatz zu unspezifizierten wird im Falle der spezifizierten Verdienstsicherungsabreden der *Zeitpunkt* der Umsetzung eines Arbeitnehmers auf einen geringere Anforderungen stellenden Arbeitsplatz bereits bei Abschluß des Arbeitsvertrages fixiert und dabei dem Arbeitnehmer von vornherein zugesichert, daß auch nach der Umsetzung die Gehaltszahlung in der bisherigen Höhe erfolgt. Allgemein werden Vereinbarungen hinsichtlich einer bestimmten "Art von Arbeit, die besonderen Erschwernissen wie Schmutz, Staub, Lärm, Hitze unterliegt oder die im Akkord, zur Nachtzeit etc. erbracht werden muß, [und] besonders vergütet wird, dem Arbeitnehmer aber nur für eine begrenzte Zeit zugemutet werden kann und in denen deshalb dessen spätere Umsetzung an einen anderen Arbeitsplatz von vornherein absehbar ist"[437] als spezifizierte Verdienstsicherungsklauseln bezeichnet. Dabei muß das Lebensalter, bis zu dem die höherwertige Arbeit verrichtet wird, vertraglich festgelegt sein. Der Arbeitnehmer erhält in solchen Fällen die Zusicherung, daß beispielsweise Erschwerniszulagen oder der Akkordlohn auch noch nach Umsetzung auf einen anderen Arbeitsplatz gewährt werden, selbst wenn dieser Arbeitsplatz den besonderen Erschwernissen nicht mehr unterliegt. Ein in der Literatur im Zusammenhang mit spezifizierten Verdienstsicherungsklauseln häufig angeführtes Beispiel sind Arbeitsverträge mit Piloten.[438] Diese Verträge sehen die Versetzung auf einen weniger anspruchsvollen Arbeitsplatz bei konstantem Gehalt explizit vor, weil davon ausgegangen wird, daß der Mitarbeiter während der "besonders hochwertigen"[439] Arbeit als Pilot "unterbezahlt"[440] ist.

Das Erreichen der festgelegten Altersgrenze und die damit einhergehende Inanspruchnahme der Verdienstsicherung führe zwar nicht zur Unausgewogenheit

---

436 *Meilicke* (Verpflichtungsüberschuß, 1978): S. 2484 (beide Zitate).
437 *Sünner* (Rückstellungen, 1984): S. 175.
438 Vgl. z.B. *Herzig / Esser* (Arbeitsverhältnisse, 1985): S. 1304. Als weitere Beispiele werden genannt: Arbeitsverhältnisse mit Fluglotsen oder Offizieren.
439 *Herzig / Esser* (Arbeitsverhältnisse, 1985): S. 1304.
440 *Ballwieser* (Strukturwandel, 1989): S. 961.

des Arbeitsverhältnisses, weshalb eine Drohverlustrückstellung nicht in Betracht käme, doch stelle die spezifizierte Verdienstsicherungsklausel "eine ungewisse, insbesondere vom Zeitablauf und der Fortdauer des Arbeitsverhältnisses abhängige Verbindlichkeit"[441] dar, die wirtschaftlich während der Ausübung der zulagenberechtigten Tätigkeit verursacht werde und demzufolge ratierlich über die betreffenden Jahre[442] - wie Rückstellungen für künftige Jubiläumszuwendungen - anzusammeln und bei Versetzung auf den Arbeitsplatz mit geringeren Qualifikationsanforderungen (zeitanteilig) aufzulösen[443] sei. Da die finanzielle Zuwendung des Arbeitgebers in Form der Verdienstsicherung "im Hinblick auf eine bereits bewirkte Teilleistung des Arbeitnehmers erbracht wird"[444], handele es sich um einen Erfüllungsrückstand[445], der "sich damit auf den Teil des Dauerrechtsverhältnisses" bezieht, "der sich nicht mehr im Schwebezustand befindet"[446].

d) Würdigung: Die gebotene Gleichbehandlung von spezifizierten und unspezifizierten Verdienstsicherungsklauseln

Schließt man sich der Auffassung an, daß mit der Überbezahlung in der Phase nach erfolgter Umsetzung die vergangene Arbeitsleistung abgegolten wird, so dürfte an der Zulässigkeit des ratierlichen Aufbaus einer Verbindlichkeitsrückstellung bis zum Zeitpunkt der Umsetzung kein Zweifel bestehen. Dies müßte gleichermaßen für spezifizierte und unspezifizierte Verdienstsicherungsklauseln gelten, wenn davon auszugehen ist, daß auch unspezifizierte Verdienstsicherungen letztlich nur deshalb gewährt werden, weil zu Beginn der Vertragsdauer hohe Erfolgsbeiträge von seiten des Arbeitnehmers erbracht und daher zum Ende des Arbeitsverhältnisses (d.h. ab dem Zeitpunkt des Wirksamwer-

---

441 *Sünner* (Rückstellungen, 1984): S. 175.
442 Vgl. hierzu *Hartung* (Verpflichtungen im Personalbereich, 1987): S. 398.
443 Vgl. *Ballwieser* (Strukturwandel, 1989): S. 961.
444 *Herzig* (Dauerrechtsverhältnisse, 1988): S. 217. Vgl. auch *Hartung* (Verpflichtungen im Personalbereich, 1987): S. 385 ("Entscheidend ist, daß der Arbeitnehmer die korrespondierende anteilige Arbeitsleistung beim Wirksamwerden der Abrede bereits erbracht hat").
445 Vgl. *Herzig* (Rückstellungen, 1986): S. 72: Erfüllungsrückständen und Drohverlustrückstellungen liege ein jeweils anderer Zeitbezug zugrunde. Während sich Erfüllungsrückstände "nur für Verpflichtungen ergeben, die wirtschaftlich vor dem Bilanzstichtag verursacht worden sind", resultierten Drohverlustrückstellungen "aus der Gegenüberstellung zukünftiger Leistungen und Verpflichtungen".
446 *Herzig* (Rückstellungen, 1986): S. 75 (beide Zitate).

dens der Verdienstsicherung) weniger hohe oder gar negative Erfolgsbeiträge in Kauf genommen werden[447]. Wenngleich sich eine unterschiedliche bilanzielle Behandlung spezifizierter und unspezifizierter Verdienstsicherungsklauseln vor dem Hintergrund der gleichartigen wirtschaftlichen Verursachung verbietet, so bestehen doch Unterschiede hinsichtlich der Objektivierung des Erfüllungsrückstands. Dieser ist bei spezifizierten Verdienstsicherungsklauseln durch den von vornherein fixierten Umsetzungszeitpunkt hinreichend konkretisiert,[448] bei unspezifizierten Verdienstsicherungsklauseln ist dagegen ungewiß, wann und ob sie überhaupt wirksam werden. Aus diesem Grund wird im Schrifttum für unspezifizierte Verdienstsicherungsklauseln nicht die Möglichkeit der Bildung einer Verbindlichkeitsrückstellung untersucht, sondern der Ausweis einer Drohverlustrückstellung gefordert. Betrachtet man indes die Passivierung einer Verbindlichkeitsrückstellung für unspezifizierte Verdienstsicherungsklauseln als erforderliche *Nachholung* einer von Beginn des Arbeitsverhältnisses an wirtschaftlich verursachten und daher gebotenen Ansammlungsrückstellung, die erst duch die tatsächlich erfolgte Umsetzung konkretisiert wird, scheitert die Bilanzierung einer Verbindlichkeitsrückstellung nicht daran, daß die Umsetzung nicht bereits bei Abschluß des Arbeitsvertrages feststand.[449]

Fraglich ist allerdings, ob die Behauptung zutrifft, vor der Umsetzung erwerbe der Arbeitnehmer durch Unterbezahlung ein 'Guthaben', aus dem seine Überbezahlung nach erfolgter Umsetzung auszugleichen ist, weshalb ein Erfüllungsrückstand zu passivieren sei. Zwar wird im Schrifttum (für spezifizierte Verdienstsicherungsklauseln) darauf hingewiesen, daß sich die "Höhe der Nachleistungspflicht (..) mit ausreichender Sicherheit aus der Überbezahlung" in der Phase vor Umsetzung ableiten läßt und in "vielen Fällen (..) das Ausmaß dieser Überbezahlung am Tarifvertrag selbst ablesbar sein [wird], und zwar durch einen Vergleich mit dem üblichen Entgelt, das für die weniger hochwertige

---

447 Vgl. *Herzig* (Rückstellungen, 1986): S. 82, der vom "Ergebnis einer zeitlich-horizontalen Mischkalkulation" spricht; *Müller, W.* (Rückstellungen, 1987): S. 328, nach dessen Auffassung "der Ausweis eines zu hohen Gewinns in den Anfangsperioden durch Bildung einer Rückstellung vermieden werden" muß.

448 Vgl. *Herzig* (Rückstellungen, 1986): S. 83. Das von vornherein vertraglich fixierte Alter, zu dem die Umsetzung auf den weniger hochwertigen Arbeitsplatz erfolgt, spreche "eindeutig für eine ausreichende Konkretisierung der Verpflichtung zu den einzelnen Bilanzstichtagen während der Phase I". Verstärkt werde die Notwendigkeit der Rückstellungsbildung noch, wenn man bedenke, "daß die Überbezahlung während der Phase II wirtschaftlich als Rente verstanden werden kann, die dem Arbeitnehmer nur deswegen zugestanden wird, weil er in der Phase I die hochwertige Arbeitsleistung erbracht hat", S. 84.

449 Vgl. *Tischbierek* (Verursachungszeitpunkt, 1994): S. 169 f.

Arbeit gezahlt wird"[450]. Jedoch erkennt der BFH die (unterstellte) Möglichkeit, daß die "Diskrepanz zwischen tatsächlich geleisteter Arbeit und Arbeitsentgelt am Tarifvertrag selbst abgelesen werden kann"[451], nicht als Argument zur Entkräftung der Ausgeglichenheitsvermutung für Arbeitsverhältnisse an: Wenn ein Steuerpflichtiger "den umzusetzenden Arbeitnehmern ein Entgelt zusagt, das den Betrag übersteigt, der sich aus der für sie geltenden tariflichen Regelung ergibt, erkennt (..) [er] das tarifvertragliche Arbeitsentgelt als dem Wert der Arbeitsleistung entsprechend an."

Da die *künftig* zu erbringende Arbeit das nach der Umsetzung zu leistende Entgelt einschließlich darin enthaltener übertariflicher Bestandteile wert sei, können die nach der Umsetzung gezahlten übertariflichen Vergütungen nach Auffassung der Rechtsprechung "nicht als Gegenleistung für schon bewirkte Leistungen der umzusetzenden Arbeitnehmer"[452] angesehen werden. Zwar hat der BFH diese Aussage auf Verdienstsicherungszusagen bezogen, die auf einer Betriebsvereinbarung beruhen. Es liegt aber nahe, diese Beurteilung unabhängig von der jeweiligen Rechtsgrundlage auf sämtliche Verdienstsicherungsklauseln zu übertragen: Gründe, warum die aufgrund einer Betriebsvereinbarung gezahlte übertarifliche Vergütung zukünftige Leistungen abgelten soll, Überbezahlungen aufgrund eines Tarifvertrags oder einer einzelvertraglichen Vereinbarung aber wegen bereits in der Vergangenheit erbrachter Tätigkeiten gewährt werden sollen, sind nicht ersichtlich.

Die Überbezahlung kann nur dann als Begründung für die Bilanzierung einer ratierlich anzusammelnden oder im Zeitpunkt der Umsetzung nachzuholenden Verbindlichkeitsrückstellung herangezogen werden, wenn unterstellt wird, daß der Arbeitnehmer nach seiner Umsetzung das ihm weiterhin zu gewährende Entgelt nicht mehr wert ist, weil ein neu eingestellter Arbeitnehmer dieselbe Tätigkeit zu einem (tarifvertraglich) geringeren Lohn ausführen würde. Nur sofern man dieser Auffassung folgt, ist die Feststellung gerechtfertigt, daß die wirtschaftliche Vermögensbelastung in Form eines den tarifvertraglich vorgesehenen Lohn übersteigenden Betrags den bereits vor der Umsetzung realisierten Erträgen zuzurechnen ist. Dies impliziert allerdings eine Bewertung der in der Phase nach der Umsetzung erbrachten Arbeit zu Wiederbeschaffungskosten. Ein derartiges Vorgehen hat die höchstrichterliche Rechtsprechung aber

---

450 *Herzig* (Rückstellungen, 1986): S. 83 (beide Zitate).
451 *Woerner* (Dauerschuldverhältnisse, 1985): S. 199.
452 *BFH* vom 16.12.1987 I R 68/87, BStBl. II 1988, S. 338-342, hier S. 341 (beide Zitate).

bislang zumindest für die Ermittlung von Drohverlustrückstellungen für verdienstgesicherte Arbeitsverhältnissen abgelehnt.[453]

Die Schwierigkeiten der Bewertung einer Arbeitsleistung sowohl während des Zeitraums vor der Umsetzung als auch danach lassen sich nicht durch Rückgriff auf Wiederbeschaffungskosten lösen.[454] Zu wichtig sind die besonderen Eigenschaften eines Arbeitnehmers, die ihn "gerade an diesem Platz für das Unternehmen wertvoll machen"[455] können, als daß Wiederbeschaffungskosten für die Wertermittlung von Arbeitsleistungen maßgeblich sind. Werden solche individuellen Eigenschaften[456] bei der bilanziellen Beurteilung von Arbeitsverhältnissen berücksichtigt, so handelt es sich nicht - wie von Teilen des Schrifttums vorgebracht - um eine unzulässige Ausweitung des Saldierungsbereichs von Arbeitsverhältnissen. Vielmehr wird hierin deutlich, daß sich die vermeintliche Minderleistung bzw. die zukünftige Überbezahlung der von Umsetzungen betroffenen Arbeitnehmer einer objektivierten Feststellung entzieht.

Die vorstehenden Überlegungen führen zu dem Ergebnis, daß Verdienstsicherungsklauseln weder zu einem Aufwendungsüberschuß im Sinne des Realisationsprinzips (bilanzrechtlicher Erfüllungsrückstand) noch zu einem Verpflichtungsüberschuß im Sinne des Imparitätsprinzips[457] führen.

Bei tarifvertraglich geregelten Verdienstsicherungen ist ferner zu bedenken, daß nicht nur der Betrieb eines bestimmten Kaufmanns betroffen ist, sondern die gesamte Branche "und damit alle Konkurrenten". Damit aber wird die Verpflichtung, wie beispielsweise auch allgemeine gesetzliche Bestimmungen zum

---

453 Vgl. *BFH* vom 25.2.1986 VIII R 377/83, BStBl. II 1986, S. 485-487; *BFH* vom 16.12.1987 I R 68/87, BStBl. II 1988, S. 338-342.

454 Vgl. hierzu auch oben, 2. Kapitel, B. 2.2. bb).

455 *BFH* vom 25.2.1986 VIII R 377/83, BStBl. II 1986, S. 465-467, hier S. 467.

456 Vgl. hierzu *Hartung* (Verpflichtungen im Personalbereich, 1987): S. 389-390. Es sei zu prüfen, ob äquivalente Arbeitnehmer andere produktive Zeiten und Leistungsgrade als ältere (verdienstgesicherte) Arbeitnehmer aufweisen. Bei der Erfolgsbeitragsprognose dürfe zudem nicht vernachlässigt werden, daß ein älterer Mitarbeiter möglicherweise "wegen geringerer Willens-, Risiko- und/oder Fähigkeitsbarrieren erheblich höhere Leistungen als ein äquivalenter Arbeitnehmer" erbringt, S. 390.

457 So auch vgl. *BMF* vom 18.2.1983, IV B 2 S 2137 - 8/83, BB 1983, S. 1010: "Durch die Umsetzung wird ein Verpflichtungsüberschuß des Unternehmens aus dem Arbeitsverhältnis nicht konkretisiert". Das Rückstellungsverbot gelte sowohl für bestehende Verdienstsicherungsvereinbarungen, insbesondere aufgrund von Tarifverträgen, als auch für Fälle, "in denen die Voraussetzungen für die Zahlung von Verdienstausgleich (Ausgleichszulagen) am Bilanzstichtag bereits eingetreten sind".

Umweltschutz[458], zur "*gewöhnliche[n]* Belastung", bei der es sich um eine "negative Rahmenbedingung" handelt[459]. Solche Belastungen sind - obwohl sie "im Extremfall sogar zur Strangulierung von Unternehmen und ganzen Branchen führen"[460] können - nicht geeignet, eine Drohverlustrückstellung zu begründen. Vielmehr gehen derartige Risiken im allgemeinen Geschäftsrisiko auf, das zwar den Geschäftswert mindern kann, aber nicht auf die einzelnen von der Verdienstsicherung betroffenen Arbeitsverhältnisse aufzuteilen ist.[461]

e) Verdienstsicherung durch Altersteilzeitvereinbarungen

Am 1. August 1996 ist das "Gesetz zur Förderung eines gleitenden Übergangs in den Ruhestand" (ATG) in Kraft getreten. Arbeitnehmern soll auf Grundlage des Altersteilzeitgesetzes[462] ein gleitender Übergang in den Ruhestand ermöglicht werden; zugleich sollen "Renten- und Arbeitslosenversicherung von den Kosten der bisherigen Frühverrentungspraxis"[463] entlastet werden. Altersteilzeitregelungen werden durch Leistungen der Bundesanstalt für Arbeit gefördert, wenn folgende Voraussetzungen erfüllt sind: Arbeitgeber und Arbeitnehmer vereinbaren auf arbeitsvertraglicher Grundlage (Tarifvertrag, Betriebsvereinbarung oder Einzelarbeitsvertrag), daß die Arbeitszeit von Arbeitneh-

---

458 Unter bestimmten Voraussetzungen sind jedoch Rückstellungen für Umweltschutzverpflichtungen zu bilanzieren, vgl. hierzu *Friedemann* (Umweltschutzrückstellungen, 1996): S. 83-147.

459 Vgl. *BFH* vom 7.9.1954 I 50/54 U, BStBl. III 1954, S. 330-331. Der BFH führt zur Frage der Passivierung von Drohverlustrückstellungen für Verpflichtungen aufgrund des Kündigungsschutzgesetzes vom 10.8.1951 aus: "Die Bestimmungen• über den Kündigungsschutz sind sozialer Natur und treffen alle Betriebe gleichermaßen. Sie belasten die Wirtschaft allgemein", S. 331.

460 *Mathiak* (Rechtsprechung, 1986): S. 292 (alle Zitate).

461 So auch vgl. *BFH* vom 25.2.1986 VIII R 377/83, BStBl. II 1986, S. 465-467, insbes. S. 467.

462 Gesetz zur Förderung eines gleitenden Übergangs in den Ruhestand, Artikel I vom 23.7.1996, BGBl. I, S. 1078. Das neue Altersteilzeitgesetz ist an die Stelle des Altersteilzeitgesetzes vom 20.12.1988, BGBl. I, S. 2343, getreten.

463 *Einem, von* (Gesetz, 1996): S. 1883. Die bisherige übliche Form der Frühverrentung bestand darin, "daß den Beschäftigten spätestens mit der Vollendung des 58. Lebensjahres die vorzeitige freiwillige Beendigung des Arbeitsverhältnisses durch Abschluß eines Auflösungsvertrags ermöglicht" wurde. Zum Vorruhestandsgesetz vom 13.8.1984, BGBl. I 1984, S. 601 und zur Behandlung von Ansprüchen und Verpflichtungen hieraus vgl. *Förschle / Kropp* (Vorruhestandsgesetz, 1984): S. 1-20.

mern, die das 55. Lebensjahr vollendet haben[464], auf die Hälfte der tariflich vorgesehenen wöchentlichen Arbeitszeit, höchstens aber auf 18 Stunden reduziert wird. Das Teilzeit-Bruttoarbeitsentgelt ist vom Arbeitgeber um mindestens 20 % aufzustocken, darüber hinaus sind Aufstockungen vorzunehmen, um einen Mindestnettobetrag von 70 % des letzten Nettoentgelts für die Vollzeittätigkeit zu erreichen.[465] Der Arbeitgeber muß anläßlich des gleitenden Übergangs eines Arbeitnehmers in die Altersteilzeitarbeit einen arbeitslos gemeldeten Arbeitnehmer oder einen Auszubildenden nach Abschluß seiner Ausbildung auf dem freigewordenen oder auf einem durch Umsetzung freigewordenen Arbeitsplatz beschäftigen.[466]

Vor diesem gesetzlichen Hintergrund wurde am 29. März 1996 zwischen dem Bundesarbeitgeberverband Chemie e.V. und der IG Chemie sowie der DAG ein Tarifvertrag geschlossen, der es über 55-jährigen Arbeitnehmern gestattet, einen Antrag auf Abschluß eines Altersteilzeitarbeitsverhältnisses zu stellen, das die Dauer von fünf Jahren nicht überschreiten darf[467]. Der Arbeitnehmer soll bei Reduzierung der tariflichen wöchentlichen Arbeitszeit um die Hälfte[468] einen Aufstockungsbetrag in Höhe von 40 % des Arbeitsentgelts für die Altersteilzeitarbeit erhalten[469]. Er kann sich aber auch dazu entscheiden, die während der Gesamtdauer des Altersteilzeitarbeitsverhältnisses zu leistende Arbeitszeit auf einen Zeitraum von bis zu 5 Jahren zu verteilen; dies ermöglicht es ihm, bei entsprechend hoher wöchentlicher Arbeitszeit zu Beginn der Altersteilzeit zum Ende von der Arbeit völlig freigestellt zu sein. Unabhängig davon, welches Modell gewählt wird, ist das Arbeitsentgelt auf mindestens 85 % des um die

---

464 Vgl. hierzu *Haupt* (Personalanpassung, 1996): S. 1531: Vor "Beginn der Altersteilzeit [muß] innerhalb einer Rahmenfrist von zurückgerechneten 5 Jahren mindestens 3 Jahre (= 1080 Kalendertage) ein beitragspflichtiges Beschäftigungsverhältnis bestanden haben und während der Dauer der Altersteilzeit muß auf selbständige Tätigkeiten oder Mehrarbeit verzichtet werden, soweit die sozialversicherungsrechtliche Geringfügigkeitsgrenze (§ 8 SGB IV) überschritten wird".

465 Vgl. hierzu *Einem, von* (Gesetz, 1996): S. 1884 f. Darüber hinaus ist Voraussetzung für eine Erstattungsleistung der Bundesanstalt für Arbeit, daß der Arbeitgeber "für den Arbeitnehmer Beiträge zur gesetzlichen Rentenversicherung mindestens in Höhe des Beitrags entrichtet hat, der auf den Unterschiedsbetrag zwischen 90 vom Hundert des Vollzeitarbeitsentgelts und dem Arbeitsentgelt für die Altersteilzeitarbeit entfällt, höchstens bis zur Beitragsbemessungsgrenze", S. 1885.

466 Vgl. § 3 Abs. 1 Nr. 2 ATG. Zu Einzelheiten vgl. *Köhler* (Gesetz, 1996): S. 635.

467 Vgl. § 5 Nr. 1 des *Tarifvertrags zur Förderung der Altersteilzeit*.

468 Vgl. § 6 des *Tarifvertrags zur Förderung der Altersteilzeit*.

469 Vgl. § 9 des *Tarifvertrags zur Förderung der Altersteilzeit*.

gesetzlichen Abzüge verminderten Arbeitsentgelts, das der Arbeitnehmer ohne Inanspruchnahme der Altersteilzeitregelung erhalten hätte, aufzustocken[470].

Wie bei den oben behandelten spezifizierten und unspezifizierten Verdienstsicherungszusagen ist auch für die im Rahmen der tarifvertraglich vorgesehenen Altersteilzeitmodelle den Arbeitnehmern zugesicherte Verdienstsicherung die Möglichkeit der Bilanzierung von Rückstellungen zu beurteilen. Zur Begründung einer Drohverlustrückstellung bedarf es stets des Nachweises, daß die einem Arbeitsverhältnis zuzurechnenden künftigen Aufwendungen die Erträge übersteigen. Ein derartiger Aufwendungsüberschuß läßt sich aber wegen der Schwierigkeiten der Bewertung menschlicher Arbeitsleistungen nicht zuverlässig beziffern. Auch ist eine "Aufspaltung des Lohns in die Komponenten 'Arbeitsabgeltung' und 'bezahlte Freizeit' (..) nicht ohne Willkür möglich, denn es wird in erster Linie die Leistung des Arbeitnehmers bezahlt und nicht die Anwesenheit im Betrieb."[471] Zudem ist es kaum möglich festzustellen, ob ein aus Sicht des Arbeitgebers bislang zumindest ausgeglichenes Arbeitsverhältnis nach Hinzutreten einer tarifvertraglichen Verpflichtung "bereits zu einem Verlustvertrag [führt] oder lediglich der bisherige Vorteil geschmälert wird"[472]. Aus diesen Gründen muß die Vermutung gelten, daß der Arbeitsvertrag auch nach Inanspruchnahme des Altersteilzeitmodells grundsätzlich ausgeglichen ist.

Allerdings könnte man die Auffassung vertreten, daß bei Überschreiten einer bestimmten Größenordnung die Ausgewogenheit des Werts der erhaltenen Arbeitsleistung und des Werts der vom Arbeitgeber zu leistenden Aufwendungen nicht mehr gegeben ist. Dies soll nach *Förschle/Kropp* dann der Fall sein, "wenn ein Grenzbereich tolerierbarer Bewertungsunschärfe eindeutig überschritten ist"[473]. Mit der Arbeitszeitverkürzung um 50 % bei Reduzierung des Entgelts um höchstens 15 % und der betrieblichen Notwendigkeit, Ersatzarbeitskräfte einzustellen, könnte dieser Grenzbereich überschritten sein. In Anbetracht der vom BFH zur Ablehnung von Drohverlustrückstellungen für eine tarifvertragliche Verdienstsicherung älterer Arbeitnehmer vorgebrachten Argumente - insbesondere, daß bei üblichen, einem Tarifvertrag entsprechenden Vereinbarungen der Arbeitsleistung kein niedrigerer Wert beigelegt werden kann, "als der vereinbarte Lohn oder das vereinbarte Gehalt samt Nebenleistungen beträgt"[474] - ist allerdings zu bezweifeln, daß die Finanzverwaltung einen

---

470 Vgl. § 9 des *Tarifvertrags zur Förderung der Altersteilzeit*.
471 *Förschle / Kropp* (Altersfreizeiten, 1985): S. 2573.
472 *Förschle / Kropp* (Altersfreizeiten, 1985): S. 2575.
473 *Förschle / Kropp* (Altersfreizeiten, 1985): S. 2575.
474 *BFH* vom 25.2.1986 VIII R 377/83, BStBl. II 1986, S. 465-467, hier S. 467.

vermeintlich drohenden Verlust aus Altersteilzeitverhältnissen anerkennt. Da die bilanzrechtliche Lösung der komplexen Problematik der Bewertung von Arbeitsleistungen "mit Sicherheit auch unter dem Aspekt der Praktikabilität zu sehen"[475] ist, erscheint die streng typisierende Betrachtung der Finanzrechtsprechung verständlich. Denn die Festlegung eines tolerierbaren Grenzbereichs wäre nicht objektiviert möglich und würde dem Bilanzierenden weitgehende Ermessensspielräume eröffnen.

Zu überlegen ist jedoch, ob nicht wegen der Schwierigkeiten der exakten Bezifferung eines Verpflichtungsüberschusses "anstelle der Drohverlustrückstellung die Verbindlichkeitsrückstellung"[476] in Betracht kommt. Wie für andere Verdienstsicherungsvereinbarungen könnte auch hier die im Schrifttum überwiegend vertretene[477] Auffassung gelten, daß die 'Überbezahlung' während der Altersteilzeitphase nur deshalb gewährt wird, weil der Arbeitgeber (oder stellvertretend für ihn der zuständige Arbeitgeberverband) überzeugt ist, daß die Arbeitsleistungen des Arbeitnehmers bis zum Zeitpunkt der Inanspruchnahme des Altersteilzeitmodells mindestens den Betrag mehr wert waren, der nunmehr erforderlich ist für die Gewährung der Aufstockungszahlung.[478] Da in dieser Sichtweise die Überbezahlung vergangenen Umsätzen zuzurechnen ist, ergibt

---

475 *Förschle / Kropp* (Altersfreizeiten, 1985): S. 2575, die allerdings bezweifeln, daß "die Formel der Marktüblichkeit der Vertragsbedingungen ausreicht, eine Rückstellungsbildung nach handelsrechtlichen Grundsätzen zu verneinen". Insbesondere könnte die "mangelnde Zurechenbarkeit der Erträge aus den Absatzgeschäften auf die Beschaffungsgeschäfte (Arbeitsverträge) nicht allein als Begründung gegen eine erforderliche Rückstellungsbildung angeführt werden".

476 *Moxter* (Betriebswirtschaftliche Zusammenhänge, 1995): S. 382, der diese Auffassung im Zusammenhang mit der Analyse der BFH-Entscheidung zum Zuwachssparen (vgl. *BFH* vom 20.1.1993 I R 115/91, BStBl. II 1993, S. 373-376) trifft.

477 Vgl. hierzu oben, 2. Kapitel, B. 4.1. c).

478 Gegen die Auffassung, daß zusätzliche (bezahlte) Altersfreizeiten ein Entgelt für in der Vergangenheit erbrachte Arbeitsleistungen der Arbeitnehmer darstellen vgl. *Niedersächsisches Finanzgericht*, Urteil vom 15.10.1987 VI 59/85, BB 1988, S. 1359-1362. Im Sachverhalt spricht gegen den Entgeltcharakter, "daß die Dauer des zusätzlichen Urlaubs in keiner Weise von der Dauer der vorher liegenden Arbeitszeiten bestimmt wird", sondern allein vom Erreichen eines bestimmten Alters abhängig ist. Aber auch "die gezeigte Betriebstreue und die Nichtausübung des Kündigungsrechts kann es nicht sein, denn es ist nicht die Zugehörigkeit zum Betrieb, sondern zur Branche während zehn Jahren vorausgesetzt", S. 1362.

sich ein (wirtschaftlicher) Erfüllungsrückstand, der die Passivierung einer Verbindlichkeitsrückstellung als Substitut[479] der Drohverlustrückstellung erfordert.

4.2. Lohnfortzahlung im Krankheitsfall

a) Unzulässige Berücksichtigung sozialer Erwägungen

Heftige Kritik wird im Schrifttum daran geübt, daß die höchstrichterliche Rechtsprechung[480] Drohverlustrückstellungen für Lohnfortzahlungen im Krankheitsfall für nicht zulässig erklärt. Offenbar übersehe der BFH, daß die Gewährung der Lohnfortzahlung einzig und allein auf sozialen Erwägungen beruhe[481], und obgleich diese sozialen Gesichtspunkte in arbeitsrechtlicher Sicht keine Äquivalenzstörung von Leistung und Gegenleistung im Rahmen eines Arbeitsverhältnisses begründeten, könnten sie "bilanzrechtlich durchaus zu einem Verlust aus dem schwebenden Geschäft Arbeitsverhältnis führen"[482]. Bei der Lohnfortzahlung im Krankheitsfall handele es sich um "einen Verpflichtungsüberschuß", "dem keine Gegenleistung"[483] gegenüberstehe. Eben diese Argumentation verkenne der BFH im Urteil vom 25. September 1956, indem er auf die Leistungssteigerung älterer Arbeitnehmer hinweise. Die dieser Personengruppe zu gewährende überdurchschnittliche Lohnfortzahlung[484] werde nach "Auffassung der Wirtschaft" eben "nicht durch ihre größere Erfahrung ausgeglichen"[485]. Gerade die Tatsache, daß sich ältere Arbeitnehmer auf dem Arbeitsmarkt schwerer als jüngere vermitteln ließen, belege neben dem statistisch höheren Krankenstand älterer Mitarbeiter die Unausgeglichenheit der betreffenden Arbeitsverhältnisse.

---

479 Vgl. *Moxter* (Betriebswirtschaftliche Zusammenhänge, 1995): S. 382 zum Fall der Pachterneuerungsverpflichtung (vgl. *BFH* vom 3.12.1991 VIII R 88/87, BStBl. II 1993, S. 89-93).
480 Vgl. *BFH* vom 7.6.1988 VIII R 296/82, BStBl. II 1988, S. 886-890; *BFH* vom 25.9.1956 I 122/56 U, BStBl. III 1956, S. 333-334.
481 Vgl. *Waldner* (Schwebende Geschäfte, 1961): S. 402.
482 *Hartung* (Verpflichtungen im Personalbereich, 1987): S. 305.
483 *Meilicke* (Verpflichtungsüberschuß, 1978): S. 2483 (beide Zitate).
484 Vgl. *Höfer* (Lohnfortzahlungsverpflichtungen, 1992): S. 1753.
485 *Waldner* (Schwebende Geschäfte, 1961): S. 402 (beide Zitate).

b) Die Orientierung an Krankenversicherungen

Die Kritik der Literatur an der Ablehnung von Drohverlustrückstellungen durch die Rechtsprechung wird noch durch Interpretation der Lohnfortzahlungspflicht als "eine Art Krankenversicherung" ergänzt. Da private Krankenversicherungen "eine auch steuerlich anerkannte 'Alterungsrückstellung' [bildeten], aus welcher die durch Versicherungsbeiträge nicht mehr gedeckten Krankheitskosten der älteren Versicherungsnehmer gedeckt werden"[486], müßten Arbeitgeber für die altersbedingt höheren (Fortzahlungs-)Leistungen bei Krankheit der Arbeitnehmer ebenfalls Rückstellungen passivieren. Der Arbeitnehmer habe, solange er jung und in gutem Gesundheitszustand sei, eine Arbeitsvorleistung erbracht, die vom Arbeitgeber in späteren, durch erhöhten Krankenstand gekennzeichneten Jahren nachträglich entlohnt werde.[487] Daher bestehe schon "vor der Phase der Mehrleistungen des Arbeitgebers eine Rückstellungspflicht für den Erfüllungsrückstand zum Bilanzstichtag bzw. den drohenden Verlust aus dem Arbeitsvertrag"[488].

c) Würdigung

Fraglich ist, ob die typisierende Haltung des BFH, nach der die Verpflichtung zur Lohnfortzahlung im Krankheitsfall nichts an der Ausgeglichenheitsvermutung für Arbeitsverhältnisse zu ändern vermag, tatsächlich gegen den Einzelbewertungsgrundsatz und das Vorsichtsprinzip verstößt.[489] Zwar wird zutreffend darauf hingewiesen, daß die Verpflichtung zur Lohnfortzahlung im Krankheitsfall "unabhängig von dem Leistungsbeitrag des Arbeitnehmers erfüllt werden"[490] muß, doch bedeutet dies nicht zwangsläufig, daß die gesamte künftig zu erbringende Arbeitsleistung unter den Wert der Verpflichtung des Arbeitgebers sinkt. Um dies feststellen zu können, bedürfte es einer weitreichenden "Erfolgsbeitragsprognose aus dem schwebenden Geschäft Arbeitsverhältnis"[491]. Diese

---

486 *Meilicke* (Verpflichtungsüberschuß, 1978): S. 2484 (beide Zitate). Ebenso vgl. *Bode* (Rückstellungen, 1989): S. 490; *ders.* (Rückstellungen, 1990) 334; *Lauth* (Entwicklungstendenzen, 1993): S. 392; *Stapper* (Bilanzierung schwebender Geschäfte, 1964): S. 107.
487 Vgl. *Höfer* (Lohnfortzahlungsverpflichtungen, 1992): S. 1754.
488 *Bode* (Rückstellungen, 1989): S. 491.
489 Vgl. *Hartung* (Verpflichtungen im Personalbereich, 1987): S. 307-309.
490 *Hartung* (Verpflichtungen im Personalbereich, 1987): S. 308.
491 *Hartung* (Verpflichtungen im Personalbereich, 1987): S. 307 f.

soll sich beispielsweise auf die Wahrscheinlichkeit von "Fortsetzungskrankheiten"[492], die Erwartung eines niedrigeren Leistungsgrades nach Rückkehr des Arbeitnehmers und den Umfang produktiver Zeiten insbesondere bei älteren Arbeitnehmern erstrecken. Aber auch Ausfallzeiten, die bei alkoholkranken Mitarbeitern durch Entziehungskuren entstehen können, müßten prognostiziert werden. Folgt man der Auffassung *Hartungs*, der Bilanzierende sei nicht verpflichtet nachzuweisen, "daß solche Verluste (fast) sicher eintreten werden", sondern er müsse "nur darlegen, daß für den Anfall von negativen Erfolgsbeiträgen aus Arbeitsverhältnissen eine gewisse Wahrscheinlichkeit"[493] bestehe, so wären für sehr viele Arbeitsverhältnisse Drohverlustrückstellungen zu bilanzieren; denn man wird eine gewisse Wahrscheinlichkeit für einen künftigen Verpflichtungsüberschuß aus einem oder mehreren der genannten Gründe fast nie ausschließen können. So gesehen wäre der Bilanzierende verpflichtet, für sämtliche (möglichen) krankheitsbedingten Fehlzeiten - und mögen sie auch noch so wenig wahrscheinlich sein - Drohverlustrückstellungen auszuweisen.

Mit der gesetzlich geforderten 'vernünftigen kaufmännischen Beurteilung'[494] als Objektivierungserfordernis für Rückstellungen[495] wäre ein derartiges Vorgehen allerdings kaum zu vereinbaren. Es kann dem Bilanzierenden nicht verwehrt werden, mit dem BFH zu unterstellen, daß die Leistungsfähigkeit der Arbeitnehmer mit zunehmendem Alter steigt und aus diesem Grund das Arbeitsverhältnis auch bei krankheitsbedingtem Arbeitsausfall nicht verlustträchtig wird, oder zu vermuten, daß selbst bei chronischen Erkrankungen der Arbeitnehmer immer noch seinen Lohn wert ist. Andererseits muß die Bilanzierung einer Drohverlustrückstellung dann als zulässig und geboten erachtet werden, wenn konkrete Anhaltspunkte, wie etwa ärztliche Gutachten, den Schluß nahelegen, daß der Arbeitnehmer aufgrund einer Erkrankung bis zu seinem Ausscheiden so gut wie keine Arbeitsleistung mehr erbringt.[496]

---

492 *Hartung* (Verpflichtungen im Personalbereich, 1987): S. 308.
493 *Hartung* (Verpflichtungen im Personalbereich, 1987): S. 309 (beide Zitate).
494 Vgl. § 253 Abs. 1 Satz 2 HGB; hierbei handelt es sich zwar um eine Bewertungsvorschrift, doch gehen Ansatz und Bewertung bei Drohverlustrückstellungen ineinander über.
495 Vgl. hierzu *Döllerer* (Begriff der Rückstellungen, 1975): S. 294.
496 Ähnlich vgl. *Brezing* (Steuerliche Probleme, 1978): S. 375. Liege am Bilanzstichtag ein ärztliches Attest vor oder könne durch "gleichwertige Erkenntnismittel dargetan (..) [werden], daß der Arbeitnehmer im kommenden Jahr arbeitsunfähig ist und der Arbeitnehmer im kommenden Jahr ein Recht auf Lohnfortzahlung und Kündigungsschutz hat, dann liegt in gleicher Weise wie bei Urlaubsüberhängen eine einseitige Verpflichtung des Arbeitgebers vor, die passiviert werden muß". Die Auffassung, daß es sich bei Rückstellungen für Arbeitsausfälle wegen Krankheit wie bei Rückstellun-

Der Vergleich eines älteren mit einem jüngeren Mitarbeiter, der möglicherweise weniger häufig erkrankt, könnte auch daran scheitern, daß die Erfahrung eines älteren Mitarbeiters derart betriebsspezifisch ist, daß sie nicht ohne weiteres am Arbeitsmarkt wiederbeschafft werden kann. Auch die Möglichkeit der Bildung von Verbindlichkeitsrückstellungen während der Zeit, in der ein Arbeitnehmer zwar schwere körperliche oder gesundheitsgefährdende Tätigkeiten ausführt, ohne schon zum jetzigen Zeitpunkt, dafür aber in künftigen Jahren *vermehrt* zu erkranken, ist fraglich. Denn ein Kausalzusammenhang zwischen derzeitiger Tätigkeit und späteren Erkrankungen läßt sich in den wenigsten Fällen objektiv nachweisen.

Zu Recht hat der BFH im Urteil vom 25. September 1956 die Bilanzierung von Drohverlustrückstellungen für die Verpflichtung zur Gehaltsfortzahlung bei Krankheit der Arbeitnehmer abgelehnt, weil am Bilanzstichtag keine Tatumstände gegeben waren, die den Eintritt eines Verlustes wahrscheinlich erscheinen ließen.[497] Zudem verdeutlicht die Aussage des entscheidenden Senats, an die Aufwandsabgrenzung dürften bei Arbeitsverträgen "keine übertriebenen Anforderungen"[498] gestellt werden[499], daß es dem Bilanzierenden wohl kaum zugemutet werden kann, jedes einzelne Arbeitsverhältnis daraufhin zu überprüfen, ob und in welchem Ausmaß Krankheitsrisiken bestehen und wie sich diese auf die Bewertung der Leistung des Arbeitnehmers auswirken, solange nicht *konkrete* Anhaltspunkte für die Vermutung bestehen, daß das Arbeitsverhältnis zukünftig nicht mehr ausgeglichen ist. Drohverlustrückstellungen für Krankheitsrisiken oder allgemein wegen des (möglichen) altersbedingten Nachlassens der Körperkräfte sind mithin grundsätzlich abzulehnen.[500]

---

gen für rückständigen Urlaub um Erfüllungsrückstände handelt, läßt sich allerdings nur vertreten, wenn man unterstellt, der erkrankte Arbeitnehmer habe während seiner bisherigen Tätigkeit Vorleistungen erbracht.

497 So auch vgl. *Brezing* (Steuerliche Probleme, 1978): S. 375.
498 *BFH* vom 25.9.1956 I 122/56 U, BStBl. III 1956, S. 333-334, hier S. 334.
499 Vgl. hierzu *Waldner* (Schwebende Geschäfte, 1961): S. 402, der meint, diese Aussage solle offenbar verdeutlichen, "daß die Grundsätze ordnungsmäßiger Bilanzierung im vorliegenden Fall eine Rückstellung nicht *fordern*".
500 Vgl. ebenso *Kessler* (Dauerbeschaffungsgeschäfte, 1996): S. 11, da es in diesen Fällen "an der geforderten Objektivierbarkeit der Leistungsbeurteilung als Voraussetzung für die Widerlegbarkeit der Ausgeglichenheitsvermutung fehlt". Ebenso *Döllerer* (Rückstellungen, 1987): S. 69; *ders.* (Rechtsprechung, 1987): S. 446.

Der Einwand, daß Krankenversicherer Rückstellungen für das höhere Erkrankungsrisiko älterer Versicherter bilden[501] und deshalb auch der Arbeitgeber berechtigt sein müsse, für dieses Risiko Rückstellungen zu bilanzieren, überzeugt nicht. In der Krankenversicherung, die nach Art der Lebensversicherung betrieben wird, ist als Deckungsrückstellung eine Alterungsrückstellung[502] zu bilden (§ 341 f Abs. 3 HGB), die einen Ausgleich schafft "zwischen dem während der Versicherungsdauer mit zunehmendem Lebensalter prinzipiell steigenden Krankheitskostenrisiko und den gleichbleibenden Beiträgen, da bedingungsgemäß eine Erhöhung der Beiträge wegen des Älterwerdens der versicherten Person während der Dauer des Versicherungsvertrages ausgeschlossen ist". Die von den Versicherten zu leistenden Beiträge liegen zu Beginn der Vertragsdauer über, in späteren Jahren "unter dem tatsächlichen Leistungsbedarf"[503]. Dabei schreibt § 341 f Abs. 3 Satz 2 HGB die Art und Weise der Berechnung von Alterungsrückstellungen und § 12 Abs. 1 Nr. 1 VAG i.V.m. Abs. 5 den zu verwendenden Rechnungszins vor. Vergleichbare Regelungen für Handels- und Steuerbilanz von Nicht-Versicherungsunternehmen existieren nicht, weshalb eine vergleichbare Objektivierung bei der Ermittlung von Krankheitsrückstellungen bei Nicht-Versicherern kaum zu erreichen ist. Vor allem aber lassen sich einem Arbeitsverhältnis im Gegensatz zu den einem Versicherungsverhältnis zurechenbaren Beitragszahlungen grundsätzlich keine Erträge beimessen. Da die Rechnungsgrundlagen der Prämienrechnung zugleich Grundlage der Berechnung der Alterungsrückstellungen sind[504], besteht bei Versicherungsunternehmen ein direkter Zusammenhang zwischen bereits realisierten Erträgen und künftigen Aufwendungen, der in dieser nachvollziehbaren (objektivierten) Form bei Arbeitsverhältnissen nicht herstellbar ist.

---

501 Zur Verpflichtung von Krankenversicherungsunternehmen, Alterungsrückstellungen zu bilanzieren vgl. *OFH* vom 22.6.1949 I 174/43 S, Urteil Nr. 51, StuW 1949, S. 111-121.
502 Vgl. zum Begriff *Kromschröder* (Versicherungsunternehmen, 1994): S. 787 f.
503 *WP-Handbuch* (Band I, 1996): Anm. K 388 (beide Zitate).
504 Vgl. § 341 f Abs. 3 Satz 2 HGB. Vgl. hierzu auch *WP-Handbuch* (Band I, 1996): Anm. K 389.

4.3. Abfindungsverpflichtungen

a) Fehlende Gegenleistung des Arbeitnehmers

Gegen die Rechtsprechung des BFH, daß für Abfindungsverpflichtungen nach dem Kündigungsschutzgesetz keine Rückstellungen ausgewiesen werden dürfen, äußert ein Teil des Schrifttums[505] erhebliche Bedenken. Allerdings steht dabei nicht die Frage der Bilanzierung von Drohverlustrückstellungen im Vordergrund, sondern die Zulässigkeit der Passivierung von Verbindlichkeitsrückstellungen: Bei Abfindungsverpflichtungen handele es sich um "selbständige ungewisse Verbindlichkeiten"[506] außerhalb des arbeitsrechtlichen Gegenseitigkeitsverhältnisses, für die eine Verbindlichkeitsrückstellung zu bilden sei, da sich der Arbeitgeber mit Ausspruch der Kündigung und Zusage der Abfindung "einer unentziehbaren, unkompensierten Verpflichtung" gegenübersehe. Zudem spreche gegen die Einbeziehung von Abfindungsverpflichtungen in die Prüfung der Ausgewogenheit von Leistung und Gegenleistung eines Arbeitsverhältnisses, "daß diese erst nach Beendigung des Schwebezustands anfallen"[507]. Insoweit könnten Sozialverpflichtungen wie Kündigungsschutzlasten oder Sozialplanverpflichtungen bei Beendigung eines Arbeitsvertrags "vor oder zum Bilanzstichtag (..) nur als Rückstellungen für ungewisse Verbindlichkeiten erfaßt werden."[508]

Da der Abfindung nach dem Kündigungsschutzgesetz "keine Leistung des Arbeitnehmers"[509] gegenüberstehe[510], übersteige die Verpflichtung des Arbeitgebers seine Ansprüche aus dem Arbeitsverhältnis[511]. Die notwendige Rückstellung müsse während des Beschäftigungsverhältnisses derart aufgebaut werden, daß "nach einer Dienstzeit von 5 oder 10 Jahren dann die Rückstellung von 6 bis 12 Monatsgehältern"[512] erreicht werde. Dabei seien Fluktuationen zu berücksichtigen. Ferner müßten in gleichem Maße wie für Sozialplanverpflich-

---

505 Vgl. *Pfitzer / Schaum / Oser* (Rückstellungen, 1996): S. 1376; *Hartung* (Anmerkung zum BFH-Beschluß vom 9.5.1995): S. 2573.

506 *Hartung* (Anmerkung zum BFH-Beschluß vom 9.5.1995): S. 2573.

507 *Pfitzer / Schaum / Oser* (Rückstellungen, 1996): S. 1376 (beide Zitate).

508 *Nehm* (Sozialverpflichtungen, 1984): S. 2478.

509 *Meilicke* (Verpflichtungsüberschuß, 1978): S. 2485.

510 So auch vgl. *Hartung* (Anmerkung zum BFH-Beschluß vom 9.5.1995): S. 2573.

511 Vgl. *Waldner* (Schwebende Geschäfte, 1961): S. 402.

512 *Meilicke* (Verpflichtungsüberschuß, 1978): S. 2485.

tungen[513] gemäß dem Betriebsverfassungsgesetz auch für Abfindungen nach dem Kündigungsschutzgesetz Rückstellungen gebildet werden. Die sich aus den jeweiligen gesetzlichen Bestimmungen ergebenden Verpflichtungen führten dazu, daß Arbeitsverhältnisse nicht erst bei Lösung des Arbeitsvertrags "kopflastig"[514] seien, sondern zwängen bereits vor diesem Zeitpunkt zur Bilanzierung von Rückstellungen.

Gegen die ratierliche Ansammlung von Rückstellungen für Sozialplanverpflichtungen wenden sich *Kessler* und *Herzig*: Solche Verpflichtungen zählten zu den Abwicklungspflichten eines Arbeitsverhältnisses, die erst bei dessen Auflösung entstehen und damit "außerhalb der Reichweite des bilanzrechtlichen Synallagmas liegen"[515]. Die Einschätzung, die entsprechende Verpflichtung sei während der Laufzeit der betreffenden Arbeitsverträge wirtschaftlich verursacht, beruhe "auf einer offenkundigen Fehldeutung des statischen Verursachungskriteriums". Sachgerecht sei "allein die Bildung einer Einmalrückstellung im Zeitpunkt der Zusage"[516].

b) Würdigung

Unabhängig davon, ob als bilanzrechtlich adäquates Instrument zur Passivierung einer Abfindungsverpflichtung eine Drohverlustrückstellung oder eine Verbindlichkeitsrückstellung bilanziert werden soll, kommt es entscheidend auf

---

513 Die Rückstellungsbildung für Sozialplanverpflichtungen ist gemäß Schreiben des BMF vom 2.5.1977 - IV B 2 - S 2137 - 13/77, DB 1977, S. 889, ab dem Zeitpunkt zulässig, in dem das Unternehmen den Betriebsrat über die geplante Betriebsänderung nach § 111 Satz 1 BetrVerfG unterrichtet, oder wenn der Betriebsrat zwar erst nach dem Bilanzstichtag, aber vor der Aufstellung oder Feststellung der Bilanz unterrichtet wird, und der Unternehmer sich bereits vor dem Bilanzstichtag zur Betriebsänderung entschlossen hat oder schon vor dem Bilanzstichtag eine wirtschaftliche Notwendigkeit bestand, eine zur Aufstellung des Sozialplans verpflichtende Maßnahme durchzuführen.

514 *Meilicke* (Verpflichtungsüberschuß, 1978): S. 2487.

515 *Kessler* (Rückstellungen, 1992): S. 243. Ebenso vgl. *Herzig* (Rückstellungen, 1986): S. 104.

516 *Kessler* (Rückstellungen, 1992): S. 298. Vgl. zum Passivierungszeitpunkt auch *Ballwieser* (Strukturwandel, 1989): S. 962, der die Auffassung vertritt, eine Rückstellung müsse auch schon zu früheren Zeitpunkten als der Kontaktaufnahme mit dem Betriebsrat bilanziert werden. "Hinreichend ist z.B. schon die Beschlußfassung in Organen des Unternehmens, besonders im Aufsichtsrat. Die Verbindlichkeit ist ferner auch schon bei - hinreichend konkretisierter - wirtschaftlicher Notwendigkeit eines solchen Beschlusses anzusetzen, obwohl dieser noch aussteht".

die Wahrscheinlichkeit der Inanspruchnahme[517] an. Diese hängt indes nicht von der rechtlichen Einkleidung einer Abfindungsverpflichtung ab: Ob die Abfindungsverpflichtung auf dem Kündigungsschutzgesetz, einem Sozialplan oder auf geschäftlichen Erwägungen beruht, spielt keine Rolle. Zu Recht entschied deshalb der BFH, daß ein Steuerpflichtiger, der glaubte, sich der Zahlung einer Abfindung an leitende Angestellte seines Unternehmens aus sittlichen Erwägungen nicht entziehen zu können, für diese Verpflichtung eine Rückstellung zu bilanzieren hatte. Entscheidend war, daß der Steuerpflichtige befürchten mußte, von diesen Mitarbeitern verklagt zu werden, und sich der vermutete Ausgang des Gerichtsverfahrens schädigend auf sein Geschäft auswirken würde.[518] Auch im Schrifttum findet sich die zutreffende Auffassung, wonach als entscheidend für die Frage der Rückstellungsbildung für Abfindungsverpflichtungen das Kriterium der "Gefahr der Inanspruchnahme" anzusehen ist. Dies kann von jedem vorliegenden Sozialplan und jeder ähnlichen Vereinbarung ebenso erfüllt werden wie durch "Abschluß eines individualrechtlichen Aufhebungsvertrags oder die Zusage einer Abfindung anläßlich des Ausspruchs der Kündigung"[519]. Eine Pauschalvermutung dergestalt, daß eine Betriebsänderung in Zukunft niemals völlig ausgeschlossen werden kann, ist allerdings nicht als hinreichende Konkretisierung für eine Rückstellungsbildung anzuerkennen.[520] So bleibt unklar, ob überhaupt jemals ein Sozialplan aufgestellt wird oder Abfindungszahlungen zu leisten sind. Denn bei entsprechend geschickter Unternehmensplanung ist eine Betriebsänderung auch ohne Sozialplan oder Abfindungen möglich.[521] Aus diesem Grund ist zu fordern, daß Rückstellungen für Abfindungsverpflichtungen "in jedem Einzelfall begründet werden können"[522]. Diese Voraussetzung war offenbar in beiden, den Entscheidungen des

---

517 Vgl. zu diesem Rückstellungskriterium *Friedemann* (Umweltschutzrückstellungen, 1996): S. 29-33.
518 Vgl. *BFH* vom 29.5.1956 I 224/55 U, BStBl. III 1956, S. 212-213.
519 *Hartung* (Anmerkung zum BFH-Beschluß vom 9.5.1995): S. 2574 (beide Zitate).
520 Vgl. *Inhoffen / Müller-Dahl* (Rückstellungen für Abfindungen, 1981): S. 1526.
521 Ähnlich vgl. *Briese* (Sozialplanverpflichtungen, 1977): S. 366.
522 *Ballwieser* (Strukturwandel, 1989): S. 962; Vgl. auch *FG Düsseldorf*, Beschluß vom 14.12.1988 - 8 V 371/88 A(F), rechtskräftig, BB 1989, S. 1024 f.: Das Finanzgericht lehnte die Sozialplanrückstellung für eine geplante Betriebseinstellung ab, weil diese weder im Streitjahr noch vor Aufstellung der Bilanz von den Gesellschaftern verbindlich beschlossen worden war, keine Kündigungen ausgesprochen oder zumindest verbindlich angekündigt wurden und "keine rechtsverbindliche Zusage über die Erstellung eines Sozialplanes oder die Zahlung von Abfindungen (..) bis zur Aufstellung der Bilanz (..) ausgesprochen worden" seien, S. 1025.

BFH zur Passivierung von Abfindungsverpflichtungen[523] zugrunde liegenden Sachverhalten nicht gegeben: In beiden Fällen begehrten die Kläger pauschale Rückstellungen wegen der Vorschriften des Kündigungsschutzgesetzes, nicht aber für Abfindungszahlungen an bestimmte Mitarbeiter.

Entscheidend für die Ablehnung von Drohverlustrückstellungen war aber in beiden Urteilen die Vermutung der Ausgeglichenheit von Arbeitsverhältnissen und die Beurteilung, daß es sich bei der Abfindungsverpflichtung um einen "Teil der Aufwendungen (..) [handelt], die der Arbeitgeber tätigt, um die Arbeitsleistung zu erhalten"[524]. Fraglich ist aber, ob der Arbeitgeber eine Abfindung tatsächlich deshalb gewährt, um die bereits erhaltene und entlohnte Arbeitsleistung nachträglich nochmals abzugelten.[525] Viel naheliegender ist die Vermutung, daß dem Arbeitgeber die Möglichkeit der sofortigen Entlassung des Arbeitnehmers in der Zukunft mindestens die Abfindung wert ist.[526] Damit wäre die Abfindung als Entschädigung[527] zu qualifizieren, die dem Arbeitnehmer für eine (aus arbeitsrechtlicher Sicht) ungerechtfertigte Kündigung zusteht.

Der Auffassung des BFH, daß der Arbeitgeber die Abfindungsverpflichtung neben anderen Verpflichtungen eingeht, um die Arbeitsleistung zu erhalten, kann somit nicht uneingeschränkt zugestimmt werden. Zwar werden die Regelungen des Kündigungsschutzgesetzes Bestandteil des Arbeitsvertrags und damit Teil des Arbeitsverhältnisses, doch steht einer Abfindungszahlung unstreitig keine Arbeitsleistung mehr gegenüber, so daß von einer Ausgeglichenheit nicht mehr ausgegangen werden kann. Mithin handelt es sich um den Fall völliger Ertragslosigkeit eines Arbeitsverhältnisses, der nach bisheriger Rechtsprechung die Bilanzierung einer Drohverlustrückstellung gebietet.[528]

---

523 Vgl. *BFH* vom 7.9.1954 I 50/54 U, BStBl. II 1954, S. 330-331; *BFH-Beschluß* vom 9.5.1995 IV B 97/74, BFH/NV 1995, S. 970-971.

524 *BFH-Beschluß* vom 9.5.1995 IV B 97/74, BFH/NV 1995, S. 970 f.

525 Vgl. *Herzig* (Meinungsspiegel, 1987): Verpflichtungen, die im Zusammenhang mit der Auflösung von Arbeitsverhältnissen stünden, könnten nicht als Entgelt für die Arbeitsleistung angesehen werden, S. 377 f.; gl. A. *Briese* (Sozialplanverpflichtungen, 1977): S. 366.

526 Vgl. *Knebel* (Rückstellungen, 1959): S. 97.

527 Vgl. *Vogt* (Zum Begriff der 'Abfindung', 1975): S. 1583 f. ("Diese Entschädigung und neuerdings fixierte Abfindung ist nach überwiegender Auffassung nun kein Arbeitsentgelt, auch keine Schadensersatzleistung aus Vertrag oder unerlaubter Handlung, sondern ein Ausgleich für den Verlust des Arbeitsplatzes und dem damit verbundenen Stellenwechsel, also ein Ausgleich für den Verlust des sozialen Besitzstandes").

528 Vgl. hierzu unten B. I. 6.1.

Um einen Erfüllungsrückstand, der zur Bildung einer Verbindlichkeitsrückstellung zwingt, würde es sich bei der Abfindungsverpflichtung nur handeln, wenn sie ein Entgelt für die erbrachten Arbeitsleistungen darstellt, die Abfindung also "im Hinblick auf eine schon bewirkte Leistung des Arbeitnehmers geschuldet wird"[529]. Diese Beurteilung könnte gestützt werden durch das Verfahren zur Festlegung einer Abfindung: Nach § 10 KSchG hängt deren Höhe von der Dauer der Betriebszugehörigkeit und dem Arbeitsentgelt im Kündigungszeitpunkt ab. Da allerdings vieles dafür spricht, die Abfindung als Entschädigungszahlung für die vorzeitige, erzwungene Aufgabe des Arbeitsplatzes zu betrachten, läßt sich ein *unmittelbarer* Zusammenhang zwischen bereits mit Hilfe des Arbeitsverhältnisses realisierten Erträgen und zukünftigen Abfindungsaufwendungen nicht herstellen. Die Kompensation der künftigen Abfindungsaufwendungen durch greifbar zuordenbare *künftige* Erträge muß aber ebenfalls grundsätzlich bezweifelt werden;[530] mithin liegt am Bilanzstichtag eine wirtschaftliche Last vor, der sich der Kaufmann bei hinreichender Wahrscheinlichkeit der Inanspruchnahme faktisch nicht mehr entziehen kann: "Zwar fehlt die unmittelbare Zugehörigkeit zu bereits realisierten Erträgen; es genügt jedoch die mittelbare Zugehörigkeit zu den bereits realisierten Erträgen in dem Sinne, daß eine Zugehörigkeit zu (das heißt Kompensation durch) künftige Erträge auszuschließen ist". Wenngleich "man darüber streiten [könnte], ob die Passivierungspflicht für unkompensierte künftige Aufwendungen aus dem Realisationsprinzip oder aus dem Imparitätsprinzip abzuleiten ist", ergeben sich "Konsequenzen für Rückstellungszeitpunkt und Rückstellungshöhe freilich nicht"[531].
So gesehen könnte der künftige Aufwendungsüberschuß aus der Gewährung einer Abfindung entweder durch Bilanzierung einer Drohverlustrückstellung oder einer Verbindlichkeitsrückstellung berücksichtigt werden. Folgt man allerdings der Auffassung, daß die Abfindungszahlung außerhalb des bilanzrechtlichen Synallagmas steht[532], kommt eine Drohverlustrückstellung nicht in Betracht; der künftige Aufwandsüberschuß ist dann vielmehr durch Passivierung einer Verbindlichkeitsrückstellung zu berücksichtigen.

---

529 *BFH* vom 5.2.1987 IV R 81/84, BStBl. II 1987, S. 845-848, hier S. 845. Gl. A. vgl. *Mayer-Wegelin* (in: Küting / Weber, 1995): § 249, Rz 229 (Arbeitsverhältnisse).

530 Vgl. aber *Inhoffen / Müller-Dahl* (Rückstellungen für Abfindungen, 1981): S. 1527 f., die Abfindungen als Investitionsausgabe betrachten und vorschlagen, Abfindungszahlungen zu aktivieren und in den Geschäftsjahren abzuschreiben, in denen die durch sie bewirkten Rentabilitätssteigerungen zum Tragen kommen.

531 *Moxter* (Rückstellungskriterien, 1995): S. 323 (alle Zitate).

532 Vgl. *Kessler* (Rückstellungen, 1992): S. 243; *Herzig* (Rückstellungen, 1986): S. 104.

5. Abschließende Würdigung: Gründe für die sehr eingeschränkten Möglichkeiten zur Bilanzierung von Drohverlustrückstellungen bei Arbeitsverhältnissen

Die höchstrichterliche Rechtsprechung weist in nahezu allen zur Frage der Zulässigkeit von Drohverlustrückstellungen für Arbeitsverhältnisse ergangenen Entscheidungen darauf hin, daß die "Bewertung (..) der Arbeitsleistung aufgrund ihres Beitrags zum Erfolg eines Unternehmens deswegen nicht möglich [ist], weil die Arbeitsleistung nicht in einer objektiv nachprüfbaren Weise von dem Beitrag anderer Produktionsfaktoren abgegrenzt werden kann"[533]. Die Erträge eines Unternehmens ließen sich nicht willkürfrei auf die Produktionsfaktoren Arbeit und Kapital aufteilen "und schon gar nicht auf die einzelnen Arbeitsverhältnisse"[534]. Eine derartige Ertragszurechnung wäre aber Voraussetzung für die Feststellung, daß der Wert einer empfangenen Arbeitsleistung den Wert der dem Arbeitnehmer zu gewährenden Vergütung übersteigt. Solange aber nicht geklärt ist, wie eine individuelle Erfolgsbeitragsprognose bzw. eine Bewertung von Arbeitsverhältnissen in *objektivierter* Weise zu erfolgen hat[535], und es fraglich scheint, ob dies überhaupt möglich ist, bleibt kein anderer Ausweg, als typisierend[536] die Ausgeglichenheit[537] von Arbeitsverhältnissen zu unterstellen.

Zutreffend hebt der BFH im Urteil vom 16. Dezember 1987 hervor, daß das Finanzgericht als Instanz zur Tatsachenfeststellung nicht dazu in der Lage ist zu überprüfen, "ob der Teil der Vergütung, der über den Entgelten vergleichbarer Arbeitskräfte liegt, nicht als Entgelt für die Arbeitsleistung, sondern aus anderen Gründen gezahlt wird."[538] Diese Äußerung des I. Senats könnte im Umkehrschluß allerdings bedeuten, daß derjenige Teil des Entgelts, der aus anderen Motiven als zur Erlangung der Arbeitsleistung eines Mitarbeiters über den Tariflohn hinaus gezahlt wird, nicht in den Saldierungsbereich eines

---

533 *BFH* vom 16.12.1987 I R 68/87, BStBl. II 1988, S. 338-342, hier S. 341.
534 *Döllerer* (Rechtsprechung, 1987): S. 446.
535 Vgl. *Hartung* (Verpflichtungen im Personalbereich, 1987): S. 399; *Budde* (Meinungsspiegel, 1987): "Diese Prüfung [drohender Verluste] ist insbesondere bei Arbeitsverhältnissen sehr schwierig", S. 376.
536 Vgl. *Hartung* (Verpflichtungen im Personalbereich, 1987): "Im Ergebnis erfolgt somit eine Sachverhaltstypisierung", S. 381 f.
537 Vgl. *Moxter* (Bilanzrechtsprechung, 1996): S. 135; *Clemm* (Rückstellungen, 1997): S. 128, der von einer "für viele Fälle richtigen oder zumindest tolerablen Behauptung" spricht.
538 *BFH* vom 16.12.1987 I R 68/87, BStBl. II 1988, S. 338-342, hier S. 341.

Arbeitsverhältnisses einzubeziehen ist.[539] Leistet der Arbeitgeber einen Teil des Entgelts etwa deshalb, "weil eine Änderungskündigung zur Herabsetzung des Arbeitslohns aussichtslos erscheint oder weil der Arbeitgeber glaubt, durch eine Gehaltskürzung den Betriebsfrieden zu gefährden und damit die Arbeitsleistung zu mindern"[540], handelt es sich strenggenommen nicht um eine Gegenleistung, die um der *einzelnen* (Arbeits-)Leistung willen gewährt wird. Das gleiche gilt, wenn durch Umsetzungen die Verwirklichung irgendwelcher Rationalisierungsvorteile angestrebt wird, "die aber im einzelnen noch nicht beziffert und auch dem einzelnen Arbeitsverhältnis nicht zugeordnet werden können"[541]. Derartige nicht *direkt* von der Arbeitsleistung des Mitarbeiters abhängige Vorteile bestimmen neben persönlichen Eigenschaften und der besonderen Eignung eines Mitarbeiters den Wert einer Arbeitsleistung. Da sich jedoch Arbeitsleistungen grundsätzlich einer objektivierten Bewertung entziehen, gelingt es auch nicht, zweifelsfrei festzustellen, daß ein im Vergleich zum Tariflohn höheres Entgelt lediglich aus solchen, nicht direkt das einzelne Arbeitsverhältnis betreffenden Gründen gezahlt wird. Vielmehr muß davon ausgegangen werden, daß dem Arbeitgeber die Arbeitsleistung eines auf einem allgemein niedriger entlohnten Arbeitsplatz tätigen Mitarbeiters (mindestens) die ihm gewährte (höhere) Entlohnung wert ist[542] und daß *sämtliche* Vorteile, die sich aus der Gewährung eines bestimmten Entgeltes ergeben, aus Sicht des Arbeitgebers als Gegenleistung des Arbeitnehmers zu betrachten sind.[543] Daher kann eine Drohverlustrückstellung im Falle von verdienstgesicherten Arbeitsverhältnissen auch nicht damit begründet werden, daß "der Arbeitslohn in Höhe der Differenz zwischen dem zugesagten und dem Arbeitslohn, der sich aus dem Tarifvertrag" für die betrachtete Tätigkeit ergibt, "eine soziale Komponente enthalte, der keine entsprechende Arbeitsleistung gegenüberstehe", denn der Arbeitgeber "be-

---

539 Vgl. hierzu *Herzig* (Dauerrechtsverhältnisse, 1988): S. 221. ("Im Bereich der Arbeitsverhältnisse dürften außerhalb des bilanzrechtlichen Synallagmas diejenigen finanziellen Verpflichtungen des Arbeitgebers angesiedelt sein, die nicht auf die Abgeltung von Arbeitsleistungen gerichtet sind").

540 *BFH* vom 16.12.1987 I R 68/87, BStBl. II 1988, S. 338-342, hier S. 341.

541 *Strobl* (Diskussion, 1985): S. 332.

542 Vgl. *Groh* (Rechtsprechung, 1994), der allerdings "zurückhaltender" formuliert, "daß sich für den Anspruch kein geringerer Wert als für die Verpflichtung feststellen lasse, der Steuerpflichtige aber die Beweislast für beanspruchte Betriebsausgaben habe", S. 95.

543 Ähnlich vgl. auch *Döllerer* (Rechtsprechung, 1985): "Was Arbeitgeber und Arbeitnehmer im Anschluß an einen Tarifvertrag als Lohn und Gehalt vereinbaren, wird damit zum Marktpreis für die Arbeitsleistung, der sich auf andere Weise kaum zuverlässig bestimmen läßt. Leistung und Gegenleistung aus dem Arbeitsvertrag sind damit ausgeglichen", S. 390.

wertet durch das Eingehen des Arbeitsverhältnisses die Arbeitsleistung mit dem Arbeitslohn einschließlich der darin enthaltenen sozialen Komponenten"[544].

Mit den zu leistenden Zahlungen für eine tarifvertraglich beschriebene Arbeitsleistung erfaßt man allenfalls den *Mindest*wert der vom Arbeitnehmer zu erbringenden Leistungen. Dies gilt auch dann, wenn der Arbeitgeber höhere als die im Tarifvertrag für Tätigkeiten bestimmter Art festgelegten Entgelte gewährt; er gibt damit implizit zu erkennen, daß ihm die Arbeitsleistungen *mindestens* den Tariflohn und die außertariflichen Entgeltbestandteile wert sind.[545] Solange dem Arbeitgeber keine greifbaren Anhaltspunkte für die Unausgeglichenheit des Arbeitsverhältnisses vorliegen, ist nicht einzusehen, weshalb die Verpflichtung zur Bilanzierung einer Drohverlustrückstellung bestehen sollte.[546] Vielmehr muß unterstellt werden, daß der Arbeitgeber gute Gründe für die Zusage einer höheren als der üblichen Bezahlung hatte und deshalb *diese*, nicht aber die *marktübliche* Vergütung, als "erwarteter Normalertrag"[547] des betreffenden Arbeitsverhältnisses zu werten ist. Insofern können Wiederbeschaffungsmarktpreise eben nicht als sinnvoller "Ausdruck der objektivierten Mindestnettoertragserwartungen [von Arbeitsverhältnissen] gelten"[548].

Welchen Wert eine Arbeitsleistung für ein Unternehmen *tatsächlich*, d.h. exakt verkörpert, entzieht sich dagegen jeglicher Feststellung. Der Hinweis des BFH, "daß der einzelne Arbeitsvertrag bzw. die Arbeitsleistung kein immaterielles Wirtschaftsgut ist, sondern zu den geschäftswertbildenden Faktoren gehört"[549], weist ebenfalls in diese Richtung[550]. Dies verkennen offenbar Teile des Schrift-

---

544 *BFH* vom 16.12.1987 I R 68/87, BStBl. II 1988, S. 338-342, hier S. 341 (alle Zitate). Gegen die Bilanzierung von Drohverlustrückstellungen für Verdienstsicherungen vgl. auch *Weber-Grellet* (in: Schmidt EStG, 1997): § 5, Rz 550 (Verdienstsicherung).

545 A.A. vgl. *Lempenau* (Ausbildungskosten, 1984): S. 462, der eine Rückstellung fordert "wenn ein einzelner Unternehmer generell höhere als marktübliche Vergütungen zahlen würde" und dies (im Umkehrschluß) auf die Äußerung des BFH zurückführt, wonach Rückstellungen nicht zulässig sind, solange der Vertrag den am Markt üblichen Bedingungen entspricht.

546 Teilweise a.A. vgl. *Euler* (Rückstellungen, 1990): S. 1053-1054, der die Auffassung vertritt, daß "sofern nicht einzelfallbedingt greifbare Gründe hiergegen sprechen im Zweifel ein Verpflichtungsüberschuß zu vermuten" ist, wenn "das zu bewertende Dauerrechtsverhältnis von den alternativen, marktüblichen Vertragsgestaltungen erheblich" abweicht.

547 *Euler* (Rückstellungen, 1990): S. 1953.

548 *Herzig / Rieck* (Abgrenzung des Saldierungsbereiches, 1995): S. 534.

549 *BFH* vom 16.12.1987 I R 68/87, BStBl. II 1988, S. 338-342, hier S. 340.

550 Vgl. *Schmidt* (Anmerkung zum BFH-Urteil vom 16.12.1987): S. 196. Der BFH "unterstreicht" nach Meinung *Schmidt*s, "daß die Arbeitsleistung eines Menschen und

tums, wenn sie die Bildung von Drohverlustrückstellungen für (arbeitsrechtlich) besonders geschützte Arbeitsverträge fordern: "Wegen voraussichtlich fehlender oder stark reduzierter Erträge aus dem Arbeitsverhältnis dürfte ein drohender Verlust" beispielsweise für Betriebsratsmitglieder "insbesondere dann entstehen, wenn der Betriebsrat 'sich sehr radikal gebärdet'."[551] Auch bei Vertrauensleuten werden Rückstellungen für drohende Verluste aus schwebenden Geschäften für zulässig erachtet, da in diesen Fällen "eine erhöhte Gefahr" bestehe, "daß produktive Zeiten und Leistungsgrade nicht ausreichen, um die aufwandsgleichen Einzel- und Gemeinkosten aus diesen Arbeitsverhältnissen abzudecken"[552]; diese These wird damit begründet, daß Vertrauensleute häufig eine Gegenmacht zur Unternehmensleitung bildeten. Ebenso bergen Arbeitsverhältnisse mit Schwerbehinderten[553] in dieser Sicht eine erhöhte Verlustwahrscheinlichkeit. Als Ursachen eines Verpflichtungsüberschusses werden "die höheren krankheitsbedingten Fehlzeiten und der niedrigere Leistungsgrad" sowie der Umstand genannt, daß der Arbeitsplatz "nicht oder nur zeitweise ordnungsgemäß besetzt werden"[554] kann.

---

damit auch der Anspruch auf diese keine bilanzierungsfähigen Vermögensgegenstände bzw. Wirtschaftsgüter sind".

551 *Hartung* (Verpflichtungen im Personalbereich, 1987): S. 345 (beide Zitate), unter Hinweis auf *Hoffmann* (Rückstellungen, 1954): S. 559. *Hartung* weist darauf hin, daß es streitig sein kann, ob "die Zugehörigkeit zu einer 'radikalen Partei' für eine Rückstellungsbildung allein ausreicht (..) Das Verhalten des Betriebsrats kann ja bis zum Planungshorizont von den Zielen dieser Partei abweichen".

552 *Hartung* (Verpflichtungen im Personalbereich, 1987): S. 347 (beide Zitate).

553 Nach § 5 SchwbG sind private Arbeitgeber und Arbeitgeber der öffentlichen Hand, die über mindestens 16 Arbeitsplätze verfügen, verpflichtet, 6 % ihrer Arbeitsplätze mit Schwerbehinderten zu besetzen. Beschäftigt der Arbeitgeber nicht die vorgeschriebene Zahl von Schwerbehinderten muß je Monat und unbesetztem Pflichtplatz ein Betrag von DM 200 entrichtet werden (§ 11 Abs. 1 und 2 SchwbG). Der schwerbehinderte Arbeitnehmer hat gem. § 47 SchwbG Anspruch auf einen jährlichen Zusatzurlaub von 5 Arbeitstagen. Zudem gilt für Schwerbehinderte ein besonderer Kündigungsschutz: "Die Kündigung des Arbeitsverhältnisses eines Schwerbehinderten durch den Arbeitgeber bedarf der vorherigen Zustimmung der Hauptfürsorgestelle" (§ 15 SchwbG).

554 *Hartung* (Verpflichtungen im Personalbereich, 1987): S. 351 (beide Zitate). Ebenso vgl. *Sünner* (Rückstellungen, 1984): S. 177. *Hartung* schwächt die Forderung nach Bilanzierung von Drohverlustrückstellungen für Arbeitsverhältnisse allerdings mit dem Hinweis ab, daß "weder eine Verkehrsanschauung noch ein tatsächlicher bzw. regelhafter Handelsbrauch für die Bildung von Rückstellungen besteht", S. 352. Eine Passivierungspflicht sei erst dann gegeben, "wenn aus der Beschäftigung des Arbeitnehmers eine eindeutige Unrentierlichkeit erwächst, wenn also die produktiven Zeiten oder der Leistungsgrad zumindest ganz erheblich unter dem anderer Mitarbeiter liegen." Dabei entfalle ein Rückstellungsbedarf, soweit "der Schwerbehinderte einen

Sicher ließe sich der Katalog rückstellungsbegründender Verpflichtungen gegenüber dem Arbeitnehmer oder rückstellungsbegründender Eigenschaften eines Mitarbeiters beliebig ausweiten.[555] Hierzu genügt es, einen Arbeitnehmer zu konstruieren, der "jung, gesund, arbeitswillig und bescheiden, nämlich mit dem Tariflohn zufrieden" ist. "Mit dieser Idealfigur vergleicht man nun die real existierenden Arbeitnehmer nach Leistung und Lohn. Da muß es einfach zu Verlustrückstellungen kommen".[556] Damit aber würden Arbeitsverhältnisse nicht nur "zum Spielfeld für Rückstellungen"[557], sondern überdies zum Anlaß genommen für beliebige, sich außerhalb jeglicher Nachvollziehbarkeit bewegende und damit zu bloßen Willkürentscheidungen degenerierende Rückstellungen. Ein derartiges Vorgehen wäre aber schlichtweg unvereinbar mit den von der Rechtsprechung entwickelten Grundsätzen zur bilanziellen Behandlung von Arbeitsverhältnissen.

Bereits 1954 hat der BFH hervorgehoben, daß Rückstellungen aufgrund von Bestimmungen "sozialer Natur" wie etwa Kündigungsschutzvorschriften oder die Einrichtung von Betriebsräten "eine unzulässige Vorwegnahme sozialer Verpflichtungen der Zukunft bedeuten"[558] würden, die nicht als Nachweis dafür betrachtet werden könnten, daß der Wert der Arbeitsleistungen in Zukunft hinter den Verpflichtungen des Arbeitgebers zurückbleibe. Ähnlich gilt für schwerbehinderte Mitarbeiter, daß die gesetzliche Definition der Schwerbehinderung, nämlich eine Behinderung von mindestens 50 %[559], nicht zwangsläufig zu einem drohenden Verlust aus dem Arbeitsverhältnis in Höhe von 50 % des Entgelts führt. In vielen Fällen wird sich eine Beeinträchtigung der Leistungsfähigkeit gar nicht feststellen lassen, da beispielsweise eine Gehbehinderung keinerlei Einfluß auf eine Schreibtischtätigkeit hat. Eine Relation dergestalt,

---

höheren Leistungsgrad als ein äquivalenter Arbeitnehmer aufweist und damit die an sich nicht zureichenden produktiven Zeiten kompensiert werden können", S. 353.

555 Vgl. *Hartung* (Verpflichtungen im Personalbereich, 1987), der u.a. folgende Risiken im Personalbereich aufzeigt, die Anlaß für die Bilanzierung von Drohverlustrückstellungen sein können: Falsche Auswahlentscheidungen bei Neueinstellungen (S. 158); berufliche Fortbildung und Umschulung "wegen des Risikos der Wirkungslosigkeit und der Möglichkeit des vorzeitigen Ausscheidens des Arbeitnehmers" (S. 250); Zusatzurlaub für ältere Arbeitnehmer (S. 283); wahrscheinliche Betriebsunterbrechungen (inbesondere bei Arbeitskämpfen) (S. 324); bei rückläufiger Kapazitätsauslastung (S. 373). Vgl. *ders.* (Verlustrückstellungsbildung, 1988): Verlustrückstellungen bei Mißmanagement (S. 2142-2143).

556 *Groh* (Hypertrophie, 1991): S. 79 (beide Zitate).

557 *Döllerer* (Rückstellungen, 1987): S. 69.

558 BFH vom 7.9.1954 I 50/54 U, BStBl. III 1954, S. 330-331, hier S. 331 (beide Zitate).

559 Vgl. § 1 SchwbG.

daß jeder Prozentpunkt einer Behinderung einen entsprechenden Verpflichtungsüberschuß aus dem Arbeitsverhältnis nach sich zieht, ist nicht zulässig. Vielmehr ist wie für andere Mitarbeiter auch in jedem Einzelfall zu prüfen, ob konkrete Anhaltspunkte dafür bestehen, daß der Wert der Arbeitsleistung hinter den Leistungen des Arbeitgebers zurückbleibt. Um solch einen konkreten Anhaltspunkt für einen drohenden Verlust handelt es sich allerdings nicht bei dem Schwerbehinderten zu gewährenden Mehrurlaub[560]. Wenngleich dem Arbeitsausfall durch die zusätzlichen fünf Urlaubstage vermutlich keine erhöhte Arbeitsleistung gegenübersteht, müßte für die Bilanzierung einer Drohverlustrückstellung gleichwohl erst nachgewiesen werden, daß die Gegenleistung des Arbeitnehmers übergewichtig geworden ist.[561] Dieser Nachweis kann jedoch wegen der so gut wie unmöglichen Bewertbarkeit menschlicher Arbeitsleistung nur ausnahmsweise erbracht werden.

Der Saldierungsbereich eines Arbeitsverhältnisses läßt sich angesichts der unlösbaren Schwierigkeit insbesondere bei der Zurechnung von Erträgen nicht auf bestimmte Leistungen und Gegenleistungen begrenzen, da jeder Mitarbeiter ein *Bündel* von Arbeitsfähigkeiten und persönlichen Eigenschaften vereinigt, das weder schematisch erfaßt werden kann noch anhand irgendwelcher Maßstäbe in einer objektiven und gerichtlich überprüfbaren Weise bewertbar ist. Aus diesem Grund sind bei der bilanziellen Beurteilung eines Arbeitsverhältnisses sämtliche Vorteile, die sich aus der Zurverfügungstellung der Arbeitskraft eines Mitarbeiters ergeben, und alle Leistungen, die der Arbeitgeber erbringt, um die Arbeitskraft zu erlangen, zu berücksichtigen. Die Befürchtung, daß "viele Bilanzierende in erheblichem Maße Rückstellungen aus Personalbeschaffungsverträgen bilden (..) - und zwar generell"[562], erweist sich so gesehen als unbegründet. Der Arbeitgeber kauft mit dem Abschluß eines Arbeitsvertrages nicht etwa einen bezifferbaren Arbeitserfolg, sondern vereinbart mit dem Arbeit-

---

560 Vgl. § 47 SchwbG.

561 So auch für den Fall der Gewährung bezahlter Altersfreizeit vgl. *Niedersächsisches Finanzgericht*, Urteil vom 15.10.1987 VI 59/85, BB 1988, S. 1359-1362: Die Klägerin habe "auch nicht in Ansätzen Anhaltspunkte aufgezeigt, welchen Erfolgsbeitrag sie sich von ihren älteren Arbeitnehmern verspricht. Somit besteht auch keine Möglichkeit, festzustellen, daß ein älterer Arbeitnehmer, der eine zusätzliche Altersfreizeit erhält, einen insgesamt negativen Erfolgsbeitrag erbringt, ein Arbeitnehmer ohne diese Freizeit jedoch nicht", S. 1361.

562 *Siegel* (Saldierungsprobleme, 1994): S. 2240, der aus diesem Grund verschiedene Ausweismöglichkeiten vorschlägt, bei denen entweder der Gläubigerschutz oder die Verschaffung von Informationen zur Vermögens- und Finanzlage als jeweilige Aufgabe "primär und die andere ergänzend berücksichtigt wird", S. 2240. Zugleich fordert *Siegel* "die Steuerbilanz zumindest auf der Passivseite von der Handelsbilanz zu lösen", S. 2245.

nehmer lediglich, daß dieser seine Arbeitskraft mit allen Erfahrungen und besonderen Fähigkeiten zur Durchführung der ihm übertragenen Aufgaben einsetzt. Da sich der Arbeitserfolg eines Mitarbeiters grundsätzlich einer genauen Wertzumessung entzieht, kann der Ertrag eines Arbeitsverhältnisses (als positive Komponente des schwebenden Geschäfts) nicht objektiviert festgestellt werden. Diese Erkenntnis hat den BFH nach eigenem Bekunden bislang veranlaßt, von der Bewertung menschlicher Arbeit Abstand zu nehmen, die mögliche "Scheu vor der Bewertung menschlicher Arbeitsleistung"[563] mag diese Beurteilung allenfalls bekräftigen, nicht aber maßgeblich beeinflußt haben. Objektivierungsbedingt besteht keine andere Möglichkeit der Bewertung des Anspruchs aus einem Arbeitsverhältnis als zu unterstellen, daß der Wert einer Arbeitsleistung (mindestens) den einem einzelnen Arbeitsverhältnis zurechenbaren Aufwendungen entspricht[564], und insbesondere bei üblichen Vertragsbedingungen davon auszugehen, "daß zumindest der bilanzierende Kaufmann von der Ausgeglichenheit der ihn treffenden Aufwendungen und Erträge überzeugt ist"[565].

Zurechnungsprobleme lassen sich entweder exakt oder durch Konventionen lösen, um auf diese Weise "die Zusammensetzung der betrieblichen Erfolgsbeiträge möglichst als Netto-Erfolgsbeiträge ermitteln zu können".[566] Die Ausgeglichenheitsvermutung stellt *eine* der Konventionen dar, die im Rahmen des Bilanzrechts notwendig sind, um das fehlende Wissen über die Zukunft zu ersetzen und so die Periodisierung von Aufwendungen und Erträgen zu ermöglichen. Wenngleich der Wirkungszusammenhang zwischen der Arbeitsleistung eines einzelnen Mitarbeiters und den Unternehmenserträgen grundsätzlich nicht *direkt* beobachtbar ist, so erlaubt die Ausgeglichenheitsvermutung doch eine *indirekte* Beobachtbarkeit insoweit, als typisierend davon ausgegangen wird, daß den Arbeitsleistungen der Mitarbeiter mindestens Erträge in Höhe ihres vertraglichen Entgelts zugeordnet werden können.

Daß die höchstrichterliche Rechtsprechung in "einer Art Reißverschlußverfahren (..) die Voraussetzungen für Verlustrückstellungen für arbeitsrechtliche

---

563 *Herzig* (Dauerrechtsverhältnisse, 1988): S. 220. *Herzig* meint, auf dem Gebiet der Bewertung menschlicher Arbeitsleistung "hat die Betriebswirtschaftslehre noch Überzeugungsarbeit zu leisten".

564 Vgl. hierzu auch *Woerner* (Diskussion, 1985), der betont, "daß es ungeheuer schwierig ist, den Wert einer Arbeitsleistung zu bewerten, wenn man diesen Wert loslöst vom bezahlten Lohn", S. 333.

565 *Herzig / Rieck* (Abgrenzung des Saldierungsbereiches, 1995): S. 535.

566 *Gümbel* (Zurechnung, 1993): Sp. 4807.

Dauerverpflichtungen immer enger gezogen"[567] hat, bedeutet nicht, daß jegliche Möglichkeit der Bilanzierung von Verlustrückstellungen für Arbeitsverhältnisse ausgeschlossen ist. Vielmehr muß die Ausgeglichenheitsvermutung zumindest für jene Arbeitsverhältnisse als entkräftet betrachtet werden, die aufgrund objektiver Anhaltspunkte als ertragslos anzusehen sind, da die Bewertungsschwierigkeiten in diesen Fällen von vornherein als nicht existent und damit als gelöst betrachtet werden können.

6. Möglichkeiten zur Widerlegung der Ausgeglichenheitsvermutung

6.1. Die Voraussetzung der völligen Ertragslosigkeit

Der BFH hält die Bilanzierung einer Drohverlustrückstellung dann für statthaft, "wenn das Arbeitsverhältnis den Betrieb in einem ungewöhnlichen Maße belastet, weil der Arbeitnehmer keinen oder keinen nennenswerten Erfolgsbeitrag mehr erbringt". Wird "ein Arbeitnehmer mangels betrieblicher Beschäftigungsmöglichkeiten völlig freigestellt (..) oder trotz Arbeitsunfähigkeit aus moralischen Gründen (z.B. im Hinblick auf frühere Verdienste) weiterbeschäftigt"[568], könne von der Ausgeglichenheit von Leistung und Gegenleistung nicht mehr ausgegangen werden. *Mathiak* weist darauf hin, daß der "dem Urteil vorangegangene Vorbescheid (..) noch etwas großzügiger gewesen" war, da in diesem auch "die Umsetzung eines älteren Arbeitnehmers auf einen unproduktiven Arbeitsplatz" als verlustbegründend angesehen wurde, soweit "das Nachlassen des Arbeitnehmers deutlich über einen altersgemäßen Kräfteabbau hinausging." Indes schließe das Urteil vom 25. Februar 1986 diesen Fall ausdrücklich aus: "Nur wenn überhaupt kein sichtbarer Erfolgsbeitrag erbracht wird, steht fest, daß der verdienstgesicherte Arbeitnehmer den Betrieb ohne Gegenleistung belastet"[569].

Beim Nachweis eines fehlenden oder so gut wie nicht vorhandenen Erfolgsbeitrages hat die Praxis "zwar keinen großen, aber immerhin einen gewissen Interpretationsspielraum"[570]. Nur die Feststellung, daß "die erwarteten produktiven

---

567 *Mathiak* (Rechtsprechung, 1988): S. 295.
568 BFH vom 25.2.1986 VIII R 377/83, BStBl. II 1986, S. 465-467, hier S. 467 (beide Zitate).
569 *Mathiak* (Rechtsprechung, 1986): S. 292 (alle Zitate).
570 *Ballwieser* (Strukturwandel, 1989): S. 967.

Zeiten sehr gering oder gleich Null sind"[571], mithin ein Verlust objektiv greifbar geworden ist, erlaubt es, von der Ausgeglichenheitsvermutung abzuweichen und eine Drohverlustrückstellung zu bilanzieren. Der Kaufmann wäre vor unlösbare Probleme gestellt, würde er gezwungen, zu jedem Bilanzstichtag exakt den Wert sämtlicher Arbeitsverhältnisse zu ermitteln, um im Anschluß daran überprüfen zu können, ob die Arbeitsleistungen noch ein ausreichendes Äquivalent für die Vergütungen darstellen. Je nach angewandter Methode der Arbeitsbewertung käme er zu unterschiedlichen Ergebnissen. Ein derartiges Vorgehen würde aber dem Gebot der Rechtssicherheit widersprechen, denn der Nachweis eines etwaigen sanktionsbewehrten Verstoßes[572] gegen die Vorschrift, Rückstellungen für drohende Verluste aus schwebenden Geschäften zu bilden, könnte angesichts der Vielzahl von Arbeitsbewertungsmodellen kaum geführt werden. Nur im Falle (beinahe) völliger Ertragslosigkeit eines Arbeitsverhältnisses kann dem Bilanzierenden die Mißachtung der gesetzlich vorgeschriebenen Verlustantizipation nachgewiesen werden.

Ein Mitarbeiter erbringt beispielsweise dann keinen oder keinen nennenswerten Erfolgsbeitrag mehr, wenn er infolge eines Unfalls seine bisherige Tätigkeit so gut wie nicht mehr ausüben kann, er aber gleichwohl sein früheres Entgelt weiterhin erhält; für die Restlaufzeit des Arbeitsverhältnisses muß in diesem Fall von einem "unausgewogenen Dauerschuldverhältnis ausgegangen werden".[573] Denkbar ist auch, daß die Arbeit eines Mitarbeiters, z.B. eines Schweißers, vollständig von einem Roboter übernommen wird und der Schweißer ansonsten nicht im Betrieb eingesetzt werden kann. In diesem Fall ist eine Rückstellung für den gesamten zukünftigen Lohn bis zur geplanten Entlassung einschließlich einer Abfindung zu passivieren.[574]

Allgemein läßt sich die Zulässigkeit von Drohverlustrückstellungen für jene Arbeitsverhältnisse konstatieren, die infolge der Freistellung eines Arbeitneh-

---

571 *Hartung* (Verlustrückstellungsbildung, 1988): S. 2141. *Hartung* führt als Beispiel einen Mitarbeiter an, "der gekündigt hat und der nach dem Bilanzstichtag Resturlaub nimmt, Vorstellungsgespräche bei anderen Arbeitgebern absolviert, 'krank feiert' usw." Allerdings liege in diesen Fällen "strenggenommen gar keine Verlustrückstellung, sondern eine Rückstellung für ungewisse Verbindlichkeiten vor, da der Mitarbeiter die von ihm geforderte Arbeitsleistung vor dem Stichtag bereits erbracht hat".
572 Vgl. §§ 265b, 283, 283a, 283b StGB. Für Kapitalgesellschaften vgl. auch § 331 HGB. Vgl. hierzu *Budde / Hense* (in: Beck'scher Bilanz-Kommentar, 1995): § 331, Anm. 1-82, zum StGB Anm. 85.
573 *Kessler* (Dauerbeschaffungsgeschäfte, 1996): S. 11, der insbesondere auf die Nachhaltigkeit der gesunkenen Arbeitsleistung abstellt. Bei nur vorübergehender Einschränkung der Arbeitsleistung hält er Verlustrückstellungen nicht für gerechtfertigt.
574 Vgl. *Lempenau* (Ausbildungskosten, 1984): S. 463.

mers eindeutig unrentierlich sind.⁵⁷⁵ "Ein Beispiel ist die Gehaltszahlung an einen noch vor Ablauf der Kündigungsfrist ausgeschiedenen Angestellten, auf dessen weitere Dienste während der Kündigungsfrist man gern verzichtet".⁵⁷⁶ Dabei muß sich die Freistellung nicht auf die Abwesenheit vom Arbeitsplatz beziehen, sondern kann auch in der faktischen Freistellung bestehen, die etwa vorliegt, wenn der Arbeitgeber aus bestimmten Gründen darauf verzichtet, einem Angestellten zu kündigen und dieser, obwohl er so gut wie keine Leistung mehr an seinem Arbeitsplatz erbringt, dennoch jeden Tag dort erscheint.

6.2. Zusammenfassung mehrerer Arbeitsverhältnisse?

Das Bestehen einer Vielzahl verdienstgesicherter Arbeitsverhältnisse könnte im Wege einer zusammenfassenden Betrachtung zum Anlaß genommen werden, von der Unausgeglichenheit sämtlicher Leistungen und Gegenleistungen aus den betreffenden Arbeitsverhältnissen auszugehen.⁵⁷⁷ Allerdings führt der BFH im Urteil vom 25. Februar 1986 aus, daß ein gedachter Unternehmenserwerber bei Übernahme eines von der Verdienstsicherung übermäßig betroffenen Betriebs einen "Abschlag vom Geschäftswert" vornehmen, er also "regelmäßig nicht in eine Einzelbewertung eintreten"⁵⁷⁸ würde. Auch das Finanzgericht Münster hat in der dem Beschluß des BFH vom 9. Mai 1995⁵⁷⁹ vorausgehenden Entscheidung die pauschale Bildung von Drohverlustrückstellungen für bestimmte Arbeitnehmergruppen abgelehnt. Die Passivierung drohender Verluste für Abfindungen an langjährig beschäftigte Mitarbeiter komme nur in Frage, "wenn nach Abwägung aller Umstände (..) konkrete Anhaltspunkte vorhanden sind, daß der Arbeitgeber von der Gesamtheit seiner Arbeitnehmer ein Weniger an Arbeitsleistung erhält, als er an Lohnzahlungen aufzubringen hat"⁵⁸⁰. Zu bedenken sei allerdings, daß sich der Wert des Anspruchs auf Arbeitsleistungen

---

575 Vgl. *Moxter* (Bilanzrechtsprechung, 1996): S. 136; *Littmann* (Der schwebende Vertrag, 1963): S. 346.

576 *Schönnenbeck* (Bilanzierung drohender Verluste, 1962): S. 1284.

577 A.A. jedoch *Herzig / Esser* (Arbeitsverhältnisse, 1985): S. 1301-1302; *Herzig* (Rückstellungen, 1986): S. 65. Bedenken gegen die Bewertbarkeit eines Kollektivs von Dauerrechtsverhältnissen äußerst ebenfalls *Euler* (Rückstellungen, 1990): S. 1050; ähnlich *Christiansen* (Einzelbewertung, 1995): S. 394.

578 *BFH* vom 25.2.1986 VIII R 377/83, BStBl. II 1986, S. 465-467, hier S. 467 (beide Zitate).

579 Vgl. *BFH-Beschluß* vom 9.5.1995 IV B 97/94, BFH/NV 1995, S. 970-971.

580 *FG Münster* vom 27.4.1994 8 K 5703/93 F, Nichtzul.beschw. eingelegt, EFG 1995, S. 418-419, hier Leitsatz.

"mangels geeigneter Berechnungsgrößen und hinreichend zuverlässig quantifizierbarer Erfolgsbeiträge nur schwer ermitteln" lasse und insbesondere eine lange Betriebszugehörigkeit keinen Hinweis dafür liefere, daß der Arbeitsleistung ein niedrigerer Wert beizulegen sei, "als der vereinbarte Lohn samt Nebenleistungen beträgt". Die Ausführungen des Finanzgerichts zeigen deutlich, daß auch die pauschale Betrachtung bestimmter Arbeitnehmergruppen die Frage der Bewertung der entsprechenden Arbeitsverhältnisse nicht zu lösen vermag und daher der Nachweis, daß die Gesamtleistung einer Arbeitnehmergruppe "zu Lasten des Arbeitgebers *negativ* wird"[581], nur gelingt, wenn "bestimmte Arbeitsverhältnisse den Betrieb (..) in einem ungewöhnlichen Maße belasten, etwa weil die betreffenden Arbeitnehmer keinen (nennenswerten) Erfolgsbeitrag mehr erbringen."[582] Damit ist auch bei Betrachtung eines Gesamtbestandes von Arbeitsverhältnissen die Entkräftung der Ausgeglichenheitsvermutung nur möglich, wenn konkrete Anhaltspunkte dafür bestehen, daß *einzelne* Arbeitsverhältnisse das Unternehmen außergewöhnlich belasten. Die bloße Feststellung, daß ältere Mitarbeiter häufiger als jüngere von betriebsbedingten Kündigungen betroffen sind, rechtfertigt noch keine Drohverlustrückstellung.

II. Ausbildungsverhältnisse

1. Rechtliche Grundlagen

Bei Ausbildungsverhältnissen (§§ 3 bis 19 BBiG[583]) handelt es sich um besonders ausgestaltete Arbeitsverhältnisse[584], die sich von anderen Arbeitsverhältnissen durch die den Vertragsparteien gesetzlich auferlegten besonderen Verpflichtungen unterscheiden. Der Arbeitgeber ist zur gewissenhaften Ausbildung

---

581 *FG Münster* vom 27.4.1994 8 K 5703/93 F, Nichtzul.beschw. eingelegt, EFG 1995, S. 418-419, hier S. 418 (alle Zitate).

582 *FG Münster* vom 27.4.1994 8 K 5703/93 F, Nichtzul.beschw. eingelegt, EFG 1995, S. 418-419, hier S. 419.

583 Vgl. Berufsbildungsgesetz (BBiG) vom 14.8.1969, BGBl. I, S. 1112, mit allen weiteren Änderungen. Das BBiG unterscheidet zwischen Berufsausbildungsverhältnissen und anderen Ausbildungsverhältnissen. Letztere liegen vor, wenn jemand eingestellt wird, um berufliche Kenntnisse, Fertigkeiten und Erfahrungen zu sammeln, ohne daß es sich um eine Berufsausbildung im Sinne des BBiG handelt, vgl. § 19 BBiG. Zum Begriff des 'Berufsausbildungsverhältnisses' vgl. *BAG-Beschluß* vom 25.10.1989 7 ABR 1/88, DB 1990, S. 1192 f.

584 Vgl. § 3 Abs. 2 BBiG; *Putzo* (in: Palandt, 1996): Einf. vor § 611 BGB, Rn 57.

verpflichtet und muß dafür Sorge tragen, daß das angestrebte Ausbildungsziel innerhalb der gesetzlich vorgeschriebenen Zeit erreicht wird. Zu diesem Zweck ist ein Ausbildungsplan zu erstellen.[585] Die Ausbildung selbst kann durch den Arbeitgeber oder geeignete Fachkräfte (Ausbilder) durchgeführt werden.[586] Dem Auszubildenden sind sämtliche Ausbildungsmittel zur Verfügung zu stellen, die er für die Berufsausbildung und das Ablegen der entsprechenden Prüfungen benötigt.[587] Zudem ist er für den Besuch der Berufsschule freizustellen.[588] Während der Ausbildung dürfen dem Auszubildenden "nur Verrichtungen übertragen werden, die dem Ausbildungszweck dienen und seinen körperlichen Kräften angemessen sind"[589]. Der Arbeitgeber hat eine angemessene Vergütung zu leisten, die "mindestens jährlich"[590] zu erhöhen ist.

Dem Auszubildenden ist während der Berufsausbildung neben bestimmten Sorgfalts- und Verschwiegenheitspflichten insbesondere eine *Lern*pflicht auferlegt, derzufolge er "sich zu bemühen [hat], die Fertigkeiten und Kenntnisse zu erwerben, die erforderlich sind, um das Ausbildungsziel zu erreichen"[591]. Die Arbeitspflicht, die im Dienstvertrag die Hauptleistungspflicht des Arbeitnehmers darstellt[592], wird im Berufsbildungsgesetz nicht unter den Pflichten des Auszubildenden erwähnt.

Das Ende des Ausbildungsverhältnisses ist mit Ablauf der Ausbildungszeit oder mit Bestehen der Abschlußprüfung erreicht, falls der Auszubildende diese vor Ablauf der Ausbildungszeit erfolgreich absolviert.[593] Vereinbarungen, die den Auszubildenden über das Ende des Ausbildungsverhältnisses hinaus an das Unternehmen binden sollen, sind grundsätzlich nichtig, es sei denn, daß der Ausbildende mit dem Auszubildenden innerhalb der letzten drei Monate des Berufsausbildungsverhältnisses eine Weiterbeschäftigungsvereinbarung trifft.[594]

---

585 Vgl. § 6 Abs. 1 Nr. 1 BBiG.
586 Vgl. § 6 Abs. 1 Nr. 2 BBiG.
587 Vgl. § 6 Abs. 1 Nr. 3 BBiG.
588 Vgl. § 6 Abs. 1 Nr. 4 BBiG.
589 § 6 Abs. 2 BBiG.
590 § 10 Abs. 1 BBiG.
591 § 9 BBiG.
592 Vgl. § 611 BGB und hierzu *Putzo* (in: Palandt, 1996): § 611 BGB, Rn 24.
593 Vgl. § 14 Abs. 1 und 2 BBiG.
594 Vgl. § 5 Abs. 1 BBiG.

Nichtig sind auch Vereinbarungen über etwaige Verpflichtungen des Auszubildenden zur Zahlung einer Entschädigung für die Berufsausbildung.[595]

2. Möglichkeiten der Bilanzierung von Drohverlustrückstellungen für Ausbildungsverhältnisse

Angesichts der Bestimmungen des Berufsbildungsgesetzes, die dem Arbeitgeber augenscheinlich umfangreichere Pflichten auferlegen als dem Auszubildenden, liegt die Vermutung nahe, daß die Kosten eines Ausbildungsverhältnisses die vom Auszubildenden zu erbringende Gegenleistung (die hauptsächlich in einer Lernpflicht besteht) übersteigen.[596] Eine von der Bundesregierung eingesetzte Sachverständigenkommission gelangte denn auch 1974 zu dem Ergebnis, daß Ausbildungsverhältnisse regelmäßig als Verlustgeschäfte zu betrachten seien, wobei die Höhe des Verlustes (Nettoausbildungskosten) von der jeweiligen Branche abhänge.[597]

Zu den Bruttokosten wurden die Ausbildungsvergütungen einschließlich der Beiträge zur gesetzlichen und freiwilligen Sozialversicherung und zur Unfallversicherung, die den Ausbildern zu gewährenden Vergütungen sowie die Aufwendungen für Sachmittel wie Räume, Maschinen und in der Ausbildung benötigtes Material gerechnet.[598] Die Erträge wurden gemessen am Produkt aus dem Leistungsgrad eines Auszubildenden und der (Ausbildungs-)Zeit, die notwendig war, um wirtschaftlich verwertbare Güter und Dienstleistungen zu erstellen. "Als Leistungsgrad eines Auszubildenden wurde dabei ein Prozentwert der Leistung eines Auszubildenden im Verhältnis zur Leistung eines durchschnittlichen Facharbeiters zugrunde gelegt". Die produktiven Leistungen bewertete man mit den eingesparten Facharbeiterstunden; die Bewertung zu Facharbeiterlöhnen beruhte dabei auf dem Grundsatz, "daß die produktive Leistung des Auszubildenden höchstens so viel wert sein könne, wie bei bester (billigster) alternativer Entscheidung zusätzlich aufgewendet werden müßte, um die

---

595 Vgl. § 5 Abs. 2 Nr. 1 BBiG.
596 Vgl. z.B. *Thomas* (Berufsausbildung, 1977): S. 87, der von einem "von vornherein auf einen Verlust des Ausbildenden" angelegten Vertrag spicht.
597 Vgl. Bericht der Sachverständigenkommission "Kosten und Finanzierung der betrieblichen Bildung", BT-Drucksache 7/1811 vom 14.3.1974, insbes. S. 130.
598 Vgl. Bericht der Sachverständigenkommission "Kosten und Finanzierung der betrieblichen Bildung", BT-Drucksache 7/1811 vom 14.3.1974, S. 27.

gleichen Leistungen zu erbringen"[599]. Bei Zugrundelegung dieser Berechnungsmethode für die einem Ausbildungsverhältnis zurechenbaren Erträge gelangt man fast zwangsläufig zu dem Ergebnis, daß der Berufsausbildungsvertrag "ein Paradebeispiel für ein von Anfang an unausgewogenes Geschäft"[600] ist.

Offenbar kann aber die Ausbildung Jugendlicher nicht ohne jeden wirtschaftlichen Wert sein, denn ansonsten "ließe sich nicht erklären, warum Ausbildungsverträge ohne gesetzliche Verpflichtung abgeschlossen werden". Daß Ausbildungsverträge nicht als wirtschaftlich belastend betrachtet werden, ist auf Vorteile zurückzuführen, die Unternehmen sich von der Ausbildung Jugendlicher versprechen. So kann der Kaufmann damit rechnen, daß viele Auszubildende nach erfolgreichem Abschluß der Ausbildung weiterhin in seinem Unternehmen beschäftigt werden möchten und sich dadurch "das Potential der 'im eigenen Haus' ausgebildeten Fachkräfte"[601] erhöht. Die Möglichkeit der Weiterbeschäftigung erspart ihm Anlernkosten für betriebsfremde Arbeitnehmer, aber auch Kosten für die Suche nach einem geeigneten Mitarbeiter. Selbst wenn der Arbeitgeber nicht plant, sämtliche Auszubildenden in ein festes Beschäftigungsverhältnis zu übernehmen, er also über Bedarf ausbildet, kann sich hieraus ein Vorteil, nämlich ein sogenannter Auswahlvorteil ergeben[602]: Der Arbeitgeber kann die Auszubildenden während ihrer Ausbildungszeit bei der Ausübung verschiedener Tätigkeiten beobachten und so am Ende der Ausbildungszeit entscheiden, welche Auszubildenden ihm am qualifiziertesten für eine Weiterbeschäftigung erscheinen. Darüber hinaus ist gerade in Zeiten eines Mangels an Ausbildungsplätzen nicht zu übersehen, daß solche Unternehmen, die mehr Ausbildungsplätze zur Verfügung stellen, als es ihrem Bedarf an Auszubildenden entspricht, einen entsprechend guten Ruf erlangen. In jüngster Zeit wurde sogar vorgeschlagen, solche Unternehmen bei der Vergabe öffentlicher Aufträge zu bevorzugen.

Voraussetzung der Bilanzierung von Drohverlustrückstellungen für Ausbildungsverhältnisse ist wie für andere schwebende Geschäfte, daß "der Wert der

---

599 *BFH* vom 25.1.1984 I R 7/80, BStBl. II 1984, S. 344-347, hier S. 346 (beide Zitate), unter Bezugnahme auf den Bericht der Sachverständigenkommission "Kosten und Finanzierung der beruflichen Bildung", BT-Drucksache 7/1811 vom 14.3.1974, S. 29.
600 *Kessler* (Dauerbeschaffungsgeschäfte, 1996): S. 10. Vgl. hierzu auch *Riedlinger* (Rückstellung, 1995): "Tatsächlich dürfte nicht zu bestreiten sein, daß Berufsausbildungsverhältnisse im Regelfall zu nicht unerheblichen pagatorischen Verlusten führen", S. 311.
601 *BFH* vom 25.1.1984 I R 7/80, BStBl. II 1984, S. 344-347, hier S. 345 (beide Zitate).
602 So auch vgl. *Groh* (Rechtsprechung, 1994): S. 96.

künftigen Verpflichtungen den Wert der künftigen Leistungen übersteigt"[603], wobei der Wert der Gegenleistung auch durch solche "Vorteile beeinflußt [wird], die mit der zu erwartenden Gegenleistung verbunden sind"[604], die also neben der vertraglich vereinbarten Gegenleistung entstehen können. Im folgenden ist der Frage nachzugehen, ob die oben genannten Vorteile aus dem Abschluß von Ausbildungsverträgen bei der Bemessung des Werts der vom Auszubildenden erbrachten Leistung berücksichtigt werden müssen.

3. Die Üblichkeit der Vertragsverhältnisse als Wertmaßstab

3.1. Auffassung der Rechtsprechung

Der BFH lehnt die Bilanzierung von Drohverlustrückstellungen für Ausbildungsverhältnisse mit dem Hinweis darauf ab, daß bei 'üblichen', grundsätzlich "mit einer typisierenden Regelung"[605] (z.B. Tarifverträge) übereinstimmenden Ausbildungsverträgen stets davon auszugehen sei, "daß der Wert der Gegenleistung in Form der zugesagten Dienste der Vergütung und den sonstigen zu erbringenden Leistungen entspricht"[606]. Daß "Qualität und Quantität der von den einzelnen Arbeitnehmern erbrachten Arbeitsleistungen unterschiedlich sein können"[607], stehe der 'Üblichkeit' eines Ausbildungsverhältnisses nicht entgegen. Für deren Ausgeglichenheit spreche auch, daß ein gedachter Unternehmenserwerber die vom Veräußerer eingegangenen Ansprüche und Verpflichtungen "anhand der Üblichkeit der Bedingungen"[608] bewerte, mithin keinen Kaufpreisabschlag vornehmen würde, solange die vertraglichen mit den allgemein üblichen Bedingungen übereinstimmen.[609]

---

603 *BFH* vom 25.1.1984 I R 7/80, BStBl. II 1984, S. 344-347, hier S. 345.

604 *BFH* vom 25.1.1984 I R 7/80, BStBl. II 1984, S. 344-347, hier S. 346.

605 *BFH* vom 25.1.1984 I R 7/80, BStBl. II 1984, S. 344-347, hier S. 347.

606 *BFH* vom 25.1.1984 I R 7/80, BStBl. II 1984, S. 344-347, hier S. 345. Zustimmend vgl. auch *BFH* vom 3.2.1993 I R 37/91, BStBl. II 1993, S. 441-446, hier S. 443.

607 *BFH* vom 25.1.1984 I R 7/80, BStBl. II 1984, S. 344-347, hier S. 345.

608 *BFH* vom 25.1.1984 I R 7/80, BStBl. II 1984, S. 344-347, hier S. 346. Gl. A. vgl. *Uelner* (Aktuelle Fragen, 1977): S. 164.

609 So auch vgl. *Riedlinger* (Rückstellung, 1995): "Anderslautende Überlegungen im Rahmen von Unternehmensbewertungen sind nicht bekannt geworden", allerdings mit der Beschränkung auf die Anzahl von Ausbildungsverhältnissen, die benötigt werden, um den Bestand an Fachkräften in der Zukunft erhalten zu können, S. 312 f. A.A. vgl. *Lempenau* (Ausbildungskosten, 1984): "Fortführung des Unternehmens bedeutet nicht,

Auch werde die "typische Phasenverschiebung"[610], die bei Ausbildungsverhältnissen darauf zurückzuführen ist, daß die Gegenleistung eines Auszubildenden insbesondere im ersten Ausbildungsjahr in der Regel hinter den Verpflichtungen des Arbeitgebers zurückbleibt, während sich in den weiteren Ausbildungsjahren eine umgekehrte Situation ergibt, von den ausbildenden Unternehmen als üblicher Verlauf eines Ausbildungsverhältnisses in Kauf genommen und könne daher nicht als Argument für eine vermeintliche wirtschaftliche Nachteiligkeit von Ausbildungsverträgen angeführt werden.[611]

3.2. Kritik der Literatur am Vergleichsmaßstab der 'Üblichkeit'

Wenn der BFH anführe, daß die dem Auszubildenden zu gewährende Vergütung "unter Bewertung der Dienste am Markt"[612] vereinbart worden sei, beabsichtige die Rechtsprechung wohl, "die betriebswirtschaftliche Markttheorie als Beleg dafür" anzuführen, "daß die gezahlte Vergütung nicht über dem Wert der Gegenleistung liegt." Dabei werde indes verkannt, "daß auf dem Arbeitsmarkt die Mechanismen des idealen Marktes im Sinne der Markttheorie nicht wirksam sind".[613]

Die Gegenüberstellung der im Rahmen eines Ausbildungsverhältnisses zu erbringenden Leistungen des Arbeitgebers mit den am Beschaffungsmarkt üblichen Konditionen für Ausbildungsverträge führe "naturgemäß zur Ausgeglichenheit (..), solange nicht von den tarifvertraglich vereinbarten Bedingungen abgewichen wird". Mit dieser "Ausgeglichenheitsfiktion"[614] negiere der BFH allerdings die für Zwecke der Bilanzierung besonders zu beachtenden "tatsächlichen Gegebenheiten", die gerade im Ausbildungsbereich "sehr heterogen"[615] sind und dazu führen, daß die Ausbildungserträge von Betrieb zu Betrieb stark variieren[616]. Zwischen einzelnen Ausbildungsgängen müsse "ebenso unterschieden werden (..) wie zwischen der Ausbildung in Großbetrieben mit

---

daß auch die Ausbildungsabteilung fortgeführt werden muß", S. 463; *Nehm* (Sozialverpflichtungen, 1984): S. 2482.
610 *BFH* vom 25.1.1984 I R 7/80, BStBl. II 1984, S. 344-347, hier S. 346.
611 Gl. A. vgl. *Uelner* (Aktuelle Fragen, 1977): S. 164.
612 *BFH* vom 25.1.1984 I R 7/80, BStBl. II 1984, S. 344-347, hier S. 346.
613 *Paus* (Anmerkung zum BFH-Urteil vom 25.1.1984): S. 128 (beide Zitate).
614 *Herzig* (Rückstellungen, 1986): S. 93 (beide Zitate).
615 *Herzig* (Rückstellungen, 1986): S. 94 (beide Zitate).
616 Vgl. *Naumann* (Rückstellungen, 1989): S. 350.

eigenen Lehrlingswerkstätten und der Ausbildung in Kleinbetrieben, wo Lehrlinge nicht selten nach einer Einarbeitungszeit als nahezu vollwertige Arbeitskräfte eingesetzt werden können"[617]. Im letzten Fall entspreche der Wert der Leistung des Auszubildenden mindestens dem Wert der Verpflichtung des Arbeitgebers, so daß keine Drohverlustrückstellung zu bilanzieren sei. In allen anderen Fällen verbleibe demgegenüber ein Verpflichtungsüberschuß, weil dem Ausbildungsverhältnis nur solche Leistungen zugerechnet werden könnten, die "letztlich zur Erstellung marktreifer Leistungen beitragen". Da die bei solchen Leistungen "üblicherweise (..) anfallenden Aufwendungen"[618] für einen durchschnittlich qualifizierten Arbeitnehmer infolge der höheren Produktivität regelmäßig unter den Aufwendungen für einen Auszubildenden lägen, ergebe sich ein drohender Verlust, der auch nicht durch mittelbare Effekte kompensiert werden könne.

Insgesamt erachtet der überwiegende Teil des Schrifttums den Wertmaßstab der Üblichkeit als nicht geeignet zur Bemessung der Leistung von Auszubildenden, da es bei der Bilanzierung von Drohverlustrückstellungen für Ausbildungsverhältnisse auf die "individuellen Verhältnisse des bilanzierenden Unternehmens" ankomme und daher zu prüfen sei, "ob die ggf. üblichen und zu erwartenden Leistungen im konkreten Einzelfall zu negativen Erfolgsbeiträgen im Unternehmen führen"[619].

3.3. Würdigung: Die notwendige Vereinfachung durch das Kriterium der 'Üblichkeit'

Die (gesetzliche und vertragliche) Zielsetzung eines Ausbildungsvertrages ist nicht pimär auf die Erstellung von Gütern oder Leistungen für den Absatzmarkt gerichtet[620], sondern besteht zuvorderst in der Lernpflicht. Solange der Auszubildende dieser Pflicht genügt, erfüllt er weitgehend den Ausbildungsvertrag. Da sich die Lernbereitschaft und -fähigkeit nicht in Mark und Pfennig beziffern läßt, muß unterstellt werden, daß die tarifvertraglich festgelegte Ausbildungsvergütung eine angemessene Gegenleistung verkörpert, "also in richtiger Rela-

---

617 *Herzig* (Rückstellungen, 1986): S. 94. Ebenso vgl. *Riedlinger* (Rückstellung, 1995): S. 311.
618 *Herzig* (Rückstellungen, 1986): S. 95 (beide Zitate).
619 *Müller, W.* (Rückstellungen, 1987): S. 327 (beide Zitate).
620 Vgl. *Bordewin* (Steuerfragen, 1981): S. 509; vgl. *Herzig* (Dauerrechtsverhältnisse, 1988): S. 219.

tion zum Wert der Lernleistung steht"[621]. Von einer Unausgewogenheit der vertraglichen Leistungen und Gegenleistungen im Rahmen eines Ausbildungsvertrags kann insoweit nicht ausgegangen werden.[622] Würde man die produktiven Leistungen eines Auszubildenden mit den bei alternativer Beschaffung notwendigen Aufwendungen bewerten, so müßten, bis auf den Fall des Einsatzes eines Auszubildenden als nahezu vollwertiger 'Produktionsfaktor', grundsätzlich Drohverlustrückstellungen für Ausbildungsverhältnisse gebildet werden. Damit erfolgte jedoch ein Ausweis von Opportunitätskosten, nicht aber von drohenden Verlusten;[623] denn tatsächlich werden mit der reinen Arbeitsleistung nicht die 'Besonderheiten' erfaßt, welche aus Sicht des Arbeitgebers in der Beschaffung besonderer Vorteile wie etwa der Chance zur Mitarbeiterauswahl und der Weiterbeschäftigung bestehen[624] und damit allgemein eine "Investition in Humanvermögen"[625] darstellen. Da jedoch die "postulierten Vorteile des Ausbildungsvertrages (..) nicht am Absatzmarkt realisiert"[626] werden und deshalb regelmäßig nicht objektiviert nachweisbar und bewertbar sind, wird deren Wert vereinfachungsbedingt unter Rückbezug auf die 'Üblichkeit' gegriffen. Auf diese Weise entgeht der Bilanzierende, aber auch die Rechtsprechung bei Vorlage eines entsprechenden Sachverhalts, den Schwierigkeiten der Bewertung[627] der Leistung eines jeden einzelnen Auszubildenden. Der ohnehin nicht mögliche *direkte* Beweis für die Ausgeglichenheit von Ausbildungsverhältnissen wird *indirekt* durch Rekurs auf die (von den Tarifparteien als solche anerkannte) 'Üblichkeit' von Ausbildungsverhältnissen erbracht.[628]

---

621 *Wittorff* (Ausbildungsrückstellung, 1981): S. 230.

622 Vgl. *Bordewin* (Steuerfragen, 1981): S. 509, der mit der gleichen Argumentation auch Drohverlustrückstellungen für einen Überbestand an Ausbildungsverhältnissen ablehnt. Vgl. *ders.* (Steuerfragen, 1985): S. 16; *Wittorff* (Ausbildungsrückstellung, 1981): S. 230.

623 Vgl. *Schreiber / Rupp* (Zulässigkeit, 1981): S. 94.

624 Vgl. *Bordewin* (Ausbildungskosten, 1984): Es kommt darauf an, "was im Geschäftsleben üblicherweise von einem Geschäft erwartet wird", S. 462; *Fischer* (Rückstellung für Ausbildungsverträge, 1980): S. 169.

625 *Herzig* (Dauerrechtsverhältnisse, 1988): S. 219. Ebenso vgl. *Glaubig* (Dauerrechtsverhältnisse, 1993): S. 107.

626 *Schreiber / Rupp* (Zulässigkeit, 1981): S. 94.

627 Vgl. *Lempenau* (Ausbildungskosten, 1984): S. 462.

628 Insoweit geht der Vorwurf von *Paus* (Anmerkung zum BFH-Urteil vom 25.1.1984): S. 128, fehl, der BFH verkenne "daß auf dem Arbeitsmarkt die Mechanismen des idealen Marktes im Sinne der Markttheorie nicht wirksam sind", indem er die

Stellt man auf die Üblichkeit von Ausbildungsverträgen ab, so müßten Drohverlustrückstellungen immer dann möglich sein, wenn die mit dem Auszubildenden getroffenen Vereinbarungen von üblichen Ausbildungsverträgen abweichen, wobei zu beachten ist, daß die dem Ausbildenden gesetzlich auferlegten Pflichten ohnehin nicht zur Disposition der Vertragsparteien stehen. Denkbar wäre aber, daß dem Auszubildenden beispielsweise eine "unübliche Zusatzleistung" erbracht wird, indem das ausbildende Unternehmen "einen erheblichen Teil der Kosten für die Unterbringung der Auszubildenden in einem Jugenddorf"[629] trägt oder eine übertarifliche Entlohnung[630] zusagt. Der BFH hat allerdings in seiner jüngsten Entscheidung zu Rückstellungen für drohende Verluste aus Ausbildungsverhältnissen[631] derartige 'unübliche Zusatzleistungen' nicht als rückstellungsbegründend anerkannt. Im Gegenteil würden solche Vereinbarungen für die Annahme sprechen, daß aus den (ansonsten möglicherweise verlustträchtigen) Ausbildungsverhältnissen Vorteile erwartet werden, die bei der Bilanzierung zu berücksichtigen sind. Die Entkräftung der Ausgeglichenheitsvermutung kommt damit auch bei Vorliegen vermeintlich unüblicher Zusatzleistungen nicht in Betracht. Der BFH sah sich wohl wegen der Schwierigkeiten der Abgrenzung zwischen üblichen und unüblichen Arbeitgeberleistungen zur Typisierung gezwungen, so daß letztlich sämtliche für einen einzelnen oder für alle Auszubildenden zu leistenden Aufwendungen als üblich anzusehen sind.

4. Die Untermauerung der Ausgeglichenheitsvermutung durch die Berücksichtigung der mit Ausbildungsverhältnissen verknüpften Vorteile

4.1. Die Berücksichtigung des Weiterbeschäftigungsvorteils

a) Die von Rechtsprechung und Literatur angeführte Begründung für die Einbeziehung des Vorteils

Bliebe dem Kaufmann von vornherein die Möglichkeit verwehrt, den Auszubildenden nach Beendigung des Ausbildungsverhältnisses weiterzubeschäftigen, so wäre er kaum dazu bereit, Jugendlichen einen Ausbildungsplatz anzu-

---

betriebswirtschaftliche Markttheorie dafür anführe, daß die dem Auszubildenden zu gewährende Vergütung nicht den Wert der Gegenleistung übersteige.
629 *BFH* vom 3.2.1993 I R 37/91, BStBl. II 1993, S. 441-446, hier S. 445 (beide Zitate).
630 Vgl. *Lempenau* (Ausbildungskosten, 1984): S. 462.
631 Vgl. *BFH* vom 3.2.1993 I R 37/91, BStBl. II 1993, S. 441-446.

bieten, es sei denn, er erhielte von staatlicher Seite Zuschüsse. Denn die "übliche Folge" eines Ausbildungsvertrages ist, "daß aus ihm nicht ein Gewinn, sondern bei rein mathematischer Betrachtung ein Mehr an Aufwendungen (..) entsteht". Daß sich gleichwohl ein handelsrechtlicher Grundsatz ordnungsmäßiger Bilanzierung, der den Ausweis von Drohverlustrückstellungen für Ausbildungsverhältnisse gebietet, bislang nicht herausgebildet hat, liegt darin begründet, daß nach den GoB - weil sie sich "eben nicht in reiner Mathematik und Kostenträger- und Kostenstellenrechnung erschöpfen" - auch "nicht rechnerisch meßbare"[632] Vorteile zu berücksichtigen sind. So gesehen sind Ausbildungsverträge als "Mittel zum Zweck der Erlangung zukünftiger [Weiterbeschäftigungs-]Vorteile aus Arbeitsverträgen"[633] anzusehen.

Der I. Senat hebt in der Entscheidung vom 25. Januar 1984 hervor, daß bei der bilanziellen Beurteilung von Ausbildungsverhältnissen die Ausgeglichenheitsvermutung zugrunde zu legen ist, "obwohl sie *auch* auf der Erwägung beruhen dürfte, mit der Ausbildung ein Potential an ausgebildeten Fachkräften zu erhalten"[634]. Damit verdeutlicht der BFH implizit, daß ein Ausbildungsverhältnis zwar ein Verlustgeschäft in Höhe der 'Nettoausbildungskosten' darstellen könnte, der Weiterbeschäftigungsvorteil den vermeintlichen Verlust allerdings kompensiert, so daß von einem drohenden Verlust aus dem Ausbildungsverhältnis nicht ausgegangen werden darf.

Daß insbesondere "die Wahrscheinlichkeit der Fortführung als Arbeitsverhältnis"[635] dafür spricht, "bei der Beurteilung eines Ausbildungsvertrags auch die Konsequenzen einer möglichen Weiterbeschäftigung des Auszubildenden zu berücksichtigen"[636], wird auch im Schrifttum gesehen. So heben *Herzig* und *Streim* den investiven Charakter der Ausbildung hervor und zählen die Ausgaben für die Aus-, Fort- und Weiterbildung der Mitarbeiter zu den bedeutendsten Ausgaben, die zu künftigen Einnahmen führen oder die zur Vermeidung sowie Senkung künftiger Ausgaben beitragen.[637] Durch Ausbildungsinvestitionen würden künftige Einzahlungsüberschüsse erzielt, soweit die Auszubildenden

---

632 *Bordewin* (Ausbildungskosten, 1984): S. 461 (alle Zitate).

633 *Streim* (Ausbildungskosten, 1984): S. 465. So auch vgl. *Glaubig* (Dauerrechtsverhältnisse, 1993): S. 110.

634 BFH vom 25.1.1984 I R 7/80, BStBl. II 1984, S. 344-347, hier S. 346 (Hervorh. durch Verf.).

635 *Fischer* (Rückstellung für Ausbildungsverträge, 1980): S. 170.

636 *Streim* (Ausbildungskosten, 1984): S. 465. So auch vgl. *Glaubig* (Dauerrechtsverhältnisse, 1993): S. 110.

637 Vgl. *Herzig* (Dauerrechtsverhältnisse, 1988): S. 219; *Streim* (Ausbildungskosten, 1979): S. 496; ebenso *Naumann* (Rückstellungen, 1989): S. 351.

nach Beendigung ihrer Ausbildung dem Unternehmen als Mitarbeiter erhalten bleiben und infolgedessen zur Vergrößerung des Humanvermögens beitragen. Wenngleich es sich bei der Ausbildung um eine Investition handele, die in den originären, nicht aktivierungsfähigen Firmenwert eingehe[638], sei dieser Effekt "als Leistungsbestandteil eines schwebenden Ausbildungsverhältnisses anzusehen, da es bei der Gegenüberstellung der Leistungen und Verpflichtungen nicht auf die Bilanzierungsfähigkeit einzelner Leistungselemente ankommen kann"[639]. Der aus betriebswirtschaftlicher Sicht existente Vorteil der Ausbildung von Mitarbeitern müsse bei der Bilanzierung unbedingt beachtet werden, wohingegen der auf die formaljuristische Trennung zwischen Ausbildungs- und Weiterbeschäftigungsverhältnis zurückzuführende "Aspekt des Verpflichtungsüberschusses bzw. des Verlustgeschäfts so gut wie keine Rolle spielt"[640].

b) Gründe für die Ablehnung der Berücksichtigung des Weiterbeschäftigungsvorteils

aa) Verletzung des Einzelbewertungsgrundsatzes

Das Bestehen einer rechtlichen Zäsur[641] zwischen Ausbildungs- und Weiterbeschäftigungsverhältnis mit demselben Mitarbeiter könnte eine zusammengefaßte Betrachtung beider Verträge verhindern. So wird von weiten Teilen des Schrifttums die Bildung einer derartigen Bewertungseinheit[642] unter Hinweis auf den Grundsatz der Einzelbewertung abgelehnt.[643] Daß der Kapitalwert eines

---

638 Vgl. *Fischer* (Rückstellung für Ausbildungsverträge, 1980): S. 169.
639 *Herzig* (Dauerrechtsverhältnisse, 1988): S. 219.
640 *Streim* (Ausbildungskosten, 1979): S. 497.
641 Vgl. *Brezing* (Steuerliche Probleme, 1978): S. 373; *Streim* (Ausbildungskosten, 1979): S. 495.
642 Vgl. *Ballwieser* (Strukturwandel, 1989): S. 964.
643 Vgl. *Ballwieser* (Strukturwandel, 1989): S. 964 ("Die Zusammenfassung aufeinanderfolgender Verträge, z.B. von Ausbildungs- und Arbeitsvertrag, ist ebenso unzulässig wie die Zusammenfassung gleichartiger Vertragsverhältnisse für mehrere Arbeitnehmer"); *Eibelshäuser* (Rückstellungsbildung, 1987): S. 865; *Herzig* (Rückstellungen, 1986): S. 96; *Thomas* (Berufsausbildung, 1977): S. 88; *Lauth* (Entwicklungstendenzen, 1993): S. 394; *Mayer-Wegelin* (Rückstellungen, 1980): S. 268. Ebenso *FG Baden-Württemberg*, Beschluß vom 9.4.1981 X 19/81, rechtskräftig, EFG 1981, S. 397-398, hier S. 398 unter Hinweis auf *BFH* vom 16.9.1970 I R 184/67, BStBl. II 1971, S. 85-87 (Kippgebühren), in dem die Bilanzierungsfähigkeit der Möglichkeit, "auf Grund in der Zukunft zu schließender Verträge Einnahmen zu erzielen", verneint wird, S. 87.

Arbeitsvertrags mit einem nicht im eigenen Unternehmen ausgebildeten Arbeitnehmer "um die Einarbeitungs- und sonstigen Schulungskosten niedriger [ist] als der Kapitalwert des Arbeitsverhältnisses, das mit einem im Betrieb Ausgebildeten eingegangen wird", zeige, daß sich der vom Arbeitgeber angestrebte Weiterbeschäftigungsvorteil "erst in der Phase der Weiterbeschäftigung realisieren läßt"[644] und damit nicht zu den im Rahmen eines Ausbildungsverhältnisses zu berücksichtigenden Gegenleistungen des Auszubildenden zähle. Außerdem erscheine die Zusammenfassung von Ausbildungs- und Arbeitsverhältnis schon deshalb "unzweckmäßig", weil angesichts der grundsätzlichen Vermutung der Ausgeglichenheit des Arbeitsverhältnisses "bereits aufgrund eines mangelnden Vorteils gar kein Verlustausgleich stattfinden kann"[645]. Beide schwebende Geschäfte besäßen jeweils einen gesonderten Bezug zum Absatzmarkt und müßten insoweit getrennt voneinander beurteilt werden.[646]

Die mit der möglichen Weiterbeschäftigung von Auszubildenden verbundenen Kostenersparnisse führen nach herrschender Auffassung dazu, daß die betriebliche Berufsausbildung zwar *insgesamt* von den Unternehmen als vorteilhaft betrachtet wird. Dies "impliziert aber nicht, daß jedes einzelne Ausbildungsverhältnis in Leistung und Gegenleistung ausgeglichen sein muß"[647]. Die Berücksichtigung des Kompensationseffektes, der sich regelmäßig daraus ergebe, daß die Nettoausbildungskosten solcher Jugendlicher, die das Unternehmen nach Beendigung des Ausbildungsverhältnisses verlassen, durch die Vorteile der Umwandlung anderer Ausbildungsverhältnisse in Arbeitsverhältnisse ausgeglichen würden, verstoße gegen das handels- und steuerrechtliche Gebot, jeden einzelnen Ausbildungsvertrag für sich zu beurteilen. Die zu berücksichtigende Gegenleistung eines Auszubildenden müsse dementsprechend auf die während der Ausbildungszeit erbrachten produktiven Leistungen ("Arbeitserträge") beschränkt werden. Dies führe zu dem Ergebnis, daß jeder abgeschlossene Aus-

---

644 *Streim* (Ausbildungskosten, 1984): S. 467 (beide Zitate). Ebenso vgl. *Kupsch* (Neuere Entwicklungen, 1989): S. 60: Das Ausbildungsverhältnis würde "in unzulässiger Weise mit einem späteren Arbeitsvertrag gekoppelt", denn die Entstehung des Weiterbeschäftigungsvorteils könne nicht unmittelbar auf den Abschluß des Ausbildungsvertrags zurückgeführt werden. Ähnlich *ders.* (Einzelbewertungsprinzip, 1992): S. 356; *Nehm* (Sozialverpflichtungen, 1984): S. 2481.

645 *Thies* (Rückstellungen, 1996): S. 146 (beide Zitate). Gl. A. vgl. *Scheidle / Scheidle* (Ausbildungsverträge, 1980): S. 721.

646 Vgl. *Thies* (Rückstellungen, 1996): S. 148.

647 *Streim* (Ausbildungskosten, 1984): S. 467. Vgl. ähnlich *Eibelshäuser* (Rückstellungsbildung, 1987): S. 865 ("konstruiert wirkende Ausgeglichenheitsvermutung").

bildungsvertrag grundsätzlich ein Verlustgeschäft darstelle, für den eine "Rückstellung in Höhe der Netto-Ausbildungskosten zu bilden"[648] sei. Würde demgegenüber die Ausgeglichenheit eines Ausbildungsverhältnisses anhand dessen Zwecks für das ausbildende Unternehmen beurteilt, bedeutete dies die Gleichsetzung der wirtschaftlichen Betrachtungsweise "mit einer entscheidungsorientierten, betriebswirtschaftlichen Betrachtungsweise oder Motivforschung"[649]. Damit wäre allerdings dem Bilanzierenden ein erheblicher, mit dem Gebot des Gläubigerschutzes nicht vereinbarer bilanzpolitischer Spielraum eingeräumt.

bb) Fehlende Konkretisierung des Weiterbeschäftigungsvorteils

Als hinreichend konkretisiert für die Einbeziehung in den Saldierungsbereich eines Ausbildungsverhältnisses betrachten Teile des Schrifttums nur die vertraglich gesicherten Ansprüche und Verpflichtungen[650], weil nur diese "die an das Vorliegen eines Vermögensgegenstands bzw. einer Schuld geknüpften Voraussetzungen erfüllen". Darüber hinausreichende, "mit dem Abschluß des betreffenden Geschäfts einhergehende"[651] Vorteile dürfen demnach bei der Ermittlung von Drohverlustrückstellungen nicht berücksichtigt werden. Dies treffe etwa auf den Vorteil der Schaffung eines qualifizierten Mitarbeiterstammes zu, der "mangels ausreichender Konkretisierung nicht in den Saldierungsbereich eines einzelnen Ausbildungsvertrages einbezogen werden"[652] kann. Da der Kaufmann gesetzlich nicht berechtigt ist, bereits zu einem früheren Zeitpunkt als drei Monate vor der Beendigung des Ausbildungsverhältnisses mit dem Auszubildenden einen Weiterbeschäftigungsvertrag zu schließen, stelle der Weiterbeschäftigungsvorteil lediglich eine vage Hoffnung dar, die sich auch nicht durch statistisch gewonnene Erfahrungswerte hin-

---

648 *Streim* (Ausbildungskosten, 1984): S. 467.
649 *Thies* (Rückstellungen, 1996): S. 147. Ähnlich vgl. *Mayer-Wegelin* (Rückstellungen, 1980): S. 268 ("Motive als Ertrag, das ist einfach nicht haltbar").
650 Vgl. *Scheidle / Scheidle* (Ausbildungsverträge, 1980): S. 721.
651 *Kessler* (Drohverlustückstellung, 1994): S. 569 (beide Zitate). Ähnlich vgl. *Schreiber / Rupp* (Zulässigkeit, 1981): S. 96, die allerdings die Drohverlustrückstellung ablehnen, da auch die Verpflichtung gegenüber dem Auszubildenden kein negatives Wirtschaftsgut sei und damit ebensowenig in den Saldierungsbereich einbezogen werden dürfe.
652 *Herzig* (Rückstellungen, 1986): S. 96. Gl. A. vgl. *Kessler* (Dauerbeschaffungsgeschäfte, 1996): S. 10; *Glaubig* (Dauerrechtsverhältnisse, 1993): S. 108 f., für die Ausbildung über den eigenen Bedarf hinaus.

reichend objektivieren lasse.[653] Darüber hinaus bleibe wegen der fehlenden Möglichkeit zur Feststellung und Messung des Vorteils[654] unklar, ob der im eigenen Haus ausgebildete Mitarbeiter einen höheren Beschäftigungswert aufweist[655] bzw. weniger hohe Ausgaben verursacht als ein außerhalb des Betriebes ausgebildeter Mitarbeiter, denn erst dann könne überhaupt von einem besonderen Vorteil gesprochen werden. Zudem müsse berücksichtigt werden, daß die ausbildenden Unternehmen die ausgebildeten Jugendlichen zum Teil in " 'minderqualifizierten Berufen' "[656] beschäftigten, womit der durch die Ausbildung erlangte immaterielle Vorteil relativiert würde.

Mithin trügen die Nettoausbildungskosten allenfalls zur Steigerung des originären Geschäfts- oder Firmenwerts[657] bei und müßten daher "sofort als Betriebsausgaben"[658] abgezogen werden. Ausbildungsverträge seien insofern ein Beispiel dafür, daß mitunter auch für "betriebswirtschaftlich sinnvolle Maßnahmen"[659] Drohverlustrückstellungen auszuweisen sind. Die Berücksichtigung des Weiterbeschäftigungsvorteils durch den BFH im Urteil vom 25. Januar 1984 bedeute einen "eklatanten Bruch" mit der bis dahin den Äußerungen der entscheidenden Senate zu entnehmenden "statischen Grundhaltung"[660] hinsichtlich der Abgrenzung des Saldierungsbereichs.

c)   Die vermittelnde Position im Schrifttum: Berücksichtigung des durchschnittlichen Verlustrisikos

Streim weist darauf hin, daß die von einem Auszubildenden "verursachten Netto-Ausbildungskosten"[661] dann nicht amortisiert würden, wenn der Auszu-

---

653   Vgl. *Thomas* (Berufsausbildung, 1977): S. 89; *Riedlinger* (Rückstellung, 1995): S. 312.
654   Vgl. *Nehm* (Sozialverpflichtungen, 1984): S. 2481.
655   Generell zweifelnd vgl. *Brezing* (Rückstellungsfähigkeit, 1978): S. 1304 ("da ein in einem fremden Betrieb Ausgebildeter keinen meßbar geringeren Wert hat als ein im eigenen Betrieb Ausgebildeter"); ebenso *Nehm* (Sozialverpflichtungen, 1984): S. 2482.
656   *Glaubig* (Dauerrechtsverhältnisse, 1993): S. 109.
657   So vgl. *Scheidle / Scheidle* (Ausbildungsverträge, 1980): S. 721.
658   *Paus* (Anmerkung zum BFH-Urteil vom 25.1.1984): S. 128.
659   *Herzig* (Rückstellungen, 1986): S. 96.
660   *Kessler* (Imparitätsprinzip, 1994): S. 570 (beide Zitate), der diese Aussage zugleich auf das Urteil des *BFH* vom 3.2.1993 I R 37/91, BStBl. II 1993, S. 441-446, bezieht. Ebenso vgl. *Küting / Kessler* (Verlustrückstellungsbildung, 1993): S. 1049.
661   *Streim* (Ausbildungskosten, 1979): S. 500.

bildende "vor Erreichung des Amortisationszeitpunktes"[662] ausscheidet. Jedoch würde bei völliger Nichtberücksichtigung des Weiterbeschäftigungsvorteils im Saldierungsbereich von Ausbildungsverhältnissen verkannt, daß das Risiko einer fehlenden Amortisation der Netto-Ausbildungskosten durch eine anschließende Weiterbeschäftigung "nicht 100 % beträgt, weil eben nicht jeder Auszubildende unmittelbar nach Beendigung der Ausbildung den Betrieb verläßt. Es ist aber auch nicht 0 %"[663]. In Falle sicherer Erwartungen über den Zeitpunkt des Ausscheidens eines Auszubildenden ließe sich die Höhe einer etwaigen Drohverlustrückstellung relativ problemlos ermitteln, weil einerseits die Netto-Ausbildungskosten bekannt seien und andererseits die Amortisationsdauer aufgrund von Erfahrungswerten für die verschiedenen Ausbildungsgänge hinreichend sicher bestimmt werden könnte. In der Realität müsse allerdings von unsicheren Erwartungen hinsichtlich der Betriebszugehörigkeitsdauer eines Auszubildenden ausgegangen werden, so daß "eine Bandbreite möglicher rückstellungsfähiger Beträge"[664] existiere. In großen Ausbildungsbetrieben sollte das Risiko des vorzeitigen Ausscheidens von Auszubildenden bilanziell dadurch berücksichtigt werden, daß der "arithmetische Mittelwert des drohenden Verlustes" passiviert würde. Demgegenüber bleibe in kleineren Ausbildungsbetrieben - wegen der Begrenztheit der "historische[n] Datenbasis zur Ableitung relativer Häufigkeiten" - "das Vorsichtsprinzip in der traditionellen Fassung anwendbar"[665], weshalb die gesamten Netto-Ausbildungskosten zurückzustellen seien.

Paus verlangt dagegen eine einzelfallbezogene Prüfung der Weiterbeschäftigungsmöglichkeit, die in großen Betrieben dazu führe, den Weiterbeschäftigungsvorteil für die leistungsschwächsten Auszubildenden mit Null DM zu bewerten, so daß zumindest für diese Ausbildungsverhältnisse Rückstellungen "wegen der Kosten (..) zulässig sein"[666] müßten.

---

662 *Streim* (Ausbildungskosten, 1979): S. 501.
663 *Streim* (Ausbildungskosten, 1984): S. 467 f.
664 *Streim* (Ausbildungskosten, 1979): S. 501.
665 *Streim* (Ausbildungskosten, 1979): S. 503 (alle Zitate). Bei großen Ausbildungsbetrieben, "die schon länger in einem beträchtlichen Umfang Lehrlinge ausbilden" (S. 503), seien die Wahrscheinlichkeiten dafür, "daß ein Auszubildender bzw. Ausgebildeter [vor Erreichen der Amortisationsdauer] am Ende der t-ten Periode ausscheidet" (S. 502), relativ unproblematisch zu ermitteln. In neugegründeten Unternehmen oder solchen, die erst seit kurzem ausbilden, könnten "überbetriebliche Wahrscheinlichkeitsfälle auf die bilanzierende Unternehmung übertragen werden" (S. 503).
666 *Paus* (Anmerkung zum BFH-Urteil vom 25.1.1984): S. 128.

d) Würdigung

Objektivierungserwägungen könnten dafür sprechen, einem Ausbildungsverhältnis nur die unmittelbar vertraglich fixierten Aufwendungen und Erträge zuzurechnen. Die Bildung einer wirtschaftlichen Einheit zwischen Ausbildungs- und Weiterbeschäftigungsverhältnis unter Mißachtung der formaljuristischen Trennung wäre dann als unzulässig anzusehen. In vielen Fällen, so auch bezogen auf Ausbildungsverhältnisse, führt eine derart enge Sicht "jedoch (..) zu wirtschaftlich unsinnigen Ergebnissen"[667]. Außerdem erweist sich die Zurechnung nur der vertraglich gesicherten Aufwendungen und Erträge schon deshalb als problematisch, weil bei Ausbildungsverhältnissen nur die Aufwandsseite (und auch diese allenfalls annähernd[668]), nicht aber die Ertragsseite vertraglich festgelegt ist.[669] Fragt man lediglich, welche Aufwendungen die regelmäßig geringen produktiven Leistungen eines Auszubildenden bei anderweitiger Beschaffung verursachen würden, verkennt man die wirtschaftliche Wirklichkeit: Ohne den Vorteil der Weiterbeschäftigung von im eigenen Unternehmen ausgebildeten Jugendlichen würden Ausbildungsverträge wohl kaum geschlossen. Gerade ein solchermaßen offen zu Tage tretender (wirtschaftlicher) Zusammenhang zwischen Ausbildungs- und Arbeitsverhältnissen darf bei der bilanziellen Beurteilung von Ausbildungsverhältnissen nicht negiert werden. Dabei geht es nicht um eine willkürliche Zusammenfassung irgendwelcher aufeinanderfolgender Verträge[670], denn tatsächlich besteht eine Verkehrsauffassung dafür, daß Ausbildungs- und Arbeitsverhältnisse wirtschaftlich zusammengehören. Insbesondere spricht eine hohe Arbeitslosenquote dafür, daß die meisten, wenn nicht sogar alle Auszubildenden eine Weiterbeschäftigung anstreben. Hiervon ist gerade in strukturschwachen Regionen auszugehen, in denen häufig nur wenige Unternehmen Arbeitsplätze anbieten. Von einer nur 'vagen Hoffnung' auf die Weiterbeschäftigung von Auszubildenden kann daher nicht gesprochen werden.

---

667 *Moxter* (Betriebswirtschaftliche Zusammenhänge, 1995): S. 381.

668 So bereitet bereits die Feststellung der einem Ausbildungsverhältnis zurechenbaren Gemeinkosten (z.B. die Personal- und Sachkosten eines Ausbildungszentrums in größeren Unternehmen) Schwierigkeiten.

669 Vgl. *Moxter* (Betriebswirtschaftliche Zusammenhänge, 1995): S. 381.

670 Vgl. *Woerner* (Diskussion, 1985), dem der Hinweis wichtig erscheint, daß mit dem Ausbildungsurteil des *BFH* vom 25.1.1984 I R 7/80, BStBl. II 1984, S. 344-347, "keine allgemeine Saldierungsmöglichkeit zwischen mehreren Vertragswerken postuliert werden" sollte, denn ausdrücklich habe der entscheidende Senat den Vorteil der Auswahl als Vorteil des Ausbildungsvertrags selbst bezeichnet, S. 333.

Daß sich Ausbildungs- und anschließender Arbeitsvertrag nicht gleichzeitig abschließen lassen, verhindert die Einbeziehung des Weiterbeschäftigungsvorteils in den Saldierungsbereich ebensowenig wie die fehlende Möglichkeit der Quantifizierung des Vorteils. Würde die bilanzielle Berücksichtigung von erwarteten Einnahmenüberschüssen davon abhängen, daß diese bereits vertraglich gesichert sind, dürfte beispielsweise eine Maschine nicht aktiviert werden, wenn im Zeitpunkt der Anschaffung noch keine Aufträge bezüglich der von der Maschine zu produzierenden Güter vorliegen. Soweit ersichtlich, wird diese Forderung aber in der Bilanzrechtsliteratur nicht erhoben. Auch daß es der BFH im jüngsten Urteil zu Kiesausbeuteverträgen[671] für geboten gehalten hat, die mit einer Grundstücksnutzung zusammenhängenden Einnahmen aus künftigen Kippgebühren von Dritten in den Saldierungsbereich eines Pachtverhältnisses einzubeziehen, zeigt, daß es für die Saldierung nicht auf die vertragliche Einkleidung des erwarteten Vorteils ankommt. Entscheidend ist einzig dessen hinreichende Konkretisierung, die im Falle des Weiterbeschäftigungsvorteils durch den Abschluß des Ausbildungsvertrages gegeben ist. Maßgeblich für die Berücksichtigung des Weiterbeschäftigungsvorteils ist somit die wirtschaftliche Zusammengehörigkeit von Aus- und Weiterbildungsverhältnis, auf eine "nachweisbare identische Entstehungsursache"[672] kann es dagegen bei der Frage, ob der Vorteil in den Saldierungsbereich einzubeziehen ist, nicht ankommen.

Die mit der Ausbildung angestrebten Vorteile nicht im Saldierungsbereich eines Ausbildungsverhältnisses zu berücksichtigen, wäre mit dem unstrittigen Charakter eines Ausbildungsverhältnisses als investive Maßnahme nicht vereinbar. Denn schließlich sollte es "selbstverständlich (..) sein, daß das Gesetz nicht jenes Zerrbild wirtschaftlicher Leistungsfähigkeit meint"[673], das sich bei bloßer Orientierung am reinen Vertragsinhalt ergeben würde. Da die Bilanz des Kaufmanns wirtschaftlich sinnvolle Entscheidungen ermöglichen soll, können formaljuristische Kriterien wie die rechtliche Zäsur zwischen Ausbildungs- und Weiterbeschäftigungsverhältnis die bilanzielle Beurteilung eines Sachverhalts nicht dominieren. Vielmehr erscheint es angesichts der von seiten der Rechtsprechung und des Schrifttums überzeugend vorgebrachten Argumente für ein Abweichen von den formaljuristischen Gegebenheiten angebracht, dem wirtschaftlichen Gehalt von Ausbildungsverhältnissen eine besondere Bedeutung beizumessen und damit letztlich der Ausgeglichenheitsvermutung als maßgeb-

---

671 Vgl. *BFH* vom 16.12.1992 XI R 42/89, BFHE 170, S. 179-183.
672 *Thies* (Rückstellungen, 1996): S. 149, verneint dies bei einem Ausbildungsverhältnis und einem sich hieran anschließenden Arbeitsverhältnis.
673 *Moxter* (Wechseldiskonturteil, 1995): S. 1998.

licher Objektivierungsrestriktion für schwebende Geschäfte Geltung zu verschaffen. Der im Schrifttum angeführte Hinweis, für Verluste aus Warengeschäften müßten Rückstellungen gebildet werden, selbst "wenn der Bilanzierende sie bewußt herbeiführt, weil er auf gewinnträchtige Anschlußgeschäfte hofft", und es deshalb nicht einzusehen sei, warum bei "defizitären Dienstleistungsverträgen"[674] wie Ausbildungsverträgen keine Drohverlustrückstellungen zulässig sein sollen, überzeugt nicht. Denn es müßte gezeigt werden, daß es sich bei Ausbildungsverträgen tatsächlich um Verlustgeschäfte handelt und insbesondere der Weiterbeschäftigungsvorteil mangels hinreichender Anhaltspunkte nicht berücksichtigt werden darf. Wie bereits oben gezeigt, geht jedoch die Vermutung, Ausbildungsverhältnisse führten grundsätzlich zu Verpflichtungsüberschüssen, fehl. Zu bedenken ist außerdem, daß auch im Falle von sogenannten bewußt eingegangenen Waren-Verlustgeschäften Drohverlustrückstellungen dann nicht zu bilanzieren sind, wenn konkrete Anhaltspunkte dafür bestehen, daß der (vermeintliche) Verlust durch dem schwebenden Geschäft zuzurechnende Erträge ausgeglichen wird.[675]

Die Vorschläge von *Streim* und *Paus* zur Ermittlung von Drohverlustrückstellungen für Ausbildungsverhältnisse wegen fehlender oder nicht die Netto-Ausbildungskosten amortisierender Weiterbeschäftigung setzen implizit voraus, daß "die Belastung rechtlich bereits mit Abschluß des Ausbildungsvertrags entstanden ist" und zu diesem Zeitpunkt "eine entsprechend hohe Rückstellung gebildet werden"[676] muß. Dabei ist die rechtliche Belastung gleichzusetzen mit den Netto-Ausbildungskosten, die in kleinen Betrieben in voller Höhe, in großen Ausbildungsbetrieben dagegen in Höhe des arithmetischen Mittelwerts der nicht amortisierten Netto-Ausbildungskosten zu passivieren sind[677]. Dieser Auffassung könnte entgegengehalten werden, daß bei Vertragsschluß eine rechtliche Belastung nicht vorliegt, weil zu diesem Zeitpunkt von der Ausgeglichenheit eines jeden Ausbildungsverhältnisses auszugehen ist. Nur wenn konkrete Anhaltspunkte für eine Unausgewogenheit bestehen, ist von der Ausgeglichenheitsvermutung abzuweichen. Daß Wahrscheinlichkeitsschätzungen hinsichtlich der künftig nicht durch eine Weiterbeschäftigung amortisierten Netto-Ausbildungskosten als Möglichkeit der Entkräftung der Ausgeglichenheitsvermutung für Ausbildungsverhältnisse von Finanzverwaltung und Rechtspre-

---

674 *Eibelshäuser* (Rückstellungsbildung, 1987): S. 865 (beide Zitate).
675 Vgl. hierzu oben, 2. Kapitel, A. V. 4. und 5.
676 *Streim* (Ausbildungskosten, 1979): S. 501 (beide Zitate).
677 Vgl. *Streim* (Ausbildungskosten, 1979): S. 504.

chung akzeptiert werden, erscheint äußerst zweifelhaft, zumal die Ermessensspielräume bei der Schätzung der Wahrscheinlichkeit für das Ausscheiden von Auszubildenden bzw. Ausgebildeter vor Erreichen des Amortisationszeitpunktes wohl nicht vereinbar mit dem Erfordernis der Rechtssicherheit sind.

4.2. Die Berücksichtigung des Auswahlvorteils

a) Auffassung der Rechtsprechung

Von einem Auswahlvorteil geht der BFH aus, wenn ein Unternehmen die Zahl der Ausbildungsplätze nicht nur auf den Bedarf an zukünftig benötigten Fachkräften beschränkt ("Bedarfsbestand"), sondern darüber hinaus zusätzliche Ausbildungsplätze schafft, um den Bedarf an im eigenen Unternehmen ausgebildeten Fachkräften "zahlenmäßig und qualitativ sicher decken zu können (Reservebestand)"[678]. Der Vorteil, unter sämtlichen Auszubildenden die qualifiziertesten für eine Weiterbeschäftigung auswählen zu können[679], ergebe sich unmittelbar aus dem Ausbildungsverhältnis, nicht aber aus dem Abschluß des Arbeitsvertrages, mit dem "dieser Vorteil lediglich verwirklicht"[680] wird.

Für den Steuerpflichtigen verkörpere diese Chance einen "wirtschaftlichen Wert, weil sie die Deckung des Personalbedarfs erleichter[t] und das Risiko der Personalauswahl und die Einarbeitungskosten verringern" kann. Grundsätzlich trage *jedes einzelne* Ausbildungsverhältnis zur Entstehung des Vorteils bei, denn vor Beendigung der Ausbildungsverhältnisse sei regelmäßig "noch ungewiß, welche Auszubildenden in ein unbefristetes Arbeitsverhältnis übernommen werden"[681].

---

678 *BFH* vom 3.2.1993 I R 37/91, BStBl. II 1993, S. 441-446, hier S. 444 (beide Zitate).
679 Vgl. *BFH* vom 3.2.1993 I R 37/91, BStBl. II 1993, S. 441-446, hier S. 445.
680 *BFH* vom 25.1.1984 I R 7/80, BStBl. II 1984, S. 344-347, hier S. 346.
681 Vgl. *BFH* vom 3.2.1993 I R 37/91, BStBl. II 1993, S. 441-446, hier S. 445 (beide Zitate).

b) Befürwortung des Auswahlvorteils in der Literatur

Teilweise wird im Schrifttum die Einbeziehung des Auswahlvorteils in den Saldierungsbereich von Arbeitsverhältnissen befürwortet.[682] Der Auswahlvorteil ergebe sich, so *Herzig/Rieck,* "aus dem Ausbildungsvertrag selbst und nicht erst aus einem später mit dem Auszubildenden abgeschlossenen Arbeitsvertrag". Zwar werde der Auswahlvorteil erst durch den Abschluß künftiger Absatzgeschäfte realisiert, jedoch sei er "bereits durch den Abschluß des Grundgeschäftes zumindest faktisch realisierbar"[683] und damit ausreichend konkretisiert[684]. Infolgedessen müsse die Auswahlchance als Bestandteil des bilanzrechtlichen Synallagmas betrachtet und infolgedessen bei der Gegenüberstellung von Leistung und Gegenleistung berücksichtigt werden.

c) Ablehnung der Einbeziehung durch die Literatur

Gegen die Rechtsprechung des BFH wird angeführt, daß der Auswahlvorteil sich erst durch die Gesamtbetrachtung aller Ausbildungsverhältnisse ergebe. Eine derartige "Kollektivbetrachtung" sei indes unzulässig, da "jeder einzelne Ausbildungsvertrag gesondert zu betrachten ist"[685]. Man könne "die Ausbildungskosten für die Schlechteren nicht als zusätzliche Ausbildungskosten für die Besseren sehen"[686], denn das Einzelbewertungsgebot verbiete die Berücksichtigung solcher Vorteile, die sich einzelnen Vertragsverhältnissen nicht zurechnen ließen[687].

---

682 Vgl. *Clemm / Nonnenmacher* (in: Beck'scher Bilanz-Kommentar, 1995): § 249, Anm. 100 (Ausbildungskosten): "Hinsichtlich des Bedarfs- und eines Reservebestandes an Berufsausbildungsverträgen wird man die Ausgeglichenheitsvermutung für Ansprüche und Verpflichtungen aus den schwebenden Verträgen nicht verneinen können".

683 *Herzig / Rieck* (Abgrenzung des Saldierungsbereiches, 1995): S. 537 (beide Zitate). Für eine Berücksichtigung des Auswahlvorteils als Bestandteil des Ausbildungsverhältnisses vgl. auch *Fischer* (Rückstellung für Ausbildungsverträge, 1980): S. 170.

684 Vgl. *Naumann* (Rückstellungen, 1989), S. 351, der den Auswahlvorteil als "positive Folge des Ausbildungsverhältnisses" bezeichnet.

685 *Streim* (Ausbildungskosten, 1984): S. 466 (beide Zitate).

686 *Mayer-Wegelin* (Rückstellungen, 1980): S. 268.

687 Vgl. *Herzig* (Rückstellungen, 1986): S. 95.

Das Vorteilselement "bessere Positionierung des Unternehmens für die Beschaffung von Facharbeitern"[688] gehöre nicht zur Gegenleistung des Auszubildenden im Rahmen des Leistungsaustausches. Vorteilhafte Anschlußgeschäfte wie die Chance zur Auswahl und Weiterbeschäftigung besonders qualifizierter Mitarbeiter dürften daher nicht "als Argument herangezogen [werden], um die Ausgeglichenheit von Ausbildungsverträgen zu untermauern"[689]. Sie stellen allenfalls *nicht kausal* mit dem Ausbildungsvertrag verbundene Geschäftswertelemente dar, die "als globale Ertragschancen nicht mit sicheren vertraglichen Verpflichtungen saldiert werden"[690] dürften.

d) Würdigung

Auswahlvorteil und Weiterbeschäftigungsvorteil sind untrennbar miteinander verbunden, denn ohne die Möglichkeit der Weiterbeschäftigung würde die Chance, unter mehreren Auszubildenden die qualifiziertesten auszuwählen, keinen Vorteil und damit keine künftigen Einnahmenüberschüsse verkörpern. Insofern kann die Berücksichtigung des Auswahlvorteils mit den oben angeführten Argumenten zur Einbeziehung des Weiterbeschäftigungsvorteils in den Saldierungsbereich gestützt werden.

Gegen die Einbeziehung des Auswahlvorteils in den Saldierungsbereich läßt sich nicht einwenden, daß der Vorteil einzelnen Ausbildungsverhältnissen nicht zugeordnet werden kann. Zutreffend hat der BFH darauf verwiesen, daß der Abschluß jedes einzelnen Ausbildungsvertrages zur Entstehung des Vorteils beiträgt. Da die Feststellung der einem einzelnen Ausbildungsverhältnis zurechenbaren Erträge ohnehin nicht möglich und gerade deshalb von der Ausgewogenheit auszugehen ist, kann die Ausgeglichenheitsvermutung für Ausbildungsverhältnisse nicht deshalb entkräftet werden, weil die aus einem Gesamtbestand von Ausbildungsverhältnissen erwarteten künftigen Erträge nicht als solche Inhalt des einzelnen Ausbildungsvertrags sind.

---

688 *Herzig / Esser* (Arbeitsverhältnisse, 1985): S. 1305.
689 *Herzig* (Rückstellungen, 1986): S. 96. Generell zweifelnd auch *Schön* (Rückstellungen, 1994): S. 12.
690 *Kupsch* (Bewertungseinheit, 1995): S. 154, mit der gleichen Argumentation lehnt *Kupsch* auch die Einbeziehung des Weiterbeschäftigungsvorteils in den Saldierungsbereich ab.

4.3. Berücksichtigung des Ansehensvorteils

a) Auffassung der Rechtsprechung

Als *Über*bestand bezeichnet der BFH im Urteil vom 3. Februar 1993 denjenigen Bestand an Ausbildungsverhältnissen, der über den *Bedarfs-* und den *Reserve*bestand hinausgeht. "Ob ein Überbestand vorhanden ist, hängt von den Umständen des Einzelfalles ab". Im Streitfall bildete die Klägerin (ein Elektrizitätsversorgungsunternehmen) in den Jahren 1974 und 1975 insgesamt 70 Jugendliche aus, nach Beendigung der dreieinhalbjährigen Ausbildung übernahm sie insgesamt 22 der nunmehr fertig Ausgebildeten in ein unbefristetes Arbeitsverhältnis. Dem I. Senat schien ein Reservebestand von 50 % des Bedarfsbestands eine realistische "griffweise Schätzung" zu sein, so daß sich zum Ende des Jahres 1976 ein Überbestand von 37 Ausbildungsverhältnissen ergab. Insgesamt betrug der Überbestand in den Streitjahren 1978 bis 1984 "72 bis 75 % des Gesamtbestandes".

Die Steuerpflichtige setzte die Auszubildenden "überwiegend nicht produktiv ein und bildete sie u.a. in Lehrwerkstätten aus. Daraus folge, daß die unmittelbaren Ergebnisse der Arbeitsleistung der Auszubildenden (..) überwiegend wirtschaftlich wertlos waren". Insoweit sei die im Schrifttum vertretene Meinung zutreffend, wonach der Ertrag der Arbeitsleistungen eines Auszubildenden geringer sei als die dem ausbildenden Betrieb entstehenden Aufwendungen und der Aufwendungsüberschuß "- jedenfalls soweit (..) [er] durch den Überbestand (..) entsteht - nicht durch den Auswahlvorteil ausgeglichen"[691] würde. Zwar erhöhe der Überbestand das Auswahl*potential*, nicht aber den Auswahl*vorteil*, dessen "Höchstwert" schon durch Bedarfs- und Reservebestand erreicht werde. Daher ging der BFH "davon aus, daß der Klägerin aus den Berufsausbildungsverträgen in den Streitjahren Verluste drohten, falls durch die Berufsausbildungsverträge nicht andere bei der Bilanzierung zu berücksichtigende Vorteile für die Klägerin entstanden"[692].

Derartige Vorteile sah der erkennende Senat in der "*Ansehenssicherung oder -erhöhung*"[693], die die Klägerin durch den Abschluß zusätzlicher Ausbildungsverträge erlangte. Obwohl der Vorteil "nicht Teil der von den Auszubildenden

---

691 *BFH* vom 3.2.1993 I R 37/91, BStBl. II 1993, S. 441-446, hier S. 444 (alle Zitate).
692 *BFH* vom 3.2.1993 I R 37/91, BStBl. II 1993, S. 441-446, hier S. 445 (beide Zitate).
693 *BFH* vom 3.2.1993 I R 37/91, BStBl. II 1993, S. 441-446, hier S. 445 (Hervorh. im Original).

zu erbringenden Gegenleistung war", müsse der "wirtschaftliche Vorteil (..) bei der Prüfung, ob durch den Überbestand an Ausbildungsverträgen ein Verlust drohte"[694], berücksichtigt werden.

b) Gründe für die Ablehnung in der Literatur

aa) Kein Vorteil bei sozialem Engagement

Verschiedentlich wird im Schrifttum darauf hingewiesen, daß ein Unternehmen über den eigenen Bedarf hinaus nicht aus Gründen der Investition in Humankapital ausbilde, sondern weil es einen Beitrag zum "sozialen Frieden und zur wirtschaftlichen Prosperität"[695] leisten möchte, sich also gegenüber der Allgemeinheit verantwortlich sehe.[696] Auch ein fremder Dritter würde der Ansehenssicherung und -erhöhung "kein Entgelt zuordnen"[697]. Denn für den Erwerber bestehe keine Veranlassung, Verpflichtungsüberschüsse aus über den eigenen Bedarf hinaus abgeschlossenen Ausbildungsverträgen zu übernehmen: "Bei diesen Verpflichtungsüberschüssen handelt es sich um Sozialaufwendungen des Veräußerers, die auch von diesem getragen werden müssen".[698]

Während der Auswahl- und der Weiterbeschäftigungsvorteil noch sinnvoll als Bestandteile der vom Auszubildenden zu erwartenden Gegenleistung betrachtet werden könnten, treffe dies für die Ausbildung aus sozialpolitischen Erwägungen nicht zu, da hieraus resultierende etwaige Vorteile unzureichend konkretisiert seien[699]. Damit laufe die Nichtzulassung der Drohverlustrückstellung in dem oben angeführten Sachverhalt im Ergebnis "auf eine Besteuerung der Lehrlingseinstellung aus sozialen Gründen hinaus"[700].

---

694 BFH vom 3.2.1993 I R 37/91, BStBl. II 1993, S. 441-446, hier S. 446 (beide Zitate).
695 *Brezing* (Steuerliche Probleme, 1978): S. 373.
696 Vgl. *Paus* (Anmerkung zum BFH-Urteil vom 25.1.1984): S. 128.
697 *Christiansen* (Einzelbewertung, 1995): S. 396.
698 *Herzig* (Rückstellungen, 1986): S. 98. Vgl. auch *Riedlinger* (Rückstellung, 1995): S. 312.
699 Vgl. *Naumann* (Rückstellungen, 1989): S. 351 f. Ähnlich vgl. *Riedlinger* (Rückstellung, 1995): "Damit wird die Sozialbilanz tatsächlich zum Inhalt des Jahresabschlusses", S. 312; *Lempenau* (Ausbildungskosten, 1984): S. 462.
700 *Felix* (Lehrlingsplatzsteuer, 1993): S. 892.

bb) Maßgeblichkeit des Grundsatzes der Bruttobilanzierung

Nach dem Grundsatz der Maßgeblichkeit der Bruttobilanzierung seien nur solche Vorteile in den Saldierungsbereich schwebender Geschäfte einzubeziehen, "die grundsätzlich bilanzierungsfähig (also aktivierbar) sind"[701]. "Darüber hinausgehende Vorteile, die sich der Kaufmann vom Abschluß oder der Abwicklung des Geschäfts erhofft, dürfen demgegenüber keinen Eingang in die Saldorechnung finden"[702]. Vielmehr müßten zusätzliche Vorteile "unabhängig von der Drohverlustrückstellung gesondert auf ihre Bilanzierungs- und Bewertungsfähigkeit überprüft werden"[703].

Die Sicherung und Erhöhung des Ansehens eines Unternehmens begründe aber weder "einen aus dem Berufsbildungsverhältnis herrührenden Anspruch gegen den Auszubildenden" noch verkörpere der Vorteil "einen (abstrakt) einlagefähigen Vermögenswert"[704]. Darüber hinaus müsse bezweifelt werden, daß dem in Frage stehenden Vorteil überhaupt "die Qualität eines Geschäftswerts" zukomme, da dieser "als Substanz hinlänglich quantifizierbarer künftiger Gewinnerwartungen" einzustufen sei, während die Ansehenssicherung und -erhöhung "wertmäßig (..) auch nicht annähernd"[705] bestimmt werden könne. Außerdem dürfe der Vorteil der Ansehenssicherung und -erhöhung allenfalls "mit der Gesamtheit der Ausbildungsverträge"[706] in Verbindung gebracht werden, so daß bereits der Einzelbewertungsgrundsatz seiner Berücksichtigung entgegenstehe.

Verlange der BFH im jüngsten Ausbildungskostenurteil trotzdem die Einbeziehung "aller wirtschaftlichen Folgen *eines* Geschäfts in den Saldierungsbe-

---

701 *Christiansen* (Einzelbewertung, 1995): S. 386. Nach *Christiansen* muß "ein zu berücksichtigender wertbildender Faktor spätestens mit dem Eintritt des Risikos der Bezugsposition bilanzierungsfähig sein", S. 396. Vgl. zum Grundsatz der Maßgeblichkeit der Bruttobilanzierung auch *Pößl* (Saldierung, 1984): S. 430 f.; *Scheidle / Scheidle* (Ausbildungsverträge, 1980): S. 720.

702 *Kessler* (Dauerbeschaffungsgeschäfte, 1996): S. 10, diese Auffassung ergibt sich zwangsläufig aus der von *Kessler* favorisierten "klassischen Interpretation der Drohverlustrückstellung". Ebenso vgl. *Küting / Kessler* (Verlustrückstellungsbildung, 1993): S. 1050.

703 *Schön* (Rückstellungen, 1994): S. 12. Ähnlich vgl. *Schreiber / Rupp* (Zulässigkeit, 1981): S. 95.

704 *Küting / Kessler* (Verlustrückstellungsbildung, 1993): S. 1050 (beide Zitate).

705 *Christiansen* (Einzelbewertung, 1995): S. 396 (alle Zitate).

706 *Herzig* (Drohverlustrückstellungen, 1994): S. 1430, der hierin einen offenkundigen Unterschied zum Apothekerfall sieht.

reich"[707], so gebe er damit "indirekt zu erkennen", daß bei der Ausgewogenheitsprüfung schwebender Berufsausbildungsverträge "auf das (vermeintliche) Ergebnis aus der Abwicklung dieser Geschäfte", nicht aber auf die im Sinne des Grundsatzes der Bruttobilanzierung gebotene Prüfung des "wertmäßige[n] Verhältnis[ses] zwischen den vertraglichen Ansprüchen und Verpflichtungen"[708] abzustellen sei. Damit aber habe der BFH "den Boden des Bilanzrechts eindeutig verlassen"[709].

cc) Parallele zum Apothekerfall: Mangelnde Konkretisierung des erwarteten Vorteils

Da der BFH in der Entscheidung vom 3. Februar 1993 den Saldierungsbereich von schwebenden Geschäften sehr weit gezogen hat, wurde erwartet, daß Drohverlustrückstellungen für sogenannte 'bewußt eingegangene Verlustgeschäfte' künftig nur noch in Ausnahmefällen zulässig sind.[710] Umso erstaunlicher war es, daß der X. Senat im Apothekerfall entschieden hat, der Standortvorteil sei nicht geeignet, den sich aus den vertraglichen Verpflichtungen ergebenden Ausgabenüberschuß zu kompensieren. Der Senat betont in seinen Ausführungen zum Apothekerfall, daß der I. Senat im Ausbildungskostenurteil offenbar davon ausgehe, der wirtschaftliche Vorteil der Ansehenssicherung und -erhöhung trete "in einer ideellen Form sogleich mit dem Abschluß der Ausbildungsverträge" ein. Lasse man allerdings die "ideelle Seite" des Vorteils außer acht, so zeige sich, daß die nicht kostendeckende Untervermietung an einen Arzt und die Ausbildungsverhältnisse "in wesentlichen Beziehungen vergleichbar sind"; der jeweilige Steuerpflichtige erwarte in beiden Fällen, daß die aus den schwebenden Geschäften erwarteten Vorteile sich in künftigen Umsatz- oder Gewinnsteigerungen auswirken würden. Die "aus dem handelsrechtlichen Vorsichtsprinzip hergeleiteten Bedenken" bestünden "sowohl gegenüber einer Rückstellungsbegrenzung aus einem Standortvorteil als auch gegenüber einer Rückstellungsbegrenzung aus einer Ansehenssicherung oder -erhöhung"[711].

---

707 *BFH* vom 3.2.1993 X R 72/90, BStBl. II 1993, S. 441-446, hier S. 446.
708 *Kessler* (Drohverlustrückstellung, 1994): S. 570 (alle Zitate), der hierin eine "Tendenzwende" von der statischen Interpretation der Drohverlustrückstellung hin zur "von der betriebswirtschaftlichen Bilanzlehre propagierten Neudefinition" sieht.
709 *Küting / Kessler* (Verlustrückstellungsbildung, 1993): S. 1046.
710 Vgl. *Karrenbrock* (Saldierungsbereich, 1994): S. 97.
711 *BFH-Beschluß* vom 26.5.1993 X R 72/90, BStBl. II 1993, S. 855-861, hier S. 859 (alle Zitate). *Siegel* (Saldierungsprobleme, 1994): S. 2239, meint denn auch, daß der wahre

Die Bedenken des BFH werden vom überwiegenden Teil des Schrifttums geteilt: Die Ansehenssicherung und -erhöhung ist ebensowenig wie der Standortvorteil im Apothekerfall[712] geeignet, als Gegenleistung im Rahmen eines schwebenden Geschäfts anerkannt zu werden. In beiden Fällen handele es sich um "vorerst nur vage" Erwartungen, die der "späteren Bestätigung am Markt" erst noch bedürften. Sowohl im Apothekerfall als auch im Fall des aus einem Überbestand an Ausbildungsverhältnissen erwarteten Ansehensvorteils vermögen die "bloße Ausgeglichenheitsvermutung und die subjektiv gewiß bestehende Ausgeglichenheitserwartung des Kaufmanns die bei Bilanzerstellung - und zwar objektiv - tatsächlich (noch) fehlende Ausgeglichenheit des schwebenden Geschäfts nicht zu surrogieren"[713].

Während allerdings der Standortvorteil nach Auffassung von *Herzig/Rieck* "faktisch durchsetzbar war", ist die "Durchsetzbarkeit der Ansehenssicherung und -erhöhung (..) nicht aus dem Ausbildungsvertrag als zugrundeliegendem Vertragsverhältnis gegeben, sondern bedarf des Abschlusses weiterer, noch höchst ungewisser Folgegeschäfte"[714]. Aus diesem Grund gehe die Entscheidung des I. Senats im jüngsten Urteil zu Ausbildungsverhältnissen "weit über den Apothekerfall hinaus"[715].

c) *Würdigung: Die besondere Bedeutung der Ausgeglichenheitsvermutung für Ausbildungsverhältnisse*

Die detaillierte Begründung des BFH für die Einbeziehung der Ansehenssicherung in den Saldierungsbereich läßt erkennen, daß die bloße *Behauptung*, durch den Abschluß von Ausbildungsverträgen über den eigenen Bedarf hinaus erlange das Unternehmen einen Vorteil, zur Verneinung einer Drohverlustrückstellung nicht ausreicht. Vielmehr kommt es entscheidend auf die *konkreten* sozialen, arbeitsmarkt- und wirtschaftspolitischen Umstände an. Wird das Anbieten von Ausbildungsplätzen über den eigenen Bedarf hinaus in der Öffentlichkeit positiv beurteilt, während Unternehmen (negative) Kritik erfahren, die der Auf-

---

Grund für den Vorlagebeschluß nicht nur in der grundsätzlichen Bedeutung nach § 11 Abs. 4 FGO zu suchen sei, sondern in der vom jüngsten Ausbildungskostenurteil abweichenden Wertung bei der Frage der Abgrenzung des Saldierungsbereichs liege.

712 Vgl. *Christiansen* (Einzelbewertung, 1995): S. 396.
713 *Gosch* (Rechtsprechung, 1994): S. 76 (alle Zitate).
714 *Herzig / Rieck* (Abgrenzung des Saldierungsbereiches, 1995): S. 538 (beide Zitate). Ebenso vgl. *Herzig* (Drohverlustrückstellungen, 1994): S. 1430.
715 *Herzig* (Drohverlustrückstellungen, 1994): S. 1430.

forderung nach Zurverfügungstellung möglichst vieler Ausbildungsplätze nicht nachkommen, so ist die Ansehenssicherung als konkretisierter wirtschaftlicher Vorteil anzusehen. Einen weiteren Anhaltspunkt für die wirtschaftliche Werthaltigkeit der Ansehenssicherung bieten Geschäftsberichte und Sozialbilanzen, in denen Unternehmen "werbewirksam auf ihre Ausbildungsleistungen aufmerksam"[716] machen. Wird zudem das Eigenkapital eines über den eigenen Bedarf hinaus ausbildenden Unternehmens überwiegend von Gebietskörperschaften gehalten[717], ist der Ansehensverlust umso größer, je mehr sich ein solches Unternehmen weigert, den Appellen von Bundes- oder Landesregierungen, politischen Parteien, Gewerkschaften, Kirchen oder Arbeitgeberverbänden nachzukommen. So gesehen ist das Unternehmen faktisch zum Abschluß möglichst vieler Ausbildungsverträge gezwungen, um nicht "einen beträchtlichen Ansehensverlust"[718] zu erleiden. Auch dieser Gesichtspunkt spricht dafür, die Ansehenssicherung als konkretisierten wirtschaftlichen Vorteil zu betrachten, der in den Saldierungsbereich eines Ausbildungsverhältnisses einzubeziehen ist.

Der Vorwurf *Kessler*s, die Ausbildungskostenurteile seien "ein Musterbeispiel dafür, wie auf der Grundlage [der Ausgeglichenheitsvermutung] (..) eingetretene Verluste (im Sinne von Nettoverpflichtungen) gleichsam als Indikatoren für ungeahnte Ertragspotentiale umgedeutet werden können", ist daher nicht gerechtfertigt. Dem BFH geht es nicht um die 'Aufspürung' "bislang nicht entdeckter Ertragschancen"[719], sondern darum zu zeigen, daß eine an der Zivilrechtsstruktur schwebender Ausbildungsverhältnisse orientierte Prüfung der Ausgeglichenheit gerade dann zu wirtschaftlich sinnlosen bilanziellen Ergebnissen führt, wenn hinreichend konkretisierte Erträge aus den Ausbildungsverhältnissen negiert werden.

Daß die Ausbildung von Jugendlichen aus Gründen der "Sozialorientierung" erfolgt, die die "Gewinnorientierung der Unternehmen (..) zunehmend ergänzt", muß nicht zugleich bedeuten, daß Aufwendungen für die zum Überbestand zählenden Ausbildungsverhältnisse zu Vermögenseinbußen führen, "denen sich der Kaufmann in der gegenwärtigen Umwelt nicht entziehen kann, die aber

---

716 *BFH* vom 3.2.1993 I R 37/91, BStBl. II 1993, S. 441-446, hier S. 445.
717 Vgl. *BFH* vom 3.2.1993 I R 37/91, BStBl. II 1993, S. 441-446, hier S. 445. Im Streitfall wurden 74 % des Aktienkapitals der Steuerpflichtigen von Gebietskörperschaften gehalten.
718 *BFH* vom 3.2.1993 I R 37/91, BStBl. II 1993, S. 441-446, hier S. 445.
719 *Kessler* (Drohverlustrückstellung, 1994): S. 571 (beide Zitate). Ebenso vgl. *Felix* (Lehrlingsplatzsteuer, 1993): S. 892.

nicht zu einem entsprechenden Gegenwert führen"[720], weil mit der Sozialverpflichtung weder ein materielles noch ein immaterielles Wirtschaftsgut geschaffen würde. Zunächst einmal könnten sich Abgrenzungsprobleme ergeben, da die Unterscheidung in betrieblich und außerbetrieblich veranlaßte Ausbildungsverhältnisse regelmäßig Schwierigkeiten bereiten dürfte[721]. Der vom BFH zu entscheidende Fall zeigt allerdings, daß es möglich ist, auf Erfahrungswerte der Vergangenheit zurückzugreifen, um auf diesem Wege zu einer griffweisen Schätzung des sozialpolitisch motivierten Überbestandes zu gelangen.

Daß Erträge, die aufgrund des sozialen Engagements erwartet werden, nach Auffassung von Teilen des Schrifttums[722] nicht ebenso in den Saldierungsbereich von Ausbildungsverhältnissen einbezogen werden sollen wie der Weiterbeschäftigungs- oder der Auswahlvorteil, läßt sich nicht überzeugend begründen. Allen Vorteilen ist gemein, daß sie wegen fehlender Greifbarkeit und selbständiger Bewertbarkeit als Bestandteile des originären Geschäfts- oder Firmenwerts zu klassifizieren sind. Allenfalls in der Verknüpfung mit der Arbeitsleistung des Auszubildenden könnte ein Unterschied bestehen: Während die im Weiterbeschäftigungs- und im Auswahlvorteil verkörperten zukünftigen Erträge als Bestandteil der Arbeitsleistung des nach Beendigung der Ausbildung weiterbeschäftigten Auszubildenden angesehen werden können, ist ein solcher Zusammenhang hinsichtlich des Ansehensvorteils nicht so ohne weiteres erkennbar. Doch spielt dieser Unterschied für die Einbeziehung eines Vorteils in den Saldierungsbereich aus Sicht des BFH keine Rolle. Entscheidend ist vielmehr, daß der Ansehensvorteil ebenso wie der Weiterbeschäftigungs- und der Auswahlvorteil "sogleich mit dem Abschluß der Ausbildungsverträge eintritt und deshalb als greifbarer Vermögensvorteil anzusetzen ist"[723].

Allerdings trifft die Frage danach, ob der jeweilige Vorteil sogleich, im Laufe oder gar erst nach Abschluß des Ausbildungsverhältnisses entsteht, nicht den Kern des Saldierungsproblems, denn für alle Ausbildungs-Vorteile könnten Argumente gefunden werden, die dafür sprechen, die Entstehung des Vorteils dem einen oder dem anderen Zeitpunkt zuzuordnen. Nicht vergessen werden darf außerdem, "daß auch ein möglicherweise *sogleich* eintretender Ansehens-

---

720 *Herzig* (Rückstellungen, 1986): S. 97 (alle Zitate).
721 Vgl. *Schülen* (Entwicklungstendenzen, 1983): S. 662.
722 Vgl. *Naumann* (Rückstellungen, 1989): S. 351 f.
723 *Gosch* (Rechtsprechung, 1994): S. 76, der hierin die Begründung sieht, daß der *BFH* in der Entscheidung vom 3.2.1993 I R 37/91, BStBl. II 1993, S. 441-446, die Einbeziehung "isoliert nicht bilanzierungsfähiger Chancen" in den Saldierungsbereich verlangt habe.

gewinn nicht automatisch zu künftigen Umsätzen führen muß."[724] So gesehen ist es fraglich, ob der Ansehensvorteil einen höheren Konkretisierungsgrad durch die Unterstellung erlangt, der Vorteil entstehe unmittelbar im Zeitpunkt des Abschlusses der Ausbildungsverträge.

Doch ging es dem BFH wohl auch nicht darum, durch Hinweis auf den sofortigen Eintritt des Ansehensvorteils dessen Quasi-Sicherheit zu konstruieren, die ohnehin für die Saldierung nicht gefordert werden kann[725]. Vielmehr mag das Bestreben des I. Senats darin bestanden haben, sich vor der Behauptung zu schützen, er habe ein neben dem Ausbildungsverhältnis bestehendes Wirtschaftsgut 'Ansehenssicherung und -erhöhung' des Unternehmens kreiert. Denn gerade in diesem Sinne ist das Urteil nach Auffassung *Grohs* "nicht gemeint", da sich bereits "nach den herkömmlichen Maßstäben keine Verlustrückstellung begründen" ließe.

Zulässig ist die Bilanzierung von Drohverlustrückstellungen für Arbeits- wie für Ausbildungsverhältnisse nur bei völliger Ertragslosigkeit; im Falle des Überbestandes bedeutet dies, der Kaufmann muß belegen können, daß die aus sozialpolitischen Erwägungen heraus geschlossenen Ausbildungsverhältnisse "überhaupt nicht zu den Betriebsleistungen"[726] beitragen. Der dem Urteil vom 3. Februar 1993 zugrunde liegende Sachverhalt enthält jedoch keine Anhaltspunkte dafür, daß das Unternehmen sich von der Ausbildung weit über den eigenen Bedarf hinaus überhaupt nichts versprochen hat, denn schließlich wurden *seit einigen Jahren* zu viele Auszubildende beschäftigt, weshalb in der Tat von einer Fehlmaßnahme nicht auszugehen ist: Wenn ein Unternehmen die Aufwendungen für die Ausbildung Jugendlicher "immer wieder trägt und keine besonderen Umstände erkennbar sind (..), die diese Verträge als wirtschaftlich unvernünftig erscheinen lassen, dann muß die Vermutung der Ausgeglichenheit, die ohnehin grundsätzlich besteht, in besonderem Maße zum Zuge kommen"[727]. Nicht maßgeblich ist insofern, daß Jugendliche (wie im oben angeführten Sachverhalt) überwiegend in Lehrwerkstätten ausgebildet werden und dadurch keine oder nur geringe Beiträge zur Herstellung der am Markt abzusetzenden Produkte leisten.[728]

---

724 *Thies* (Rückstellungen, 1996): S. 152-153 (Hervorh. d. Verf.).
725 Vgl. *Moxter* (Abzinsung, 1993): S. 199; *ders.* (Rückstellungskriterien, 1995): S. 320; *Thies* (Rückstellungen, 1996): S. 152-153.
726 *Groh* (Rechtsprechung, 1994): S. 96 (alle Zitate).
727 *Fischer* (Rückstellung für Ausbildungsverträge, 1980): S. 171.
728 A.A. vgl. *Hartung* (Verpflichtungen im Personalbereich, 1987): S. 2142, der in diesem Fall von 'überdimensionierter' Berufsausbildung spricht.

Man wird zudem stets in Betracht ziehen müssen, daß ein Kaufmann nicht gezwungen werden kann, die Berechnungsmethoden der Sachverständigenkommission zu übernehmen, wodurch er zwangsläufig zu dem Ergebnis gelangen würde, daß (nahezu[729]) sämtliche Ausbildungsverhältnisse verlustbehaftet sind. Dem Kaufmann kann es nicht verwehrt sein, von der Ausgeglichenheit seiner Ausbildungsverhältnisse auszugehen. Solange die Arbeitsleistung, unabhängig davon, ob sie von einem Arbeitnehmer oder einem Auszubildenden erbracht wird, nicht objektiviert bewertet werden kann, ist an der Ausgeglichenheitsvermutung als Typisierung und unerläßliches Instrument zur Wahrung der Rechtssicherheit festzuhalten.

Damit erscheint die Bilanzierung von Drohverlustrückstellungen für "außerbetrieblich veranlaßte"[730] Ausbildungsverhältnisse - entgegen der vorherrschenden Auffassung im Schrifttum[731] - *nicht* "zwingend geboten"[732]. Vielmehr ist angesichts des nicht in objektivierter Weise lösbaren Problems der einem Ausbildungsverhältnis zuzurechnenden Erträge davon auszugehen, daß der Ausweis von Drohverlustrückstellungen für Ausbildungsverhältnisse nur auf wenige Ausnahmefälle beschränkt bleibt.[733] Ein solcher Ausnahmefall soll beispielsweise vorliegen, wenn absehbar ist, "daß der Markt das arbeitsmarktpolitische Engagement des Unternehmens nicht über entsprechende Umsatzgeschäfte honoriert"[734]. Da jedoch zwischen dem Abschluß von Ausbildungsverträgen und etwaigen Auswirkungen auf die Höhe künftiger Umsätze kein eindeutiger Kausalzusammenhang besteht - ursächlich für bestimmte Umsatzentwicklungen könnten z.B. auch konjunkturelle Einflüsse oder die Konkurrenzsituation[735] sein -, ist die Feststellung, daß eine besonders hohe Zahl von Ausbildungsverträgen zu höheren Umsätzen führt, genausowenig möglich

---

729 Nur soweit die *produktiven* Leistungen des Auszubildenden die dem Ausbildungsverhältnis zuzurechnenden Aufwendungen übersteigen, entsteht kein rechnerischer Verpflichtungsüberschuß. Dies ist der Fall, wenn ein Auszubildender (weit über die ihm nach dem Ausbildungsvertrag auferlegten Pflichten hinaus) wie eine vollwertige Arbeitskraft eingesetzt wird.

730 *Schülen* (Entwicklungstendenzen, 1983): S. 662.

731 Vgl. *Clemm / Nonnenmacher* (in: Beck'scher Bilanz-Kommentar, 1995): § 249, Anm. 100 (Ausbildungskosten); *Mayer-Wegelin* (in: Küting / Weber, 1995): § 249, Rn. 229 (Ausbildungskosten). Zumindest zweifelnd vgl. *Scheffler* (in: Beck HdR, 'Rückstellungen', 1994): Rz 195.

732 *Herzig* (Rückstellungen, 1986): S. 98.

733 Gl. A. vgl. *Weber-Grellet* (in: Schmidt EStG, 1997): § 5, Rz 550 (Ausbildungskosten).

734 *Thies* (Rückstellungen, 1996): S. 156.

735 Fällt beispielsweise der Hauptkonkurrent wegen Konkurses oder Geschäftsaufgabe weg, ist künftig mit höheren Umsätzen zu rechnen.

wie die umgekehrte Aussage, daß ein Überbestand an Ausbildungsverhältnissen keinerlei Auswirkungen auf die Umsatzentwicklung nimmt. Als Fehlmaßnahmen und damit als 'unübliche' Ausbildungsverhältnisse könnten aber solche verstanden werden, die für den Betrieb wegen gänzlich fehlender Wahrscheinlichkeit der Übernahme von ausgebildeten Fachkräften völlig wertlos geworden sind. Dies kann der Fall sein "bei Einstellung, Umstellung oder Rationalisierung des Betriebes"[736].

---

736 *Fischer* (Rückstellung für Ausbildungsverträge, 1980): S. 171.

Thesenförmige Zusammenfassung

1. Das Imparitätsprinzip kann als Vermögens- oder Gewinnermittlungsprinzip klassifiziert werden. Die Einordnung als Vermögensermittlungsprinzip ergibt sich dann, wenn der primäre Sinn und Zweck der Bilanz in der Kontrolle des Schuldendeckungspotentials zum Bilanzstichtag gesehen wird. Das Schuldendeckungsvermögen kann entweder unter der Fiktion der Unternehmensfortführung oder der Unternehmenszerschlagung ermittelt werden. In beiden Fällen ist der Barwertansatz für Verbindlichkeiten zwingend und damit ein zeitwertstatisches Verständnis der Passiven.

2. Der Ansatz von Drohverlustrückstellungen hängt in zeitwertstatischer Sicht davon ab, ob der Wert der auf den Bilanzstichtag abgezinsten eigenen Leistungsverpflichtung den ebenfalls auf den Bilanzstichtag diskontierten Wert der Gegenleistung übersteigt. Für die Bewertung von Drohverlustrückstellungen gilt ebenfalls, daß ein etwaiger ermittelter Verpflichtungsüberschuß abzuzinsen ist; dies entspricht sowohl der Auffassung weiter Teile der Bilanzrechtsliteratur als auch des BFH.

3. Sinn und Zweck der Bilanz im Rechtssinne kann weder die Ermittlung des Schuldendeckungsvermögens noch der umfassende Ausweis der tatsächlichen Vermögenslage eines Unternehmens zum Bilanzstichtag sein. In Anbetracht der an Periodenumsätzen zu orientierenden (Realisationsprinzip) und verlustantizipierenden (Imparitätsprinzip) Gewinnermittlung muß die Primäraufgabe handels- und steuerrechtlicher Bilanzierung in der Bestimmung eines unbedenklich (im Sinne der Überlebensfähigkeit des Unternehmens) entziehbaren Betrags bestehen. In der 'Ausschüttungsbilanz' erfüllt das Imparitätsprinzip eine Gewinnermittlungsfunktion.

4. Das Imparitätsprinzip als Gewinnermittlungsprinzip impliziert, daß es bei der Vorwegnahme von Verlusten nicht auf den anteiligen Vermögenswert eines Aktivums, Passivums oder eines schwebenden Geschäfts ankommt, sondern einzig auf den effektiv in Erscheinung tretenden Verlust, um den künftige GVR zu entlasten sind. Ebendieses Ziel handels- und steuerrechtlicher Verlustantizipation bedingt, daß Drohverlustrückstellungen unabgezinst bilanziert werden müssen, da anderenfalls künftige GVR die bis zum Erreichen des vollen Erfüllungsbetrags notwendigen Zinsaufwendungen zu tragen hätten.

5. Die Bilanzierung von Drohverlustrückstellungen ist nur zulässig, soweit Verluste aus schwebenden Geschäften im Sinne gegenseitiger Verträge drohen. Ansprüche und Verpflichtungen aus diesen Rechtsgeschäften unterliegen ansonsten dem Grundsatz der Nichtbilanzierung. Diese Konvention wird sowohl

vom BFH als auch (überwiegend) vom Bilanzrechtsschrifttum auf den im Realisationsprinzip verkörperten Vorsichtsgedanken zurückgeführt. Erklären läßt sich der Nichtbilanzierungsgrundsatz aber auch mit der mangelnden Bewertbarkeit insbesondere der Ansprüche aus schwebenden Dauerschuldverhältnissen. Für Verpflichtungen aus schwebenden Geschäften gilt, daß sie als kompensiert durch die ihnen im Rahmen des schwebenden Geschäfts zuordenbaren künftigen Erträge (dem Gegenleistungsanspruch) zu betrachten und daher nicht zu passivieren sind.

6. Die notwendige Gegenüberstellung künftiger Erträge und Aufwendungen zur Ermittlung von Drohverlustrückstellungen setzt eine Abgrenzung des schwebenden Geschäfts voraus. Während die Bildung anderer sogenannter Bewertungseinheiten wie etwa von Gewährleistungsverpflichtungen und Rückgriffsansprüchen unstrittig ist, bestehen hinsichtlich der Bestimmung des Saldierungsbereichs von Drohverlustrückstellungen erhebliche Divergenzen: Dem streng an formalrechtlichen Kriterien orientierten Grundsatz der Maßgeblichkeit der Bruttobilanzierung steht die Abgrenzung des schwebenden Geschäfts im Sinne des 'bilanzrechtlichen Synallagmas' (wirtschaftliches Austauschverhältnis) gegenüber.

7. Zwar überzeugt einerseits die formalrechtliche Begrenzung des Saldierungsbereichs auf die vertraglich zugesicherten Ansprüche und Verpflichtungen nicht. Da jedoch andererseits eine allgemeingültige Definition der in das (aus bilanzrechtlicher Sicht vorzuziehende) 'wirtschaftliche Austauschverhältnis' einzubeziehenden Vorteile kaum gelingen dürfte, kommt der Ausgeglichenheitsvermutung als besonderer Objektivierungsrestriktion der Drohverlustrückstellung erhebliche Bedeutung zu: Solange die Unausgeglichenheit nicht objektiv greifbar geworden ist, muß davon ausgegangen werden, daß sich Ansprüche und Verpflichtungen im Rahmen eines schwebenden Geschäfts die Waage halten. Die Notwendigkeit der Ausgeglichenheitsvermutung folgt insbesondere aus der Zurechnungsproblematik, die bei Absatzgeschäften vor allem in der Aufwandszurechnung, bei Beschaffungsgeschäften dagegen in der Ertragszurechnung besteht.

8. Ausgeprägte Zurechnungsprobleme ergeben sich bei Dauerschuldverhältnissen. Fraglich ist insbesondere, wie der Anspruch im Rahmen eines Miet-, Arbeits- oder Ausbildungsverhältnisses zu bewerten ist. Im Vorlagebeschluß zum sogenannten 'Apothekerfall' argumentiert der BFH, daß nur solche Vorteile in den Saldierungsbereich eines Mietverhältnisses einbezogen werden dürften, die vertraglich zugesichert wurden. Vermögenswerte Vorteile, die diese Voraussetzung nicht erfüllten, wie beispielsweise ein Standortvorteil, müßten dagegen unberücksichtigt bleiben. Der Standortvorteil erfüllt jedoch durchaus die

Kriterien eines (einlagefähigen) Vermögensgegenstandes, schon deshalb ist die Ausgeglichenheitsvermutung in diesem Fall nicht als greifbar entkräftet zu betrachten.

9. Der 'Apothekerfall' zählt zu den sogenannten 'bewußt eingegangenen Verlustgeschäften', für die Drohverlustrückstellungen nur dann zu bilanzieren sind, wenn tatsächlich ein (bilanzrechtlicher) Verlust droht. Dies ist zumindest dann ausgeschlossen, wenn *nicht vertraglich* gesicherte Vorteile die Voraussetzungen eines (einlagefähigen) Vermögensgegenstandes erfüllen. Auf diese Weise 'lebt' die Ausgeglichenheitsvermutung trotz eines etwaigen, zuvor ermittelten Überschusses der Aufwendungen über die *vertraglich* gesicherten Erträge gleichsam wieder auf.

10. Die im Schrifttum erhobene Forderung nach Orientierung an Wiederbeschaffungskosten zur Ermittlung des Anspruchs auf Nutzungsüberlassung (Miete, Leasing oder Pacht) ist wegen der Gefahr der Berücksichtigung entgangener Gewinne zurückzuweisen. Da sich allerdings der Beitrag des Anspruchs auf Nutzungsüberlassung zum (Absatz-)Erfolg eines Unternehmens regelmäßig nicht feststellen läßt, ist grundsätzlich von der Ausgeglichenheit von Miet-, Leasing- oder Pachtverhältnissen auszugehen. Diese Vermutung kann bei völliger Ertragslosigkeit oder objektiv eingeschränkter Nutzungsmöglichkeit entkräftet werden.

11. Der Wert einer Arbeitsleistung läßt sich (als Voraussetzung für die Feststellung, daß die Verpflichtung den Anspruch aus einem Arbeitsverhältnis übersteigt) nicht objektiviert ermitteln. Aus diesem Grund lehnen der BFH und Teile der Literatur Drohverlustrückstellungen für Verpflichtungen aus Verdienstsicherungsvereinbarungen und für Gehaltsfortzahlungen im Krankheitsfall zu Recht ab: Solange die Bewertung von Arbeitsverhältnissen nicht in objektivierter Weise möglich ist, muß die Ausgeglichenheit typisierend unterstellt werden. Nur im Falle, daß ein Mitarbeiter keine oder so gut wie keine Arbeitsleistung mehr erbringt, aber z.B. aus moralischen Gründen weiterbeschäftigt wird, gilt die Ausgeglichenheitsvermutung als greifbar widerlegt.

12. Ausbildungsverhältnisse lassen sich (wie andere Arbeitsverhältnisse) nicht objektiviert bewerten. Im Vordergrund der Ausbildung steht die Lernpflicht, nicht aber die Pflicht zur Erbringung bestimmter Arbeitsleistungen. Insoweit liegt der Wert der Arbeitsleistung - selbst wenn deren objektivierte Bewertung möglich wäre - regelmäßig unter den Aufwendungen, die einem Ausbildungsverhältnis zuzurechnen sind. Da sich bei ausschließlicher Betrachtung der Arbeitsleistung von Auszubildenden nicht erklären läßt, warum dennoch viele Unternehmen Jugendliche ausbilden, muß unterstellt werden, daß Ausbildungsverträge Vorteile verkörpern, die sie aus Sicht der Unternehmen (mindestens)

ausgeglichen erscheinen lassen. Vom BFH und der Literatur werden der Weiterbeschäftigungs- und der Auswahlvorteil genannt und deren Einbeziehung in den Saldierungsbereich von Ausbildungsverhältnissen verlangt. Darüber hinaus soll nach Auffassung des BFH auch der Ansehensvorteil, der sich aus dem Abschluß von über den Bedarfs- und Reservebestand hinausgehenden Ausbildungsverträgen ergibt, saldierend berücksichtigt werden. Da in dem betreffenden Sachverhalt das Unternehmen schon seit einigen Jahren zu viele Auszubildende beschäftigte, mußte angenommen werden, daß die Ausbildungsverträge wirtschaftlich nicht sinnlos waren und daher keine 'Fehlmaßnahme' vorlag, die die Ausgeglichenheitsvermutung hätte entkräften können.

Literaturverzeichnis

Adler / Düring / Schmaltz (Rechnungslegung, 1968): Rechnungslegung und Prüfung der Aktiengesellschaft, Handkommentar, 4. Auflage, völlig neu bearbeitet von Kurt Schmaltz, Karl-Heinz Forster, Reinhard Goerdeler, Hans Havermann, Bd. 1, Rechnungslegung, Stuttgart 1968.

Adler / Düring / Schmaltz (Rechnungslegung, 1995): Rechnungslegung und Prüfung der Unternehmen, Kommentar zum HGB, AktG, GmbHG, PublG nach den Vorschriften des Bilanzrichtlinien-Gesetzes, neu bearbeitet von Karl-Heinz Forster u.a., 6. Auflage, Stuttgart 1995 (Teilband 1).

Albach, Horst (Berufsausbildung, 1974): Steuerliche Erleichterungen für betriebliche Maßnahmen der Berufsausbildung?, in: BB, 29. Jg. (1974), S. 1449-1452.

Ammermüller, Martin G. (Abfindungen, 1975): Abfindungen an Arbeitnehmer wegen Beendigung des Arbeitsverhältnisses, in: BB, 30. Jg. (1975), Beilage 10.

Baetge, Jörg / Fey, Dirk / Fey, Gerd (in: Küting / Weber, 1995): Kommentierung zu § 243 HGB, in: Küting, Karlheinz / Weber, Claus-Peter, Handbuch der Rechnungslegung, Kommentar zur Bilanzierung und Prüfung, Band Ia, hrsg. von Karlheinz Küting und Claus-Peter Weber, 4. Auflage, Stuttgart 1995.

Ballwieser, Wolfgang (Generalklausel, 1985): Sind mit der neuen Generalklausel zur Rechnungslegung auch neue Prüfungspflichten verbunden?, in: BB, 40. Jg. (1985), S. 1034-1044.

Ballwieser, Wolfgang (Strukturwandel, 1989): Bilanzielle Vorsorge zur Bewältigung des personellen Strukturwandels, in: ZfbF, 41. Jg. (1989), S. 955-973.

Ballwieser, Wolfgang (in: Beck'sches Handbuch): Grundsätze der Aktivierung und Passivierung, Allgemeine Grundsätze, in: Beck'sches Handbuch der Rechnungslegung, hrsg. von Edgar Castan u.a., Band I, B 131, Loseblattsammlung, München 1996.

Ballwieser, Wolfgang (Ökonomische Analyse, 1996): Ein Überblick über Ansätze zur ökonomischen Analyse des Bilanzrechts, in: BFuP, 48. Jg. (1996), S. 503-527.

Bauer, Heinrich (Schwebende Geschäfte, 1981): Schwebende Geschäfte im Steuerrecht, Diss. Erlangen-Nürnberg 1981.

Baur, Jürgen F. / *Stürner, Rolf* (Sachenrecht, 1992): Lehrbuch des Sachenrechts, von Fritz Baur, fortgeführt von Jürgen F. Baur und Rolf Stürner, 16. Auflage, München 1992.

Beisse, Heinrich (Bilanzauffassung, 1978): Zur Bilanzauffassung des Bundesfinanzhofs, in: JbFfSt 1978/79, S. 186-196.

Beisse, Heinrich (Handelsbilanzrecht, 1980): Handelsbilanzrecht in der Rechtsprechung des Bundesfinanzhofs, in: BB, 35. Jg. (1980), S. 637-646.

Beisse, Heinrich (Tendenzen, 1980): Tendenzen der Rechtsprechung des Bundesfinanzhofs zum Bilanzrecht, in: DStR, 18. Jg. (1980), S. 243-252.

Beisse, Heinrich (Wirtschaftliche Betrachtungsweise, 1981): Die wirtschaftliche Betrachtungsweise bei der Auslegung der Steuergesetze in der neueren deutschen Rechtsprechung, in: StuW, 11. (58.) Jg. (1981): S. 1-14.

Beisse, Heinrich (Bilanzrecht, 1984): Zum Verhältnis von Bilanzrecht und Betriebswirtschaftslehre, in: StuW, 14. (61.) Jg. (1984), S. 1-14.

Beisse, Heinrich (Gläubigerschutz, 1993): Gläubigerschutz - Grundprinzip des deutschen Bilanzrechts, in: Festschrift für Karl Beusch zum 68. Geburtstag, hrsg. von Heinrich Beisse u.a., Berlin und New York 1993, S. 77-97.

Beisse, Heinrich (Bilanzrechtssystem, 1994): Zum neuen Bild des Bilanzrechtssystems, in: Bilanzrecht und Kapitalmarkt, Festschrift für Adolf Moxter, hrsg. von Wolfgang Ballwieser u.a., Düsseldorf 1994, S. 3-31.

Benne, Jürgen (Gewinnerwartungen, 1979): Die Bedeutung von Gewinnerwartungen aus schwebenden Geschäften für die Bewertung von Aktiva und Passiva, in: BB, 34. Jg. (1979), S. 1653-1656.

Benne, Jürgen (Bewertungseinheit, 1991): Einzelbewertung und Bewertungseinheit, in: DB, 44. Jg. (1991), S. 2601-2610.

Bericht der Sachverständigenkommission "Kosten und Finanzierung der beruflichen Bildung: Kosten und Finanzierung der außerschulischen beruflichen Bildung (Abschlußbericht), BT-Drucksache 7/1811 vom 14.3.1974, Bielefeld 1974.

Berlage, Hans (Einzelveräußerungsstatik, 1993): Einzelveräußerungsstatik und Bilanzierung latenter Steuern, Hamburg 1993.

Berliner, Manfred (Bilanzlehre, 1918): Buchhaltungs- und Bilanzlehre, 4. Auflage, Hannover und Leipzig 1918.

Bieg, Hartmut (Ausschließlichkeitsanspruch, 1976): Wider den Ausschließlichkeitsanspruch der Bewertungsvorschriften bei der Bestimmung des Inhalts der Handelsbilanz, in: StuW, 6. (53.) Jg. 1976, S. 339-350.

Bieg, Hartmut (Erfassung schwebender Geschäfte, 1977): Lassen sich die buchhaltungstechnischen Schwierigkeiten bei der Erfassung schwebender Geschäfte lösen?, in: WPg, 29. Jg. (1977), S. 113-127.

Biener, Herbert (Rückstellungen, 1988): Rückstellungen für drohende Verluste aus schwebenden Geschäften bei Dauerrechtsverhältnissen, in: Handelsrecht und Steuerrecht, Festschrift für Georg Döllerer, hrsg. von Brigitte Knobbe-Keuk u.a., Düsseldorf 1988, S. 45-65.

Biener, Herbert / Berneke, Wilhelm (Bilanzrichtlinien-Gesetz, 1986): Bilanzrichtlinien-Gesetz, Düsseldorf 1986.

Birk, Dieter (Leistungsfähigkeitsprinzip, 1983): Das Leistungsfähigkeitsprinzip als Maßstab der Steuernormen. Ein Beitrag zu den Grundfragen des Verhältnisses Steuerrecht und Verfassungsrecht, Schriftenreihe Steuerwissenschaft, hrsg. von Wolfgang Freericks u.a., Bd. 13, Köln 1983.

Bode, Joachim (Rückstellungen, 1989): Rückstellungen für Verpflichtungen zur Lohn- und Gehaltsfortzahlung im Krankheitsfall, in: DB, 42. Jg. (1989), S. 489-492.

Bode, Joachim (Rückstellungen, 1990): Rückstellungen für Verpflichtungen zur Lohn- und Gehaltsfortzahlung im Krankheitsfall, in: DB, 43. Jg. (1990), S. 333-338.

Böcking, Hans-Joachim (Verzinslichkeit, 1988): Bilanzrechtstheorie und Verzinslichkeit, Wiesbaden 1988.

Böcking, Hans-Joachim (Finanzierungsleasing, 1989): Der Grundsatz umsatzbezogener Gewinnrealisierung beim Finanzierungsleasing. Zugleich eine kritische Würdigung der BFH-Entscheidung IV R 18/86 vom 8.10.1987, in: ZfbF, 41. Jg. (1989), S. 491-515.

Böcking, Hans-Joachim (Verbindlichkeitsbilanzierung, 1994): Verbindlichkeitsbilanzierung - Wirtschaftliche versus formalrechtliche Betrachtungsweise, Wiesbaden 1994.

Böcking, Hans-Joachim (Anpassungsverpflichtungen, 1994): Anpassungsverpflichtungen und Rückstellungsbildung, in: Bilanzierung von Umweltlasten und Umweltschutzverpflichtungen, hrsg. von Norbert Herzig, Köln 1994, S. 124-146.

Bordewin, Arno (Rückstellungen, 1974): Zur Bemessung der Rückstellung für drohende Verluste aus Lieferverpflichtungen, in: BB, 29. Jg. (1974), S. 973-976.

Bordewin, Arno (Steuerfragen, 1981): Aktuelle Steuerfragen, in: DStZ, 69. Jg. (1981), S. 507-509.

Bordewin, Arno (Verdienstsicherungsklauseln, 1982): Rückstellungen bei Verdienstsicherungsklauseln?, in: BB, 37. Jg. (1982), S. 1710-1711.

Bordewin, Arno in: *Bordewin / Lempenau / Streim* (Ausbildungskosten, 1984): Rückstellungen für Ausbildungskosten?, in: FR, 66. Jg. (1984), S. 461-468.

Bordewin, Arno (Steuerfragen, 1985): Aktuelle Steuerfragen, in: DStZ, 73. Jg. (1985), S. 11-17.

Breidenbach, Berthold / Niemeyer, Markus (Auftragsbestand, 1991): Der Auftragsbestand als Wirtschaftsgut, in: DB, 44. Jg. (1991), S. 2500-2503.

Breidert, Ulrike (Abschreibungen, 1994): Grundsätze ordnungsmäßiger Abschreibungen auf abnutzbare Anlagegegenstände, Düsseldorf 1994.

Brezing, Klaus (Steuerliche Probleme, 1978): Steuerliche Probleme aus dem Personal- und Sozialbereich, in: StbJb 1977/78, S. 367-386.

Brezing, Klaus (Rückstellungsfähigkeit, 1978): Rückstellungsfähigkeit von Ausbildungskosten, in: DB, 31. Jg. (1978), S. 1303-1304.

Briese, Ulrich (Sozialplanverpflichtungen, 1977): Zur Frage der Passivierung von Sozialplanverpflichtungen, in: DB, 30. Jg. (1977), S. 313-316 (Teil I), S. 365-367 (Teil II).

Budde, Wolfgang Dieter (Meinungsspiegel, 1987): Meinungsspiegel zu 'Rückstellungen', in: BFuP, 39. Jg. (1987), S. 361-381.

Budde, Wolfgang Dieter / Hense, Burkhard (in: Beck'scher Bilanz-Kommentar, 1995): Kommentierung zu § 331 HGB, in: Beck'scher Bilanz-Kommentar, Handels- und Steuerrecht - §§ 238 bis 339 HGB -, bearbeitet von Wolfgang Dieter Budde u.a., mitbegründet von Max Pankow und Manfred Sarx, 3. Auflage, München 1995.

Budde, Wolfgang Dieter / Raff, Ingo (in: Beck'scher Bilanz-Kommentar, 1995): Kommentierung zu § 243 HGB, in: Beck'scher Bilanz-Kommentar, Handels- und Steuerrecht - §§ 238 bis 339 HGB -, bearbeitet von Wolfgang Dieter Budde u.a., mitbegründet von Max Pankow und Manfred Sarx, 3. Auflage, München 1995.

Burkhardt, Dietrich (Fremdwährungsgeschäfte, 1988): Grundsätze ordnungsmäßiger Bilanzierung für Fremdwährungsgeschäfte, Düsseldorf 1988.

Canaris, Claus-Wilhelm (Finanzierungsleasing, 1993): Grundprobleme des Finanzierungsleasing im Lichte des Verbraucherkreditgesetzes, in: ZIP, 14. Jg. (1993), S. 401-412.

Christiansen, Alfred (Bewußte Verluste, 1988): Die bilanzielle Berücksichtigung sogenannter bewußter Verluste, in: StBp, 28. Jg. (1988), S. 265-268.

Christiansen, Alfred (Rückstellungen, 1990): Rückstellungen für drohende Verluste aus schwebenden Geschäften und Erfüllungsrückstände, in: StbJb 1989/90, S. 129-153.

Christiansen, Alfred (Beschaffungsdauerschuldverhältnisse, 1993): Drohende Verluste aus Beschaffungsdauerschuldverhältnissen, in: DStR, 31. Jg. (1993), S. 1242-1246.

Christiansen, Alfred (Einzelbewertung, 1995): Der Grundsatz der Einzelbewertung - Schwerpunkt des bilanziellen Ergebnisausweises, in: DStZ, 83. Jg. (1995), S. 385-397.

Ciric, Dejan (Wertaufhellung, 1995): Grundsätze ordnungsmäßiger Wertaufhellung, Düsseldorf 1995.

Clemm, Hermann (Abzinsung, 1993): Abzinsung bei der Bilanzierung - Klarheiten, Unklarheiten, Spielräume -, in: Ertragsbesteuerung. Zurechnung - Ermittlung - Gestaltung, Festschrift für Ludwig Schmidt, hrsg. von Arndt Raupach und Aldalbert Uelner, München 1993, S. 177-194.

Clemm, Hermann (Nichtpassivierung, 1994): Zur Nichtpassivierung entstandener Verbindlichkeiten wegen nachträglicher wirtschaftlicher Verursachung (Realisation) oder : Wie dynamisch ist die Bilanz im Rechtssinne?, in: Bilanzrecht und Kapitalmarkt, Festschrift für Adolf Moxter, hrsg. von Wolfgang Ballwieser u.a., Düsseldorf 1994, S. 167-193.

Clemm, Hermann (Rückstellungen, 1997): Zur Bilanzierung von Rückstellungen für drohende Verluste, vor allem aus schwebenden Dauerschuldverhältnissen, in: Handelsbilanzen und Steuerbilanzen, Festschrift für Heinrich Beisse, hrsg. von Wolfgang Dieter Budde, Adolf Moxter und Klaus Offerhaus, Düsseldorf 1997, S. 123-138.

Clemm, Hermann / Nonnenmacher, Rolf (in: Beck'scher Bilanz-Kommentar, 1995): Kommentierung zu § 249 und zu § 253 HGB, in: Beck'scher Bilanz-Kommentar, Handels- und Steuerrecht - §§ 238 bis 339 HGB -, bearbeitet von Wolfgang Dieter Budde u.a., mitbegründet von Max Pankow und Manfred Sarx, 3. Auflage, München 1995.

Coenenberg, Adolf G. (Jahresabschluß, 1994): Jahresabschluß und Jahresabschlußanalyse, 15. Auflage, Landsberg am Lech 1994.

Crezelius, Georg (Handelsbilanzrecht, 1987): Das Handelsbilanzrecht in der Rechtsprechung des Bundesfinanzhofs, in: ZGR, 16. Jg. (1987), S. 1-45.

Crezelius, Georg (Schwebendes Geschäft, 1988): Das sogenannte schwebende Geschäft in Handels-, Gesellschafts- und Steuerrecht, in: Handelsrecht und Steuerrecht, Festschrift für Georg Döllerer, hrsg. von Brigitte Knobbe-Keuk, Franz Klein, Adolf Moxter, Düsseldorf 1988, S. 81-95.

Döllerer, Georg (Anschaffungskosten, 1966): Anschaffungskosten und Herstellungskosten nach neuem Aktienrecht unter Berücksichtigung des Steuerrechts, in: BB, 18. Jg. (1966), S. 1405-1409.

Döllerer, Georg (Maßgeblichkeit, 1969): Die Maßgeblichkeit der Handelsbilanz für die Steuerbilanz, in: BB, 24. Jg. (1969), S. 501-507.

Döllerer, Georg (Schwebender Vertrag, 1974): Zur Bilanzierung des schwebenden Vertrags, in: BB, 29. Jg. (1974), S.1541-1548.

Döllerer, Georg (Begriff der Rückstellungen, 1975): Grundsätzliches zum Begriff der Rückstellungen, in: DStZ/A, 63. Jg. (1975), S. 291-296.

Döllerer, Georg (Imparitätsprinzip, 1978): Die Grenzen des Imparitätsprinzips - Bilanzrechtliche Möglichkeiten, künftige Verluste vorwegzunehmen -, in: StbJb 1977/78, S. 129-152.

Döllerer, Georg (Rückstellungen, 1979): Rückstellungen in der Steuerbilanz - Abkehr von der dynamischen Bilanz, in: DStR, 17. Jg. (1979), S. 3-7.

Döllerer, Georg (Aktivierungswelle, 1980): Droht eine neue Aktivierungswelle?, in: BB, 35. Jg. (1980), S. 1333-1337.

Döllerer, Georg (Bilanz, 1980): Gedanken zur "Bilanz im Rechtssinne", in: JbFfSt 1979/80, S. 195-205.

Döllerer, Georg (Grundsätze, 1982): Grundsätze ordnungswidriger Bilanzierung, in: BB, 37. Jg. (1982), S. 777-781.

Döllerer, Georg (Handelsbilanz, 1983): Handelsbilanz ist gleich Steuerbilanz, in: Der Jahresabschluß im Widerstreit der Interessen, hrsg. von Jörg Baetge, Düsseldorf 1983, S. 157-177.

Döllerer, Georg (Rechtsprechung, 1983): Die Rechtsprechung des Bundesfinanzhofs zum Steuerrecht der Unternehmen, in: ZGR, 12. Jg. (1983), S. 405-436.

Döllerer, Georg (Rechtsprechung, 1985): Die Rechtsprechung des Bundesfinanzhofs zum Steuerrecht der Unternehmen, in: ZGR, 14. Jg. (1985), S. 386-418.

Döllerer, Georg (Rechtsprechung, 1987): Rechtsprechung des Bundesfinanzhofs, in: ZGR, 16. Jg. (1987), S. 443-474.

Döllerer, Georg (Rückstellungen, 1987): Ansatz und Bewertung von Rückstellungen in der neueren Rechtsprechung des Bundesfinanzhofs, in: DStR, 25. Jg. (1987), S. 67-72.

Döllerer, Georg (Kapitalnutzungsrecht, 1988): Das Kapitalnutzungsrecht als Gegenstand der Sacheinlage bei Kapitalgesellschaften, in: Festschrift für Hans-Joachim Fleck, hrsg. von Reinhard Goerdeler u.a., Berlin und New York 1988, S. 35-51.

Döllerer, Georg (Einlagen, 1990): Verdeckte Gewinnausschüttungen und verdeckte Einlagen bei Kapitalgesellschaften, 2. Auflage, Heidelberg 1990.

Döllerer, Georg (Handelsbilanz, 1991): Handelsbilanz ist gleich Steuerbilanz, in: Rückstellungen in der Handels- und Steuerbilanz, hrsg. von Jörg Baetge, Düsseldorf 1991, S. 157-177.

Döllerer, Georg (Handelsrechtliche Entscheidungen, 1994): Handelsrechtliche Entscheidungen des Bundesfinanzhofs, in: Steuerrecht, Verfassungsrecht, Finanzpolitik, Festschrift für Franz Klein, hrsg. von Paul Kirchhof u.a., Köln 1994, S. 699-714.

Döllerer, Georg (Saldierung, 1994): Saldierung von Forderungen und Verbindlichkeiten im Bilanzrecht, in: Für Recht und Staat, Festschrift für Herbert Helmrich, hrsg. von Klaus Letzgus u.a., München 1994, S. 585-596.

Döllerer, Georg / Rädler, Albert J. (Forschungsbohrungen, 1994): Zur deutschen ertragsteuerlichen Behandlung von Aufwendungen für Forschungsbohrungen für Erdöl und Erdgas, in: FR, 76. Jg. (1994), S. 808-815.

Döring, Ulrich (in: Küting / Weber, 1995): Kommentierung zu § 253 HGB, in: Küting, Karlheinz / Weber, Claus-Peter, Handbuch der Rechnungslegung, Kommentar zur Bilanzierung und Prüfung, Band Ia, hrsg. von Karlheinz Küting und Claus-Peter Weber, 4. Auflage, Stuttgart 1995.

Drenseck, Walter (in: Schmidt EStG, 1997): Kommentierung zu § 7 EStG, in: Ludwig Schmidt: Einkommensteuergesetz, Kommentar, hrsg. von Ludwig Schmidt, 16. Auflage, München 1997.

Eibelshäuser, Manfred (Rückstellungsbildung, 1987): Rückstellungsbildung nach neuem Handelsrecht, in: BB, 42. Jg. (1987), S. 860-866.

Eifler, Günter (GoB für Rückstellungen, 1976): Grundsätze ordnungsmäßiger Bilanzierung für Rückstellungen, Düsseldorf 1976.

Eifler, Günter (in: HdJ, 1987): Rückstellungen für ungewisse Verbindlichkeiten und für drohende Verluste aus schwebenden Geschäften, in: Handbuch des Jahresabschlusses in Einzeldarstellungen (HdJ), hrsg. von Klaus von Wysocki und Joachim Schulze-Osterloh, Abt. III/5, Stand: Januar 1987, Köln 1984/92.

Einem, Hans-Jörg von (Gesetz, 1996): Gesetz zur Förderung eines gleitenden Übergangs in den Ruhestand, in: BB, 51. Jg. (1996), S. 1883-1888.

Ellrott, Helmut (in: Beck'scher Bilanz-Kommentar, 1995): Kommentierung zu § 285 HGB, in: Beck'scher Bilanz-Kommentar, Handels- und Steuerrecht - §§ 238 bis 339 HGB -, bearbeitet von Wolfgang Dieter Budde u.a., mitbegründet von Max Pankow und Manfred Sarx, 3. Auflage, München 1995.

Ellrott, Helmut / Schmidt-Wendt, Dietrich (in: Beck'scher Bilanz-Kommentar, 1995): Kommentierung zu § 255 HGB, in: Beck'scher Bilanz-Kommentar, Handels- und Steuerrecht - §§ 238 bis 339 HGB -, bearbeitet von Wolfgang Dieter Budde u.a., mitbegründet von Max Pankow und Manfred Sarx, 3. Auflage, München 1995.

Entwurf eines Handelsgesetzbuches mit Ausschluß des Seehandelsrechts nebst Denkschrift, aufgestellt im Reichs-Justizamt, Berlin 1896.

Euler, Roland (Gewinnrealisierung, 1989): Grundsätze ordnungsmäßiger Gewinnrealisierung, Düsseldorf 1989.

Euler, Roland (Rückstellungen, 1990): Der Ansatz von Rückstellungen für drohende Verluste aus schwebenden Geschäften, in: ZfbF, 42. Jg. (1990), S. 1036-1056.

Euler, Roland (Verlustantizipation, 1991): Zur Verlustantizipation mittels des niedrigeren beizulegenden Wertes und des Teilwertes, in: ZfbF, 43. Jg. (1991), S. 191-212.

Euler, Roland (System, 1996): Das System der Grundsätze ordnungsmäßiger Bilanzierung, Stuttgart 1996.

Fabri, Stephan (Nutzungsverhältnisse, 1986): Grundsätze ordnungsmäßiger Bilanzierung entgeltlicher Nutzungsverhältnisse, Bergisch Gladbach 1986.

Fahrholz, Bernd (Leasing, 1979): Leasing in der Bilanz. Die bilanzielle Zurechnung von Leasing-Gütern und die Frage der Aktivierbarkeit des Nutzungsrechtes des Leasing-Nehmers, Köln u.a. 1979.

Felix, Günther (Lehrlingsplatzsteuer, 1993): Eine Lehrlingsplatzsteuer des Bundesfinanzhofs?, in: BB, 48. Jg. (1993), S. 892.

Fischer, Kurt (Rückstellung für Ausbildungsverträge, 1980): Zur Rückstellung für schwebende Ausbildungsverträge, in: DB, 33. Jg. (1980), S. 169-171.

Förschle, Gerhart / Deubert, Michael (in: Sonderbilanzen, 1994): Sonderbilanzen - Von der Gründungsbilanz bis zur Liquidationsbilanz, Kapitel K: Abwicklungs-Eröffnungsbilanz mit Abwicklungsrechnungslegung, hrsg. von Wolfgang Dieter Budde u.a., München 1994, S. 267-332.

Förschle, Gerhart / Kofahl, Günther (in: Sonderbilanzen, 1994): Sonderbilanzen - Von der Gründungsbilanz bis zur Liquidationsbilanz, Kapitel I: Unterbilanz und Überschuldungsbilanz, hrsg. von Wolfgang Dieter Budde u.a., München 1994, S. 199-221.

Förschle, Gerhart / Kropp, Manfred (Vorruhestandsgesetz, 1984): Zur Behandlung von Ansprüchen und Verpflichtungen aufgrund des Vorruhestandsgesetzes (VRG) nach handelsrechtlichen Rechnungslegungsvorschriften, in: DB, 37. Jg. (1984), Beilage 23.

Förschle, Gerhart / Kropp, Manfred (Altersfreizeiten, 1985): Die Gewährung bezahlter Altersfreizeiten und der gleitende Übergang in den Ruhestand durch Alters-Teilzeitarbeit aus bilanzrechtlicher Sicht, in: DB, 38. Jg. (1985), S. 2569-2576.

Forster, Karl-Heinz (Rückstellungen, 1971): Rückstellungen für Verluste aus schwebenden Geschäften, in: WPg, 24. Jg. (1971), S. 393-399.

Franke, Günter / Hax, Herbert (Finanzwirtschaft, 1994): Finanzwirtschaft des Unternehmens und Kapitalmarkt, 2. Auflage, Berlin u.a. 1994.

Freericks, Wolfgang (Bilanzierungsfähigkeit, 1976): Bilanzierungsfähigkeit und Bilanzierungspflicht in Handels- und Steuerbilanz, Köln u.a. 1976.

Friedemann, Bärbel (Umweltschutzrückstellungen, 1996): Umweltschutzrückstellungen im Bilanzrecht, Wiesbaden 1996.

Friederich, Hartmut (Schwebende Geschäfte, 1976): Grundsätze ordnungsmäßiger Bilanzierung für schwebende Geschäfte, 2. Auflage, Düsseldorf 1976.

Fumi, Horst-Dieter (Steuerrechtliche Rückstellungen, 1991): Steuerrechtliche Rückstellungen für Dauerschuldverhältnisse, Köln u.a. 1991.

Geese, Wieland (Verlustrückstellung, 1976): Zur Bemessung der aktienrechtlichen Verlustrückstellung bei langfristiger Auftragsfertigung, in: DB, 29. Jg. (1976), S. 1177-1179.

Geib, Gerd / Wiedmann, Harald (Abzinsung von Rückstellungen, 1994): Zur Abzinsung von Rückstellungen in der Handels- und Steuerbilanz, in: WPg, 47. Jg. (1994), S. 369-377.

Gelhausen, Hans Friedrich (Realisationsprinzip, 1985): Das Realisationsprinzip im Handels- und im Steuerbilanzrecht, Frankfurt am Main u.a. 1985.

Gierke, Otto von (Dauernde Schuldverhältnisse, 1914): Dauernde Schuldverhältnisse, in: JherJb., hrsg. von Emil Strohal u.a., 64. Bd. von "Iherings Jahrbücher für die Dogmatik des heutigen römischen und deutschen Privatrechts", Jena 1914, S. 355-411.

Glade, Anton (Rechnungslegung, 1986): Rechnungslegung und Prüfung nach dem Bilanzrichtlinien-Gesetz, Herne und Berlin 1986.

Glanegger, Peter (Bewertungseinheit, 1993): Bewertungseinheit und einheitliches Wirtschaftsgut, in: Ertragsbesteuerung. Zurechnung, Ermittlung, Gestaltung -, Festschrift für Ludwig Schmidt, hrsg. von Arndt Raupach und Adalbert Uelner, München 1993, S. 145-160.

Glanegger, Peter (in: Schmidt EStG, 1997): Kommentierung zu § 6 EStG, in: Ludwig Schmidt: Einkommensteuergesetz, Kommentar, hrsg. von Ludwig Schmidt, 16. Auflage, München 1997.

Glaubig, Jürgen (Dauerrechtsverhältnisse, 1993): Grundsätze ordnungsmäßiger Bilanzierung für Dauerrechtsverhältnisse unter besonderer Berücksichtigung von Miete, Pacht und Leasing sowie Darlehens-, Arbeits- und Ausbildungsverträgen, Frankfurt am Main u.a., 1993.

Gosch, Dietmar (Rechtsprechung, 1994): Neue Entwicklungen in der Rechtsprechung des BFH, in: WPg, 47. Jg. (1994), S. 73-81.

Groh, Manfred (Künftige Verluste, 1976): Künftige Verluste in der Handels- und Steuerbilanz, zugleich ein Beitrag zur Teilwertdiskussion, in: StuW, 6. (53.) Jg. (1976), S. 32-42.

Groh, Manfred (Fremdwährungsgeschäfte, 1986): Zur Bilanzierung von Fremdwährungsgeschäften, in: DB, 39. Jg. (1986), S. 869-877.

Groh, Manfred (Verbindlichkeitsrückstellung, 1988): Verbindlichkeitsrückstellung und Verlustrückstellung: Gemeinsamkeiten und Unterschiede, in: BB, 43. Jg. (1988), S. 27-33.

Groh, Manfred (Nutzungseinlage, 1988): Nutzungseinlage, Nutzungsentnahme und Nutzungsausschüttung, in: DB, 41. Jg. (1988), S. 514-524 (Teil I), S. 571-575 (Teil II).

Groh, Manfred (Wirtschaftliche Betrachtungsweise, 1989): Die wirtschaftliche Betrachtungsweise im rechtlichen Sinne, in: StuW, 19. (66.) Jg. (1989), S. 227-231.

Groh, Manfred (Hypertrophie, 1991): Hypertrophie der Rückstellungen in der Steuerbilanz?, in: Rückstellungen in der Handels- und Steuerbilanz - Vorträge und Diskussionen zum neuen Recht -, hrsg. von Jörg Baetge, Düsseldorf 1991, S. 75-85.

Groh, Manfred (Skonto, 1991): Zur Bilanzierung des Skontos, in: BB, 46. Jg. (1991), S. 2334-2336.

Groh, Manfred (Rechtsprechung, 1994): Rechtsprechung zum Bilanzsteuerrecht, in: StuW, 24. (71.) Jg. (1994), S. 90-96.

Groh, Manfred (Adolf Moxter, 1994): Adolf Moxter und der Bundesfinanzhof, in: Bilanzrecht und Kapitalmarkt, Festschrift für Adolf Moxter, hrsg. von Wolfgang Ballwieser u.a., Düsseldorf 1994, S. 61-74.

Grubert, Thomas (Rückstellungsbilanzierung, 1978): Rückstellungsbilanzierung in der Ertragsteuerbilanz - Ein Beitrag zur Objektivierung der Bilanzierung dem Grunde nach -, München 1978.

Gümbel, Rudolf (Teilwert, 1987): Der Teilwert: Legaldefinition und Zurechnungsalgorithmus, in: ZfbF, 39. Jg. (1987), S. 131-145.

Gümbel, Rudolf (Zurechnung, 1993): Zurechnung, in: Handwörterbuch der Betriebswirtschaft, hrsg. von Waldemar Wittmann u.a., Teilband 3, 5. Auflage 1993, Sp. 4806-4818.

Hamel, Winfried (Bilanzaussage, 1977): Erhöhung der Bilanzaussage durch Bilanzierung synallagmatischer Verträge?, in: StuW, 7. (54.) Jg. (1977), S. 223-229.

Hartung, Werner (Verpflichtungen im Personalbereich, 1987): Verpflichtungen im Personalbereich in Handels- und Steuerbilanz sowie in der Vermögensaufstellung, Heidelberg 1987.

Hartung, Werner (Ganzheitsbetrachtung, 1988): Verlustrückstellung und Ganzheitsbetrachtung, in: BB, 43. Jg. (1988), S. 376-377.

Hartung, Werner (Verlustrückstellungsbildung, 1988): Zur Verlustrückstellungsbildung im Personalbereich, in: BB, 43. Jg. (1988), S. 2138-2144.

Hartung, Werner (Bilanzierung bei Kurssicherung, 1990): Zur Bilanzierung bei Kurssicherung, in: RIW, 36. Jg. (1990), S. 635-646.

Hartung, Werner (Anmerkung zum BFH-Beschluß vom 9.5.1995): Anmerkung zum Beschluß des Bundesfinanzhofs vom 9.5.1995 IV B 97/94, in: BB, 50. Jg. (1995), S. 2573-2574.

Haug, Wolfgang (Brennpunkte, 1985): Brennpunkte der Beratung, in: DStZ, 73. Jg. (1985), S. 256-258.

Haupt, Andreas (Personalanpassung, 1996): Personalanpassung durch Altersteilzeit?, in: DStR, 34. Jg. (1996), S. 1531-1536.

Hax, Herbert (Bilanzgewinn, 1964): Der Bilanzgewinn als Erfolgsmaßstab, in: ZfB, 34. Jg. (1964), S. 642-651.

Heibel, Reinhold (Bilanzierungsgrundsätze, 1981): Handelsrechtliche Bilanzierungsgrundsätze und Besteuerung, Köln 1981.

Heinrichs, Helmut (in: Münchener Kommentar, 1994): Einleitung vor §§ 241-432, in: Münchener Kommentar zum Bürgerlichen Gesetzbuch, Band 2, Schuldrecht, Allgemeiner Teil, §§ 241-432, hrsg. von Kurt Rebmann und Franz Jürgen Säcker, 3. Auflage, München 1994.

Heinrichs, Helmut (in: Palandt, 1996): Kommentierung zu §§ 1-432 BGB, in: Palandt, Bürgerliches Gesetzbuch, bearbeitet von Peter Bassenge u.a., 55. Auflage, München 1996.

Helpenstein, Franz (Erfolgsbilanz, 1932): Wirtschaftliche und steuerliche Erfolgsbilanz, Berlin 1932.

Herrmann, Carl / Heuer, Gerhard / Raupach, Arndt: Einkommensteuer- und Körperschaftsteuergesetz mit Nebengesetzen, Kommentar, 20. Auflage, Loseblattsammlung, Köln 1950/96.

Herzig, Norbert (Rückstellungen, 1986): Rückstellungen für Verbindlichkeiten aus Arbeitsverhältnissen, in: StbJb 1985/86, S. 61-112.

Herzig, Norbert (Meinungsspiegel, 1987): Meinungsspiegel zu 'Rückstellungen', in: BFuP, 39. Jg. (1987), S. 361-381.

Herzig, Norbert (Dauerrechtsverhältnisse, 1988): Bilanzrechtliche Ganzheitsbetrachtung und Rückstellung bei Dauerrechtsverhältnissen, in: ZfB, 58. Jg. (1988), S. 212-225.

Herzig, Norbert (Rückstellungen, 1991): Rückstellungen als Instrument der Risikovorsorge in der Steuerbilanz, in: Probleme des Steuerbilanzrechts, hrsg. von Werner Doralt, DStJG, Band 14, Köln 1991, S. 199-230.

Herzig, Norbert (Realisationsprinzip, 1993): Die rückstellungsbegrenzende Wirkung des Realisationsprinzips, in: Ertragsbesteuerung, Zurechnung - Ermittlung - Gestaltung, Festschrift für Ludwig Schmidt, hrsg. von Arndt Raupach und Adalbert Uelner, München 1993, S. 209-226.

Herzig, Norbert (Drohverlustrückstellungen, 1994): Drohverlustrückstellungen für wirtschaftlich ausgewogene Geschäfte?, in: DB, 47. Jg. (1994), S. 1429-1432.

Herzig, Norbert / Esser, Klaus (Arbeitsverhältnisse, 1985): Erfüllungsrückstände und drohende Verluste bei Arbeitsverhältnissen, in: DB, 38. Jg. (1985), S. 1301-1306.

Herzig, Norbert / Rieck, Ulrich (Abgrenzung des Saldierungsbereiches, 1995): Abgrenzung des Saldierungsbereiches bei Rückstellungen für drohende Verluste aus schwebenden Geschäften, in: Stbg, 38. Jg. (1995), S. 529-542.

Heußner, Jürgen (Zinsrückstellungen, 1988): Die bilanzielle Behandlung von Zinsrückstellungen, in: BB, 43. Jg. (1988), S. 2417-2428.

Höfer, Reinhold (Lohnfortzahlungsverpflichtung, 1992): Zum handels- und steuerbilanziellen Ausweis von Lohnfortzahlungsverpflichtungen im Krankheitsfall, in: BB, 47. Jg. (1992), S. 1753-1755.

Hoffmann (Rückstellungen, 1954): Rückstellungen für nicht einklagbare Verbindlichkeiten in der neuesten Rechtsprechung des BFH, in: FR, 36. Jg. (1954), S. 559-560.

Hommel, Michael (Dauerschuldverhältnisse, 1992): Grundsätze ordnungsmäßiger Bilanzierung für Dauerschuldverhältnisse, Wiesbaden 1992.

Hommel, Michael (Informationsökonomie, 1996): Informationsökonomie und Aktivierungsgrenzen, Habilitationsschrift, Frankfurt am Main 1996 (erscheint demnächst unter dem Titel: Bilanzierung immaterieller Anlagewerte).

Hoyningen-Huene, Gerrick von (Arbeitsvertrag, 1992): Arbeitsvertrag, in: Handwörterbuch des Personalwesens, hrsg. von Eduard Gaugler und Wolfgang Weber, 2. Auflage, Stuttgart 1992, Sp. 415-428.

Hromadka, Wolfgang (Tarifvertrag, 1992): Tarifvertrag, in: Handwörterbuch des Personalwesens, hrsg. von Eduard Gaugler und Wolfgang Weber, 2. Auflage, Stuttgart 1992, Sp. 2170-2181.

Hübschmann, Walter (Wirtschaftliche Betrachtungsweise, 1958): Die Problematik der wirtschaftlichen Betrachtungsweise, in: Gegenwartsfragen des Steuerrechts, Festschrift für Armin Spitaler, hrsg. von Gerhard Thoma, Köln 1958, S. 107-123.

Hütz, Jürgen (Erbbaurecht, 1983): Rückstellung für drohende Verluste aufgrund mangelnder Nutzungsmöglichkeit eines Erbbaurechts in der Steuerbilanz und Vermögensaufstellung? in: StBp, 23. Jg. (1983), S. 5-8.

Hummel, Siegfried / Männel, Wolfgang (Kostenrechnung, 1986): Kostenrechnung 1, 4. Auflage, Wiesbaden 1986.

Huppertz, Walter (Schwebende Geschäfte, 1978): Zur Behandlung der schwebenden Geschäfte im Rechnungswesen der Unternehmen und bei der externen Abschlußprüfung, in: ZGR, 7. Jg. (1978), S. 98-118.

Inhoffen, Anton O. / Müller-Dahl, Frank P. (Rückstellungen für Abfindungen, 1981): Rückstellungen für Abfindungen aus Sozialplan und Aufhebungsvertrag?, in: DB, 34. Jg. (1981), S. 1473-1477 (Teil I), S. 1525-1530 (Teil II).

Institut "Finanzen und Steuern" (Nr. 187, 1979): Zur Bilanzierung drohender Verluste aus schwebenden Geschäften, bearbeitet von Ursula Niemann, Bonn 1979.

Institut "Finanzen und Steuern" (Nr. 258, 1986): Rückstellungen für drohende Verluste aus schwebenden Geschäften mit Dauerschuldcharakter, bearbeitet von Ursula Niemann, Bonn 1986.

Jacobs, Otto (Berechnung von Rückstellungen, 1988): Berechnung von Rückstellungen in der Steuerbilanz, in: DStR, 26. Jg. (1988), S. 238-250.

Jäger, Bernd (Rückstellungen für Versicherungsunternehmen, 1991): Rückstellungen für drohende Verluste aus schwebenden Geschäften in den Bilanzen der Versicherungsunternehmen, Wiesbaden 1991.

Jäger, Bernd (Abzinsungsproblematik, 1992): Zur Abzinsungsproblematik im Falle erwarteter Verpflichtungsüberschüsse aus Dauerschuldverhältnissen, in: WPg, 45. Jg. (1992), S. 557-570.

Jäger, Rainer (Aufwandsperiodisierung, 1996): Grundsätze ordnungsmäßiger Aufwandsperiodisierung, Wiesbaden 1996.

Jüttner, Uwe (GoB-System, 1993): GoB-System, Einzelbewertungsgrundsatz und Imparitätsprinzip, Frankfurt am Main u.a. 1993.

Kammann, Evert (Rückstellungsbildung, 1980): Die Bedeutung von Imparitätsprinzip und wirtschaftlicher Betrachtungsweise für die Rückstellungsbildung - Grundfragen der Handelsbilanzkonzeption aus der Perspektive der Jahresabschlußkostenurteile des FG Münster vom 23.2.1979 und des BFH vom 20.3.1980, in: DStR, 18. Jg. (1980), S. 400-408.

Kammann, Evert (Stichtagsprinzip, 1988): Stichtagsprinzip und zukunftsorientierte Bilanzierung, Köln 1988.

Karrenbrock, Holger (Abzinsung von Rückstellungen, 1994): Zur Abzinsung von Rückstellungen nach der Neufassung von § 253 Abs. 1 Satz 2 HGB, in: DB, 49. Jg. (1994), S. 1941-1944.

Karrenbrock, Holger (Saldierungsbereich, 1994): Zum Saldierungsbereich und zur Abzinsung von Drohverlustrückstellungen - Stellungnahme zum Vorlagebeschluß des BFH vom 26.5.1993 X R 72/90 -, in: WPg, 47. Jg. (1994), S. 97-103.

Kessler, Harald (Rückstellungen, 1992): Rückstellungen und Dauerschuldverhältnisse: neue Ansätze zur Lösung aktueller Passivierungsfragen der Handels- und Steuerbilanz, Stuttgart 1992.

Kessler, Harald (Drohverlustrückstellung, 1994): Die Drohverlustrückstellung auf dem höchstrichterlichen Prüfstand - Stellungnahme zum Vorlagebeschluß des X. Senats des BFH vom 26.5.1993, X R 72/90 -, in: DStR, 32. Jg. (1994), S. 567-575.

Kessler, Harald (Imparitätsprinzip, 1994): Verabschiedet sich der Bundesfinanzhof vom Imparitätsprinzip?, in: DStR, 32. Jg. (1994), S. 1289-1296.

Kessler, Harald (in: Küting / Weber, 1995): Kommentierung zu § 249 HGB, in: Küting, Karlheinz / Weber, Claus-Peter, Handbuch der Rechnungslegung, Kommentar zur Bilanzierung und Prüfung, Band Ia, hrsg. von Karlheinz Küting und Claus-Peter Weber, 4. Auflage, Stuttgart 1995.

Kessler, Harald (Dauerbeschaffungsgeschäfte, 1996): Drohverlustrückstellungen für schwebende Dauerbeschaffungsgeschäfte, in: WPg, 49. Jg. (1996), S. 2-16.

Kilger, Wolfgang (Kostenrechnung, 1987): Einführung in die Kostenrechnung, 3. Auflage, Wiesbaden 1987.

Klein, Günter (Verlustrückstellung, 1975): Neue Probleme der Verlustrückstellung, in: Bericht über die Fachtagung 1974 des Instituts der Wirtschaftsprüfer in Deutschland e.V., S. 61-74.

Knapp, Lotte (Vermögensgegenstände, 1971): Was darf der Kaufmann als seine Vermögensgegenstände bilanzieren?, in: DB, 24. Jg. (1971), S. 1121-1129.

Knebel, Rudolf (Rückstellungen, 1959): Die Rückstellungen in der steuerlichen Erfolgsbilanz, betrachtet vom Standpunkt der statischen und der dynamischen Bilanzauffassung, Diss. Frankfurt am Main 1959.

Knobbe-Keuk, Brigitte (Bilanzsteuerrecht, 1993): Bilanz- und Unternehmenssteuerrecht, 9. Auflage, Köln 1993.

Koch, Helmut (Niederstwertprinzip, 1957): Die Problematik des Niederstwertprinzips, in: WPg, 10. Jg. (1957), S. 1-6, 31-35 und 60-63.

Koch, Helmut (Problematik des Teilwertes, 1960): Zur Problematik des Teilwertes, in: ZfhF, 12. Jg. (neue Folge, 1960), S. 319-353.

Köhler, A. Lutz (Gesetz, 1996): Gesetz zur Förderung eines gleitenden Übergangs in den Ruhestand, in: Betrieb und Wirtschaft, 50. Jg. (1996), S. 633-639.

Köhlertz, Klaus (Leasing, 1989): Die Bilanzierung von Leasing. Die deutschen Bilanzierungskonventionen für Leasing im Vergleich zu den US-amerikanischen Vorschriften, München 1989.

Kronner, Markus (GoB für immaterielle Anlagewerte, 1995): GoB für immaterielle Anlagewerte und Tauschgeschäfte, Düsseldorf 1995.

Kropff, Bruno (in: Geßler u.a., Aktiengesetz, 1973) in: Aktiengesetz, Kommentar von Ulrich Eckhardt, Ernst Geßler, Wolfgang Hefermehl, Bruno Kropff, Band III, §§ 148-178, München 1973.

Kropp, Manfred / Weisang, Andreas (Rückstellungen, 1995): Erfolgsneutrale Neubewertung von Schulden und Aufstockung abgezinster Rückstellungen im Jahresabschluß 1995 - für alle Kaufleute zulässig?, in: DB, 48. Jg. (1995), S. 2485-2489.

Kromschröder, Bernhard (Versicherungsunternehmen, 1994): Besonderheiten des Jahresabschlusses der Versicherungsunternehmen, in: Bilanzrecht und Kapitalmarkt, Festschrift für Adolf Moxter, hrsg. von Wolfgang Ballwieser u.a., Düsseldorf 1994, S. 769-793.

Küting, Karlheinz / Kessler, Harald (Fragen zur Abzinsung, 1989): Handels- und steuerbilanzielle Rückstellungsbildung: Fragen zur Abzinsung von Rückstellungen, in: DStR, 27. Jg. (1989), S. 723-729.

Küting, Karlheinz / Kessler, Harald (Verlustrückstellungsbildung, 1993): Grundsätze ordnungswidriger Verlustrückstellungsbildung - exemplifiziert an den Ausbildungskostenurteilen des BFH vom 25.1.1984 und vom 3.2.1993, in: DStR, 31. Jg. (1993), S. 1045-1053.

Kupsch, Peter (Neuere Entwicklungen, 1989): Neuere Entwicklungen bei der Bilanzierung und Bewertung von Rückstellungen, in: DB, 42 Jg. (1989), S. 53-62.

Kupsch, Peter (Einzelbewertungsprinzip, 1992): Zum Verhältnis von Einzelbewertungsprinzip und Imparitätsprinzip, in: Rechnungslegung - Entwicklungen bei der Bilanzierung und Prüfung von Kapitalgesellschaften, Festschrift für Karl-Heinz Forster, hrsg. von Adolf Moxter u.a., S. 339-357.

Kupsch, Peter (Bewertungseinheit, 1995): Abgrenzung der Bewertungseinheit in Handels- und Steuerbilanz, in: StbJb 1994/95, S. 131-155.

Kupsch, Peter (Diskussion, 1995): in: Podiumsdiskussion "Bilanzsteuerrecht", in: StbJb 1994/95, S. 157-183.

Kußmaul, Heinz (Nutzungsrechte, 1987): Nutzungsrechte an Grundstücken in Handels- und Steuerbilanz, Hamburg 1987.

Kußmaul, Heinz (Bilanzierung, 1988): Bilanzierung von Nutzungsrechten an Grundstücken. Zugleich ein Vorschlag zur Interpretation des Begriffs "Vermögensgegenstand", in: StuW, 18. (65.) Jg. (1988), S. 46-60.

Kusterer, Stefan (Drohverlustrückstellungen, 1996): Passivierung von Drohverlustrückstellungen bei Gewinnabführungsverträgen, in: DStR, 34. Jg. (1996), S. 114-119.

Langenbucher, Günther (in: Küting / Weber, 1995): I. Kapitel, Fünfter Abschnitt: Die Umrechnung von Fremdwährungsgeschäften, in: Küting, Karlheinz / Weber, Claus-Peter, Handbuch der Rechnungslegung, Kommentar zur Bilanzierung und Prüfung, Band Ia, hrsg. von Karlheinz Küting und Claus-Peter Weber, 4. Auflage, Stuttgart 1995.

Larenz, Karl (Schuldrecht, 1987): Lehrbuch des Schuldrechts, Erster Band, Allgemeiner Teil, 14. Auflage, München 1987.

Lauth, Bernd (Entwicklungstendenzen, 1993): Unterschiedliche Entwicklungstendenzen der Rückstellungsbildung in Handels- und Steuerbilanz, in: Steuerberaterkongress-Report 1993, S. 379-415.

Leffson, Ulrich (GoB, 1987): Die Grundsätze ordnungsmäßiger Buchführung, 7. Auflage, Düsseldorf 1987.

Ley, Ursula (Wirtschaftsgut, 1984): Der Begriff "Wirtschaftsgut" und seine Bedeutung für die Aktivierung, Bergisch Gladbach 1984.

Lempenau, Gerhard in: *Bordewin/Lempenau/Streim* (Ausbildungskosten, 1984): Rückstellungen für Ausbildungskosten?, in: FR, 66. Jg. (1984), S. 461-468.

Lion, Max (Bilanzsteuerrecht, 1923): Das Bilanzsteuerrecht, 2. Auflage, Berlin 1923.

Littmann, Eberhard (Der schwebende Vertrag, 1963): Der schwebende Vertrag in der Steuerbilanz des Kaufmanns, in: DStZ/A, 51. Jg. (1963), S. 177-182 (Teil I), S. 344-348 (Teil II).

Ludewig, Rainer (Auftragsbestand, 1974): Bildung von Rückstellungen für drohende Verluste aus dem Auftragsbestand, in: DB, 27. Jg. (1974), S. 101-104.

Lück, Wolfgang (Rückstellungen, 1996): Die Bewertung von Rückstellungen für drohende Verluste aus schwebenden Geschäften bei langfristiger Fertigung, in: DB, 49. Jg. (1996), S. 1685-1688 (Teil I), S. 1737-1740 (Teil II).

Lüders, Jürgen (Gewinnrealisierung, 1987): Der Zeitpunkt der Gewinnrealisierung im Handels- und Steuerbilanzrecht, Köln 1987.

Maaßen, Kurt (Aufrechnung, 1965): Die Aufrechnung von Verlust- und Gewinnchancen bei schwebenden Geschäften, in: StBp, 5. Jg. (1965), S. 85-89.

Martin, Walter (Falsche Bilanzierung, 1982): Falsche Bilanzierung durch die herrschende Auffassung über Anschaffungskosten und schwebende Verträge?, in: DStR, 20. Jg. (1982), S. 243-246.

Marx, Franz Jürgen (Immaterielle Anlagewerte, 1994): Objektivierungserfordernisse bei der Bilanzierung immaterieller Anlagewerte, in: BB, 49. Jg. (1994), S. 2379-2388.

Mathiak, Walter (Rechtsprechung, 1983): Rechtsprechung zum Bilanzsteuerrecht, in: StuW, 13. (60.) Jg. (1983), S. 262-266.

Mathiak, Walter (Rechtsprechung, 1984): Rechtsprechung zum Bilanzsteuerrecht, in: StuW, 14. (61.) Jg. (1984), S. 270-275.

Mathiak, Walter (Rechtsprechung, 1986): Rechtsprechung zum Bilanzsteuerrecht, in: StuW, 16. (63.) Jg. (1986), S. 262-266 und S. 287-292.

Mathiak, Walter (Rechtsprechung, 1987): Rechtsprechung zum Bilanzsteuerrecht, in: StuW, 17. (64.) Jg. (1987), S. 253-258.

Mathiak, Walter (Rechtsprechung, 1988): Zum Bilanzsteuerrecht, in: StuW, 18. (65.) Jg. (1988), S. 291-296.

Mathiak, Walter (Bilanzierung, 1988): Zur Bilanzierung dinglicher Rechtsverhältnisse, in: Handelsrecht und Steuerrecht, Festschrift für Georg Döllerer, hrsg. von Brigitte Knobbe-Keuk, Franz Klein, Adolf Moxter, Düsseldorf 1988, S. 397-409.

Mathiak, Walter (Rechtsprechung, 1989): Rechtsprechung zum Bilanzsteuerrecht, in: DStR, 27. Jg. (1989), S. 661-668.

Mayer-Wegelin, Eberhard (Rückstellungen, 1980): Rückstellungen in der Handels- und Steuerbilanz, in: DStZ, 68. Jg. (1980), S. 265-271.

Mayer-Wegelin, Eberhard (in: Küting / Weber, 1995): Kommentierung zu § 249 HGB, in: Küting, Karlheinz / Weber, Claus-Peter, Handbuch der Rechnungslegung, Kommentar zur Bilanzierung und Prüfung, Band Ia, hrsg. von Karlheinz Küting und Claus-Peter Weber, 4. Auflage, Stuttgart 1995.

Medicus, Dieter (Schuldrecht AT, 1995): Schuldrecht I, Allgemeiner Teil, 8. Auflage, München 1995.

Meilicke, Heinz (Verpflichtungsüberschuß, 1978): Der Verpflichtungsüberschuß aus Arbeitsverträgen - Weiterer Nichtausweis in den Bilanzen und Vermögensaufstellungen der Unternehmen?, in: DB, 31. Jg. (1978), S. 2481-2488.

Mellwig, Winfried (Beteiligungen, 1990): Beteiligungen an Personengesellschaften in der Handelsbilanz, in: BB, 45. Jg. (1990), S. 1162-1172.

Mellwig, Winfried (Bilanzrechtsprechung, 1983): Bilanzrechtsprechung und Betriebswirtschaftslehre, in: BB, 38. Jg. (1983), S. 1613-1620.

Mellwig, Winfried (Rückstellungen, 1985): Rückstellungen in der Steuerbilanz, in: Blick durch die Wirtschaft, 14. März 1985, Nr. 52, S. 4 (Teil I), 21. März 1985, Nr. 57, S. 4 (Teil II).

Mellwig, Winfried (Teilwertverständnis, 1994): Für ein bilanzzweckadäquates Teilwertverständnis, in: Bilanzrecht und Kapitalmarkt, Festschrift für Adolf Moxter, hrsg. von Wolfgang Ballwieser u.a., Düsseldorf 1994, S. 1069-1088.

Mellwig, Winfried (in: Beck HdR, 'Niedrigere Tageswerte', 1995): Niedrigere Tageswerte, in: Beck'sches Handbuch der Rechnungslegung, hrsg. von Edgar Castan u.a., Band I, B 164, Loseblattsammlung, München 1995.

Meyer-Scharenberg, Dirk E. (Nutzungsrechte, 1987): Sind Nutzungsrechte Wirtschaftsgüter?, in: BB, 42. Jg. (1987), S. 874-877.

Meyer-Scharenberg, Dirk E. (Nutzungsüberlassung, 1987): Tatbestand und Rechtsfolgen der Nutzungsüberlassung, in: StuW, 17. (64.) Jg. (1987), S. 103-110.

Mittelbach, Rolf (Rückstellungen, 1982): Rückstellungen für Verpflichtungen aus laufenden Verträgen, Köln 1982.

Moxter, Adolf (Bilanztheorien, HdWW 1977): Bilanztheorien, in: Handwörterbuch der Wirtschaftswissenschaften, Band I, hrsg. von Willi Albers u.a., Stuttgart u.a. 1977, S. 670-686.

Moxter, Adolf (Aktivierungsgrenzen, 1978): Aktivierungsgrenzen bei „immateriellen Anlagewerten", in: BB, 33. Jg. (1978), S. 821-825.

Moxter, Adolf (Entgeltlicher Erwerb, 1978): Die Aktivierungsvoraussetzung „entgeltlicher Erwerb" im Sinne von § 5 Abs. 2 EStG, in: DB, 31. Jg. (1978), S. 1804-1809.

Moxter, Adolf (Immaterielle Anlagewerte, 1979): Immaterielle Anlagewerte im neuen Bilanzrecht, in: BB, 34. Jg. (1979), S. 1102-1109.

Moxter, Adolf (Jahresabschlußaufgaben, 1979): Die Jahresabschlußaufgaben nach der EG-Bilanzrichtlinie: Zur Auslegung von Art. 2 EG-Bilanzrichtlinie, in: AG, 24. Jg. (1979), S. 141-146.

Moxter, Adolf (Rieger-Linhardtsche Bilanzauffassung, 1981): Die Rieger-Linhardtsche Bilanzauffassung heute, in: Mut zur Kritik, Festschrift für Hanns Linhardt, hrsg. von Oswald Hahn und Leo Schuster, Bern und Stuttgart 1981, S. 27-45.

Moxter, Adolf (Gewinnermittlung, 1982): Betriebswirtschaftliche Gewinnermittlung, Tübingen 1982.

Moxter, Adolf (Bilanzsteuerrecht, 1983): Wirtschaftliche Gewinnermittlung und Bilanzsteuerrecht, in: StuW, 60. (13.) Jg. (1983), S. 300-307.

Moxter, Adolf (Unternehmensbewertung, 1983): Grundsätze ordnungsmäßiger Unternehmensbewertung, 2. Auflage, Wiesbaden 1983.

Moxter, Adolf (Bilanztheorie, 1984): Bilanzlehre, Bd. I: Einführung in die Bilanztheorie, 3. Auflage, Wiesbaden 1984.

Moxter, Adolf (Fremdkapitalbewertung, 1984): Fremdkapitalbewertung nach neuem Bilanzrecht, in: WPg, 37. Jg. (1984), S. 397-408.

Moxter, Adolf (Realisationsprinzip, 1984): Das Realisationsprinzip - 1884 und heute, in: BB, 39. Jg. (1984), S. 1780-1786.

Moxter, Adolf (Stand der Bilanztheorie, 1985): Der Stand der Bilanztheorie, Karl Lechner-Gedächtnisvorlesung, Grazer Universitätsreden, Graz 1985.

Moxter, Adolf (System, 1985): Das System der handelsrechtlichen Grundsätze ordnungsmäßiger Bilanzierung, in: Der Wirtschaftsprüfer im Schnittpunkt nationaler und internationaler Entwicklungen, Festschrift für Klaus von Wysocki, hrsg. von Gerhard Gross, Düsseldorf 1985, S. 17-28.

Moxter, Adolf (Immaterielle Vermögensgegenstände, 1986): Immaterielle Vermögensgegenstände des Anlagevermögens, in: Handwörterbuch unbestimmter Rechtsbegriffe im Bilanzrecht des HGB, hrsg. von Ulrich Leffson, Dieter Rückle, Bernhard Großfeld, Köln 1986, S. 246-250.

Moxter, Adolf (Leffson, 1986): Ulrich Leffson und die Bilanzrechtsprechung, in: WPg, 39. Jg. (1986), S. 173-177.

Moxter, Adolf (Selbständige Bewertbarkeit, 1987): Selbständige Bewertbarkeit als Aktivierungsvoraussetzung, in: BB, 42. Jg. (1987), S. 1846-1851.

Moxter, Adolf (Sinn und Zweck, 1987): Zum Sinn und Zweck des handelsrechtlichen Jahresabschlusses nach neuem Recht, in: Bilanz- und Konzernrecht, Festschrift für Reinhard Goerdeler, hrsg. von Hans Havermann, Düsseldorf 1987, S. 361-374.

Moxter, Adolf (StRK-Anmerkung, 1987): Anmerkung zum Urteil des Bundesfinanzhofs vom 5.2.1987 IV R 81/84, BFHE 149, 55, in: Steuerrechtsprechung in Karteiform, StRK-Anmerkungen, 308. Lieferung, Oktober 1987.

Moxter, Adolf (Einführung Diss. Böcking, 1988): Einführung, in: Hans-Joachim Böcking: Bilanzrechtstheorie und Verzinslichkeit, Wiesbaden 1988, S. 1-26.

Moxter, Adolf (Gewinnermittlung, 1988): Periodengerechte Gewinnermittlung und Bilanz im Rechtssinne, in: Handelsrecht und Steuerrecht, Festschrift für Georg Döllerer, hrsg. von Brigitte Knobbe-Keuk, Franz Klein und Adolf Moxter, Düsseldorf 1988, S. 447-458.

Moxter, Adolf (Herstellungskosten, 1988): Aktivierungspflichtige Herstellungskosten in Handels- und Steuerbilanz, in: BB, 43. Jg. (1988), S. 937-945.

Moxter, Adolf (Höchstwertprinzip, 1989): Rückstellungen für ungewisse Verbindlichkeiten und Höchstwertprinzip, in: BB, 44. Jg. (1989), S. 945-949.

Moxter, Adolf (Wirtschaftliche Betrachtungsweise, 1989): Zur wirtschaftlichen Betrachtungsweise im Bilanzrecht, in: StuW, 19. (66.) Jg. (1989), S. 232-241.

Moxter, Adolf (Rückstellungen, 1991): Rückstellungen: Neuere höchstrichterliche Rechtsprechung, in: Rückstellungen in der Handels- und Steuerbilanz - Vorträge und Diskussionen zum neuen Recht -, hrsg. von Jörg Baetge, Düsseldorf 1991, S. 1-13.

Moxter, Adolf (Teilwertverständnis, 1991): Funktionales Teilwertverständnis, in: Aktuelle Fragen der Finanzwirtschaft und der Unternehmensbesteuerung, Festschrift für Erich Loitlsberger, hrsg. von Dieter Rückle, Wien 1991, S. 473-481.

Moxter, Adolf (Verlustantizipation, 1991): Beschränkung der gesetzlichen Verlustantizipation auf die Wertverhältnisse des Abschlußstichtags?, in: Betriebswirtschaftliche Steuerlehre und Steuerberatung, Festschrift für Gerd Rose, hrsg. von Norbert Herzig, Wiesbaden 1991, S. 165-174.

Moxter, Adolf (Betriebswirtschaftslehre, 1992): Betriebswirtschaftslehre und Bilanzrecht, in: Zur Verleihung der Ehrendoktorwürde an Adolf Moxter, hrsg. vom Dekan des Fachbereichs IV: Wirtschafts- und Sozialwissenschaften/Mathematik der Universität Trier, Prof. Dr. Hecheltjen, Trier 1992, S. 19-30.

Moxter, Adolf (Erfahrungen, 1992): Erfahrungen mit dem Bilanzrichtlinien-Gesetz, in: Jahrbuch für Controlling und Rechnungswesen '92. Konzernrechnungslegung, Bilanzreform, Steueroptimierung, Kreditüberwachung, Sachwalterausgleich, Unternehmensbewertung und Kaufpreisfindung, Management-Control, hrsg. von Gerhard Seicht, Wien 1992, S. 139-150.

Moxter, Adolf (Passivierungszeitpunkt, 1992): Zum Passivierungszeitpunkt von Umweltschutzrückstellungen, in: Rechnungslegung, Entwicklungen bei der Bilanzierung und Prüfung von Kapitalgesellschaften, Festschrift für Karl-Heinz Forster, hrsg. von Adolf Moxter u.a., Düsseldorf 1992, S. 427-437.

Moxter, Adolf (Abzinsung, 1993): Bilanzrechtliche Abzinsungsgebote und -verbote, in: Ertragsbesteuerung. Zurechnung - Ermittlung - Gestaltung, Festschrift für Ludwig Schmidt, hrsg. von Arndt Raupach und Adalbert Uelner, München 1993, S. 195-207.

Moxter, Adolf (Bilanzrechtsprechung, 1993): Bilanzrechtsprechung, 3. Auflage, Tübingen 1993.

Moxter, Adolf (Drohverlustrückstellungen, 1993): Saldierungs- und Abzinsungsprobleme bei Drohverlustrückstellungen - Zum Vorlagebeschluß des X. Senats, in: BB, 48. Jg. (1993), S. 2481-2485.

Moxter, Adolf (Geschäfts- oder Firmenwert, 1993): Bilanzrechtliche Probleme beim Geschäfts- oder Firmenwert, in: Festschrift für Johannes Semler, hrsg. von Marcus Bierich u.a., Berlin 1993, S. 853-861.

Moxter, Adolf (GoB, 1993): Grundsätze ordnungsmäßiger Buchführung - ein handelsrechtliches Faktum, von der Steuerrechtsprechung festgestellt, in: 75 Jahre Reichsfinanzhof - Bundesfinanzhof, hrsg. vom Präsidenten des Bundesfinanzhofs, Bonn 1993, S. 533-544.

Moxter, Adolf (Statische Bilanz, 1993): Statische Bilanz, in: Handwörterbuch des Rechnungswesens, hrsg. von Klaus Chmielewicz und Marcell Schweitzer, 3. Auflage, Stuttgart 1993, Sp. 1852-1859.

Moxter, Adolf (Theorie, 1993): Entwicklung der Theorie der handels- und steuerrechtlichen Gewinnermittlung, in: Ökonomische Analyse des Bilanzrechts, ZfbF-Sonderheft 32 (1993), S. 61-84.

Moxter, Adolf (Georg Döllerer, 1994): Georg Döllerers bilanzrechtliches Vermächtnis, in: StuW, 24. (71.) Jg. (1994), S. 97-102.

Moxter, Adolf (Helmrich-Konzeption, 1994): Die Helmrich-Konzeption des Bilanzrichtlinien-Gesetzes. Bedeutung und Bedrohung, in: Für Recht und Staat, Festschrift für Herbert Helmrich, hrsg. von Klaus Letzgus u.a., München 1994, S. 709-719.

Moxter, Adolf (Teilwertkonzeption, 1994): Zur Klärung der Teilwertkonzeption, in: Steuerrecht - Verfassungsrecht - Finanzpolitik, Festschrift für Franz Klein, hrsg. von Paul Kirchhof, Klaus Offerhaus und Horst Schöberle, Köln 1994, S. 827-839.

Moxter, Adolf (Betriebswirtschaftliche Zusammenhänge, 1995): Zur Bedeutung betriebswirtschaftlicher Zusammenhänge im Bilanzrecht, in: StuW, 25. (72.) Jg. (1995), S. 378-382.

Moxter, Adolf (Erwiderung, 1995): Erwiderung zur Stellungnahme von Theodor Siegel, in: ZfbF, 47. Jg. (1995), S. 1144.

Moxter, Adolf (Kosten der allgemeinen Verwaltung, 1995): Kosten der allgemeinen Verwaltung als Bestandteil der steuerrechtlich einrechnungspflichtigen Herstellungskosten? in: Unternehmenstheorie und Besteuerung, Festschrift für Dieter Schneider, hrsg. von Rainer Elschen, Theodor Siegel und Franz W. Wagner, Wiesbaden 1995, S. 445-453.

Moxter, Adolf (matching principle, 1995): Das "matching principle": Zur Interpretation eines internationalen Rechnungslegungs-Grundsatzes in das deutsche Recht, in: Internationale Wirtschaftsprüfung, Festschrift für Hans Havermann, hrsg. von Josef Lanfermann, Düsseldorf 1995, S. 487-504.

Moxter, Adolf (Rückstellungskriterien, 1995): Rückstellungskriterien im Streit, in: ZfbF, 47. Jg. (1995), S. 311-326.

Moxter, Adolf (Standort Deutschland, 1995): Standort Deutschland: Zur Überlegenheit des deutschen Rechnungslegungsrechts, in: Standort Deutschland, Grundsatzfragen und aktuelle Perspektiven für die Besteuerung, die Prüfung und das Controlling, Festschrift für Anton Heigl, hrsg. von Volker H. Peemöller und Peter Uecken, Berlin u.a. 1995, S. 31-41.

Moxter, Adolf (True-and-fair-view-Gebot, 1995): Zum Verhältnis von handelsrechtlichen Grundsätzen ordnungsmäßiger Bilanzierung und True-and-fair-view-Gebot bei Kapitalgesellschaften, in: Rechenschaftslegung im Wandel, Festschrift für Wolfgang Dieter Budde, hrsg. von Gerhart Förschle, Klaus Kaiser und Adolf Moxter, München 1995, S. 419-429.

Moxter, Adolf (Wechseldiskonturteil, 1995): Zum Wechseldiskonturteil des Bundesfinanzhofs, in: BB, 50. Jg. (1995), S. 1997-1999.

Moxter, Adolf (Bilanzrechtsprechung, 1996): Bilanzrechtsprechung, 4. Auflage, Tübingen 1996.

Moxter, Adolf (Entziehbarer Gewinn, 1996): Entziehbarer Gewinn?, in: Rechnungslegung - Warum und Wie, Festschrift für Hermann Clemm, hrsg. von Wolfgang Ballwieser, Adolf Moxter und Rolf Nonnenmacher, München 1996, S. 231-241.

Moxter, Adolf (Grundwertungen, 1997): Grundwertungen in Bilanzrechtsordnungen - ein Vergleich von überkommenem deutschen Bilanzrecht und Jahresabschlußrichtlinie, in: Handelsbilanzen und Steuerbilanzen, Festschrift für Heinrich Beisse, hrsg. von Wolfgang Dieter Budde, Adolf Moxter und Klaus Offerhaus, Düsseldorf 1997, S. 347-361.

Moxter, Adolf (Handelsbilanz und Steuerbilanz, 1997): Zum Verhältnis von Handelsbilanz und Steuerbilanz, in: BB, 52. Jg. (1997), S. 195-199.

Müller, Ursula (Imparitätsprinzip, 1996): Imparitätsprinzip und Erfolgsermittlung, in: DB, 49. Jg. (1996), S. 689-695.

Müller, Welf (Rückstellungen, 1987): Rückstellungen für drohende Verluste aus Dauerrechtsverhältnissen, in: BFuP, 39. Jg. (1987), S. 322-331.

Müller, Welf (Innovation, 1991): Innovation - Probleme der Aktivierung und Passivierung, in: DStZ, 79. Jg. (1991), S. 385-390.

Münzinger, Rudolf (Bilanzrechtsprechung, 1987): Bilanzrechtsprechung der Zivil- und Strafgerichte, Wiesbaden 1987.

Naumann, Klaus-Peter (Rückstellungen, 1989): Die Bewertung von Rückstellungen in der Einzelbilanz nach Handels- und Ertragsteuerrecht, Düsseldorf 1989.

Naumann, Klaus-Peter (Rückstellungsbilanzierung, 1991): Rechtliches Entstehen und wirtschaftliche Verursachung als Voraussetzung der Rückstellungsbilanzierung, in: WPg, 44. Jg. (1991), S. 529-536.

Naumann, Thomas K. (Bewertungseinheiten, 1995): Bewertungseinheiten im Gewinnermittlungsrecht der Banken, Düsseldorf 1995.

Nehm, Hilmar (Sozialverpflichtungen, 1984): Rückstellungen für drohende Verluste bei Sozialverpflichtungen, in: DB, 37. Jg. (1984), S. 2477-2482.

Nies, Helmut (Rückstellungen, 1984): Rückstellungen für drohende Verluste bei schwebenden Dauerschuldverhältnissen unter besonderer Berücksichtigung des Versicherungsgeschäfts, in: StBp, 24. Jg. (1984), S. 130-135.

Oechsler, Walter A. (Betriebsvereinbarung, 1992): Betriebsvereinbarung, in: Handwörterbuch des Personalwesens, hrsg. von Eduard Gaugler und Wolfgang Weber, 2. Auflage, Stuttgart 1992, Sp. 644-664.

Oestreicher, Andreas (Marktzinsänderungen, 1993): Die Berücksichtigung von Marktzinsänderungen bei Finanzierungsverträgen in der Handels- und Steuerbilanz, in: BB, 48. Jg. (1993), Beilage 12.

Ordelheide, Dieter (Kapital und Gewinn, 1989): Kapital und Gewinn. Kaufmännische Konvention als kapitaltheoretische Konzeption?, in: Zeitaspekte in betriebswirtschaftlicher Theorie und Praxis, hrsg. von Herbert Hax u.a., Stuttgart 1989, S. 21-41.

Ordelheide, Dieter (Bilanzen, 1991): Bilanzen in der Investitionsplanung und -kontrolle, in: Aktuelle Fragen der Finanzwirtschaft und der Unternehmensbesteuerung, Festschrift für Erich Loitlsberger, hrsg. von Dieter Rückle, Wien 1991.

Passow, Richard (Bilanzen, 1918): Die Bilanzen der privaten und öffentlichen Unternehmungen, Band I: Allgemeiner Teil, 2. Auflage, Leipzig / Berlin 1918.

Paus, Bernhard (Rückstellungen, 1984): Rückstellungen wegen drohender Verluste aus der Vermietung eines Wirtschaftsguts, in: DStZ, 72. Jg. (1984), S. 450-452.

Paus, Bernhard (Anmerkung zum BFH-Urteil vom 25.1.1984): Anmerkung zum Urteil des Bundesfinanzhofs vom 25.1.1984 I R 7/80, in: DStZ, 73. Jg. (1985), S. 128.

Pelzer, Jochen (Drohverlustrückstellung, 1995): Bildung einer Drohverlustrückstellung aus schwebenden Beschaffungsgeschäften bei einem gespaltenen Markt?, in: DStR, 33. Jg. (1995): S. 2024-2026.

Pfitzer, Norbert / Schaum, Wolfgang / Oser, Peter (Rückstellungen, 1996): Rückstellungen im Lichte aktueller Rechtsentwicklungen, in: BB, 51. Jg. (1996), S. 1373-1380.

Platzer, Walter (Rückstellungen, 1987): Rückstellungen für schwebende Dauerschuldverhältnisse im Bilanzsteuerrecht, in: Rechnungslegung und Gewinnermittlung, Gedenkschrift für Karl Lechner, hrsg. von Erich Loitlsberger, Anton Egger und Eduard Lechner, Wien 1987, S. 293-305.

Pößl, Wolfgang (Saldierung, 1984): Die Zulässigkeit von Saldierungen bei der Bilanzierung von wirtschaftlich ineinandergreifenden Vorgängen, in: DStR, 22. Jg. (1984), S. 428-435.

Putzo, Hans (in: Palandt, 1996): Einführung vor § 611 BGB, in: Palandt, Bürgerliches Gesetzbuch, bearbeitet von Peter Bassenge u.a., 55. Auflage, München 1996.

Rehm, Hermann (Bilanzen, 1914): Die Bilanzen der Aktiengesellschaften, 2. Auflage, München u.a. 1914.

Riebel, Paul (Deckungsbeitragsrechnung, 1993): Deckungsbeitragsrechnung, in: Handwörterbuch des Rechnungswesens, hrsg. von Klaus Chmielewicz und Marcell Schweitzer, 3. Auflage, Stuttgart 1993, Sp. 364-379.

Riebel, Paul (Deckungsbeitragsrechnung, 1994): Einzelkosten- und Deckungsbeitragsrechnung: Grundfragen einer markt- und entscheidungsorientierten Unternehmensrechnung, 7. Auflage, Wiesbaden 1994.

Riedlinger, Raoul (Rückstellung, 1995): Zur Rückstellung für drohende Verluste aus schwebenden Geschäften, in: Steuerrecht, Gesellschaftsrecht, Berufsrecht, Festschrift zum 15jährigen Bestehen der Fachrichtung Steuern und Prüfungswesen der Berufsakademie Villingen-Schwenningen, hrsg. von Ulrich Sommer, Freiburg 1995, S. 297-313.

Rohse, Heinz Werner (Rückstellungen, 1985): Rückstellungen für drohende Verluste aus schwebenden Geschäften, in: DStR, 23. Jg. (1985), S. 462-472.

Rohse, Heinz Werner (Dauerschuldverhältnisse, 1987): Umfang des schwebenden Geschäfts bei Dauerschuldverhältnissen und Bewertung des Gegenwerts beim Nutzenden, in: DStR, 25. Jg. (1987), S. 294-298.

Rückle, Dieter (Skonto, 1994): Die Bilanzierung des Skontos - Ein Anwendungsfall der Grundsätze für verdeckte Zinsen, in: Bilanzrecht und Kapitalmarkt, Festschrift für Adolf Moxter, hrsg. von Wolfgang Ballwieser u.a., Düsseldorf 1994, S. 353-377.

Sarx, Manfred (Verlustrückstellungen, 1985): Aktuelle Probleme der Verlustrückstellung für Dauerschuldverhältnisse aus der Sicht der Handelsbilanz, in: Der Wirtschaftsprüfer im Schnittpunkt nationaler und internationaler Entwicklungen, Festschrift für Klaus v. Wysocki, Düsseldorf 1985, S. 91-109.

Schär, Johann Friedrich (Buchhaltung und Bilanz, 1922): Buchhaltung und Bilanz, 5. Auflage 1922.

Scheffler, Eberhard (in: Beck HdR, 'Rückstellungen', 1994): Rückstellungen, in: Beck'sches Handbuch der Rechnungslegung, hrsg. von Edgar Castan u.a., Band I, B 233, Loseblattsammlung, München 1994.

Scheidle, Helmut / Scheidle, Günther (Ausbildungsverträge, 1980): Zur bilanziellen Behandlung von Ausbildungsverträgen, in: BB, 35. Jg. (1980), S. 719-722.

Schmidt, Ludwig (Anmerkung zum BFH-Urteil vom 16.12.1987): Anmerkung zum Urteil des Bundesfinanzhofs vom 16.12.1987 I R 68/87 (Grundsatzurteil: Keine Rückstellungen für Verdienstsicherung), in: FR, 70. Jg. (1988), S. 195-196.

Schmidt, Ludwig (Anmerkung zum BFH-Urteil vom 27.7.1988): Anmerkung zum Urteil des Bundesfinanzhofs vom 27.7.1988 I R 133/84 (Voraussetzung einer Drohverlustrückstellung aus Leasingvertrag), in: FR, 70. Jg. (1988), S. 585.

Schneider, Dieter (Besprechungsaufsatz, 1967): Besprechungsaufsatz: Theorie und Praxis der Unternehmensbesteuerung, in: ZfbF, 19. Jg. (1967), S. 206-230.

Schneider, Dieter (Streitfragen, 1995): Streitfragen der Rückstellungsbilanzierung als Problem der Risikokapitalbildung, in: DB, 48. Jg. (1995), S. 1421-1426.

Schnicke, Christian / Reichmann, Max-Gerhard (in: Beck'scher Bilanz-Kommentar, 1995): Kommentierung zu § 247 HGB, in: Beck'scher Bilanz-Kommentar, Handels- und Steuerrecht - §§ 238 bis 339 HGB -, bearbeitet von Wolfgang Dieter Budde u.a., mitbegründet von Max Pankow und Manfred Sarx, 3. Auflage, München 1995.

Schnicke, Christian / Schramm, Marianne / Bail, Ulrich (in: Beck'scher Bilanz-Kommentar, 1995): Kommentierung zu § 253 HGB, in: Beck'scher Bilanz-Kommentar, Handels- und Steuerrecht - §§ 238 bis 339 HGB -, bearbeitet von Wolfgang Dieter Budde u.a., mitbegründet von Max Pankow und Manfred Sarx, 3. Auflage, München 1995.

Schön, Wolfgang (Rückstellungen, 1994): Der Bundesfinanzhof und die Rückstellungen, in: BB, 49. Jg. (1994), Beilage 9.

Schönnenbeck, Hermann (Aktiengesetz, 1960): Warum noch "Rechnungsabgrenzungsposten" im neuen Aktiengesetz?, in: DB, 13. Jg. (1960), S. 587.

Schönnenbeck, Hermann (Bilanzierung drohender Verluste, 1962): Bilanzierung drohender Verluste aus schwebenden Geschäften, in: DB, 15. Jg. (1962), S. 1281-1284 (Teil I), S. 1313-1317 (Teil II).

Schreiber, Jochem (in: Blümich EStG): Kommentierung zu § 5 EStG (Stand Oktober 1994), in: Blümich, Kommentar zum EStG, KStG, GewStG, hrsg. von Klaus Ebling, 15. Auflage, München 1997.

Schreiber, Ulrich / Rupp, Reinhard (Zulässigkeit, 1981): Zur Zulässigkeit einer Rückstellung für schwebende Ausbildungsverträge in der Ertragsteuerbilanz, in: BB, 36. Jg. (1981), S. 92-96.

Schülen, Werner (Entwicklungstendenzen, 1983): Entwicklungstendenzen bei der Bildung von Rückstellungen, in: WPg, 36. Jg. (1983), S. 658-665.

Schwab, Karl Heinz / Prütting, Hanns (Sachenrecht, 1996): Sachenrecht. Ein Studienbuch von Karl Heinz Schwab, fortgeführt von Hanns Prütting, 26. Auflage, München 1996.

Siegel, Theodor (Verbindlichkeiten, 1981): Gewinn- und einnahmenabhängige bedingte Verbindlichkeiten als Bilanzierungsproblem, in: FR, 63. Jg. (1981), S. 134-137.

Siegel, Theodor (Realisationsprinzip, 1994): Das Realisationsprinzip als allgemeines Periodisierungsprinzip?, in: BFuP, 46. Jg. (1994), S. 1-24.

Siegel, Theodor (Saldierungsprobleme, 1994): Saldierungsprobleme bei Rückstellungen und die Subventionswirkung des Maßgeblichkeitsprinzips, in: BB, 49. Jg. (1994), S. 2237-2245.

Siegel, Theodor (Risikoverteilungswirkung, 1995): Rückstellungen und die Risikoverteilungswirkung des Jahresabschlusses, Bemerkungen zu "Rückstellungskriterien im Streit" von Adolf Moxter, in: ZfbF, 47. Jg. (1995), S. 1141-1143.

Siepe, Günter (Rückstellungen, 1991): Rückstellungen für drohende Verluste aus schwebenden Geschäften, in: Rückstellungen in der Handels- und Steuerbilanz - Vorträge und Diskussionen zum neuen Recht -, hrsg. von Jörg Baetge, Düsseldorf 1991, S. 33-55.

Simon, Herman Veit (Bilanzen, 1899): Die Bilanzen der Aktiengesellschaften und der Kommanditgesellschaften auf Aktien, 3. Auflage, Berlin 1899.

Simon, Herman Veit (Betrachtungen, 1906): Betrachtungen über Bilanzen und Geschäftsberichte der Aktiengesellschaften aus Anlaß neuerer Vorgänge, in: Festgabe der Juristischen Gesellschaft in Berlin für Richard Koch, Berlin 1906, S. 379-414.

Söllner, Alfred (Arbeitsrecht, 1994): Grundriß des Arbeitsrechts, 11. Auflage, München 1994.

Stapper, Klaus (Bilanzierung schwebender Geschäfte, 1964): Die Bilanzierung schwebender Geschäfte, Diss. München 1964.

Staudt, Anton / Weinberger, German (Währungspositionen, 1997): Cross-Hedging von Währungspositionen und deren bilanzielle Bewertung am Beispiel von Devisentermingeschäften, in: WPg, 50. Jg. (1997), S. 44-62.

Streim, Hannes (Ausbildungskosten, 1979): Zur bilanziellen Behandlung von Ausbildungskosten, in: WPg, 32. Jg. (1979), S. 493-505.

Streim, Hannes in: *Bordewin/Lempenau/Streim* (Ausbildungskosten, 1984): Rückstellungen für Ausbildungskosten?, in: FR, 66. Jg. (1984), S. 461-468.

Strobl, Elisabeth (Rückstellungen, 1984): Die Bewertung von Rückstellungen, in: Werte und Wertermittlung im Steuerrecht, hrsg. von Arndt Raupach, Köln 1984, S. 195-218.

Strobl, Elisabeth (Neue Entwicklungen, 1985): Neue Entwicklungen beim Verlustausweis aufgrund des Imparitätsprinzips, in: JbFfSt 1984/85, S. 309-320.

Strobl, Elisabeth (Diskussion, 1985): Aussprache zum Referat von Elisabeth Strobl: Neue Entwicklungen beim Verlustausweis aufgrund des Imparitätsprinzips, in: JbFfSt 1984/85, S. 321-334.

Strobl, Elisabeth (Matching Principle, 1994): Matching Principle und deutsches Bilanzrecht, in: Bilanzrecht und Kapitalmarkt, Festschrift für Adolf Moxter, hrsg. von Wolfgang Ballwieser u.a., Düsseldorf 1994, S. 407-432.

Strobl, Elisabeth (Vorsichtsprinzip, 1995): Plädoyer für das handelsrechtliche Vorsichtsprinzip in der Steuerbilanz, in: StbJb 1994/95, S. 77-96.

Strombeck, J. von (Bilanzaufstellung, 1882): Zur Bilanzaufstellung der Aktiengesellschaften, in: Zeitschrift für das gesamte Handelsrecht, 28. Bd. (1882), (13. Bd., Neue Folge), S. 459-508.

Sünner, Eckart (Rückstellungen, 1984): Bildung von Rückstellungen nach Aktienrecht für zukünftige Leistungen des Arbeitgebers an Arbeitnehmer, in: AG, 29. Jg. (1984), S. 173-177.

Tarifvertrag zur Förderung der Altersteilzeit vom 29. März 1996 in der Fassung vom 19.12.1996, geschlossen zwischen IG Chemie, DAG und Bundesarbeitgeberverband Chemie e.V.

Thies, Angelika (Rückstellungen, 1996): Rückstellungen als Problem der wirtschaftlichen Betrachtungsweise, Frankfurt am Main u.a. 1996.

Thomas, Jürgen (Berufsausbildung, 1977): Rückstellungen für Kosten der betrieblichen Berufsausbildung, in: BB, 29. Jg. (1977), S. 85-90.

Thomas, Ralf Peter (Rückstellungen, 1994): Rückstellungen für drohende Verluste aus schwebenden Absatzgeschäften, München 1995.

Tiedchen, Susanne (Vermögensgegenstand, 1991): Der Vermögensgegenstand im Handelsbilanzrecht, Köln 1991.

Tischbierek, Armin (Verursachungszeitpunkt, 1994): Der wirtschaftliche Verursachungszeitpunkt von Verbindlichkeitsrückstellungen, Frankfurt am Main u.a. 1994.

Troost, Herbert / Troost, Jürgen (Verlustrückstellungen, 1996): Die Abgrenzung des Saldierungsbereichs bei Verlustrückstellungen, in: DB, 49. Jg. (1996), S. 485-486.

Tubbesing, Günter (Bilanzierungsprobleme, 1981): Bilanzierungsprobleme bei Fremdwährungsposten im Einzelabschluß, in: ZfbF, 33. Jg. (1981), S. 804-826.

Uelner, Adalbert (Aktuelle Fragen, 1977): Aktuelle Fragen des Ertragsteuerrechts, in: StbJb 1976/77, S. 131-174.

Vellguth, Hans Carl (Schwebende Geschäfte, 1938): Grundsätze ordnungsmäßiger Bilanzierung für schwebende Geschäfte, Leipzig 1938.

Vogt, Aloys (Zum Begriff der 'Abfindung', 1975): Zum Begriff der 'Abfindung' in der Rechtsordnung, in: BB, 27. Jg. (1975), S. 1581-1587.

Wagenhofer, Alfred (Vorsichtsprinzip, 1996): Vorsichtsprinzip und Managementanreize, in: ZfbF, 48. Jg. (1996), S. 1051-1074.

Walb, Ernst (Erfolgsrechnung, 1926): Die Erfolgsrechnung privater und öffentlicher Betriebe, Berlin und Wien 1926.

Waldner, Wolfgang (Schwebende Geschäfte, 1961): Der Grundsatz der einheitlichen Behandlung schwebender Geschäfte, in: BB, 16. Jg. (1961), S. 400-404.

Weber-Grellet, Heinrich (Zeit und Zins, 1993): Zeit und Zins im Bilanzsteuerrecht, in: Ertragsbesteuerung. Zurechnung - Ermittlung - Gestaltung, Festschrift für Ludwig Schmidt, hrsg. von Arndt Raupach und Adalbert Uelner, München 1993, S. 161-176.

Weber-Grellet, Heinrich (Adolf Moxter, 1994): Adolf Moxter und die Bilanzrechtsprechung, in: BB, 49. Jg. (1994), S. 30-33.

Weber-Grellet, Heinrich (Maßgeblichkeitsschutz, 1994): Maßgeblichkeitsschutz und eigenständige Zielsetzung der Steuerbilanz, in: DB, 47. Jg. (1994), S. 288-291.

Weber-Grellet, Heinrich (Steuerrecht, 1995): Europäisiertes Steuerrecht?, in: StuW, 25. (72.) Jg. (1995), S. 336-351.

Weber-Grellet, Heinrich (Realisationsprinzip und Rückstellungen, 1996): Realisationsprinzip und Rückstellungen unter Berücksichtigung der neueren Rechtsprechung, in: DStR, 34. Jg. (1996), S. 896-908.

Weber-Grellet, Heinrich (Steuerbilanzrecht, 1996): Steuerbilanzrecht, München 1996.

Weber-Grellet, Heinrich (in: Schmidt EStG, 1997): Kommentierung zu § 5 EStG, in: Ludwig Schmidt: Einkommensteuergesetz, Kommentar, hrsg. von Ludwig Schmidt, 16. Auflage, München 1997.

Wetzler (Schwebende Verbindlichkeiten, 1925): Schwebende Verbindlichkeiten und Bilanzsteuerrecht, in: ZfhF, 19. Jg. (1925), S. 341-345.

Wiedmann, Harald (Bewertungseinheit, 1994): Die Bewertungseinheit im Handelsrecht, in: Bilanzrecht und Kapitalmarkt, Festschrift für Adolf Moxter, hrsg. von Wolfgang Ballwieser u.a., Düsseldorf 1994, S. 453-482.

Wiese, Günther (Dauerschuldverhältnisse, 1965): Beendigung und Erfüllung von Dauerschuldverhältnissen, in: Festschrift für Hans Carl Nipperdey, hrsg. von Rolf Dietz und Heinz Hübner, Band I, München und Berlin 1965, S. 837-851.

Wiese, Günther (Arbeitsvertrag, 1975): Arbeitsvertrag, in: Handwörterbuch des Personalwesens, hrsg. von Eduard Gaugler u.a., Stuttgart 1975, Sp. 394-416.

Wittorff, Hans (Ausbildungsrückstellung, 1981): Diskussionsbeitrag zur Ausbildungsrückstellung, in: StBp, 21. Jg. (1981), S. 228-231.

Woerner, Lothar (Grundsatzfragen, 1984): Grundsatzfragen zur Bilanzierung schwebender Geschäfte, in: FR, 66. Jg. (1984), S. 489-496.

Woerner, Lothar (Diskussion, 1985): Aussprache zum Referat von Elisabeth Strobl: Neue Entwicklungen beim Verlustausweis aufgrund des Imparitätsprinzips, in: JbFfSt 1984/85, S. 321-334.

Woerner, Lothar (Dauerschuldverhältnisse, 1985): Passivierung schwebender Dauerschuldverhältnisse in der Bilanz des Unternehmers. Bestandsaufnahme - Probleme - Tendenzen, in: StbJb 1984/85, S. 177-200.

Woerner, Lothar (Gewinnrealisierung, 1988): Die Gewinnrealisierung bei schwebenden Geschäften - Vollständigkeitsgebot, Vorsichts- und Realisationsprinzip -, in: BB, 43. Jg. (1988), S. 769-777.

Woerner, Lothar (Schwebender Vertrag, 1989): Der schwebende Vertrag im Gefüge der Grundsätze ordnungsmäßiger Bilanzierung - Vollständigkeitsgebot, Vorsichtsprinzip, Realisationsprinzip, in: Handelsbilanz und Steuerbilanz, Beiträge zum neuen Bilanzrecht, Bd. 2, hrsg. von Winfried Mellwig, Adolf Moxter, Dieter Ordelheide, Wiesbaden 1989, S. 33-55.

WP-Handbuch (Band I, 1996): Wirtschaftsprüfer-Handbuch 1996, Band I, hrsg. vom Institut der Wirtschaftsprüfer in Deutschland e.V., bearbeitet von Wolfgang Dieter Budde u.a., 11. Auflage, Düsseldorf 1996.

Wüstemann, Jens (Imparitätsprinzip, 1995): Funktionale Interpretation des Imparitätsprinzips, in: ZfbF, 47. Jg. (1995), S. 1029-1043.

Zöllner, Wolfgang / Loritz, Karl-Georg (Arbeitsrecht, 1992): Arbeitsrecht, 4. Auflage, München 1992.

Zülch, Gert (Arbeitsbewertung, 1992): Arbeitsbewertung, in: Handwörterbuch des Personalwesens, hrsg. von Eduard Gaugler und Wolfgang Weber, 2. Auflage, Stuttgart 1992, Sp. 70-83.

Rechtsprechungsverzeichnis

I. Reichsoberhandelsgericht

ROHG vom 03.12.1873 Rep. 934/73	ROHGE 12, S. 15-23.

II. Reichsgericht

RG vom 25.06.1887 Rep. I 137/87	RGZ 19, S. 111-123.
RG vom 05.11.1912 Rep. II 262/12	RGZ 80, S. 330-338.
RG vom 27.06.1914 I 370/14	Leipziger Zeitschrift für Deutsches Recht, 9. Jg. (1915), Sp. 231-233.
RG vom 07.03.1916 II 784/15	Leipziger Zeitschrift für Deutsches Recht, 10. Jg. (1916), Sp. 956-958.

III. Reichsfinanzhof

RFH vom 07.05.1920 I A 302/19	RFHE 3, S. 22-27.
RFH vom 17.10.1924 I A 88	StuW, 3. Jg. (1924), Sp. 1626-1628.
RFH vom 27.11.1924 VI e A 51	StuW, 4. Jg. (1925), Sp. 105-106.
RFH vom 04.11.1925 VI R 491/25	RFHE 17, S. 332-337.
RFH vom 03.10.1928 VI A 1224/28	StuW II, 8. Jg. (1929), Sp. 131-133.
RFH vom 21.10.1931 VI A 2002/29	RStBl. 1932, S. 305-308.
RFH vom 27.12.1938 VI 669/38	RStBl. 1939, S. 283-284.
RFH vom 24.03.1943 VI 318/42	RStBl. 1943, S. 449.

IV. Oberster Finanzgerichtshof

OFH vom 22.06.1949 I 174/43 S	StuW, 26. Jg. (1949), Sp. 111-121.

V. Bundesfinanzhof

BFH vom 07.09.1954 I 50/54 U	BStBl. III 1954, S. 330-331.
BFH vom 21.10.1955 III 121/55 U	BStBl. III 1955, S. 343-344.

BFH vom 26.01.1956 IV 566/54 U BStBl. III 1956, S. 113-114.
BFH vom 29.05.1956 I 224/55 U BStBl. III 1956, S. 212-213.
BFH vom 03.07.1956 I 118/55 U BStBl. III 1956, S. 248-250.
BFH vom 25.09.1956 I 122/56 U BStBl. III 1956, S. 333-334.
BFH vom 08.10.1957 I 86/57 U BStBl. III 1957, S. 442-443.
BFH vom 09.07.1958 I 207/57 U BStBl. III 1958, S. 416-417.
BFH vom 17.03.1959 I 207/58 U BStBl. III 1959, S. 320-322.
BFH vom 04.06.1959 IV 115/59 U BStBl. III 1959, S. 325-326.
BFH vom 20.11.1962 I 242/61 U BStBl. III 1963, S. 113-114
BFH vom 12.03.1964 IV 456/61 U BStBl. III 1964, S. 525-526.
BFH vom 13.03.1964 IV 236/63 S BStBl. III 1964, S. 426-429.
BFH vom 03.07.1964 VI 262/630 BStBl. III 1965, S. 83-85.
BFH vom 18.03.1965 IV 116/64 U BStBl. III 1965, S. 289-291.
BFH vom 29.04.1965 IV 403/62 U BStBl. III 1965, S. 414-416.
BFH vom 29.07.1965 IV 164/63 U BStBl. III 1965, S. 648-650.
BFH vom 31.07.1967 I 219/63 BStBl. II 1968, S. 22-24.
BFH vom 23.11.1967 IV 123/63 BStBl. II 1968, S. 176-177.
BFH vom 27.11.1968 I 104/65 BStBl. II 1969, S. 296-297.
BFH vom 02.03.1970 GrS 1/69 BStBl. II 1970, S. 382-383.
BFH vom 05.08.1970 I R 180/66 BStBl. II 1970, S. 804-806.
BFH vom 16.09.1970 I R 184/67 BStBl. II 1971, S. 85-87.
BFH vom 16.09.1970 I R 196/67 BStBl. II 1971, S. 175-176.
BFH vom 19.01.1972 I 114/65 BStBl. II 1972, S. 392-397.
BFH vom 17.05.1974 III R 50/73 BStBl. II 1974, S. 508-509.
BFH vom 17.07.1974 I R 195/72 BStBl. II 1974, S. 684-686.
BFH vom 19.02.1975 I R 28/73 BStBl. II 1975, S. 480-482.
BFH vom 25.02.1975 VIII R 19/70 BStBl. II 1975, S. 647-649.

BFH vom 26.02.1975 I R 72/73   BStBl. II 1976, S. 13-16.
BFH vom 23.04.1975 I R 236/72   BStBl. II 1975, S. 875-878.
BFH vom 18.06.1975 I R 24/73   BStBl. II 1975, S. 809-811.
BFH vom 13.11.1975 IV R 170/73   BSBl. II 1976, S. 142-150.
BFH vom 27.02.1976 III R 64/74   BStBl. II 1976, S. 529-532.
BFH vom 25.01.1979 IV R 21/75   BStBl. II 1979, S. 369-372.
BFH vom 30.01.1980 I R 89/79   BStBl. II 1980, S. 327-329.
BFH vom 20.03.1980 IV R 89/79   BStBl. II 1980, S. 297-299.
BFH vom 03.07.1980 IV R 138/76   BStBl. II 1980, S. 648-651.
BFH vom 17.07.1980 IV R 10/76   BStBl. II 1981, S. 669-672.
BFH vom 23.07.1980 I R 28/77   BStBl. II 1981, S. 62-63.
BFH vom 26.06.1980 IV R 35/74   BStBl. II 1980, S. 506-509.
BFH vom 05.03.1981 IV R 94/78   BStBl. II 1981, S. 658-660.
BFH vom 21.10.1981 I R 170/78   BStBl. II 1982, S. 121-123.
BFH vom 26.05.1982 I R 180/80   BStBl. II 1982, S. 695-696.
BFH vom 07.10.1982 IV R 39/80   BStBl. II 1983, S. 104-106.
BFH vom 16.11.1982 VIII R 95/81   BStBl. II 1983, S. 361-364.
BFH vom 20.01.1983 IV R 158/80   BStBl. II 1983, S. 413-417.
BFH vom 07.07.1983 IV R 47/80   BStBl. II 1983, S. 753-755.
BFH vom 19.07.1983 VIII R 160/79   BStBl. II 1984, S. 56-59.
BFH vom 24.08.1983 I R 16/79   BStBl. II 1984, S. 273-276.
BFH vom 13.10.1983 IV R 160/78   BStBl. II 1984, S. 101-105.
BFH vom 25.01.1984 I R 7/80   BStBl. II 1984, S. 344-347.
BFH vom 23.05.1984 I R 266/81   BStBl. II 1984, S. 723-726.
BFH vom 25.05.1984 III R 103/81   BStBl. II 1984, S. 617-620.
BFH vom 07.11.1985 IV R 7/83   BStBl. II 1986, S. 176-178.
BFH vom 11.12.1985 I B 49/85   BFH/NV 1986, S. 595-596.

BFH vom 25.02.1986 VIII R 134/80   BStBl. II 1986, S. 788-790.
BFH vom 25.02.1986 VIII R 377/83   BStBl. II 1986, S. 465-467.
BFH vom 05.02.1987 IV R 81/84   BStBl. II 1987, S. 845-848.
BFH vom 29.04.1987 I R 192/82   BStBl. II 1987, S. 797-800.
BFH vom 17.09.1987 III R 201-202/84   BStBl. II 1988, S. 488-490.
BFH vom 08.10.1987 IV R 18/86   BStBl. II 1988, S. 57-62.
BFH vom 16.12.1987 I R 68/87   BStBl. II 1988, S. 338-342.
BFH vom 11.02.1988 IV R 191/85   BStBl. II 1988, S. 661-663.
BFH vom 07.06.1988 VIII R 296/82   BStBl. II 1988, S. 886-890.
BFH vom 27.07.1988 I R 133/84   BStBl. II 1988, S. 999-1000.
BFH vom 22.11.1988 VIII R 62/85   BStBl. II 1989, S. 359-363.
BFH vom 30.11.1988 I R 114/84   BStBl. II 1988, S. 117-119.
BFH vom 18.01.1989 X R 10/86   BStBl. II 1989, S. 549-551.
BFH vom 01.02.1989 VIII R 361/83   BFH/NV 1989, S. 778-779.
BFH vom 26.04.1989 I R 147/84   BStBl. II 1991, S. 213-216.
BFH vom 01.06.1989 IV R 64/88   BStBl. II 1989, S. 830-831.
BFH vom 10.08.1989 X R 176-177/87   BStBl. II 1990, S. 15-17.
BFH vom 25.08.1989 III R 95/87   BStBl. II 1989, S. 893-896.
BFH vom 24.01.1990 I R 157/85   BStBl. II 1990, S. 639-643.
BFH vom 16.02.1990 III B 90/88   BStBl. II 1990, S. 794-795.
BFH vom 28.03.1990 II R 30/89   BStBl. II 1990, S. 569-570.
BFH vom 12.12.1990 I R 153/86   BStBl. II 1991, S. 479-484.
BFH vom 13.03.1991 I R 83/89   BStBl. II 1991, S. 595-597.
BFH vom 10.04.1991 II R 118/86   BStBl. II 1991, S. 620-623.
BFH vom 03.12.1991 VIII R 88/87   BStBl. II 1993, S. 89-93.
BFH vom 20.05.1992 X R 49/89   BStBl. II 1992, S. 904-909.
BFH vom 16.12.1992 XI R 42/89   BFHE 170, S. 179-183.

BFH vom 20.01.1993 I R 115/91   BStBl. II 1993, S. 373-376.

BFH vom 03.02.1993 I R 37/91   BStBl. II 1993, S. 441-446.

BFH vom 17.02.1993 X R 60/89   BStBl. II 1993, S. 437-441.

BFH vom 10.03.1993 I R 116/91   BFH/NV 1993, S. 595-597.

BFH vom 15.04.1993 IV R 75/91   BFHE 171, S. 435-440.

BFH vom 26.05.1993 X R 72/90   BStBl. II 1993, S. 855-861.

BFH vom 28.07.1993 I R 88/92   BStBl. II 1994, S. 164-167.

BFH vom 03.08.1993 VIII R 37/92   BStBl. II 1994, S. 444-449.

BFH vom 03.12.1993 VIII R 88/87   BStBl. II 1993, S. 89-93.

BFH vom 15.12.1993 X R 102/92   BFH/NV 1994, S. 543-546.

BFH vom 25.10.1994 VIII R 65/91   BStBl. II 1995, S. 312-315.

BFH vom 08.02.1995 I R 72/94   BStBl. II 1995, S. 412.

BFH vom 08.03.1995 II R 10/92   BFHE 177, S. 132-139.

BFH vom 09.05.1995 IV B 97/94   BFH/NV 1995, S. 970-971.

BFH vom 25.01.1996 IV R 114/94   BStBl. II 1997, S. 382-384.

VI. Finanzgerichte

Schleswig Holsteinisches FG vom 23.06.1971 II 136-137/67
 EFG, 19. Jg. (1971), S. 527 (rechtskräftig).

FG Baden-Württemberg vom 09.04.1981 X 19/81
 EFG, 29. Jg. (1981), S. 397-398 (rechtskräftig).

FG Nürnberg vom 01.07.1981 V 160/77
 EFG, 27. Jg. (1982), S. 15 (rechtskräftig).

Hessisches FG vom 24.11.1982 IV 359/79
 EFG, 27. Jg. (1983), S. 337-338 (rechtskräftig).

FG Hamburg vom 24.09.1987 II 133/84
 EFG, 36. Jg. (1988), S. 475-477 (rechtskräftig).

FG Düsseldorf vom 09.06.1988 15/2 K 89/84 F,G,BB
 EFG, 36. Jg. (1988), S. 551-553 (rechtskräftig).

Niecersächsisches FG vom 15.10.1987 VI 59/85
BB, 43. Jg. (1988), S. 1359-1362.

FG Düsseldorf vom 14.12.1988 - 8 V 371/88 A (F)
BB, 44. Jg. (1989), S. 1024-1025 (rechtskräftig).

FG München vom 21.12.1988 I 171/87 F,EW
EFG, 36. Jg. (1989), S. 222-223 (Revision eingelegt).

FG Köln vom 14.11.1990 6 K 524/80
EFG, 39. Jg. (1991), S. 452-453 (rechtskräftig).

FG Baden-Württemberg vom 13.03.1991 2 K 276/86
EFG, 40. Jg. (1992), S. 10-11 (rechtskräftig).

Niedersächsisches FG vom 08.03.1994 VI 642/91
EFG, 43. Jg. (1995), S. 161-162 (Revision eingelegt).

FG Münster vom 27.04.1994 8 K 5703/93 F
EFG, 43. Jg. (1995), S. 418-419 (Nichtzulassungsbeschwerde eingelegt).

FG Münster vom 22.08.1996 13 K 4763/93 F
EFG, 44. Jg. (1996), S. 1204-1205 (Revision eingelegt).

VII. Bundesgerichtshof

BGH vom 08.10.1975 VIII ZR 81/74	WM 1975, S. 1203-1204.
BGH vom 16.02.1959 II ZR 170/57	BGHZ 29, S. 300-310.
BGH vom 01.03.1982 II ZR 23/81	DB, 35. Jg. (1982), S. 1922-1923.
BGH vom 13.07.1992 II ZR 269/91	DB, 45. Jg. (1992), S. 2022-2025.
BGH vom 29.03.1996 II Z R 263/94	ZIP, 17. (1996), S. 750-755.

VIII. Bundesarbeitsgericht

BAG vom 23.04.1963 3 AZR 173/62	BAGE 14, S. 174-179
BAG vom 25.10.1989 7 ABR 1/88	DB, 43. Jg. (1990), S. 1192-1193.

Verwaltungserlasse

BMF vom 02.05.1977 IV B 2 S 2137 - 13/77 DB, 30. Jg. (1977), S. 889.

BMF vom 18.02.1983 IV B 2 S 2137 - 8/83 BB, 38. Jg. (1983), S. 1010.

Sachregister

Abzinsung von Drohverlustrückstellungen, 30 f.; 40; 42 f.; 194 ff.

Abzinsung von Verbindlichkeitsrückstellungen, 29 f.

Ansehensvorteil(-erhöhung), 270 ff.; 274; 276 f.

Apothekerfall, 131 ff.; 273 f.

Arbeitsvertrag(-verhältnis), 198 ff.

Aufblähungsargument, 48 ff.; 56

Auftragsbestand, 58; 60; 154; 155

Aufwandsüberschuß, 7; 10; 13 ff.; 39 f.; 43; 45 f.; 57; 72; 75; 83; 97; 104; 121; 128

Ausbildungsvertrag (-verhältnis), 249 ff.

Ausgabengegenwert, 138; 147

Ausgabenkriterium, 158

Ausgeglichenheitsvermutung, 9; 86 f.; 128; 160 ff.; 171; 173 f.; 180 ff.; 206; 209 ff.; 245; 258; 265; 278
   Entkräftung, 96; 106; 122; 125; 129; 160; 164; 174; 185; 188; 223; 246; 257; 269
   für Absatzgeschäfte, 95 f.
   für Beschaffungsgeschäfte, 106 f.
   für Dauerschuldverhältnisse, 114 f.

Ausschüttungsbelastungen, 38

Ausschüttungsstatik, 34

Auswahlvorteil, 267 ff.; 276

Außenverpflichtung, 5; 143

Barwert, 25; 26 ff.

Bedarfsbestand (bei Ausbildungsverhältnissen), 267; 270

Belieferungsrecht, 145; 154

Bestandsschutz, 143 ff.; 156 f.

Bewertung
   mit vollen zurechenbaren Kosten, 93 ff.
   zu Teilkosten, 89 f.
   zu Vollkosten, 89 f.

Bewertungseinheiten, 62 ff.

Bewußt eingegangenes Verlustgeschäft, 134; 164 ff.; 266; 273

Bruttobilanzierung, 78 ff.; 135 ff.; 171; 194; 272; 273

Darlehen (unterverzinslich), 28

Dauerschuldverhältnis
   Ablehnung von Drohverlustrückstellungen, 110 ff.
   Begriff, 108 f.

Devisentermingeschäft, 66 ff.; 73

Drohverlustrückstellung
   für Flurentschädigung, 119 ff.
   für Vertragsstrafen, 69
   für Abfindungsverpflichtungen, 202; 212 ff.; 234 ff.
   Altersteilzeitvereinbarungen, 225 ff.
   Betriebsratsmitglieder, 215; 242 f.
   Lohnfortzahlung im Krankheitsfall, 199; 209; 229 ff.
   Verdienstsicherung, 204; 206; 209 ff.; 217 ff.; 248

Effektivvermögen, 17; 20 ff.
Einlagefähigkeit, 149 ff.; 158; 162
Einzelbewertungsprinzip, 62; 65; 74 ff.
Einzelveräußerbarkeit, 79 ff. 139; 140; 156
Entgangene Gewinne, 39 ff.; 88; 106
Entgangener Gewinn, 179; 182; 205
Entgeltlicher Erwerb, 151 f.; 154; 158 ff.
Entziehbarer Gewinn, 14; 34; 104
Erfüllung
　bilanzrechtlich, 47; 52 f.
　zivilrechtlich, 47
Erfüllungsbetrag, 29; 38; 41; 77; 93; 98
Erfüllungsrückstand, 221 f.; 230; 238
　bilanzrechtlicher, 186; 224; 229
　formalrechtlicher, 117
Ertragslosigkeit, 188 ff.; 197; 237; 246; 277
Ertragswert (Unternehmenswert), 20 ff.; 27
Ertragswertbeitrag, 181; 193
Fehlmaßnahme, 102; 165; 192 f.; 279
Fiktive Verluste, 39
Final zurechenbare Kosten, 92; 94 f.
Finanzplan, 32 ff.
Forschungs- und Entwicklungskosten, 95
Fortführungsvermögen, 21 ff.

Ganzheitsbetrachtung, 123 ff.
Geschäftswert, 20 f.; 36; 59; 134; 138; 140; 146; 153 ff.; 168; 173 f.; 225; 241; 248; 269; 272
Greifbarkeit, 138 ff.; 142 ff.; 152 ff.; 276
Griffweise Schätzung, 148 f.; 276
Grundsatz der Nichtbilanzierung, 48 ff.; 118
GuV-Belastung, 17; 37 ff.; 97
Heizwerkefall, 40; 123; 125 f.; 164; 169 ff.; 172; 218
Höchstwertprinzip, 5; 13; 39; 66
Hopfenfall, 101; 103; 105; 181
Imparitätsprinzip, 7; 13 ff.; 24; 30; 34; 38 f.; 66; 120; 163; 168; 181; 186
Kapitalerhaltungsgrundsatz, 15
Kausalität (wechselseitige), 70; 75; 84
Kippgebühren, 85; 115 ff.; 187; 188
Know-how, 139; 145
Kompensierte Verpflichtung, 56 ff.; 76
Kostensteigerungen, 96
Kredit-Verbindlichkeit (überverzinslich), 28
Kredit-Verbindlichkeit (unterverzinslich), 28
Kundenbeziehungen, 139; 168
Kündigungsschutz, 199; 200; 206; 212 ff.; 234; 237; 243

Leasingvertrag (-verhältnis), 131
Lizenzvertrag, 61

Marktpreise
  betriebsbezogene, 182
Mietereinbauten, 141 f.; 144
Mietvertrag (-verhältnis), 131 f.
Mitarbeiterdarlehen, 35 ff., 39, 173 f.

Nettoeinnahmenpotential, 136 f.; 144
Niederstwertprinzip, 5; 13; 38; 97

Objektiv eingeschränkte Nutzungsmöglichkeit, 190 ff.
Objektivierungserfordernis, 8; 43 f.; 46; 112
Objektivierungsrestriktion schwebendes Geschäft, 43 f.

Pachtvertrag (-verhältnis), 131; 178; 183; 186 ff.
Prinzip des fiktiven Erwerbs, 137

Realisationsprinzip, 28; 34; 47; 52 ff.; 62; 68 f.; 87; 115; 117 ff.
Reservebestand (bei Ausbildungsverhältnissen), 267; 270
Restlaufzeitbetrachtung, 124 f.
Risikogedanke, 52 f.
Rückgriffsansprüche, 69 ff.
Rückzahlungsbetrag, 195

Saldierungsbereich, 77; 82 ff.
Saldierungsverbot, 78; 87

Schuldendeckungskontrolle, 7; 17 ff.; 32 ff.; 80; 99
Selbständige Bewertbarkeit, 59; 60; 62; 69; 140; 146 ff.; 157 f.; 276
Standortvorteil, 133 ff.; 273 f.
Stichtagsprinzip
  bei Absatzgeschäften, 96 ff.
  bei Beschaffungsgeschäften, 108
Strafrechtliche Sanktionen, 2; 40
Synallagma
  bilanzrechtliches, 81 ff.; 235; 238; 268
  zivilrechtliches, 78 f.; 160

Teilwert
  Abschreibung, 107
  funktionales Verständnis, 37; 100; 108
  Konzeption, 28; 37; 64; 76; 99; 101; 104 f.
  Vermutung, 36; 99; 101
Teilwertabschreibung, 169 f.; 174; 192; 207 f.
Teilwertkonzeption, 138; 177; 181
Teilwertvermutung, 192
Theatername, 146
Typisierung (typisierende Betrachtung), 69; 75 f.; 197 f.; 228; 230; 239; 245; 257; 278

Überbestand (bei Ausbildungsverhältnissen), 270
Übertragbarkeit, 138 f.; 139
Üblichkeit (als Wertmaßstab), 176; 253 ff.
Unentziehbarkeitsprinzip, 142; 145; 153

331

Veräußerbarkeit mit dem Unternehmen, 140 ff.

Verbindlichkeitsrückstellung, 162; 164; 186; 195; 232
    für Abfindungen, 234; 238
    für Altersteilzeitvereinbarungen, 229
    für Garantiefälle, 71
    für Rekultivierung, 115
    für Tantiemenzusage, 29
    für Urlaubsansprüche, 71
    für Verdienstsicherung, 222 f.

Verdienstsicherung
    spezifizierte, 220 ff.
    unspezifizierte, 221 ff.

Verkehrsauffassung, 164; 174; 264

Verkehrsfähigkeit, 80

Verminderte betriebliche Verwendbarkeit, 193

Vermögenslage, 18; 21; 23 ff.; 30; 112 f.

Vermögenswertprinzip, 136 ff.; 140; 158

Vernünftige kaufmännische Beurteilung, 76 f.; 89; 164; 174; 231; 277

Vertreterbezirk, 143; 154 f.

Verwaltungskosten, 93; 95

Vorsichtsprinzip, 4; 48; 53; 62; 74; 76; 87; 107; 115 ff.

Wahrscheinlichkeit der Inanspruchnahme, 72; 236; 238

Wegschaffungskosten (von Schulden), 23 ff.; 29; 39

Weiterbeschäftigungsvorteil, 257 ff.; 276

Wettbewerbsverbot, 149; 156

Wiederbeschaffungskosten, 22 f.; 100 f.; 107; 175 ff.; 203 ff.
    Ablehnung, 104; 106; 177 ff.; 189; 205 ff.

Wiederbeschaffungswertbilanz, 22; 26

Zeitwert(-konzeption), 7; 17; 24; 28; 30 f.

Zerschlagungsvermögen, 19; 20 f.; 24; 80

Zinsvorteil (wirtschaftlicher), 198

Zurechnungsproblematik, 245
    bei Absatzgeschäften, 88 ff.
    bei Arbeitsverhältnissen, 202; 209
    bei Ausbildungsverhältnissen, 278
    bei Beschaffungsgeschäften, 106 f.
    bei Dauerschuldverhältnissen, 114 f.
    bei Leasingverhältnissen, 185
    bei Mietverhältnissen, 183
    bei Pachtverhältnissen, 187